国家自然科学基金项目资助
河南师范大学学术专著出版基金资助

粒计算及其不确定信息度量的理论与方法

徐久成　孙　林　张倩倩　著

科学出版社
北　京

内 容 简 介

粒计算是当前计算智能研究领域中模拟人类思维和解决复杂问题的新方法,它涵盖了所有有关粒度的理论、方法和技术,是研究复杂问题求解、海量数据挖掘和不确定性信息处理等问题的有力工具。经过十多年的发展,在与多学科交叉研究的过程中,粒计算正逐步形成其特有的研究体系。本书介绍了粒计算及其不确定信息度量的理论与方法的最新进展,内容涉及不确定信息处理的基本理论,Rough 集理论及其不确定信息度量,边界不确定信息的处理——Rough 集、Fuzzy 集和 Vague 集理论,基于信息粒度与 Rough 集的决策细化的理论分析,基于粒计算的知识约简,基于粒计算的基因表达谱数据挖掘研究,基于粒计算的图像检索,时间序列下的粒度决策演化模型等。

本书可供计算机、模式识别与智能系统、自动化等相关专业的研究人员、教师、研究生、高年级本科生和工程技术人员参考。

图书在版编目(CIP)数据

粒计算及其不确定信息度量的理论与方法/徐久成,孙林,张倩倩著.
—北京:科学出版社,2013

ISBN 978-7-03-037542-1

Ⅰ.①粒… Ⅱ.①徐… ②孙… ③张… Ⅲ.①人工智能-研究
Ⅳ.①TP18

中国版本图书馆 CIP 数据核字(2013)第 107919 号

责任编辑:王 哲/责任校对:桂伟利
责任印制:张 倩/封面设计:迷底书装

科 学 出 版 社 出版
北京东黄城根北街16号
邮政编码:100717
http://www.sciencep.com

源海印刷有限责任公司 印刷
科学出版社发行 各地新华书店经销

*

2013 年 9 月第 一 版　开本:B5(720×1000)
2014 年 1 月第二次印刷　印张:20 3/4
字数:418 300

定价:80.00 元
(如有印装质量问题,我社负责调换)

前　　言

粒计算是人工智能领域中崛起的一个新方向,它从实际出发,用尽力而为的满意解替代精确解,其主要思想是在不同的粒度层次上进行问题求解,在很大程度上体现了问题求解过程中的智能。粒计算从提出到现在已有 30 多年,近年来受到广泛关注。到目前为止,研究人员已经对粒计算理论及其应用作了大量有意义的探索。粒计算的研究范围非常广泛,所有与粒度相关的理论、方法、技术和工具都可归为粒计算的研究范畴。随着粒计算研究工作的不断深入,人们从不同的角度研究得到了不同的粒计算理论模型,主要有模糊集理论模型、粗糙集理论模型、商空间理论模型和云模型等。当前,基于这些模型的不确定性度量方法有很多,这些方法依靠各自的特点和优势已经广泛应用于对不确定、不精确、不完整信息的处理,以及对大规模海量数据的挖掘和对复杂问题的求解等。不确定性人工智能的新时代已经到来,认知的不确定性必然导致不确定性人工智能研究的不断深入。研究不确定性信息的表示、处理和模拟,寻找并且形式化地表示不确定性信息中的规律性,让机器模拟人类认识客观世界和人类自身的认知过程,使机器具有不确定性智能,已经成为人工智能研究领域的一项重要任务。

经过十多年的发展,粒计算研究已经取得了令人鼓舞的成果,其中国内学者对此起到了很大的推动作用,开展了国际、国内学术会议和专题研讨会等多种形式的粒计算学术交流与合作,相继出版了一系列著作,如 2007 年张钹、张铃的《问题求解理论及应用——商空间粒度计算理论及应用(第 2 版)》(清华大学出版社),2008 年由 13 位海内外华人学者合著的《粒计算:过去、现在与展望》(科学出版社),2010 年 6 月他们又联合出版了《商空间与粒计算——结构化问题求解理论与方法》(科学出版社),2011 年 8 月结合不确定性与粒计算专题研讨会,出版了《不确定性与粒计算》(科学出版社),2011 年 11 月结合决策粗糙集理论专题研讨会,出版了《决策粗糙集理论及其研究进展》,2012 年 8 月结合云模型与粒计算专题研讨会,出版了《云模型与粒计算》(科学出版社)等。另外,"中国粗糙集与软计算学术会议"、"国际粒计算高峰论坛"、"IEEE International Conference on Granular Computing"、"Advances in Granular Computing"等国内外有关学术活动的开展,也极大地促进了粒计算理论及其应用的发展。

本书总结了粒计算及其不确定信息度量理论与方法的主要成果,介绍了目前粒计算与不确定信息度量理论与方法的最新研究进展。本书旨在将粒计算与不确定信息度量相结合,运用粒计算的理论与方法度量和处理不确定信息,分析信息粒化与不确定性的关系,探索粒表示、粒运算、粒推理和粒信息处理中的不确定度量方法,以获取不确定问题的粒化求解理论,进而研究基于粒计算的不确定信息度量的一系列理论与方法;从理论上探讨知识粒的公理化定义,研究知识粒与不确定信息度量方法之间相互融合的表示形式,建立基于粗糙集的粒计算度量和处理不确定信息的理论体系。全书内容共8章,分为3部分,章节总体按照从理论到应用的思路进行编排。第1部分为不确定信息处理的基本理论概要,主要在第1章不确定信息处理的基本理论中介绍。第2部分为粒计算与不确定信息度量理论与方法的研究,包括第2章介绍Rough集理论及其不确定信息度量,第3章介绍边界不确定信息的处理——Rough集、Fuzzy集和Vague集理论,第4章介绍基于信息粒度与Rough集的决策细化的理论分析,第5章介绍基于粒计算的知识约简。第3部分为粒计算与不确定信息度量的应用研究,包括第6章介绍基于粒计算的基因表达谱数据挖掘研究,第7章介绍基于粒计算的图像检索,第8章介绍时间序列下的粒度决策演化模型。各章之间内容相对独立,自成体系,但都紧密围绕粒计算及其不确定信息度量理论与方法的主题展开。本书的内容引用了作者前期的一些研究成果,同时也包含了作者部分最新研究成果,因此本书既是对前期研究成果的总结,也是对未来研究的展望,可为读者进一步研究粒计算提供参考。

编写本书时,参考了国内外有关研究成果,在此对所涉及的专家和研究人员表示衷心的感谢。书中所列的参考文献可能不够全面,在此也对那些可能被遗漏文献的作者一并表示衷心的感谢。此外,硕士研究生徐天贺、胡玉文、李晓艳、高云鹏、任金玉、李双群等对书中的部分章节进行了整理和校对,在此同样表示感谢。同时感谢国家自然科学基金项目(60873104,61370169)、河南省科技攻关重点项目(112102210194)、河南师范大学学术专著出版基金的资助。

由于作者自身知识水平有限,书中难免存在不妥之处,恳请广大读者批评指正。

徐久成
2013年6月

目 录

前言
第1章 不确定信息处理的基本理论 … 1
1.1 Rough 集理论 … 1
1.1.1 信息系统与决策信息系统 … 1
1.1.2 近似集及其性质 … 4
1.1.3 Rough 集理论中的近似度量方法 … 5
1.1.4 决策表的属性约简 … 8
1.1.5 不完备信息系统中 Rough 集理论的扩充 … 11
1.2 Fuzzy 集理论 … 13
1.2.1 Fuzzy 集的定义与表示法 … 13
1.2.2 Fuzzy 集的基本运算与性质 … 14
1.2.3 Fuzzy 集的其他运算 … 15
1.2.4 Fuzzy 性的度量 … 16
1.2.5 Fuzzy 集的推广 … 18
1.3 Vague 集理论 … 19
1.3.1 Vague 集的基本概念 … 19
1.3.2 Vague 集的性质 … 20
1.3.3 Vague 集的运算规则 … 20
1.4 商空间理论 … 21
1.4.1 商空间模型的建立 … 21
1.4.2 商空间粒度的获得 … 22
1.4.3 商空间方法的基本原理——保假原理、保真原理、商逼近 … 23
1.5 粒计算理论 … 24
1.5.1 粒 … 24
1.5.2 粒结构 … 24
1.5.3 粒计算的基本问题 … 25
1.5.4 粒计算的研究方法与方向 … 26
1.6 本章小结 … 27
参考文献 … 27
第2章 Rough 集理论及其不确定信息度量 … 29

- 2.1 Rough 集之间的相似性度量研究 ·· 29
  - 2.1.1 Rough 集与限制容差关系 ··· 30
  - 2.1.2 基于不可分辨关系的经典 Rough 集之间的相似性度量 ············ 31
  - 2.1.3 基于限制容差关系的广义 Rough 集之间的相似性度量 ············ 33
  - 2.1.4 经典 Rough 集与广义 Rough 集中集合之间相似性度量的理论统一 ······ 36
- 2.2 基于 Rough 集的信息系统中各种基本信息的度量 ····················· 37
  - 2.2.1 信息系统中属性重要性的度量方法及其理论 ······················ 38
  - 2.2.2 属性值间相异度度量及其理论分析 ································ 42
  - 2.2.3 信息系统中对象之间的相似性度量及其理论分析 ·················· 44
- 2.3 信息系统中知识粒度与粒度熵理论 ·· 45
  - 2.3.1 知识的粒度原理 ·· 46
  - 2.3.2 知识的粒度熵原理 ··· 47
  - 2.3.3 知识的粒度和粒度熵之间的关系 ··································· 48
- 2.4 信息系统中知识距离与知识贴近度理论 ·································· 49
  - 2.4.1 信息系统中的知识距离 ··· 50
  - 2.4.2 信息系统中的知识贴近度 ·· 51
  - 2.4.3 基于知识距离的属性相关性度量理论研究 ························ 52
- 2.5 基于粒计算的相似性度量理论 ··· 54
  - 2.5.1 问题的提出与贴近度的基础知识 ··································· 54
  - 2.5.2 基于粒计算的贴近度理论 ·· 58
  - 2.5.3 基于粒计算的格贴近度理论 ······································· 65
- 2.6 信息系统中的概念粒及其不确定性度量 ·································· 70
  - 2.6.1 概念粒的表示方法及其运算规则 ··································· 70
  - 2.6.2 概念粒的距离及其性质 ··· 72
  - 2.6.3 概念粒的内涵重要度 ··· 73
- 2.7 一种新的粒表示方法及其不确定性度量 ·································· 75
  - 2.7.1 信息系统中粒的新表示方法及其运算 ······························ 75
  - 2.7.2 粒的距离计算及其性质 ··· 77
  - 2.7.3 基于粒距离的相似性度量 ·· 80
- 2.8 信息系统中的粒结构分析 ·· 81
  - 2.8.1 粒格的表示及其运算规则 ·· 81
  - 2.8.2 粒格与概念格的比较 ··· 84
  - 2.8.3 粒的分层结构的分析方法 ·· 85
- 2.9 本章小结 ·· 86
- 参考文献 ·· 87

第 3 章　边界不确定信息的处理——Rough 集、Fuzzy 集和 Vague 集理论 …… 90
3.1　引言 … 90
3.2　Fuzzy 集、Vague 集和 Rough 集理论之间的比较分析 … 90
3.2.1　Vague 集与 Fuzzy 集的性质比较 … 93
3.2.2　Rough 集与 Fuzzy 集的性质比较 … 93
3.2.3　Rough 集与 Vague 集的性质比较 … 94
3.3　Fuzzy 集、Vague 集和 Rough 集之间的性质及其集合相似性度量的统一模型 … 94
3.3.1　Fuzzy 集、Vague 集和 Rough 集的性质 … 95
3.3.2　Vague 集之间的相似性度量方法及其性质 … 96
3.3.3　Fuzzy 集之间的相似性度量方法及其性质 … 99
3.3.4　Rough 集之间的相似性度量方法及其性质 … 103
3.3.5　Fuzzy 集、Vague 集及 Rough 集集合相似性度量的统一模型 … 105
3.4　Fuzzy 集的格贴近度理论 … 108
3.4.1　基于集合的内积与外积的相关理论 … 108
3.4.2　基于隶属度的格贴近度 … 110
3.5　覆盖粗糙 Vague 集模型及其不确定性度量 … 112
3.5.1　覆盖粗糙 Vague 集模型及其性质 … 112
3.5.2　覆盖的粒度熵 … 115
3.5.3　基于粒度熵的覆盖粗糙 Vague 集的不确定性度量 … 116
3.5.4　覆盖近似空间的知识含量 … 118
3.5.5　基于知识含量的覆盖粗糙 Vague 集的不确定性度量 … 120
3.6　本章小结 … 121
参考文献 … 122

第 4 章　基于信息粒度与 Rough 集的决策细化的理论分析 … 125
4.1　信息颗粒与粒度计算 … 125
4.1.1　信息颗粒 … 125
4.1.2　信息颗粒细化与粒度计算 … 126
4.1.3　粗糙集与信息粒度数据分析的一些度量 … 127
4.2　决策表中常用的数据预处理 … 128
4.2.1　决策表补齐 … 128
4.2.2　决策表离散化 … 130
4.3　决策表中决策数据的细化 … 131
4.3.1　决策表量化 … 131
4.3.2　决策表中决策数据细化的预处理算法 … 132

4.3.3 决策表中决策数据的补齐 ……………………………………… 133
　　4.3.4 决策数据细化预处理算法的性能评价 ………………………… 134
4.4 决策细化的 Rough 集理论分析 ……………………………………… 135
　　4.4.1 决策属性值细化对近似分类精度的影响 ……………………… 136
　　4.4.2 决策属性值细化对近似分类质量的影响 ……………………… 138
　　4.4.3 决策属性值细化对规则近似质量的影响 ……………………… 139
　　4.4.4 决策属性值细化对核属性的影响 ……………………………… 140
　　4.4.5 决策属性值细化对信息熵的影响 ……………………………… 141
4.5 基于信息颗粒理论的决策细化理论 …………………………………… 145
　　4.5.1 基于信息颗粒理论的决策细化 ………………………………… 145
　　4.5.2 决策属性值细化对信息粒度的影响 …………………………… 146
4.6 本章小结 ………………………………………………………………… 147
参考文献 ……………………………………………………………………… 148

第5章 基于粒计算的知识约简 …………………………………………… 150
5.1 基于 Rough 集的信息系统属性约简 …………………………………… 150
　　5.1.1 信息系统中 Rough 集的划分贴近度与属性约简算法 ………… 150
　　5.1.2 信息系统的粒度熵与基于粒度熵的属性约简算法 …………… 155
　　5.1.3 基于知识距离的属性相关性度量及其属性约简算法 ………… 160
　　5.1.4 不完备信息系统中 Rough 集的划分贴近度与属性约简算法 … 169
5.2 基于 Rough 集的决策系统属性约简 …………………………………… 173
　　5.2.1 基于包含度的不一致决策表约简新方法 ……………………… 173
　　5.2.2 基于新的条件熵的决策表约简方法 …………………………… 179
　　5.2.3 一种新的基于决策熵的决策表约简方法 ……………………… 185
　　5.2.4 决策强度的决策表约简设计与比较 …………………………… 189
　　5.2.5 基于依赖度的决策系统属性约简算法 ………………………… 196
　　5.2.6 不完备决策系统中 Rough 集的划分贴近度与属性约简算法 … 203
5.3 基于粒计算的属性约简 ………………………………………………… 207
　　5.3.1 基于知识粒度的属性约简算法 ………………………………… 207
　　5.3.2 基于相对粒度的决策表属性约简方法 ………………………… 214
5.4 基于粒计算的决策规则提取 …………………………………………… 219
　　5.4.1 基于粒计算的决策表中规则的提取方法 ……………………… 219
　　5.4.2 基于粒计算的序决策表中序规则的提取方法 ………………… 224
　　5.4.3 基于粒计算的不完备序决策表中序规则的提取方法 ………… 230
　　5.4.4 基于粒格的决策规则提取 ……………………………………… 235
5.5 基于 Rough 集的决策树规则提取 ……………………………………… 241

         5.5.1 基于新的条件熵的决策树规则提取方法 ·· 241
         5.5.2 基于决策粗糙熵的决策树规则提取方法 ·· 246
   5.6 本章小结 ··· 250
   参考文献 ··· 252
第6章 基于粒计算的基因表达谱数据挖掘研究 ··· 254
   6.1 基因表达谱数据的特征基因选择 ··· 254
         6.1.1 特征基因选择的意义 ··· 254
         6.1.2 基因初选评估策略 ··· 255
         6.1.3 特征基因选择方法 ··· 256
   6.2 基于扩展粗糙集模型的特征基因选择 ·· 259
         6.2.1 基因表达谱数据表的建立 ·· 259
         6.2.2 基于扩展粗糙集模型的特征基因选择算法 ··· 260
         6.2.3 仿真实验对比分析 ··· 261
   6.3 基于邻域互信息的肿瘤基因选择方法 ·· 262
         6.3.1 基于邻域互信息的肿瘤基因聚类算法 ·· 263
         6.3.2 基于邻域互信息与粒子群优化的肿瘤基因选择算法 ······························ 264
   6.4 本章小结 ··· 266
   参考文献 ··· 266
第7章 基于粒计算的图像检索 ··· 268
   7.1 基于概率粗糙集模型的图像语义检索 ·· 268
         7.1.1 概率粗糙集模型理论 ··· 268
         7.1.2 基于朴素贝叶斯理论的图像标注方法 ·· 269
         7.1.3 基于概率粗糙集的图像信息检索模型 ·· 270
         7.1.4 精确标注图像与模糊标注图像的检索 ·· 271
         7.1.5 实验分析 ··· 275
   7.2 基于相容粒的多层次纹理特征的图像检索 ··· 275
         7.2.1 基于颜色的相容粒度空间模型的建立 ·· 276
         7.2.2 图像纹理的识别与检索的相似度计算方法 ··· 278
         7.2.3 颜色空间和纹理特征相结合的图像检索改进方法 ·································· 278
         7.2.4 实验分析 ··· 279
   7.3 基于相容粒的彩色图像检索 ·· 280
         7.3.1 彩色图像边缘信息相容粒度空间的建立 ··· 280
         7.3.2 图像边缘信息粒化处理算法 ·· 282
         7.3.3 基于相容粒度空间的彩色图像相似性度量方法 ······································ 283
         7.3.4 实验分析 ··· 283

7.4 基于粗糙粒模型的图像纹理识别与检索 ············ 284
    7.4.1 粗糙粒模型 ·· 284
    7.4.2 图像粒的划分和边缘计算 ································ 286
    7.4.3 粗糙粒模型的图像纹理识别与检索 ················ 286
    7.4.4 实验分析 ·· 288
7.5 本章小结 ··· 289
参考文献 ·· 289

第8章 时间序列下的粒度决策演化模型 ·············· 292
8.1 时间序列的基本概念 ··· 292
8.2 时间序列下决策信息系统的最终形态 ·· 294
    8.2.1 静态 Rough 集研究存在的问题 ························ 294
    8.2.2 决策信息系统时态性数学仿真及最终形态确认 ·· 295
8.3 多粒度时间序列下的粒度决策演化模型 ····································· 299
    8.3.1 多粒度时间序列 ··· 299
    8.3.2 多粒度时间序列下的粒度决策演化模型与性质 ·· 300
    8.3.3 实例分析 ·· 305
8.4 粒度决策演化模型的预测分析 ·· 307
    8.4.1 粒度决策演化模型的预测规则 ······················· 307
    8.4.2 回归分析 ·· 308
    8.4.3 粒度决策演化模型的回归分析预测算法 ········· 310
    8.4.4 实例分析 ·· 311
8.5 粒度决策演化模型的扩展研究 ·· 315
    8.5.1 粒度决策演化模型的属性冲突 ······················· 315
    8.5.2 粒度决策演化模型的决策稳定性 ··················· 317
8.6 本章小结 ··· 319
参考文献 ·· 319

第 1 章　不确定信息处理的基本理论

由于客观世界的复杂多样性,不确定性信息在现实生活中大量存在,不确定性主要包括随机性、模糊性、含糊性和知识的不完备性。为了更好地刻画客观世界,一种新的结构化思维方式——粒化思维方式应运而生,粒计算正是系统研究粒化思维方式与方法的一门新兴学科。在不确定性的研究中涌现出许多理论和方法,本章重点介绍不确定信息处理的几种基本理论,包括 Rough 集理论、Fuzzy 集理论、Vague 集理论、商空间理论和粒计算理论。

1.1　Rough 集理论

由于计算机科学的发展,特别是网络技术的飞速发展,各个领域的数据和信息量急剧增加,面对如此巨大的信息量,人们往往希望从海量的信息中挖掘出潜在有用的信息。因此,近 20 年来,知识发现和数据挖掘研究日益受到人工智能学界的广泛重视。波兰华沙理工大学 Pawlak 教授于 20 世纪 80 年代初提出的 Rough 集(粗糙集)理论就是一种新的处理知识发现和数据挖掘的方法,该理论能定量分析处理不确定、不精确、不完整的信息与知识[1]。

Rough 集理论以不可分辨关系为基础,建立在分类机制的基础上,它将分类理解为特定空间上的等价关系,而等价关系则构成了对该空间的划分。其主要思想是在保持信息系统分类能力不变的前提下,通过知识约简,删除其中的冗余知识,进一步导出问题的决策或分类规则。

粗糙集理论与其他处理不确定和不精确问题理论的最显著区别是它不必提供处理问题所需数据集合之外的任何先验信息,可以从现有数据集中直接约简、导出决策规则,因而对问题的不确定性描述或处理比较客观,在机器学习与知识获取、数据挖掘、医疗数据分析、专家系统、决策分析、模式识别等方面得到了广泛应用,现已成为一个热门的研究领域[2]。由于该理论在处理不精确或不确定原始数据方面的欠缺性,所以与概率论、模糊数学和证据理论等其他处理不确定或不精确问题的理论有很强的互补性。

1.1.1　信息系统与决策信息系统

人之所以有智能行为是因为有知识,要让机器具有智能行为的能力,就必须让其具有相应的知识。知识表示就是研究用机器表示知识可行的、有效的、通用的原则和方法。近年来对知识表示的研究引起了广泛的关注。目前,常用的知识表示方法有逻辑模式、框架、语义网络、产生式规则、状态空间等。一种基于信息表的知识表示形式,即信息系统,是粗糙集理论中对知识进行表示和处理的基本工具[3],粗糙集理论研究的信息系统通常用一个数据表来表示。

定义 1.1 称 $S=<U,A,V,f>$ 是一个信息系统,其中 U 是非空的对象集,即 $U=\{x_1,x_2,\cdots,x_n\}$,称为论域,U 中的每个 $x_i(1\leqslant i\leqslant n)$ 称为一个对象;A 表示属性的非空有限集合;$V=\cup\{V_a|a\in A\}$,V_a 为属性 a 的值域;$f:U\times A\to V$ 是一个信息函数,它为每个对象的每个属性赋予一个信息值,即 $\forall a\in A,x\in U$,有 $f(x,a)\in V_a$。

信息系统 $S=<U,A,V,f>$ 也称为知识表达系统,有时也简记为 $S=<U,A>$。

定义 1.2 设 U 是对象集,令

$$U^2=U\times U=\{(x_i,x_j)\mid x_i,x_j\in U\}$$

则 $R\subseteq U^2$ 称为 U 上的一个等价关系,若 R 满足以下条件。

(1) 自反性:$(x_i,x_i)\in R(1\leqslant i\leqslant n)$。

(2) 对称性:$(x_i,x_j)\in R\Rightarrow(x_j,x_i)\in R(\forall i,j\leqslant n)$。

(3) 传递性:$(x_i,x_j)\in R,(x_j,x_k)\in R\Rightarrow(x_i,x_k)\in R(\forall i,j,k\leqslant n)$。

设 R 是 U 上的一个等价关系,记

$$[x_i]_R=\{x_j\in U\mid(x_j,x_i)\in R\}$$

则 $[x_i]_R$ 称为包含 x_i 的等价类。

对于每个属性子集 $B\subseteq A$,定义一个二元不可分辨关系(indiscernibility relation)IND(B),即 IND(B)$=\{(x,y)\in U\times U\mid \forall a\in B,a(x)=a(y)\}$。

显然,IND(B) 是一个等价关系,它构成论域 U 上的一个划分 $U/\text{IND}(B)$,划分 $U/\text{IND}(B)$ 中等价类的个数用 $|U/\text{IND}(B)|$ 表示。在不发生混淆的情况下,也可用 B 代替 IND(B)。

事实上,信息系统可直观地表示为一个二维表的形式,通常称该二维表为信息表,它是表达描述知识的数据表格。信息表的行对应要研究的对象,列对应对象的属性,对象的信息是通过指定对象的各属性值来表示的。容易看出,一个属性对应一个等价关系,一个表可以看做一族等价关系。所以本书以后提到的信息系统或信息表都是指同一个概念,可以混用。

例如,表 1-1 就是一个关于病人的信息系统(信息表),这里 $S=<U,A>$,其中 $U=\{1,2,3,4,5,6\}$ 是病人编号的集合,$A=\{$头疼,肌肉疼,体温$\}$ 是属性的集合。

表 1-1 一个信息系统

对象编号	头疼	肌肉疼	体温
1	是	是	正常
2	是	是	高
3	是	是	很高
4	否	是	正常
5	否	否	高
6	否	是	很高

信息表这种数据表格知识表达系统是对客观对象的描述和罗列,表达的是说明性的知识。当信息表包含的数据足以反映论域的时候,通过属性所对应的等价关系就可以体现论域中的过程知识,即概念之间的逻辑关系或规则知识。事实上,从信息表所表达的说明性知识中发现过程性知识(规则知识)就是知识发现(knowledge discovery)的研究内容。

一个信息系统对应一个关系数据表;反过来,一个关系数据表也对应着一个信息系统。因此,信息系统 $S=<U,A,V,f>$ 是关系数据表的一种抽象描述。

定义 1.3[4]　一个决策信息系统 S 可以表示为 $S=<U,A,V,f>$。其中,U 是对象的集合,也称为论域,$U=\{x_1,x_2,\cdots,x_n\}$,$A=C\cup D$ 是属性集合,属性子集 C 和 D 分别称为条件属性集和决策属性集且 $C\cap D=\emptyset$,$V=\cup\{V_a|a\in A\}$ 是属性值的集合,V_a 表示属性 a 的值域;$f:U\times A\to V$ 是一个信息函数,它指定 U 中每一个对象 x 的属性值。

决策信息系统又称决策表,它表示当满足某些条件时,决策(行为、操作、控制)应当如何进行,条件属性 C 和决策属性 D 的等价关系 IND(C) 和 IND(D) 的等价类分别称为条件类和决策类。决策信息系统是一类特殊而重要的信息系统,多数决策问题都可以用决策表来表示,其在决策应用中起着重要的作用。

例如,表 1-2 为关于病人诊断的决策信息系统(决策表),这里 $S=<U,A>$,其中 $U=\{1,2,3,4,5,6\}$ 是病人编号的集合,$A=\{$头疼,肌肉疼,体温,流感$\}$ 是属性的集合,$C=\{$头疼,肌肉疼,体温$\}$ 是条件属性集,$D=\{$流感$\}$ 是决策属性集。

表 1-2 流感诊断决策表

对象编号	头疼	肌肉疼	体温	流感
1	是	是	正常	否
2	是	是	高	轻度
3	是	是	很高	重

对象编号	头疼	肌肉疼	体温	流感
4	否	是	正常	否
5	否	否	高	否
6	否	是	很高	较重

1.1.2 近似集及其性质

设 U 是一个非空有限论域，R 是 U 上的二元关系，则 R 称为不可分辨关系，$S=<U,R>$ 称为近似空间，$\forall (x,y)\in U\times U$，若 $(x,y)\in R$，则称元素 x 与 y 在 S 中是不可分辨的。U/R 是 U 上由 R 生成的等价类全体，它构成 U 上的一个划分。U/R 中的集合称为基本集或原子集，任意有限个基本集的并和空集均称为可定义集，否则称为不可定义集。可定义集也称为精确集，不可定义集也称为 Rough 集。

令 $[x]_R=\{y\in U|(x,y)\in R\}$，则称 $[x]_R$ 为由 R 决定的 x 的 R 等价类，关系 R 的等价类称为 S 中的基本集(基本概念)或原子。

定义 1.4[3] 给定近似空间 $S=<U,R>$，对于每个子集 $X\subseteq U$ 和不分辨关系 $B(B\subseteq R)$，X 的下近似集和上近似集分别可以由 B 的基本集定义为

$$\underline{B}(X)=\cup \{Y_i \mid (Y_i \in U/\mathrm{IND}(B) \wedge Y_i \subseteq X)\} \tag{1-1}$$

$$\overline{B}(X)=\cup \{Y_i \mid (Y_i \in U/\mathrm{IND}(B) \wedge Y_i \cap X \neq \varnothing)\} \tag{1-2}$$

式中，$U/\mathrm{IND}(B)$ 是不可分辨关系 B 对 U 的划分。

Rough 集的下近似集(lower approximation)和上近似集(upper approximation)也可通过集合来定义，即

$$\underline{B}(X)=\{x \mid x\in U \wedge [x]_B \subseteq X\} \tag{1-3}$$

$$\overline{B}(X)=\{x \mid x\in U \wedge [x]_B \cap X \neq \varnothing\} \tag{1-4}$$

即当且仅当 $[x]_B\subseteq X, x\in \underline{B}(X)$；当且仅当 $[x]_B\cap X\neq \varnothing, x\in \overline{B}(X)$。

集合 $\mathrm{POS}_B(X)=\underline{B}(X)$ 称为 X 的 B 正域(positive region)，它可以解释为由那些根据现有知识 B，U 中所有一定属于集合 X 的元素所组成的集合；$\overline{B}(X)$ 可以解释为由那些根据现有知识 B，U 中所有一定能和可能归入集合 X 的元素所组成的集合；集合 $\mathrm{BN}_B(X)=\overline{B}(X)-\underline{B}(X)$ 称为 X 的 B 边界域(boundary region)，它可以解释为由那些根据现有知识 B，U 中所有判断出可能属于 X，但不能完全肯定是否一定属于 X 的元素所组成的集合；$\mathrm{NEG}_B(X)=U-\overline{B}(X)$ 称为 X 的 B 负域(negative region)，它可以解释为由那些根据现有知识 B，判断出 U 中肯定不属于 X 的元素所组成的集合。

当且仅当 $\underline{B}(X)=\overline{B}(X)$，称 X 是 B 可定义的，即对于 B,X 为经典集；当且仅当 $\underline{B}(X)\neq\overline{B}(X)$，称 X 是 B 不可定义的，即对于 B,X 为 Rough 集。

可将 $\underline{B}(X)$ 看做 X 中的最大可定义集，将 $\overline{B}(X)$ 看做含有 X 的最小可定义集。从近似集的定义，可以得到下近似和上近似的下列性质[3,5-9]，证明过程详见文献[9]。

定理 1.1　$\underline{B}(X)$ 和 $\overline{B}(X)$ 有下列性质：

(1) $\underline{B}(X)\subseteq X\subseteq\overline{B}(X)$；

(2) $\underline{B}(\emptyset)=\overline{B}(\emptyset)=\emptyset$；$\underline{B}(U)=\overline{B}(U)=U$；

(3) $\overline{B}(X\cup Y)=\overline{B}(X)\cup\overline{B}(Y)$；

(4) $\underline{B}(X\cap Y)=\underline{B}(X)\cap\underline{B}(Y)$；

(5) $X\subseteq Y\Rightarrow\underline{B}(X)\subseteq\underline{B}(Y)$；

(6) $X\subseteq Y\Rightarrow\overline{B}(X)\subseteq\overline{B}(Y)$；

(7) $\underline{B}(X\cup Y)\supseteq\underline{B}(X)\cup\underline{B}(Y)$；

(8) $\overline{B}(X\cap Y)\subseteq\overline{B}(X)\cap\overline{B}(Y)$；

(9) $\underline{B}(-X)=-\overline{B}(X)$；

(10) $\overline{B}(-X)=-\underline{B}(X)$；

(11) $\underline{B}(\underline{B}(X))=\overline{B}(\underline{B}(X))=\underline{B}(X)$；

(12) $\overline{B}(\overline{B}(X))=\underline{B}(\overline{B}(X))=\overline{B}(X)$。

1.1.3　Rough 集理论中的近似度量方法

在粗糙集理论中，定义了粗糙集意义下的粗糙隶属函数（rough membership function）。通过使用不可分辨关系 B，定义元素 x 对集合 X 的粗糙隶属函数为

$$\mu_X^B(x)=\frac{\mathrm{card}(X\cap[x]_B)}{\mathrm{card}([x]_B)} \tag{1-5}$$

显然，$0\leqslant\mu_X^B(x)\leqslant 1$。

定理 1.2[10]　粗糙隶属函数满足以下性质：

(1) $\mu_X^B(x)=1$，当且仅当 $x\in\underline{B}(X)$；

(2) $\mu_X^B(x)=0$，当且仅当 $x\in-\overline{B}(X)$；

(3) $0<\mu_X^B(x)<1$，当且仅当 $x\in\mathrm{BN}_B(X)$；

(4) 如果 $B=\{(x,x)|x\in U\}$，则 $\mu_X^B(x)$ 是 X 的特征函数；

(5) 如果 $(x,y)\in B$，则 $\mu_X^B(x)=\mu_X^B(y)$；

(6) $\mu_{U-X}^B(x)=1-\mu_X^B(x)$，$\forall x\in U$；

(7) $\mu_{X\cup Y}^B(x)\geqslant\max(\mu_X^B(x),\mu_Y^B(x))$，$\forall x\in U$；

(8) $\mu_{X\cap Y}^{B}(x) \geq \min(\mu_X^B(x), \mu_Y^B(x))$,$\forall x \in U$；

(9) 如果 $X = \{X_1, X_2, \cdots, X_n\}$ 是 U 的一族互不相交的子集，则 $\mu_{\cup X}^{B}(x) = \sum_{X_i \in X} \mu_{X_i}^B(x)$，$\forall x \in U$。

在 Rough 集理论中，Rough 集 X 的不可定义性（不确定性）是由 Rough 集 X 的边界不确定引起的。集合 X 的边界区域越大，其确定性程度就越低。为了更准确地表达集合的精确性，可以用集合 X 的近似精度和 Rough 度这两个概念来描述 Rough 集 X 的不确定性程度。

定义 1.5 假定集合 X 是论域 U 上的一个关于知识 B（属性子集）的 Rough 集，定义其 B 精度（在不发生混淆的情况下，也简称精度）为

$$d_B(X) = \frac{\underline{B}(X)}{\overline{B}(X)} \tag{1-6}$$

其中，$X \neq \varnothing$；如果 $X = \varnothing$，此时可定义 $d_B(X) = 1$。

显然，对每个 B 和 $X \subseteq U$ 有 $0 \leq d_B(X) \leq 1$。

当 $d_B(X) = 1$ 时，X 的 B 边界区域为空集，集合 X 为 B 可定义的；当 $d_B(X) < 1$ 时，集合 X 有非空的 B 边界区域，集合 X 为 B 不可定义的，即粗糙的。集合 X 关于知识 B 的精度也称为近似精度。

在以后章节的讨论中，将等价关系、属性、知识等概念混用，不予分辨。

定义 1.6[3] 假定集合 X 是论域 U 上的一个关于知识 B（属性子集）的 Rough 集，定义其 B 的 Rough 精度（在不发生混淆的情况下，也简称 Rough 度）为

$$\rho_B(X) = 1 - d_B(X) \tag{1-7}$$

Rough 集 X 的精度是一个区间 $[0,1]$ 上的实数，它定义了 Rough 集 X 的可定义程度，即集合 X 的确定度。X 的 Rough 度与精度恰恰相反，它定义了集合 X 的知识的不完全程度。

除了用数值（B 精度）来表示 Rough 集的特征外，也可根据上近似和下近似的特征，对 Rough 集 X 的不确定性程度作如下定义：

(1) 如果 $\underline{B}(X) \neq \varnothing$ 且 $\overline{B}(X) \neq U$，则称 X 为 B 粗糙可定义的；

(2) 如果 $\underline{B}(X) = \varnothing$ 且 $\overline{B}(X) \neq U$，则称 X 为 B 内不可定义的；

(3) 如果 $\underline{B}(X) \neq \varnothing$ 且 $\overline{B}(X) = U$，则称 X 为 B 外不可定义的；

(4) 如果 $\underline{B}(X) = \varnothing$ 且 $\overline{B}(X) = U$，则称 X 为 B 全不可定义的。

可以对上述定义作如下的直观理解。

当 $\underline{B}(X) = \overline{B}(X)$ 时，集合 X 的边界域为空，即根据属性集 B 就可以确定元素是否属于集合 X，即 X 对应的概念是一个确定的概念。对于 Rough 集，边界域的存在导致部分元素不能被确定地判定。如果集合 X 为 B 粗糙可定义，则可以确

定 U 中某些元素是否属于 X 或 $-X$；如果集合 X 为 B 内不可定义，则意味着可以确定 U 中某些元素是否属于 $-X$，但不能确定 U 中任一元素是否属于 X；如果集合 X 为 B 外不可定义，则可以确定 U 中某些元素是否属于 X，但不能确定 U 中任一元素是否属于 $-X$；如果集合 X 为 B 全不可定义，则意味着不能确定 U 中任一元素是否属于 X 或 $-X$。

上面这两种刻画粗糙集不确定性程度的方法，其一为用近似精度来表示粗糙集的数字特征，其二为用粗糙集的上下近似分类表示粗糙集的拓扑特征。粗糙集的数字特征表示了集合边界区域的大小，但没有说明边界区域的结构；而粗糙集的拓扑特征没有给出边界区域大小的信息，它提供的是边界区域的结构。

在论域 U 中，如果知道由集合簇 $F=\{F_1,F_2,\cdots,F_m\}(U=\bigcup_{i=1}^{m}F_i)$ 所定义的知识，也可以定义属性子集 B 描述这些知识的能力，即 B 对 F 完成分类的准确度。定义下面两个度量来对属性子集 B 的近似分类能力进行描述。

定义 1.7[4]　设集合簇 $F=\{F_1,F_2,\cdots,F_m\}(U=\bigcup_{i=1}^{m}F_i)$ 是论域 U 上定义的知识，B 是一个属性子集，定义 B 对 F 近似分类的精度为

$$d_B(F)=\frac{\sum_{i=1}^{m}|\underline{B}(F_i)|}{\sum_{i=1}^{m}|\overline{B}(F_i)|} \tag{1-8}$$

定义 1.8[3]　设集合簇 $F=\{F_1,F_2,\cdots,F_m\}(U=\bigcup_{i=1}^{m}F_i)$ 是论域 U 上定义的知识，B 是一个属性子集，定义 B 对 F 近似分类的质量为

$$r_B(F)=\frac{\sum_{i=1}^{m}|\underline{B}(F_i)|}{|U|} \tag{1-9}$$

B 对 F 近似分类的精度描述的是当使用知识 B（属性子集 B）对对象进行分类时，在所有可能的决策中确定决策所占的比例；B 对 F 近似分类的质量描述的是应用知识 B 对对象进行分类时，能够确定决策的对象在论域中所占的比例。

定理 1.3　设集合簇 $F=\{F_1,F_2,\cdots,F_m\}(U=\bigcup_{i=1}^{m}F_i)$ 是论域 U 上定义的知识，B 是一个属性子集。若存在 $i\in\{1,2,\cdots,m\}$ 使得 $\underline{B}(F_i)\neq\varnothing$，则对于任意 j（$j\neq i, j\in\{1,2,\cdots,m\}$）都有 $\overline{B}(F_i)\neq U$。

定理 1.4[3]　设集合簇 $F=\{F_1,F_2,\cdots,F_m\}(U=\bigcup_{i=1}^{m}F_i)$ 是论域 U 上定义的知识，B 是一个属性子集。若存在 $i\in\{1,2,\cdots,m\}$ 使得 $\overline{B}(F_i)=U$，则对于任意 j（$j\neq i, j\in\{1,2,\cdots,m\}$）都有 $\underline{B}(F_i)=\varnothing$。

定义 1.9[11]　设 $Q \subseteq C$，规则 $Q \rightarrow d$ 的近似质量 $r(Q \rightarrow d)$ 定义为

$$r(Q \rightarrow d) = \frac{\sum |\{\underline{Q}(X) \mid X \in U/\text{IND}(d)\}|}{|U|} \quad (1\text{-}10)$$

近似质量 $r(Q \rightarrow d)$ 定义中的分子相当于等价关系 $\text{IND}(d)$ 的 Q 正域。

在式(1-9)中，若 $B \subseteq C$ 且 $F = \{F_1, F_2, \cdots, F_m\}$ 是论域 U 上根据决策表 S 中 $\text{IND}(d)$ 得到的划分，则 B 对 F 近似分类的质量 $r_B(F)$ 和定义 1.9 中规则 $Q \rightarrow d$ 的近似质量 $r(Q \rightarrow d)$ 具有一致性。

1.1.4　决策表的属性约简

1. 决策表属性约简与知识依赖性

基于 Rough 集理论的知识获取，主要是通过对原始决策表的约简，在保持决策表决策属性和条件属性之间的依赖关系不发生变化的前提下对决策表进行约简（简化）。知识约简是 Rough 集理论的重要内容之一。在决策表中，从形成对论域的划分不变这一角度来讲，并非所有的属性都是必不可少的。换句话说，在保持对论域分类能力不变的前提下，有些属性是多余的，删除冗余属性就是信息系统中的属性约简问题[4,6-8]。

定义 1.10　设 $S = <U, A, V, f>$ 是一个信息系统，令 $P \subseteq A$，对于 $a \in P$，如果 $\text{IND}(P) = \text{IND}(P - \{a\})$，则称属性 a 在 P 中是不必要的（多余的），否则称 a 在 P 中是必要的。

不必要的属性在信息系统中是多余的，如果将它们从信息系统中去掉，不会改变信息系统的分类能力。相反，如果从信息系统中去掉一个必要的属性，则一定会改变信息系统的分类能力。

定义 1.11[4]　设 $S = <U, A, V, f>$ 是一个信息系统，令 $P \subseteq A$，如果 $\forall a \in P$ 在 P 中都是必要的，则称属性集 P 是独立的，否则称 P 是相互依赖的。

对于相互依赖的属性集来说，其中必包含冗余属性，可以对其约简；而对于独立的属性集来说，去掉其中任何一个属性都将破坏信息系统的分类能力。

定义 1.12[4]　设 $S = <U, A, V, f>$ 是一个信息系统，若 $Q \subseteq A$，则 Q 中所有必要属性组成的集合称为属性集 Q 的核(core)，记为 $\text{core}(Q)$。

定义 1.13[3]　设 $S = <U, A, V, f>$ 是一个信息系统，$P \subseteq A$。如果
(1) $\text{IND}(P) = \text{IND}(A)$；
(2) P 是独立的；
则称 P 是 A 的一个约简(reduct)。

一般来讲，一个属性子集 $P \subseteq A$ 可以有多个约简，P 的所有约简组成的集合记为 $\text{Red}(P)$，一个属性子集 P 的所有必要属性组成的集合称为它的核，记为

core(P)。

对一个属性子集 $P\subseteq A$,有如下定理。

定理 1.5 core(P)=$\bigcap$Red(P)。

该定理表明,一组属性的核是该组属性所表达的知识的不可消去的知识特征集合,它是信息系统中进行属性约简的基础。

设 P 和 Q 是论域 U 上的两个等价关系簇(属性集),Q 的 P 正域记为 $POS_P(Q)$,定义为

$$POS_P(Q) = \bigcup_{X\in U/Q} P(X) \qquad (1\text{-}11)$$

可以看出,Q 的 P 正域是 U 中所有根据分类 U/P 的信息可以准确地被划分到关系 Q 的等价类中的对象的集合。

定义 1.14 设 $S=<U,A,V,f>$ 是一个决策表,其中 $A=C\cup D,C\cap D=\varnothing$,令 $P\subseteq C,Q\subseteq D,a\in P$,如果 $POS_P(Q)=POS_{P-\{a\}}(Q)$,则称 a 为 P 中 Q 不必要的,否则称 a 为 P 中 Q 必要的。

定义 1.15[3] 设 $S=<U,A,V,f>$ 是一个决策表,其中 $A=C\cup D,C\cap D=\varnothing$,令 $P\subseteq C,Q\subseteq D$,如果每个属性 $a\in P$ 为 P 中 Q 必要的,则称 P 为 Q 独立的(或 P 相对于 Q 独立),否则称 P 为 Q 相依的。

在决策表 $S=<U,A,V,f>$ 中,C 中所有 D 必要的属性组成的集合称为 C 的 D 核,简称相对核(Relative core),记为 $core_C(D)$。

定义 1.16 设 $S=<U,A,V,f>$ 是一个决策表,$A=C\cup D,C\cap D=\varnothing$,令 $P\subseteq C$。如果

(1) $POS_P(D)=POS_C(D)$;

(2) P 相对于 D 独立;

则称 P 是 C 的一个 D 约简,简称相对约简(relative reduct)。

定理 1.6 C 的所有 D 约简记为 $Red_C(D)$,则有 $core_C(D)=\bigcap Red_C(D)$。

一般来说,一个决策表的条件属性相对于决策属性的相对约简不是唯一的,即对同一个决策表可能存在多个相对约简。因为属性约简的目的是导出关于决策表的决策规则,约简中属性的多少直接影响着决策规则的繁简和性能。因此,人们期望找到具有最少条件属性的约简,即最小约简。然而,寻求所有约简或最小约简已被证明是 NP-hard 问题[12],导致 NP-hard 问题的主要原因是属性的组合爆炸问题。

知识的依赖性可形式化地定义如下。

设 $S=<U,A,V,f>$ 是一个信息系统,$P,Q\subseteq A$。如果 $IND(P)\subseteq IND(Q)$,知识 Q 依赖于知识 P(记为 $P\Rightarrow Q$);如果 $P\Rightarrow Q$ 且 $Q\Rightarrow P$,知识 P 与知识 Q 等价(记为 $P\equiv Q$);如果 $P\Rightarrow Q$ 与 $Q\Rightarrow P$ 均不成立,知识 P 与知识 Q 独立。

当知识 Q 依赖于知识 P 时,也可以说知识 Q 是由知识 P 所导出的。

从上述定义可以看出,知识 P 与知识 Q 等价,当且仅当 $\text{IND}(P)=\text{IND}(Q)$。定理 1.7 给出了知识 P 与知识 Q 之间所具有的性质。

定理 1.7[3]　下列条件是等价的:

(1) $P \Rightarrow Q$;

(2) $\text{IND}(P \bigcup Q) = \text{IND}(P)$;

(3) $\text{POS}_P(Q) = U$;

(4) 对于所有的 $X \in U/\text{IND}(Q)$,有 $\underline{P}(X) = X$。

有时候知识的依赖性可能是部分的,这意味着知识 Q 仅有部分由知识 P 导出,部分导出可由知识的正域来定义。知识 Q 和知识 P 之间的依赖性度量定义为

$$k = \gamma_P(Q) = |\text{POS}_P(Q)| / |U|, \quad 0 \leqslant k \leqslant 1 \tag{1-12}$$

用 $P \Rightarrow_k Q$ 表示 Q 是 k 度依赖于 P。当 $k=1$ 时,称 Q 完全依赖于 P;当 $0 < k < 1$ 时,称 Q 部分依赖于 P;当 $k=0$ 时,称 Q 完全独立于 P[4,13]。

2. 决策表属性约简的信息熵表示

由 Shannon[14] 定义的一个系统的熵给出了系统结构的不确定性度量,它可用来描述各种方式下的信息内容。在粗糙集理论中,文献[15]~[21]已经使用 Shannon 熵的概念和它的变形来度量不确定性,文献[17]讨论了粗糙集理论中知识粗糙性与信息熵的关系,文献[11]研究了粗糙集和粗糙关系数据库的不确定性的信息度量。这里对 Rough 集理论中的知识(属性集合,即属性集合对论域的划分)作新的理解,建立知识与信息熵的关系。

设 U 为一个论域,P、Q 为 U 上的两个等价关系簇(属性集),可以认为 U 上任一等价关系簇是定义在 U 上的子集组成的 σ 代数上的一个随机变量,其概率分布可通过如下方法来确定,具体过程见文献[3]。

定义 1.17　设知识(属性集合)P,Q 在 U 上导出的划分分别为 X 和 Y,其中 $X = \{X_1, X_2, \cdots, X_{n_1}\}$,$Y = \{Y_1, Y_2, \cdots, Y_{n_2}\}$,则 P,Q 在 U 的子集组成的 σ 代数上的概率分布分别为

$$p(X_i) = \frac{|X_i|}{|U|}, \quad i = 1, 2, \cdots, n_1 \tag{1-13}$$

$$p(Y_j) = \frac{|Y_j|}{|U|}, \quad j = 1, 2, \cdots, n_2 \tag{1-14}$$

有了知识的概率分布以后,根据信息论就可以定义知识的熵与条件熵的概念。

定义 1.18　知识 P 的熵 $H(P)$ 定义为

$$H(P) = -\sum_{i=1}^{n_1} p(X_i) \log(p(X_i)) \tag{1-15}$$

定义 1.19 知识 Q 相对于知识 P 的条件熵 $H(Q|P)$ 定义为

$$H(Q \mid P) = -\sum_{i=1}^{n_1} p(X_i) \sum_{j=1}^{n_2} p(Y_j \mid X_i) \log(p(Y_j \mid X_i)) \tag{1-16}$$

式中,$p(Y_j|X_i) = |Y_j \cap X_i|/|X_i|$,$i=1,2,\cdots,n_1$,$j=1,2,\cdots,n_2$。

定理 1.8 设 U 为一个论域,P、Q 为 U 上的两个等价关系簇(属性集合)。若 $\text{IND}(P) = \text{IND}(Q)$,则 $H(P) = H(Q)$。

定理 1.9 设 U 为一个论域,P、Q 为 U 上的两个等价关系簇(属性集合),且 $P \subseteq Q$。若 $H(P) = H(Q)$,则 $\text{IND}(P) = \text{IND}(Q)$。

定理 1.10 设 U 为一个论域,P 是 U 上的一个等价关系簇(属性集合),P 中的一个关系 R(属性)是绝对不必要的(多余的),其充要条件为 $H(\{R\}|P-\{R\}) = 0$。

1.1.5 不完备信息系统中 Rough 集理论的扩充

由 Pawlak 用不分辨关系(或称等价关系)引入的下近似和上近似的经典定义已经被成功地用于数据分类和数据约简,但在更一般关系的情况下,扩充这些概念是十分必要的,特别是考虑一个相似关系或相容关系,而不是不可分辨关系。如此的关系表达是一种比较弱的不分辨形式,通常不是等价关系,而自反性对于表示任意一种不分辨性或相似性的形式似乎都是相当必要的,其他对称性和传递性都是可以放宽的。基于传统不分辨关系的 Rough 集理论是不能处理不完备信息系统的,但在实际中,不完备信息系统是普遍存在的[22-25]。因此研究不完备信息系统下的 Rough 集理论(广义 Rough 集理论)有着重要的意义。

在传统的 Rough 集理论中,存在一个明显的假设,即所有可以获取的个体对象由其属性集合给出其完全的描述。换句话说,用 $U = \{x_1, x_2, \cdots, x_n\}$ 表示个体对象集合,$C = \{c_1, c_2, \cdots, c_n\}$ 表示属性集合,则对于任意 $x_i \in U, c_j \in C$,属性值 $x_i(c_j)$ 总是存在的,即 $x_i(c_j) \neq \varnothing$。这个假设虽然是合理的,但与很多现实情况有差异。在这些情况下,由于不可能得到所有的属性值(例如,在医学信息系统中,可能存在这样一组病人,他们不能执行所有要求的检查[25]),或者有些对象的某个属性值是肯定不可能得到的,这就导致了关于对象集合 U 的描述是不完全的,从而导致了不完备信息系统的出现。

例如,表 1-3 就是一个不完备的信息系统(不完备的信息表)。

表 1-3 不完备信息系统

A	x_1	x_2	x_3	x_4	x_5	x_6	x_7	x_8	x_9	x_{10}	x_{11}	x_{12}
c_1	3	2	2	*	*	2	3	*	3	1	*	3
c_2	2	3	3	2	2	3	*	0	2	*	2	2

续表

A	x_1	x_2	x_3	x_4	x_5	x_6	x_7	x_8	x_9	x_{10}	x_{11}	x_{12}
c_3	1	2	2	*	*	2	*	0	1	*	*	1
c_4	0	0	0	1	1	1	3	*	3	*	*	*
d	Ω	Ω	Ψ	Ω	Ψ	Ψ	Ω	Ψ	Ψ	Ω	Ψ	Ω

对于不完备信息系统的理解,存在两种语意解释:遗漏(missing)语意和缺席(absent)语意。遗漏语意下,认为遗漏值(未知值)将来总是可以得到的,并可以与任意值相比较(匹配、相等);而缺席语意下,认为缺席值(未知值)是无法再得到的,不能与任意值相比较(匹配、相等)。

1. 容差关系

在 Kryszkiewicz 提出的容差关系中,最主要的一个概念是赋予信息表中没有值的元素 Null 值,Null 值是一种有可能是任何值的值[3]。

给定不完备信息系统 NS=$<U,A,V,f>$,对于具有遗漏属性值的属性子集 $B \subseteq A$,记遗漏值为"*",引入容差关系的定义如下。

定义 1.20[3]   容差关系 T 的定义为

$$\forall_{x,y \in U}(T_B(x,y) \Leftrightarrow \forall_{c_j \in B}(c_j(x)=c_j(y) \vee c_j(x)=* \vee c_j(y)=*))$$

显然,容差关系 T 具有自反性、对称性,但不一定具有传递性。

定义 1.21[26]   限制容差关系 L 的定义为:设 $P_B(x)=\{b|b \in B \wedge b(x) \neq *\}$,则

$$\forall_{x,y \in U}(L_B(x,y) \Leftrightarrow \forall_{b \in B}(b(x)=b(y)=*) \vee ((p_B(x) \cap p_B(y) \neq \varnothing)$$
$$\wedge \forall_{b \in B}((b(x) \neq *) \wedge (b(y) \neq *) \rightarrow (b(x)=b(y)))))$$

显然,限制容差关系 L 具有自反性、对称性,但不具有传递性。

定义 1.22   限制容差类 $J_B^L(x)=\{y|y \in U \wedge L_B(x,y)\}$,$D \subseteq U$,集合 D 相应的上、下近似集定义为

$$D_L^B = \{x \mid x \in U \wedge J_B^L(x) \cap D \neq \varnothing\} \tag{1-17}$$

$$D_B^L = \{x \mid x \in U \wedge J_B^L(x) \subseteq D\} \tag{1-18}$$

为书写方便,把限制容差类 $J_B^L(x)$ 简写为 $J(x)$。

2. 非对称相似关系

定义 1.23   非对称相似关系 S 的定义为

$$\forall_{x,y \in U}(S_B(x,y) \Leftrightarrow \forall_{c_j \in B}(c_j(x)=c_j(y) \vee c_j(x)=*))$$

显然,非对称相似关系 S 不对称,但具有自反性、传递性。关系 S 是对象集合 U 上的偏序。实际上,非对称相似关系可以认为是包含关系的一个代表,因为只要对象 x 的描述包含于对象 y 的描述,就认为 x 与 y 相似。对于任意个体 $x \in U$,可以定义两个非对称相似集合如下。

非对称相似于对象 x 的对象集合 $G(x)$ 以及 x 与之非对称相似的对象集合 $G^-(x)$ 的定义为

$$G(x) = \{y \in U \mid S(y, x)\} \tag{1-19}$$

$$G^-(x) = \{y \in U \mid S(x, y)\} \tag{1-20}$$

显然,$G(x)$ 与 $G^-(x)$ 是两个不相同的集合。在此基础上对象集合 X 在非对称相似关系下的上近似和下近似也可被进一步定义,这里不再赘述。

1.2 Fuzzy 集理论

简单来说,Fuzzy 集(模糊集)就是用来表达模糊性概念的集合。模糊集理论是在经典集合论基础上用以刻画模糊现象的一种理论方法。由于经典集合只能表现具有明确外延的概念,不能表现模糊概念,而在现实生活中,模糊现象是大量存在的。为了定量地刻画模糊概念和模糊现象,Zadeh 于 1965 年提出了模糊集合这一重要概念,且目前在许多领域中都获得了卓有成效的应用。本节简单介绍 Fuzzy 集的理论基础,包括 Fuzzy 集的定义与表示、Fuzzy 集的运算和 Fuzzy 性的度量。

1.2.1 Fuzzy 集的定义与表示法

定义 1.24[27] 设 X 为一有限非空论域,x 为 X 中的元素,对于 $\forall x \in X$,给定映射 $x \to \mu_A(x) \in [0, 1]$,则序偶组成的集合

$$A = \{x \mid \mu_A(x)\}, \forall x \in X$$

为 X 上的模糊集合。式中,$\mu_A(x)$ 为 x 对 A 的隶属度,μ 被称为隶属函数。

X 上的模糊集合的全体记为 $F(X)$,$\mu_A(x)$ 可简记为 $A(x)$,隶属度 $\mu_A(x)$ 表示 x 隶属于模糊集 A 的程度。

若 $\mu_A(x) = 1$,则认为 x 完全属于 A;

若 $\mu_A(x) = 0$,则认为 x 完全不属于 A;

若 $0 < \mu_A(x) < 1$,则认为 x 在 $\mu_A(x)$ 程度上属于 A。

设论域 $X = \{x_1, x_2, \cdots, x_n\}$,$X$ 上的任一模糊集合 A 的隶属函数为 $A(x_i)$ ($i = 1, 2, \cdots, n$),则模糊集合有如下 3 种表示方法。

(1) Zadeh 表示法为

$$A = \frac{A(x_1)}{x_1} + \frac{A(x_2)}{x_2} + \cdots + \frac{A(x_n)}{x_n}$$

式中,$A(x_i)/x_i$ 不表示"分数",仅表示元素 x_i 隶属于 A 的程度为 $A(x_i)$;符号"+"也不表示加号,而是一种联系符号。

(2) 序偶表示法为

$$A = \{(x_1, A(x_1)), (x_2, A(x_2)), \cdots, (x_n, A(x_n))\}$$

(3) 向量表示法为

$$A = (A(x_1), A(x_2), \cdots, A(x_n))$$

向量表示法要求论域 X 中元素的先后顺序是确定的,把每个元素对应的隶属度按给定的顺序组成一个向量,该向量称为模糊向量[28]。在这里要注意,向量中如有 $A(x_i)=0$,则该项不能省略。

1.2.2 Fuzzy 集的基本运算与性质

由于 Fuzzy 集中没有点和集之间的绝对属于关系,所以其运算的定义只能以隶属函数间的关系来确定。

定义 1.25 设 X 为论域,A 和 B 是 U 上的两个模糊集合,若 $\forall x \in X, A(x) \leqslant B(x)$,则称 B 包含 A,或称 A 包含于 B,记为 $A \subseteq B$;若 $\forall x \in U, A(x) = B(x)$,则称 A 与 B 相等,记为 $A = B$;若 $A \subseteq B$,但 $A \neq B$,则称 B 真包含 A,或 A 真包含于 B,记为 $A \subset B$。

用 $\varnothing$ 表示隶属函数恒为 0 的 Fuzzy 集,U 表示隶属函数恒为 1 的 Fuzzy 集,则 Fuzzy(X) 具有下列性质。

定理 1.11 设 $A, B, C \in F(X)$,则

(1) 有界性:$\varnothing \subseteq A \subseteq X$。

(2) 自反性:$A \subseteq A$。

(3) 反对称性:$A \subseteq B, B \subseteq A \Rightarrow A = B$。

(4) 传递性:$A \subseteq B, B \subseteq C \Rightarrow A \subseteq C$。

由定理 1.11 易知,$\subseteq$ 是 $F(X)$ 上的一种偏序关系,从而 $(F(X), \subseteq)$ 是一个偏序集。

定义 1.26 设 $A, B \in F(X)$,A 与 B 的交、并运算分别定义为 $\cap$ 和 $\cup$,A 的补集记为 A^c,$\forall x \in U$,有

$$(A \cap B)(x) = \min\{A(x), B(x)\} = A(x) \wedge B(x)$$

$$(A \cup B)(x) = \max\{A(x), B(x)\} = A(x) \vee B(x)$$

$$(A^c)(x) = 1 - A(x)$$

显然，$A\cap B, A\cup B, A^c \in F(X)$。

定理 1.12 设 $A, B, C \in F(X)$，则

(1) 幂等律：$A\cup A=A, A\cap A=A$。

(2) 交换律：$A\cup B=B\cup A, A\cap B=B\cap A$。

(3) 结合律：$A\cup(B\cup C)=(A\cup B)\cup C; A\cap(B\cap C)=(A\cap B)\cap C$。

(4) 分配律：$A\cup(B\cap C)=(A\cup B)\cap(A\cup C)$，

$\qquad A\cap(B\cup C)=(A\cap B)\cup(A\cap C)$。

(5) 吸收律：$A\cup(A\cap B)=A, A\cap(A\cup B)=A$。

(6) 复原律：$(A^c)^c=A$。

(7) 对偶律：$(A\cup B)^c=A^c\cap B^c; (A\cap B)^c=A^c\cup B^c$。

(8) 两级律：$A\cup\varnothing=A, A\cap\varnothing=\varnothing$，

$\qquad A\cup U=U, A\cap U=A$。

证明过程详见文献[28]，此处从略。

1.2.3 Fuzzy 集的其他运算

定义 1.27 映射 $T:[0,1]^2 \to [0,1]$，如果对 $\forall a, b, c \in [0,1]$，满足如下条件

(1) 交换律：$T(a, b)=T(b, a)$。

(2) 结合律：$T(T(a, b), c)=T(a, T(b, c))$。

(3) 单调性：若 $a_1 \leqslant a_2, b_1 \leqslant b_2, T(a_1, b_1) \leqslant T(a_2, b_2)$。

(4) 边界条件：$T(1, a)=a$。

则称为 t-三角模，也称为 T 范数。

定义 1.28 映射 $S:[0,1]^2 \to [0,1]$，如果对 $\forall a, b, c \in [0,1]$，满足如下条件

(1) 交换律：$S(a, b)=S(b, a)$。

(2) 结合律：$S(S(a, b), c)=S(a, S(b, c))$。

(3) 单调性：若 $a_1 \leqslant a_2, b_1 \leqslant b_2, S(a_1, b_1) \leqslant S(a_2, b_2)$。

(4) 边界条件：$S(a, 0)=a$。

则称为 s-三角模，也称为 S 范数（T 余范）。

T 范数和 S 范数统称为三角算子。

显然，三角模 T 和反三角模 S 都是 $[0,1]$ 上的二元运算，通常将它们统称为三角模算子，记为 Δ。三角模算子的交换性表明其取值不依赖输入变量的顺序，单调性说明在输入变量增加时其值不应该减小；而利用结合律可以把三角模算子的定义从二元函数扩展为 n 元函数为

$$\Delta(x_1, x_2, \cdots, x_n)=\Delta(x_1, \Delta(x_2, \Delta(\cdots, \Delta(x_n-1, x_n))))$$

即
$$T(x_1, x_2, \cdots, x_n) = T(x_1, T(x_2, T(\cdots, T(x_n-1, x_n))))$$
$$S(x_1, x_2, \cdots, x_n) = S(x_1, S(x_2, S(\cdots, S(x_n-1, x_n))))$$

定理 1.13 三角模算子 T、S 是对偶算子。

性质 1.1 设 T 是 T 范数,则 $\forall a, b \in [0,1]$,有

(1) $0 \leqslant T(a,b) \leqslant a \wedge b$;

(2) $T(a, 0) = 0$。

性质 1.2 设 S 是 S 范数,则 $\forall a, b \in [0,1]$,有

(1) $a \vee b \leqslant S(a,b) \leqslant 1$;

(2) $S(a, 1) = 1$。

定义 1.29 设 $A, B \in F(X)$,对 $\forall u \in U$,规定
$$(A \cup B)(u) = A(u) \vee * B(u)$$
$$(A \cap B)(u) = A(u) \wedge * B(u)$$

式中,$\vee *$,$\wedge *$ 是 $[0,1]$ 中的二元运算,简称模糊算子。令 $a = A(u), b = B(u)$,常用算子如下。

(1) Zadeh 算子:$\vee$、$\wedge$
$$\begin{cases} a \vee b = \max(a,b) \\ a \wedge b = \min(a,b) \end{cases}$$

(2) 最大乘积算子 $\vee$、$\cdot$
$$\begin{cases} a \vee b = \max(a,b) \\ a \cdot b = ab \end{cases}$$

(3) 代数算子:$\dotplus$、$\cdot$
$$\begin{cases} a \dotplus b = a + b - ab \\ a \cdot b = ab \end{cases}$$

(4) 有界算子:$\oplus$、$\odot$
$$\begin{cases} a \oplus b = \min(a+b, 1) \\ a \odot b = \max(0, a+b-1) \end{cases}$$

另外还有强烈算子、Einstein 算子、Hamacher 算子等,这里不再一一介绍,读者如有兴趣,可参阅文献[28]以及其他模糊集研究相关文献。

1.2.4 Fuzzy 性的度量

Fuzzy 集是实现定量刻画模糊性对象的概念,而不同的模糊性对象的模糊程度是不一样的,于是不同的 Fuzzy 集的模糊程度是有区别的。Fuzzy 集的 Fuzzy

性度量可以从几个方面来度量,这里仅介绍几种常用的 Fuzzy 性度量方法,具体可参看文献[28]。

1. Fuzzy 集的 Fuzzy 度

一个 Fuzzy 集到底模糊到什么程度? 如何度量这种程度呢? 这就属于 Fuzzy 集的 Fuzzy 性范畴。

定义 1.30 若映射 $d:F(U) \to [0,1]$ 满足条件
(1) 当且仅当 $A \in F(X), d(A)=0$;
(2) 当且仅当 $A(x) \equiv 1/2, d(A)=1$;
(3) $x \in X$,当 $B(x) \leqslant A(x) \leqslant 1/2$ 时,$d(B) \leqslant d(A)$;
(4) $A \in F(U), d(A)=d(A^c)$。

则称映射 d 为 $F(X)$ 上的一个 Fuzzy 度或 Fuzzy 熵,$d(A)$ 称为 Fuzzy 集 A 的 Fuzzy 度或 Fuzzy 熵。

2. 模糊集的贴近度

贴近度是对两个 Fuzzy 集接近程度的一种度量。

定义 1.31 设 $A, B, C \in F(X)$,且映射 $N: F(X) \times F(X) \to [0,1]$ 满足条件
(1) $N(A, B) = N(B, A)$;
(2) $N(A, A) = 1$,而 $N(X, \varnothing) = 0$;
(3) 若 $\forall x \in U$,恒有 $A(x) \leqslant B(x) \leqslant C(x)$,则 $N(A, C) \leqslant N(A, B)$;

则 N 称为 $F(U)$ 上的贴近度函数,而 $N(A, B)$ 称为 A 与 B 的贴近度。

值得注意的是,上述定义只是原则性的,而在实际应用中的贴近度都是具体到某一个,但它们都满足这一原则性定义。常用的贴近度有 Hamming 贴近度 N_H、Euclid 贴近度 N_E、最大-最小贴近度 N_M、最小平均贴近度等,这里不再详述。

3. 模糊集的格贴近度

格贴近度是采用模糊集的内积和外积相结合的方式来刻画两个 Fuzzy 集的贴近程度。

定义 1.32[29] 设 $A, B \in F(U)$,记

$$A \circ B = \bigvee_{x \in U} (A(x) \vee B(x)) \tag{1-21}$$

$$A \hat{\circ} B = \bigwedge_{x \in U} (A(x) \vee B(x)) \tag{1-22}$$

分别称 $A \circ B, A \hat{\circ} B$ 为模糊集 A、B 的内积与外积。设

$$N_L(A, B) = (A \circ B) \wedge (A \hat{\circ} B) \tag{1-23}$$

称 $N_L(A, B)$ 为 A、B 的格贴近度。

这里称。为极大-极小(∧-∨)复合运算,这种运算在模糊关系、模糊关系方程以及模糊神经网络等领域有着广泛的应用。

1.2.5 Fuzzy 集的推广

下面简单介绍几种常用的模糊集的推广形式。

1. 凸模糊集[29]

凸模糊集是将一个向量空间作为论域 X 讨论的一类模糊集。集合 $A \in P(X)$ 是 X 的凸模子集是指 $\forall x_1, x_2 \in X, \forall \lambda \in [0,1]$,有

$$\lambda x_1 + (1-\lambda)x_2 \in A$$

将上式用 A 的特征函数 x_A 表达成 $\forall x_1, x_2 \in X, \forall \lambda \in [0,1]$,有

$$\chi_A(\lambda x_1 + (1-\lambda)x_2) \geqslant \chi_A(x_1) \wedge \lambda_A(x_2)$$

下面给出凸模糊集的定义。

定义 1.33 设 $A \in F(X)$,称 A 是凸模糊集,若 $\forall x_1, x_2 \in X, \forall \lambda \in [0,1]$,有

$$A(\lambda x_1 + (1-\lambda)x_2) \geqslant A(x_1) \wedge A(x_2)$$

若将"$\geqslant$"改为"$>$",则称 A 是严格凸模糊集。

若视 $A \in F(X)$ 为 $X \to [0,1]$ 上的函数,且 $A(\cdot)$ 是凸函数,则 A 必为凸模糊集;若 A 为凸模糊集,$A(\cdot):X \to [0,1]$ 并不一定是凸函数。

2. 二型模糊集

定义 1.34 A 为论域 X 上的二型模糊集,是指 A 是映射

$$A:X \to F([0,1])$$

可以将 X 上的全体二型模糊集记为 $F_2(X)$。

二型模糊集对于模糊现象的刻画更为深刻,也更加接近于实际情形,但对其处理比一般的模糊集要复杂得多。关于二型模糊集的研究主要集中在其运算、推广和应用上,还可以考虑区间值的区间二型模糊集[28]。

3. 直觉模糊集

Fuzzy 集给出了论域中一点的隶属度,直觉模糊集给出了论域中一点的隶属度与非隶属度。

定义 1.35 论域 X 上的一个直觉 Fuzzy 集(intuitionistic fuzzy set)是以下形式的一个对象,即

$$A = \{(x, u_A(x), v_A(x)) \mid x \in X\}$$

式中，$u_A(x) \in [0,1]$ 称为 "x 属于 A 的隶属度"，$v_A(x) \in [0,1]$ 称为 "x 不属于 A 的隶属度"，并且其满足下列条件

$$u_A(x) + v_A(x) \leqslant 1, \forall\ x \in X$$

论域 X 上的所有直觉 Fuzzy 集记为 $\psi F(x)$。

1.3 Vague 集理论

Vague 集理论是在模糊集基础上发展起来的一种新的处理模糊信息的模糊理论，为人们提供了一种新的知识表示和模糊信息处理方式，在模式识别、人工智能、故障诊断等领域的应用已取得了显著效果。本节重点介绍 Vague 集理论的概念、性质以及相关运算，相关内容请参考文献[30]和[31]。

1.3.1 Vague 集的基本概念

定义 1.36 设论域 $U=\{u_1, u_2, \cdots, u_n\}$，其中元素 $u_i(i=1,2,\cdots,n)$ 是所讨论的对象。U 上一个 Vague 集 A 由真隶属度函数 t_A 和假隶属度函数 f_A 所描述，$t_A:U\to[0,1]$，$f_A:U\to[0,1]$。其中 $t_A(u_i)$ 是由支持 u_i 的证据所导出的肯定隶属度的下界，$f_A(u_i)$ 则是由反对 u_i 的证据所导出的否定隶属度的下界，且 $t_A(u_i)+f_A(u_i)\leqslant 1$。元素 u_i 在 Vague 集 A 中的隶属度被区间$[0,1]$中的一个子区间$[t_A(u_i), 1-f_A(u_i)]$所界定，称该区间为 u_i 在 A 中的 Vague 值。

由上述定义可知，Vague 集 A 中任一元素 u_i 的隶属函数被限制在$[0,1]$上的一个子区间$[t_A(u_i), 1-f_A(u_i)]$内，其中 $t_A(u_i)$ 是 Vague 集的真隶属度函数，表示支持 $u_i \in A$ 的证据的必要程度；$f_A(u_i)$ 是 Vague 集的假隶属度函数，表示反对 $u_i \in A$ 证据的必要程度；$1-f_A(u_i)$ 则表示支持 $u_i \in A$ 的证据的可能程度。这样，关于 x 的不确定性用 $1-f_A(u_i)-t_A(u_i)$ 来表示，如果该差值小，表明相当精确地知道 x；如果该差值大，则表明关于 x 知道的很少。如果 $1-f_A(u_i)=t_A(u_i)$，则表明精确地知道 x，此时 Vague 集就退化为 Fuzzy 集；如果 $1-f_A(u_i)$ 和 $t_A(u_i)$ 同时为 1 或 0，则取决于 x 属于还是不属于 Vague 集，此时关于 x 的信息是很精确的，也就是说 Vague 集已退化为普通集合。

例如，如果$[t_A(u_i), 1-f_A(u_i)]=[0.5, 0.8]$，那么可以得到 $t_A(u_i)=0.5$，$f_A(u_i)=0.2$。这一结果可以解释为：u_i 属于 Vague 集 A 的程度为 0.5，而它不属于 A 的程度为 0.2。

当论域 U 连续时，一个 Vague 集 A 可以表示为

$$A = \int_U \frac{[t_A(u), f_A(u)]}{u},\ u \in U \tag{1-24}$$

当论域 U 离散时,一个 Vague 集 A 可以表示为

$$A = \sum_{i=1}^{n} \frac{[t_A(u_i), f_A(u_i)]}{u_i}, \ u_i \in U \tag{1-25}$$

定义 1.37 一个 Vague 集 A 的补集 A^c 定义为 $t_{A^c}(x) = f_A(x), 1 - f_{A^c}(x) = 1 - t_A(x)$。

定义 1.38 两个 Vague 集 A 和 B 是相等的,即 $A = B$,当且仅当 $A \subseteq B$ 和 $B \subseteq A$,即 $t_A(x) = t_B(x), 1 - f_A(x) = 1 - f_B(x)$。

定义 1.39 一个 Vague 集是空的,当且仅当它的真隶属度和假隶属度在 x 上恒等于 0。

定义 1.40 Vague 集 A 包含于 B,即 $A \subseteq B$,当且仅当 $t_A(x) \leqslant t_B(x), 1 - f_A(x) \leqslant 1 - f_B(x)$。

定义 1.41 两个 Vague 集 A 和 B 是相等的,即 $A = B$,当仅且当 $A \subseteq B$ 和 $B \subseteq A$,即 $t_A(x) = t_B(x), 1 - f_A(x) = 1 - f_B(x)$。

1.3.2 Vague 集的性质

令论域 U 上的 3 个 Vague 集分别为 A、B、C,它们的交并运算分别定义为 $\cap$ 和 $\cup$,在此,给出 Vague 集的相关性质如下:

(1) $A \cap B = B \cap A, A \cup B = B \cup A$;
(2) $A \cap (B \cap C) = (A \cap B) \cap C, A \cup (B \cup C) = (A \cup B) \cup C$;
(3) $A \cap A = A, A \cup A = A$;
(4) $A \cap \varnothing = \varnothing, A \cup X = X$,其中 $\varnothing = [0, 0], X = [1, 1]$;
(5) $A \cup \varnothing = A, A \cap X = A$,其中 $\varnothing = [0, 0], X = [1, 1]$;
(6) $A \cup (A \cap B) \supseteq A, A \cap (A \cup B) \subseteq A$;
(7) $\overline{A \cup B} = \overline{A} \cap \overline{B}, \overline{A \cap B} = \overline{A} \cup \overline{B}$;
(8) $\overline{\overline{A}} = A$。

以上性质的证明过程请参考文献[30]和[31],此处从略。

1.3.3 Vague 集的运算规则

定义 1.42 两个 Vague 集 A 和 B 相加所得的和 C 仍然是一个 Vague 集,记为 $C = A \oplus B$,它的真/假隶属函数分别为

$$t_C(Z) = \bigvee_{z = x+y} (t_A(x) \wedge t_B(x)) \tag{1-26}$$

$$1 - f_C(Z) = \bigvee_{z = x+y} ((1 - f_A(x)) \wedge (1 - f_B(x))) \tag{1-27}$$

定义 1.43 两个 Vague 集 A 和 B 相减所得的差 C 仍然是一个 Vague 集,记为 $C = A - B$,它的真/假隶属函数分别为

$$t_C(Z) = \bigvee_{z=x-y} (t_A(x) \wedge t_B(x)) \tag{1-28}$$

$$1 - f_C(Z) = \bigvee_{z=x-y} ((1-f_A(x)) \wedge (1-f_B(x))) \tag{1-29}$$

定义 1.44 两个 Vague 集 A 和 B 相乘所得的积 C 仍然是一个 Vague 集，记为 $C=A \otimes B$，它的真/假隶属函数分别为

$$t_C(Z) = \bigvee_{z=xy} (t_A(x) \wedge t_B(x)) \tag{1-30}$$

$$1 - f_C(Z) = \bigvee_{z=xy} ((1-f_A(x)) \wedge (1-f_B(x))) \tag{1-31}$$

定义 1.45 两个 Vague 集 A 和 B 相除所得的商 C 仍然是一个 Vague 集，记为 $C=A/B$，它的真/假隶属函数分别为

$$t_C(Z) = \bigvee_{z=x/y} (t_A(x) \wedge t_B(x)) \tag{1-32}$$

$$1 - f_C(Z) = \bigvee_{z=x/y} ((1-f_A(x)) \wedge (1-f_B(x))) \tag{1-33}$$

由 Vague 集理论的概念、性质及运算可以看出，与 Fuzzy 集相比，Vague 集可以表示和处理更丰富的具有模糊性的不确定性信息。随着人工智能的进一步发展，Vague 集将具有更广泛的应用，并有可能在模糊专家系统、数据挖掘、模糊模式识别等许多领域的智能系统中带来巨大的经济和社会效益。

1.4 商空间理论

在拓扑学及其相关数学领域，商空间（quotient space）直观上说就是将一个给定空间的一些点等同或者黏合在一起，由一个等价关系确定哪些点是等同的，这是从给定空间构造新空间的常见方法。张钹和张铃在多年从事时间规划和空间路径的基础上，提出了问题求解的商空间理论，并建立了商空间理论的粒计算模型[32]。商空间理论是用商集表示不同的粒度层次，借助于拓扑对论域结构的讨论导出了保假和保真原理，其在降低问题求解的复杂度方面具有极其重要的指导意义，而其他不考虑论域结构的模型很难揭示出这样的结论。

1.4.1 商空间模型的建立

以三元组 (X, f, T) 描述一个问题。其中 X 是论域，$f(\cdot)$ 表示论域上（元素）的属性，$f: X \rightarrow Y$，Y 可以是 n 维空间，也可以是一般的集合。T 是论域的结构，它表示论域中各元素之间的关系[33]。

求解问题 (X, f, T) 就是对论域 X 及其相关的结构、属性进行分析与研究。当 X 很复杂时，人们常从比较"粗"的粒度考察问题。所谓粒度，就是将论域中的子集当做新的元素进行研究。当给出 X 的一个等价关系 R 后，得到商集 $[X]$，然后就 $[X]$ 进行研究，即研究 $([X], [f], [T])$，以及 $([X], [f], [T])$ 与 $(X, f,$

T)的关系,称([X],[f],[T])为(X,f,T)对应于等价关系 R 的商空间(商问题),其中的参数说明如下:

[X]对应于等价关系 R 的商集;

[f]为属性 f 在[X]上产生的商属性;

[T]为由等价关系 R 与拓扑结构 T 在商集[X]上产生的商拓扑[T]:$\{u \mid p^{-1}(u) \in T, u \in [X], p: X \to [X]\}$。

在商空间模型的定义中,R 对应于一定的粒度。这里的一个很重要的概念就是粒度(granularity),在求解具体问题时,如何选取适当的粒度是一个与具体领域相关的问题。

1.4.2 商空间粒度的获得

商空间理论的核心就是将问题放在各种不同粒度的空间(商空间)上进行分析研究,然后综合得出原问题的解,于是如何选取适当的商空间就成为该理论的一个重要组成部分。求商空间的方法,如果用粒计算的术语表述,就是颗粒化。

颗粒化问题可以从 3 个角度来考虑。

(1) 直接对 X(论域)进行颗粒化,再通过不用粒度的合成产生新的粒度,即对论域取粒度。

从这个角度考虑,可以按结构和功能进行划分,将结构或者功能上关系密切的元素划分为一类,也可以按约束条件 $C_i(i=1,2,\cdots,n)$ 进行划分。如由约束条件 C_1,将 X 分成满足 C_1 与不满足 C_1 的两大类,进而又按是否满足 C_2 条件分为两大类,如此下去,将 X 分成一个二叉树的结构。当然,对一个约束条件 C_1,也可以按照满足 C_1 条件的程度不同划分为几大类,这样得到的是一般树的结构。

在实际问题中,上述划分方法的应用十分广泛,当讨论某个复杂问题时,通常忽略一些条件,只考虑简化了的情况,然后再将忽略掉的条件加上进行深入讨论,这种方法就本质而言,也是按约束条件进行划分的分析方法。

(2) 对属性 f 取不同的粒度,通过属性的粒度对论域进行划分,达到颗粒化的目的。

设 $f: X \to Y$ 是属性函数,若 f 是单值的,则可利用 f 定义划分。一般来讲,对 Y 的结构比较清楚,如 Y 是实数集或 R^n 欧几里得空间,可以利用 Y 的分类(对属性取不同的粒度)来定义 X 中对应的分类,方法如下。

设 $\{Y_i\}$ 是 Y 的划分,定义 $X_i = \{x \mid f(x) \in Y_i\}$,则 $\{X_i\}$ 是 X 的一个划分。

这里有两个因素,一个因素是取不同的属性,另一个因素是取属性值域的不同商空间。对属性的值域取不同的商空间,就是粗糙集方法中的"量化的技术"[4]。

利用属性进行划分的方法在粗糙集理论中是最常用的。

假设有一组数据表(X,f)(在粗糙集中常记为(U,A)),其中 $f=(f_1, f_2, \cdots,$

f_n),设 Y_i 是 f_i 值域的某个商集,一般在属性的值域上取商集,就是通常所说的对属性进行量化。

定义 $X_i = f_i^{-1}(Y_i)(i=1,2,\cdots,n)$,则 X_i 是 X 的商集。若取属性 f_1、f_2 同时进行划分,得到的商空间记为 X_{12},则 X_{12} 是 X_1、X_2 的上确界,取属性的所有可能组合及其量化,并求其对应的商空间,则可以得到(利用属性的颗粒化方法)所有的商空间。粗糙集方法讨论的问题之一,就是从中选取适当的商空间,以便更有效地进行识别、分类等,下面引用文献[32]中的例子说明这一点。

例 1-1 给定数据表 (X, A),如表 1-4 所示。

表 1-4 一个数据表

$X(A)$	f_1	f_2	f_3	f_4
1	5	1	3	2
2	3	1	2	1
3	3	1	3	1
4	2	1	3	0
5	2	0	1	0
6	3	0	3	0

利用属性 f_i 得到的商空间分别为 $X_1 = \{(1), (2,3,6), (4,5)\}$,$X_2 = \{(1), (2,3,4), (5,6)\}$,$X_3 = \{(5), (2), (1,3,4,6)\}$,$X_4 = \{(4,5,6), (2,3), (1)\}$,且有 $X_{12} = X_1 \wedge X_2 = \{(1), (2,3), (4), (5), (6)\}$,$X_{123} = X_1 \wedge X_2 \wedge X_3 = X$,其中"$\wedge$"表示求上确界。

在粗糙集理论中讨论的问题是,在给定一个商空间的条件下,分析如何表示一个给定的集合 S。如果能用商空间中的元素的并完全表示,则认为 S 是清晰的,否则就认为是不分明的,然后用上、下近似描述不分明集合 S。

(3) 对结构取不同的粒度,得到粗粒度的结构,再导出论域中对应的不同商空间。

对结构进行颗粒化,即是通过不同粗细的结构对所研究问题进行求解。

给定 (X, f, T) 及 T_1,且 $T_1 < T$ 是 X 上的拓扑,R 为在 X 上的等价关系,$xRy \Leftrightarrow \forall u(x)$,有 $y \in u(x)$ 且 $\forall u(y), x \in u(y)$,其中 $u(x)(u(y))$ 是 $x(y)$ 在 T_1 中的开邻域,由 R 确定的商集记为 X_1,则得到商空间 (X_1, f_1, T_1)。因为结构 T_1 比 T 粗,故空间 (X_1, f_1, T_1) 是 (X, f, T) 的商空间,这样通过结构的粗颗粒化,也能得出粗粒度的商空间。(X_1, f_1, T_1) 对论域来说没有改变,但是其构造变粗了,因此它是对原问题的粗粒度分析。

1.4.3 商空间方法的基本原理——保假原理、保真原理、商逼近

利用商空间模型进行问题求解,其主要方法是建立几个基本原理,然后利用商

空间模型与这些基本原理进行推理和问题求解。下面简单介绍商空间方法的基本原理。

保假原理：问题在商空间中无解，则在比它更细的任何空间上也一定无解。

保真原理 1：设问题在半序商空间(X_1,f_1,T_1)、(X_2,f_2,T_2)上均有解，则在其合成的商空间(X_3,f_3,T_3)上也有解。

保真原理 2：设问题在商空间(X_1,f_1,T_1)上有解，且$\forall [x] \in [X]$，将$[x]$当成X上的子集时，其是X上的连通集，则问题在X上也有解。

定义 1.46 设有问题(X,f,T)，要研究其性质P，取(X,f,T)的一个商空间序列$\{(X_i,f_i,T_i),i=1,2,\cdots\}$，对每个空间$(X_i,f_i,T_i)$进行研究，得出对应的性质$P_i$，若在一定意义下有$P_i \rightarrow P$，则称$\{(X_i,f_i,T_i),i=1,2,\cdots\}$是问题$(X,f,T)$关于性质$P$的商逼近。

商逼近提供了一种研究复杂系统的方法。

1.5　粒计算理论

粒计算理论融合了粗糙集、模糊集、商空间及人工智能等多种理论的研究成果，有很多学者就粒计算的基本理论和方法做了大量的工作。现在，粒计算已经成为研究模糊的、不确定的、不完整的及海量信息处理的数据分析工具。

1.5.1　粒

粒是粒计算的初始概念，是粒计算研究对象的单位，是求解问题的基本单位，类同于数据库中的记录，集合中的元素或子集。粒并没有一个十分确切的定义，一般称最小的、不可分或不需要再分解的粒为基本粒，即最低层次的粒称为基本粒，它可以是模糊的，也可以是精确的。

"对象A的粒化是通过不可分辨性、相似性或泛函性，把A的粒聚集成一组对象。"[34]设有论域U，根据关系或语义把论域中的基本粒聚集为几个或独立或互有交叉的集合，这个过程就是粒化，各集合称为粒，粒可以继续粒化为下一级的粒。粒、粒的粗细、粒间的关系、粒运算构成了粒的基本要素。粒的粗细表示了抽象、细化程度；粒间的关系可用二元关系独立、闭合、覆盖等表示；粒运算可以构造出新的粒。一组对象通过闭合、邻域空间等可以看做一个粒[35]。

1.5.2　粒结构

粒存在于特定的层次中，它们是该层次上研究的主体。人们在粒计算的不同层次中研究不同类型的粒，这些粒之间是有联系的，同一层次的粒与粒之间可以是相交的关系，也可以是层叠的关系。层次中每一个粒表述一个特定的粒化观点。

所有的粒化观点相互补充、相互呼应,完整表达了在这个层次上对一个问题的描述[36]。层次结构是自然界复杂系统的内在特征,层次说明是理解复杂系统的方式。层次在各种问题求解中都居于重要地位,例如,信息系统涉及计算层、算法层、应用层等多个层次[37]。粒层次观点的层次结构有从上至下的分解和从细节到概括的综合,一个层由表征研究对象的实体(粒)组成,一层的粒通过特殊上下文环境形成,并同其他层的粒相互关系。

粒结构包括3个要素,即粒的内在结构、粒的结构、粒的总体结构。粒的内在结构解释并描述粒本身。粒的结构显示一层中粒的结构,同一个集合中的粒有某种程度上的联系,不同粒间粒的联系很弱或不明显,从而只有把一层作为整体考虑,粒的内在结构才有意义。粒的总体结构由分层结构表示,粒的内在结构、粒集结构在某种程度上都通过顺序关系表示出来。有些特殊的粒不能相互比较,用树形关系描述。

1.5.3 粒计算的基本问题

粒计算的内容主要涉及两个基本问题,一个是粒化,即如何来构建信息粒;另一个是粒的计算,即如何利用粒进行计算。前者处理的是粒的形成、表示和语义解释问题,而后者处理怎样利用粒计算求解问题,即粒计算的应用。

粒化表示粒的形成,即粒的构造过程。粒化可以简单地理解为在给定的粒化准则下得到一个粒层,给定多个粒化准则得到多个粒层,进而得到所有粒层构成的结构。通常的粒化方法是对一个问题,通过自顶向下的方法将问题由粗粒度的粒层分解为更细粒度的粒层,或者通过自底向上的方法不断将问题由细粒度的粒层合并为更粗粒度的粒层。粒化涉及粒化的标准、粒化的方法、粒子和粒结构的表示(描述)以及粒子和粒结构的定性(定量)描述等问题[38]。粒化标准考虑的是如何将两个对象合并到同一粒中,如何将论域中的对象分解为不同粒,即语义方面的问题。它解释两个对象为什么属于或不属于同一个粒。粒化标准的一般要求是粒化的结果能使人们对问题的本质有更深入的理解,同时抛弃一些无关紧要的细节,从而达到降低问题求解复杂度的目的。粒化方法指的是如何对问题进行粒化,采用什么算法或者通过什么方法实现对粒层的构造,即算法方面的问题。例如,在粗糙集理论中,运用什么方法实现对论域的划分,如何有效地将论域划分为不同的粒度层次等。粒子和粒结构的描述主要是指如何用形式化的语言将得到的粒子或粒的结构表述出来,以便于人们理解和计算。

粒计算是指以粒子为对象的运算和推理,粒计算一般要通过对粒、粒层和所有粒层组成的层次结构的分析来实现,它包括在层次结构中向上和向下两个方向的交互,以及在同一层次内的移动,主要分为两种:同一粒层上粒子之间相互转换和推理,不同粒层上粒子之间的转化和推理[38]。由粒化得到的不同粒层之间的联系可以由映射来表示,在不同粒层上同一问题以不同的粒度、不同的细节表示,粒层之间的映射就建立了同一问题的不同细节描述之间的关系。粒计算的主要特点是对同一问题可以从不同粒度角度出发来进行求解,因此采用粒计算方法可以高效地实现对复杂问题的求解。例如,在粗糙集理论中,不同粒度层次的划分可以通过在属性集上增加或删除一个或多个属性来实现;在商空间理论中,不同粒度的转化是由两个或者若干商空间进行合成得到上界商空间、下界商空间来实现的。由比较可见,不同的粒计算模型中粒层的转化方法并不相同,但它们的共同特点是在转化的过程中,对问题求解的关键性质必须在不同粒度层次上表现出来,即性质的保持性特点。粒化允许同一个问题在不同的细节上表示出来,但该问题的某些重要性质必须能够在不同的粒度层次上表现出来,这是评价粒化准则好坏的一个重要指标。如果在粒化后粒层之间的相互转化过程中,某些重要属性不能体现出来,则不但不利于对问题的求解,反而会导致对问题的求解变得更复杂。

1.5.4 粒计算的研究方法与方向

粒计算理论的提出,改变了人们传统的计算观念,为人们求解问题提供了一种新的思路,使信息的处理更科学、合理、经济和易于操作。

现有的粒计算研究可以概括为 3 个主要观点:结构化思维、结构化问题求解和结构化信息处理[36]。结构化思维强调了对粒计算的哲学思想的研究,是人脑对信息进行筛选、分类、整理的方法手段。人们可以将复杂问题进行分解,然后通过对部分认知形成对整个问题的理解,这就是一种结构化的思维方法。在结构化思维方法下,可以采用结构化的问题求解方法。结构化的问题求解需要解决两个问题:一是构建问题的粒结构;二是在此粒结构中进行问题求解。有了结构化问题求解方法之后,就可以进行结构化信息处理。结构化信息处理注重以计算为主的问题求解,信息处理是问题求解的一个特例,可以将粒计算的研究应用到计算机擅长的信息处理领域。对粒计算的研究可以从以下几个方向进行深入。

(1) 考虑不同粒化方法的整合。如商空间理论和 Rough 集理论都是基于等价关系的,分别可以将论域、属性或者结构进行粒化处理,可以考虑从粒计算的角度研究商空间理论和 Rough 集理论,将微观和宏观的粒计算统一起来,形成系统的粒计算理论和方法。

(2) 针对各粒层次之间的来回跳转研究。解决这一问题,或者可以将系统在基本粒层上进行编码,编码可以依据其重要属性等度量方法,这样各粒之间的计算就可以自由处理,而不必另外设计跳转方案;或者可以设计各粒层次的划分,从而可以快速找到所需的各粒层次。

(3) 信息粒的表示理论和方法。目前对粒还没有十分确切的定义,可以探索一种用形式化的数学理论工具描述和表达粒计算的处理对象。

1.6 本章小结

粒计算是当前人工智能研究领域中模拟人类思维和解决复杂问题的新方法,其主要理论和方法有 Fuzzy 理论、Rough 理论、商空间理论等,本章主要介绍了这几种不确定信息处理的基本理论。Fuzzy 理论是一种用现代科学的方法研究和表示事物的模糊性的理论,它采用隶属函数来表示对象的模糊性。Rough 理论是利用上、下近似来描述对象的不确定性,在一定程度上解决了模糊集隶属度定义的主观性问题。商空间理论通过引入"粒度"的概念,建立了不同粒度世界之间的保真、保假原理,是描述不确定性和模糊性的有效模型[39]。粒计算理论覆盖了有关粒度的理论、方法和技术,它为人类求解复杂问题提供了一个新视角,是复杂问题求解、海量数据挖掘、模糊信息处理的有效工具。

参 考 文 献

[1] Pawlak Z. Rough set[J]. International Journal of Computer and Information Sciences,1982,11(5):341-356.

[2] 王珏,苗夺谦,周育健. 关于 Rough Set 理论与应用的综述[J]. 模式识别与人工智能,1996,9(4):337-344.

[3] 王国胤. Rough 集理论与知识获取[M]. 西安:西安交通大学出版社,2001.

[4] Pawlak Z. Rough Set:Theoretical Aspects of Reasoning about Data[M]. Dordrecht:Kluwer Academic Publishers,1991.

[5] Yao Y Y. Constructive and algebraic methods of the theory of rough sets[J]. Journal of Information Sciences,1998:21-47.

[6] 刘清. Rough 集及 Rough 推理[M]. 北京:科学出版社,2001.

[7] 张文修,吴伟志. 粗糙集理论介绍和研究综述[J]. 模糊系统与数学,2000,14(4):23-28.

[8] 曾黄麟. 粗集理论及其应用[M]. 重庆:重庆大学出版社,1996.

[9] 张文修,吴伟志,梁吉业,等. 粗糙集理论与方法[M]. 北京:科学出版社,2001:4-6.

[10] Pawlak Z,Skowron A. Rough membership function[C]//Yaeger R R, et al. Advances in the Dempster Shafer Theory of Evidence. Singapore:John Wiley & Sons,1994:251-271.

[11] Duntsch I,Gediga G. Simple data filtering in rough set systems[J]. International Journal of Approximate Reasoning,1998,18:93-106.

[12] Wong S K,Ziarko W. On optimal decision rules in decision tables[J]. Bulletin of Polish Academy of Sciences,1985,33:693-696.

[13] 梁吉业. 关于粗糙集度量与粗糙计算方法的研究[博士学位论文]. 西安:西安交通大学,2001:1-13.

[14] Shannon C E. The mathematical theory of communication[J]. The Bell System Technical Journal,1948,27(3-4):373-423,623-656.

[15] Duntsch I,Gediga G. Uncertainty measures of rough set prediction[J]. Artificial Intelligence,1998,106:109-137.

[16] Beaubouef T, Petry F E. Information-theoretic measures of uncertainty for rough sets and rough relational databases[J]. Journal of Information Sciences, 1998(109): 185-195.

[17] 苗夺谦,王珏. 粗糙集理论中知识粗糙性与信息熵关系的讨论[J]. 人工智能与模式识别, 1998, 11(1): 34-40.

[18] Liang J Y, Xu Z B, Wang J. Uncertainty measures of roughness of knowledge and significance of attribute in rough set data analysis[C]//Proceedings of the Third Asian Control Conference, Beijing 2000: 750-752.

[19] Wierman M J. Measuring uncertainty in rough set theory[J]. International Journal of General Systems, 1999, 28(4): 283-297.

[20] Liang J Y, Xu Z B. Uncertainty measures of roughness of knowledge and rough sets in incomplete information systems[C]. Proceedings of the Third World Congress on Intelligence Control and Automation. Hefei:Press of University of Science and Technology of China, 2000: 2526-2529.

[21] Liang J Y, Xu Z B, Miao D Q. Reduction of knowledge in incomplete information systems[C]//Proceedings of Conference on Intelligence Information in 16th World Computer Congress, Beijing, 2000: 528-532.

[22] Morrissey J M. Imprecise information and uncertainty in information systems[J]. ACM Transactions on Information Systems, 1990, 8(2): 159-180.

[23] Morrissey J M. Representing and manipulating uncertainty data[J]. International Journal of Man-Machine Studies, 1992,36: 183-189.

[24] Parsons S. Current approaches to handing imperfect information in data and knowledge base[J]. IEEE Transactions on Knowledge and Data Engineering, 1996, 8(3): 353-372.

[25] Slowinski R, Stefanowski J. Rough classification in incomplete information systems[J]. Mathematics Computer and Modelling, 1989,12(10-11): 1347-1357.

[26] 王国胤. Rough 集理论在不完备信息系统中的扩充[J]. 计算机研究与发展, 2002, 39(10): 1238-1243.

[27] 胡淑礼. 模糊数学及其应用[M]. 成都:四川大学出版社, 1994:1-55.

[28] 胡宝清. 模糊理论基础[M]. 武汉:武汉大学出版社, 2004:19-63.

[29] 刘普寅,吴孟达. 模糊理论及其应用[M]. 长沙:国防科学技术大学出版社, 1998, 35-46.

[30] Gau W L, Buehrer D J. Vague sets[J]. IEEE Transactions on Systems, Man and Cybernetics, 1993, 23(2): 610-614.

[31] 李凡,徐章艳,饶勇. Vague 集[J]. 计算机科学, 2000, 27(9): 12-14,28.

[32] 张铃,张钹. 问题求解理论及应用——商空间粒度计算理论及应用[M]. 北京:清华大学出版社, 2007.

[33] 苗夺谦,李德毅,姚一豫,等. 不确定性与粒计算[M]. 北京:科学出版社, 2011:24-25.

[34] Zadeh L A. Towards a theory of fuzzy information granulation and its centrality in human reasoning and fuzzy logic[J]. Fuzzy Sets and Sysems, 1997, 19: 111-127.

[35] Zadeh L A. Some reflections on soft computing, granular computing and their roles in the conception, design and utilization of information/intelligent systems[J]. Soft Computing, 1998, 2(1): 23-25.

[36] 苗夺谦,王国胤,刘清,等. 粒计算:过去、现在与展望[M]. 北京:科学出版社, 2007.

[37] Marr D. Vision: A Computational Investigation into the Human Representation and Processing of Visual Information[M]. New York: W. H. Freeman and Company, 1982.

[38] 王国胤,张清华,胡军. 粒计算研究综述[J]. 智能系统学报, 2007, 2(6):8-26.

[39] 王国胤,李德毅,姚一豫,等. 云模型与粒计算[M]. 北京:科学出版社, 2012:137-155.

第 2 章 Rough 集理论及其不确定信息度量

2.1 Rough 集之间的相似性度量研究

近年来,由 Pawlak 提出的经典 Rough 集(粗糙集)理论在边界不确定信息处理和知识获取方面取得了很大成功。遗憾的是,它是基于完备信息系统这样一个假设,即所处理的信息表都是完备的,每个样本对象的所有属性值都是已知的。而在现实生活中,数据测量的误差、对数据理解或获取的条件限制等原因,使得在知识获取时往往面临不完备信息系统,即可能存在部分对象的一些属性值未知的情况。基于传统不分辨关系的 Rough 集理论是不能处理不完备信息系统的,这就需要对传统不分明关系的 Rough 集理论进行扩充,把不分明关系扩充到广义 Rough 集理论下讨论,一般是通过弱化二元关系的一些属性得来的,如自反性、对称性、传递性[1-3]。对传统不分明关系的 Rough 集理论进行扩充,一般分 3 种:一是基于容差关系的扩充;二是基于非对称相似关系的扩充;三是基于量化容差关系的扩充[4]。这 3 种扩充关系都有一定的局限性,王国胤又提出了一种限制容差关系[5],限制容差关系具有自反性、对称性,但不具有传递性。限制容差关系吸取了容差关系和非对称相似关系的优点,丢弃了二者的缺陷(极端情况),更加符合客观实际。

在智能系统的推理过程中,经常需要将两个知识模式(谓词公式、框架片断、模糊断言等)进行比较和耦合,即检查这两个知识模式是否完全一致或近似一致。如果两者完全一致,或者虽不完全一致,但两者间的相似程度落在限定的阈值范围内,就称这两个知识模式是匹配的,否则称为不匹配。

在不确定性推理中,知识和证据都具有某种程度的不确定性,这就为推理机的设计与实现增加了复杂性和难度。它除了必须解决推理方向、推理方法、控制策略等基本问题外,还需要解决不确定性的表示与度量、不确定性匹配、不确定性的传递算法等重要问题,这就需要涉及有关知识和证据之间的相似度量等问题。不确定性集合之间相似性度量是边界不确定信息处理的一个重要概念,是进行不确定性知识获取和不确定性信息处理的基础[6-15]。在不确定性推理中,不确定性集合之间的相似性度量是推理的重要基础[16,17]。本节所提出的 Rough 集之间的相似度量,可以进一步用于不确定性推理中。如在基于模糊产生式规则下的不确定性推理中,需要考虑产生式中前提条件和证据间的匹配问题,该问题最终转化为对其前提条件和证据所对应的不确定集合之间的相似程度的计算。

为了度量两个 Rough 集之间的相似程度,本节首先分析研究了经典 Rough 集与广义 Rough 集的一些基本理论及其联系和共性,然后分别提出了基于不分辨关系的经典 Rough 集之间和基于限制容差关系的广义 Rough 集之间的相似性度量方法,并分别讨论了这两种度量方法所满足的性质。最后对这两种度量方法进行了对比分析。由于该方法具有较好的性质,更具合理性,所以是一种理想的度量 Rough 集之间相似程度的方法。

2.1.1 Rough 集与限制容差关系

为便于本章后续部分的讨论,在此先对经典 Rough 集和广义 Rough 集理论的一些有关基本概念进行简单定义。

给定完备信息系统 $S=(U, R, V, f)$,对于每个子集 $X \subseteq U$ 和不分辨关系 B ($B \subseteq R$),X 的上近似集和下近似集分别可以由 B 的基本集定义如下

$$B^-(X) = \bigcup \{Y_i \mid Y_i \in U/\text{IND}(B) \wedge Y_i \cap X \neq \varnothing\} \quad (2\text{-}1)$$

$$B_-(X) = \bigcup \{Y_i \mid Y_i \in U/\text{IND}(B) \wedge Y_i \subseteq X\} \quad (2\text{-}2)$$

式中,$U/\text{IND}(B) = \{X \mid X \subseteq U \wedge \forall x \forall y \forall b (x \in X \wedge y \in X \wedge b \in B \rightarrow b(x) = b(y))\}$ 是不分辨关系 B 对 U 的划分。

Rough 集的上、下近似集也可通过集合来定义,即

$$B^-(X) = \{x \mid x \in U \wedge [x]_B \cap X \neq \varnothing\} \quad (2\text{-}3)$$

$$B_-(X) = \{x \mid x \in U \wedge [x]_B \subseteq X\} \quad (2\text{-}4)$$

在经典 Rough 集中,定义经典 Rough 集意义下的集合 X 的 Rough 隶属函数为

$$\mu_X^I(x) = \frac{\text{card}(X \cap I(x))}{\text{card}(I(x))} \quad (2\text{-}5)$$

式中,$x \in U$,$I(x)$($[x]_B$)是包含 x 的等价类,$\text{card}(M)$ 表示集合 M 的基数,$0 \leqslant \mu_X^I(x) \leqslant 1$。

给定不完备信息系统 $NS=(U, R, V, f)$,其中,$R = C \cup \{d\}$,C 是条件属性集合,d 是决策属性,对于具有遗漏属性值的属性子集 $B \subseteq R$,记遗漏值为"*",下面引入不完备信息系统 NS 中一些关系的定义。

容差关系 T 的定义为

$$\forall_{x,y \in U}(T_B(x,y) \Leftrightarrow \forall_{c_j \in B}(c_j(x) = c_j(y) \vee c_j(x) = * \vee c_j(y) = *)), B \subseteq R \quad (2\text{-}6)$$

显然,容差关系 T 具有自反性、对称性,但不一定具有传递性。

非对称相似关系 S 的定义为

$$\forall_{x,y \in U}(S_B(x,y) \Leftrightarrow \forall_{c_j \in B}(c_j(x) = c_j(y) \vee c_j(x) = *)), B \subseteq R \quad (2\text{-}7)$$

显然,非对称相似关系 S 不对称,但具有自反性、传递性。

定义 2.1(限制容差关系) 设 $P_B(x)=\{b\,|\,b\in B \wedge b(x)\neq *\}$,其中 $B\subseteq R$,则

$$\forall_{x,y\in U}(L_B(x,y) \Leftrightarrow \forall_{b\in B}(b(x)=b(y)=*) \vee ((p_B(x)\cap p_B(y)\neq \varphi)$$
$$\wedge \forall_{b\in B}((b(x)\neq *)\wedge(b(y)\neq *) \rightarrow (b(x)=b(y))))) \tag{2-8}$$

显然,限制容差关系 L 具有自反性、对称性,但不具有传递性。

定义 2.2 限制容差类 $J_B^L(x)=\{y\,|\,y\in U \wedge L_B(x,y)\}$,$D\subseteq U$,集合 D 相应的上、下近似集定义为

$$D_L^B=\{x\,|\,x\in U \wedge J_B^L(x)\cap D\neq \emptyset\} \tag{2-9}$$

$$D_B^L=\{x\,|\,x\in U \wedge J_B^L(x)\subseteq D\} \tag{2-10}$$

以后为书写方便,将限制容差类 $J_B^L(x)$ 简写为 $J(x)$。定义 2.1 与定义 2.2 请参考文献[4,5]。

定义 2.3 在广义 Rough 集理论中,基于限制容差关系 L 意义下的集合 X 的 Rough 隶属函数为

$$\mu_X^J(x)=\frac{\mathrm{card}(X\cap J(x))}{\mathrm{card}(J(x))} \tag{2-11}$$

式中,$x\in U$,$J(x)$ 是包含 x 的限制容差类,$\mathrm{card}(M)$ 表示集合 M 的基数,$0\leqslant \mu_X^J(x)\leqslant 1$。

经典 Rough 集是广义 Rough 集在完备信息系统情况下的特例。基于不可分辨关系的经典 Rough 集的上、下近似集定义与基于限制容差关系的广义 Rough 集的上、下近似集定义类同,前者用不分辨关系的不分辨类定义,后者用限制容差关系的限制容差类定义。经典 Rough 集按某种不分辨关系把 U 划分成若干不分辨类,不分辨类间互不相交;与经典 Rough 集的不分辨关系相比,广义 Rough 集按某种扩充关系(如限制容差关系)不能对 U 进行划分,而只能分成若干具有相应关系的相似类(如限制容差类),相似类间互相重叠。

2.1.2 基于不可分辨关系的经典 Rough 集之间的相似性度量

在经典 Rough 集理论中,基于不可分辨关系(不分明关系),人们提出了集合间的相似性度量方法,并给出了其相应性质。

设论域为 $U=\{u_1,u_2,\cdots,u_n\}$,A 和 B 是论域 U 上的两个 Rough 集,$A,B\subseteq U$,$u_i\in U$,u_i 在某指定的不可分辨关系 I 下关于 A、B 的 Rough 隶属度分别为 $a_i=\mu_A^I(u_i)$ 和 $b_i=\mu_B^I(u_i)$ $(i=1,2,\cdots,n)$,则 A 和 B 关于不可分辨关系 I 下的 Rough 隶属函数表示分别为 A' 和 B',其计算方式为

$$A' = \frac{\mu_A^I(u_1)}{u_1} + \frac{\mu_A^I(u_2)}{u_2} + \cdots + \frac{\mu_A^I(u_n)}{u_n} \qquad (2\text{-}12)$$

$$B' = \frac{\mu_B^I(u_1)}{u_1} + \frac{\mu_B^I(u_2)}{u_2} + \cdots + \frac{\mu_B^I(u_n)}{u_n} \qquad (2\text{-}13)$$

则集合 A 和 B 之间的相似程度可由下面的公式计算得到,即

$$\text{SimD}_I(A,B) = \begin{cases} 1 & A = B = \varnothing \\ \dfrac{\sum\limits_{i=1}^{n} \min\{a_i, b_i\}}{\sum\limits_{i=1}^{n} \max\{a_i, b_i\}} & \text{其他} \end{cases} \qquad (2\text{-}14)$$

由式(2-14)可知集合 A 和 B 之间的相似程度越大,$\text{SimD}_I(A, B)$ 的值越大;A 和 B 之间的相似程度越小,$\text{SimD}_I(A, B)$ 的值越小。

例 2-1 给定一个知识库 $K = (U, I)$,其中 $U = \{x_1, x_2, x_3, x_4, x_5, x_6, x_7, x_8\}$,$I$ 是一个不可分辨关系,$U/I = \{E_1, E_2, E_3, E_4\}$,其中 $E_1 = \{x_1, x_4, x_8\}$,$E_2 = \{x_2, x_5, x_7\}$,$E_3 = \{x_3\}$,$E_4 = \{x_6\}$。

对于集合 $A = \{x_1, x_4, x_7\}$,$B = \{x_1, x_4\}$,$C = \{x_2, x_8\}$,$D = \{x_3, x_6\}$,A、B、C、D 在不可分辨关系 I 下的 Rough 隶属函数表示分别为 A'、B'、C'、D',由 Rough 隶属函数 $\mu_X^I(x)$(根据式(2-5))经计算有

$$A' = \frac{2}{3}/x_1 + \frac{1}{3}/x_2 + 0/x_3 + \frac{2}{3}/x_4 + \frac{1}{3}/x_5 + 0/x_6 + \frac{1}{3}/x_7 + \frac{2}{3}/x_8$$

$$B' = \frac{2}{3}/x_1 + 0/x_2 + 0/x_3 + \frac{2}{3}/x_4 + 0/x_5 + 0/x_6 + 0/x_7 + \frac{2}{3}/x_8$$

$$C' = \frac{1}{3}/x_1 + \frac{1}{3}/x_2 + 0/x_3 + \frac{1}{3}/x_4 + \frac{1}{3}/x_5 + 0/x_6 + \frac{1}{3}/x_7 + \frac{1}{3}/x_8$$

$$D' = 0/x_1 + 0/x_2 + 1/x_3 + 0/x_4 + 0/x_5 + 1/x_6 + 0/x_7 + 0/x_8$$

则集合 A 和 B 之间的相似度为

$$\begin{aligned}\text{SimD}_I(A, B) &= \frac{\sum\limits_{i=1}^{8} \min\{a_i, b_i\}}{\sum\limits_{i=1}^{8} \max\{a_i, b_i\}} \\ &= (2/3 + 2/3 + 2/3)/(2/3 + 1/3 + 2/3 + 1/3 + 1/3 + 2/3) \\ &\approx 0.67\end{aligned}$$

同理,$\text{SimD}_I(A, A) = 1$,$\text{SimD}_I(B, C) \approx 0.33$,$\text{SimD}_I(A, D) = 0$。

从例 2-1 可以看出,集合 A 和 A 之间的相似度最大,达到最大值 $1(A = A)$;

集合 A 和 D 之间的相似度最小,达到最小值 0,这是由于 A 和 D 之间在某指定的不分明关系 I 下没有任何关系;而集合 A 和 B 之间、集合 B 和 C 之间的相似度值都为 0~1,说明集合 B 和 C 之间在某指定的不分明关系 I 下有一定的联系。

设论域为 $U=\{u_1, u_2, \cdots, u_n\}$,$A$ 和 B 是 U 上的两个 Rough 集,$A,B\subseteq U$,$u_i\in U$,u_i 在某指定的不分明关系 I 下关于 A 和 B 的 Rough 隶属度分别为 $a_i=\mu_A^I(u_i)$ 和 $b_i=\mu_B^I(u_i)$ ($i=1, 2, \cdots, n$),则在经典 Rough 集理论下不确定集合之间的相似性度量式(2-14)满足如下性质。

定理 2.1　$\mathrm{Sim}D_I(A, B)\in[0,1]$。

证明:由式(2-14)显然可得。

定理 2.2　对经典 Rough 集来说,$\mathrm{Sim}D_I(A, B)$ 满足如下性质。

(1) 自反性:$\mathrm{Sim}D_I(A, A)=1$;

(2) 对称性:$\mathrm{Sim}D_I(A, B)= \mathrm{Sim}D_I(B, A)$。

证明:自反性和对称性由式(2-14)直接可证。式(2-14)不满足传递性。

定理 2.3　$\mathrm{Sim}D_I(A, B)=0$,当且仅当对 $\forall u_i(i=1, 2, \cdots, n)$,$\mu_A^I(u_i)$ 和 $\mu_B^I(u_i)$ 至少有一个为 0,且集合 A 与 B 不能同时为空集。

证明:(必要性)若 $\mathrm{Sim}D_I(A, B)=0$,则根据式(2-14)知集合 A 与 B 不能同时为空集,且 $\dfrac{\sum\limits_{i=1}^{n}\min\{a_i,b_i\}}{\sum\limits_{i=1}^{n}\max\{a_i,b_i\}}=0$。因为集合 A 与 B 不能同时为空集,从而有 $\sum\limits_{i=1}^{n}\max\{a_i,b_i\}\neq 0$,因此 $\sum\limits_{i=1}^{n}\min\{a_i,b_i\}=0$,因而对 $\forall i(i=1, 2, \cdots, n)$ 有 $\min\{a_i,b_i\}=0$,即对 $\forall u_i(i=1, 2, \cdots, n)$,$\mu_A^I(u_i)$ 和 $\mu_B^I(u_i)$ 至少有一个为 0。

(充分性)若对 $\forall u_i(i=1, 2, \cdots, n)$,$\mu_A^I(u_i)$ 和 $\mu_B^I(u_i)$ 至少有一个为 0,则 $\sum\limits_{i=1}^{n}\min\{a_i,b_i\}=0$,又集合 A 与 B 不能同时为空集,则 $\sum\limits_{i=1}^{n}\max\{a_i,b_i\}\neq 0$,从而有 $\mathrm{Sim}D_I(A, B)=0$。

从上述定理可知,当 $A=B$ 时,$\mathrm{Sim}D_I(A, B)$ 的值为最大值 1;当 A 和 B 没有任何关系时,$\mathrm{Sim}D_I(A, B)$ 的值为最小值 0;一般情况下,有 $0 < \mathrm{Sim}D_I(A, B) < 1$。由于该度量方法具有较好的性质,更具合理性,所以是一种较为理想的度量 Rough 集之间相似性程度的方法。

2.1.3　基于限制容差关系的广义 Rough 集之间的相似性度量

在不完备信息系统(表 2-1)中,基于限制容差关系,提出了广义 Rough 集间的相似性度量方法,并给出了其相应性质。

表 2-1 不完备信息表

R	x_1	x_2	x_3	x_4	x_5	x_6	x_7	x_8	x_9	x_{10}	x_{11}	x_{12}
c_1	3	2	2	*	*	2	3	*	3	1	*	3
c_2	2	3	3	2	2	3	*	0	2	*	2	2
c_3	1	2	2	*	*	2	*	0	1	*	*	1
c_4	0	0	0	1	1	1	3	*	3	*	*	*
d	Ω	Ω	Ψ	Ω	Ψ	Ψ	Ω	Ψ	Ψ	Ω	Ψ	Ω

设论域为 $U=\{u_1, u_2, \cdots, u_n\}$，$A$ 和 B 是论域 U 上的两个广义 Rough 集，$A,B \subseteq U, u_i \in U$，$u_i$ 在某指定的限制容差关系 L 下分别关于 A 和 B 的广义 Rough 隶属度分别为 $a_i = \mu_A^J(u_i)$ 和 $b_i = \mu_B^J(u_i)(i=1,2,\cdots,n)$，则 A 和 B 关于某指定的限制容差关系 L 下 Rough 隶属函数表示分别为 A'、B'，其计算公式为

$$A' = \frac{\mu_A^J(u_1)}{u_1} + \frac{\mu_A^J(u_2)}{u_2} + \cdots + \frac{\mu_A^J(u_n)}{u_n} \tag{2-15}$$

$$B' = \frac{\mu_B^J(u_1)}{u_1} + \frac{\mu_B^J(u_2)}{u_2} + \cdots + \frac{\mu_B^J(u_n)}{u_n} \tag{2-16}$$

则集合 A 和 B 之间的相似程度可由下面的公式计算得到

$$\mathrm{GSimD}_L(A,B) = \begin{cases} 1 & A=B=\varnothing \\ \dfrac{\sum\limits_{i=1}^n \min\{a_i, b_i\}}{\sum\limits_{i=1}^n \max\{a_i, b_i\}} & \text{其他} \end{cases} \tag{2-17}$$

由式(2-17)知，集合 A 和 B 之间的相似程度越大，$\mathrm{GSimD}_L(A,B)$ 的值越大；A 和 B 之间的相似程度越小，$\mathrm{GSimD}_L(A,B)$ 的值越小。当 $A=B$ 时，$\mathrm{GSimD}_L(A,B)$ 的值达到最大值 1；当 A 和 B 没有任何关系时，$\mathrm{GSimD}_L(A,B)$ 的值达到最小值 0；一般情况下，有 $0 < \mathrm{GSimD}_L(A,B) < 1$。

例 2-2 表 2-1 是在讨论不完备信息系统中经常用到的一个典型不完备信息表[4,5]，其中 $U=\{x_1, x_2, \cdots, x_{12}\}$ 是对象集合，c_1, c_2, c_3, c_4 是条件属性集合，其属性值域均为 $\{0,1,2,3\}$，d 是决策属性，将对象分为 Ψ 和 Ω 两个决策集合。L 是一个限制容差关系（在定义 2.1 中，令 $B=\{c_1, c_2, c_3, c_4\}$ 即可），$J(x)$ 是包含对象 x 的限制容差类。其中

$$J(x_1) = \{x_1, x_{11}, x_{12}\}$$

$$J(x_2) = \{x_2, x_3\}$$

$$J(x_3) = \{x_2, x_3\}$$

$$J(x_4) = \{x_4, x_5, x_{11}, x_{12}\}$$

$$J(x_5) = \{x_4, x_5, x_{11}, x_{12}\}$$

$$J(x_6) = \{x_6\}$$

$$J(x_7) = \{x_7, x_9, x_{12}\}$$

$$J(x_8) = \{x_8\}$$

$$J(x_9) = \{x_7, x_9, x_{11}, x_{12}\}$$

$$J(x_{10}) = \{x_{10}\}$$

$$J(x_{11}) = \{x_1, x_4, x_5, x_9, x_{11}, x_{12}\}$$

$$J(x_{12}) = \{x_1, x_4, x_5, x_7, x_9, x_{11}, x_{12}\}$$

对于集合 $A=\{x_1, x_2, x_7, x_9, x_{12}\}$, $C=\{x_1, x_2, x_7, x_9, x_{11}\}$, $D=\{x_1, x_2, x_7, x_8, x_{11}\}$, $E=\{x_1, x_2, x_7, x_8\}$, A、C、D、E 在限制容差关系 L 下的广义 Rough 隶属函数表示分别为 A'、C'、D'、E', 由广义 Rough 隶属函数式(2-15)和式(2-16)计算可得

$$A' = \frac{2}{3}/x_1 + \frac{1}{2}/x_2 + \frac{1}{2}/x_3 + \frac{1}{4}/x_4 + \frac{1}{4}/x_5 + 0/x_6$$
$$+ 1/x_7 + 0/x_8 + \frac{3}{4}/x_9 + 0/x_{10} + \frac{1}{2}/x_{11} + \frac{4}{7}/x_{12}$$

$$C' = \frac{2}{3}/x_1 + \frac{1}{2}/x_2 + \frac{1}{2}/x_3 + \frac{1}{4}/x_4 + \frac{1}{4}/x_5 + 0/x_6$$
$$+ \frac{2}{3}/x_7 + 0/x_8 + \frac{3}{4}/x_9 + 0/x_{10} + \frac{1}{2}/x_{11} + \frac{4}{7}/x_{12}$$

$$D' = \frac{2}{3}/x_1 + \frac{1}{2}/x_2 + \frac{1}{2}/x_3 + \frac{1}{4}/x_4 + \frac{1}{4}/x_5 + 0/x_6$$
$$+ \frac{1}{3}/x_7 + 1/x_8 + \frac{1}{2}/x_9 + 0/x_{10} + \frac{1}{3}/x_{11} + \frac{3}{7}/x_{12}$$

$$E' = \frac{1}{3}/x_1 + \frac{1}{2}/x_2 + \frac{1}{2}/x_3 + 0/x_4 + 0/x_5 + 0/x_6$$
$$+ \frac{1}{3}/x_7 + 1/x_8 + \frac{1}{4}/x_9 + 0/x_{10} + \frac{1}{6}/x_{11} + \frac{2}{7}/x_{12}$$

则集合 A 和 C 之间的广义相似度为

$$\mathrm{GSim}D_L(A, C) = (2/3 + 1/2 + 1/2 + 1/4 + 1/4 + 2/3 + 3/4 + 1/2 + 4/7)$$
$$/(2/3 + 1/2 + 1/2 + 1/4 + 1/4 + 1 + 3/4 + 1/2 + 4/7)$$
$$\approx 0.93$$

同理，$GSimD_L(A,A)=1$，$GSimD_L(A,D)\approx 0.63$，$GSimD_L(A,E)\approx 0.40$。

设 A 和 B 是有限非空论域 $U=\{u_1,u_2,\cdots,u_n\}$ 上的两个广义 Rough 集，则在广义 Rough 集理论中基于限制容差关系 L 下的不确定集合间的相似性度量式(2-17)满足如下性质。

定理 2.4　$GSimD_L(A,B)\in[0,1]$。

定理 2.5　对基于限制容差关系 L 下的广义 Rough 集来说，$GSimD_L(A,B)$ 满足如下性质。

(1) 自反性：$GSimD_L(A,A)=1$。

(2) 对称性：$GSimD_L(A,B)=GSimD_L(B,A)$。

式(2-17)不满足传递性。

定理 2.6　$GSimD_L(A,B)=0$，当且仅当对 $\forall u_i(i=1,2,\cdots,n)$，$\mu_A^J(u_i)$ 和 $\mu_B^J(u_i)$ 至少有一个为 0，且集合 A 与 B 不能同时为空集。

定理 2.4～定理 2.6 的证明类同定理 2.1～定理 2.3，这里不再赘述。

2.1.4　经典 Rough 集与广义 Rough 集中集合之间相似性度量的理论统一

前面分别讨论了基于不分明关系的经典 Rough 集和基于限制容差关系的广义 Rough 集下集合之间相似性度量的方法和性质，实际上这两种度量方法是有联系的，而且是统一的。下面将对这两种集合相似性度量方法进行比较。

(1) 经典 Rough 集和广义 Rough 集中集合之间相似性度量的方法具有一致性，可以为它们建立一个统一模型。这两种度量方法实际上就是一种度量方法，即 Rough 集之间的相似性度量方法，它可用于不确定推理和不确定信息的处理。只是当信息系统完备时，用经典 Rough 集之间的相似性度量方法；当信息系统不完备时，用广义 Rough 集之间的相似性度量方法。

(2) 经典 Rough 集和广义 Rough 集中集合之间相似性度量方法满足一些共同的性质。如经典 Rough 集中的定理 2.1～定理 2.3 分别与广义 Rough 集中的定理 2.4～定理 2.6 相对应。

(3) 经典 Rough 集下集合之间的相似性度量是基于完备信息系统下的不分明关系的；而广义 Rough 集下集合之间相似性度量是基于不完备信息系统下的限制容差关系的。

(4) 不管是经典 Rough 集还是广义 Rough 集之间的相似程度，可根据实际要求确定一个阈值，当集合之间的相似程度落在限定的阈值范围内时，就认为两个集合之间具有相似性。

(5) 经典 Rough 集中集合之间相似性度量方法是广义 Rough 集中集合之间相似性度量方法的特殊情况。当基于限制容差关系的广义 Rough 集中的信息从不完备状态变为完备状态时，则基于限制容差关系的广义 Rough 集下集合之间相似性度量方法即为基于不分明关系的经典 Rough 集下集合之间相似性度量的方法。

(6) 除基于限制容差关系的广义 Rough 集之外,对于基于容差关系、非对称相似关系的广义 Rough 集,也可以定义类似的广义相似性度量,限于篇幅,不再详细讨论。

Rough 集理论在不完备信息系统中的应用,是将 Rough 集理论进一步推向实用的关键之一,因为现实需要处理的数据基本在一定程度上是不完备的,所以就有必要研究能够直接处理不完备数据的方法。本节在分析研究经典 Rough 集与广义 Rough 集的一些概念理论的基础上,分别提出并讨论了基于不分明关系的经典 Rough 集之间的相似性度量方法及性质和基于限制容差关系的广义 Rough 集之间的相似度量方法及性质,最后对它们的度量方法进行比较。对于本节提出的度量方法,经过仿真实验,效果良好,可用于完备信息系统或不完备信息系统中 Rough 集之间的相似度量,从而更好地应用于不确定信息的数据处理。本节所提出的 Rough 集之间的相似度量也可用于不确定性推理中。

2.2 基于 Rough 集的信息系统中各种基本信息的度量

通过信息系统发现知识,主要是用属性表达知识的分类。各种属性在表达知识分类中的作用是不同的。有些属性是绝对不必要的,去掉这些属性并不影响知识的发现;有些属性是绝对必要的,去掉这些属性必然会影响知识的发现;有些属性是相对必要的,它与所有绝对必要的属性搭配起来才不影响知识的发现。因此,信息系统中的属性关于知识发现的重要性应该有个度量[18]。

近年来,国内外学者已经对信息系统中属性重要性的度量进行了大量深入研究,并发表了相关文章[4,13,19,20]。张文修从包含度方面研究了属性重要性的度量[13],不同的包含度给出的属性重要度是不同的,但是它们寻求的方法和结果都是相同的。王国胤从代数观点和信息熵观点的角度研究了属性的重要性,认为这两种观点具有互补性[4,21]。苗夺谦也对属性的重要度进行了深入讨论,研究了属性重要性与粒度、分辨度、最小约简之间的关系[19]。属性重要性的度量对求信息系统中的核属性和属性约简起着至关重要的作用。

信息系统中求同一属性类型下属性值间的相似性也是一个很重要的研究内容,它对研究对象间的相似性是至关重要的[22]。在智能系统的推理过程中,经常需要将两个知识模式(谓词公式、框架片断、模糊断言等)进行比较和耦合,即检查这两个知识模式是否完全一致或近似一致。如果两者完全一致,或者虽不完全一致,但两者间的相似程度落在限定的阈值范围内,就称这两个知识模式是匹配的,否则称为不匹配。因此,对象之间的相似性研究[16-17,22]对智能系统的推理过程起着关键的作用[23]。

基于 Rough 集的信息系统中,每个对象、每个属性及其属性值都是信息系统中重要的基本组成部分[24](以下称它们为基本信息),对它们的度量方法进行深入研究,有助于系统研究信息系统中各种信息的特点和性质,便于进行属性约简、决策规则的形成、模式匹配、聚类分析等问题的解决。虽然已有很多文献从不同方面对属性重要性的度量进行了讨论,但都缺乏对各种方法的系统分析和比较以及对它们的进一步深入讨论,本节对其进行了理论探讨。文献[22]中给出了不同变量类型的相异度计算方法,但其操作性和针对性不强,缺乏实用性和针对性。本节对其进行了改进,提出了针对信息系统中不同属性变量类型的属性值间的相似性度量方法。在此基础上,又提出了针对信息系统中对象之间的相似性度量方法[25-26]。这些方法具有针对性和实用性,可用于数据的聚类分析和不确定性推理等问题的解决。

2.2.1 信息系统中属性重要性的度量方法及其理论

一个信息系统可以表示为 $S=(U,R,V,f)$。其中,U 是对象的集合,也称为论域,$U=\{x_1,x_2,\cdots,x_n\}$,$R=C\cup D$ 是属性集合,子集 C 和 D 分别称为条件属性集和决策属性集且 $C\cap D=\varnothing$,$V=\bigcup_{r\in R}V_r$ 是属性值的集合,V_r 表示属性 $r\in R$ 的取值范围,即属性 r 的值域,$f:U\times R\to V$ 是一个信息函数,它指定 U 中每一个对象 x 的属性值。

定义 2.4[24] 设集合簇 $F=\{X_1,X_2,\cdots,X_t\}(U=\bigcup_{i=1}^{t}X_i)$ 是论域 U 上定义的一个分类,B 是一个属性子集,定义 B 对 F 近似分类的质量 $r_B(F)$ 为

$$r_B(F)=\sum_{i=1}^{t}\frac{|B_-(X_i)|}{|U|} \qquad (2\text{-}18)$$

定义 2.5[4] 设知识(属性集合)P 和 Q 在 U 上导出的划分分别为 X 和 Y,$X=\{X_1,X_2,\cdots,X_{n_1}\}$,$Y=\{Y_1,Y_2,\cdots,Y_{n_2}\}$,则 P 和 Q 在 U 的子集组成的 σ 代数上的概率分布分别为

$$p(X_i)=\frac{|X_i|}{|U|} \quad (i=1,2,\cdots,n_1) \qquad (2\text{-}19)$$

$$p(Y_j)=\frac{|Y_j|}{|U|} \quad (j=1,2,\cdots,n_2) \qquad (2\text{-}20)$$

知识 P 的熵 $H(P)$ 定义为

$$H(P)=-\sum_{i=1}^{n_1}p(X_i)\log(p(X_i)) \qquad (2\text{-}21)$$

知识 Q 相对于知识 P 的条件熵 $H(Q|P)$ 定义为

$$H(Q\mid P)=-\sum_{i=1}^{n_1}p(X_i)\sum_{j=1}^{n_2}p(Y_j\mid X_i)\log(p(Y_j\mid X_i)) \qquad (2\text{-}22)$$

式中,$p(Y_j|X_i)=\dfrac{|Y_j\cap X_i|}{|X_i|}$,$i=1,2,\cdots,n_1$,$j=1,2,\cdots,n_2$。

定义 2.6[24] 设 P 和 Q 为 U 上的两个等价关系簇,若 $\text{POS}_P(Q)=\text{POS}_{P-\{r\}}(Q)$,则称 r 为 P 中相对于 Q 可省略的;否则,称 r 为 P 中相对于 Q 不可省略的。

在信息系统 S 中,属性重要性是讨论数据离散化、属性约简等问题的关键,属性重要性建立在属性分类的基础上。在决策表中,为了衡量某条件属性的重要性,可以从决策表中删除这一属性,再来考察决策表的分类会产生怎样的变化。如果去掉某个属性会相应地改变分类,则说明该属性重要,改变的程度越大,属性重要性越高;反之说明该属性重要性低。对属性重要性度量的讨论在很多文献中都有讨论[4,13,19,20],下面给出了常用的 3 种属性重要性的度量方法,并对它们之间的关系进行了分析比较,然后从理论上进一步研究了属性重要性度量所满足的性质。

方法一

假定 F 是属性集 D 导出的分类,属性子集 B' 在属性集 B 中的重要性($B'\subseteq B\subseteq C$)定义为[4,24]

$$\text{ipt}_B(B')=r_B(F)-r_{B-B'}(F) \qquad (2\text{-}23)$$

式中,$\text{ipt}_B(B')\in[0,1]$。

该方法表示当从属性集 B 中去掉属性子集 B' 对 F 近似分类的质量的影响,$\text{ipt}_B(B')$ 的值越大,说明该属性集 B' 越重要。当 B' 仅有一个属性时,即转变为对单个属性的重要性进行度量。

定理 2.7 假定 S 是一个决策表系统,其中 $D=\{d\}$,C 为条件属性集,F 是属性集 D 导出的分类。若 S 是一个完全一致的决策表,则 $r_C(F)=1$。

证明:因 S 是一个完全一致的决策表,则有 $\text{POS}_C(D)=U$,即 $\text{POS}_C(F)=U$。

假设 $F=\{X_1,X_2,\cdots,X_t\}$,由定义 2.4 知,$r_C(F)=\dfrac{\sum_{i=1}^{t}|C_-(X_i)|}{|U|}$。又因为 $X_i\cap X_j=\varnothing(i,j=1,2,\cdots,t)$,所以 $C_-(X_i)\cap C_-(X_j)=\varnothing$。从而 $r_C(F)=\dfrac{\sum_{i=1}^{t}|C_-(X_i)|}{|U|}=\dfrac{|\bigcup_{i=1}^{t}C_-(X_i)|}{|U|}$。由此可知 $\text{POS}_C(F)=U$,$\text{POS}_C(F)=\bigcup_{X_i\in F}\text{POS}_C(X_i)=\bigcup_{X_i\in F}C_-(X_i)$,所以 $r_C(F)=\dfrac{|\bigcup_{i=1}^{t}C_-(X_i)|}{|U|}=\dfrac{|U|}{|U|}=1$,即 $r_C(F)=1$。

定理 2.8 假定 S 是一个完全一致的决策表系统,其中 $D=\{d\}$,F 是属性集 D 导出的分类,$a\in C$。若属性 a 为 C 中相对于 D 是可省略的,则 $r_{C-\{a\}}(F)=1$。

证明：假定 $F=\{X_1, X_2, \cdots, X_t\}$，若属性 a 为 C 中相对于 D 是可省略的，由定义 2.6 知，$POS_C(D)=POS_{C-\{a\}}(D)$。因为 S 是一个完全一致的决策表，所以 $POS_C(D)=U$。从而 $POS_{C-\{a\}}(D)=U$，即 $POS_{C-\{a\}}(F)=U$。令 $P=C-\{a\}$，由定义 2.4 知，$r_{C-\{a\}}(F)=\dfrac{\sum_{i=1}^{t}|P_-(X_i)|}{|U|}$。因为 $X_i \cap X_j=\varnothing (i, j=1, 2, \cdots, t)$，所以 $P_-(X_i) \cap P_-(X_j)=\varnothing$。从而有

$$r_{C-\{a\}}(F)=\dfrac{\sum_{i=1}^{t}|P_-(X_i)|}{|U|}=\dfrac{|\bigcup_{i=1}^{t} P_-(X_i)|}{|U|}=\dfrac{|U|}{|U|}=1$$

即 $r_{C-\{a\}}(F)=1$。

推论 2.1 假定 S 是一个完全一致的决策表系统，其中 $D=\{d\}$。F 是属性集 D 导出的分类，$a \in C$。若属性 a 为 C 中相对于 D 是可省略的，则 $ipt_C(\{a\})=0$；若属性 a 为 C 中相对于 D 是不可省略的，则 $ipt_C(\{a\}) \in (0,1)$。

定理 2.8 给出了条件属性集 C 中相对于决策属性集 D 可省略的条件属性所满足的性质，而推论 2.1 则给出了 C 中相对于决策属性集 D 不可省略的条件属性所满足的性质，以及相对于决策属性集 D 可省略的条件属性所满足的性质。这些结论对信息系统中求核属性提供了方法和理论依据。

方法二

假定 F 是属性集 D 导出的分类，属性子集 B' 在属性集 B 中的重要性（$B' \subseteq B \subseteq C$）定义为

$$PS_B(B')=\dfrac{|POS_{B-B'}(F)|}{|POS_B(F)|} \qquad (2-24)$$

式中，$POS_B(F)=\bigcup_{X \in F} POS_B(X)$，$PS_B(B') \in [0,1]$。$PS_B(B')$ 越小，说明属性集 B' 越重要。方法二实际上是方法一的变形。

方法三

假定 S 是一个决策表系统，其中 $D=\{d\}$ 且 $A \subset C$，则对于任意属性 $a \in C-A$ 的重要性 $SGF(a, A, D)$ 定义为[4]

$$SGF(a, A, D)=H(D)-H(D | A \cup \{a\}) \qquad (2-25)$$

若 $A=\varnothing$，则称 $SGF(a, A, D)=H(D)-H(D|\{a\})$ 为属性 a 和决策 D 的互信息，记为 $I(a, D)$。$SGF(a, A, D)$ 的值越大，说明在已知 A 的条件下，属性 a 对于决策 D 越重要。

方法一和方法三分别给出了 Rough 集理论中属性重要性度量的代数方法和信息熵方法，这两种方法具有互补性。属性重要性的代数方法考虑的是该属性对论域中确定分类子集的影响，而属性重要性的信息熵方法考虑的是该属性对论域

中不确定分类子集的影响。如果一个属性的增加不改变论域中本身已确定的分类的实例,且所有本身不能确定分类的实例仍然不能确定分类,只是不确定性有所变化,这样,该属性的重要性在代数定义下为 0,而在信息熵定义下不为 0。下面以文献[4]中的例子为例对方法一和方法三进行比较说明。

例 2-3 表 2-2 是一个决策表,C 和 D 分别称为条件属性集和决策属性集,其中 $C=\{a,b,c,e\}$,$D=\{d\}$。分别按上述方法一和方法三求属性 c 的重要性。

表 2-2 一个决策表系统

U	a	b	c	e	d
1	1	0	1	1	0
2	0	1	0	1	1
3	0	0	0	0	0
4	0	0	0	1	1
5	0	0	0	1	1
6	0	0	0	1	1
7	0	0	1	1	1
8	0	0	1	0	0
9	0	0	1	1	1

根据方法一,属性 c 的重要性为

$$\mathrm{ipt}_{\{a,b\}}(c) = r_{\{a,b\}}(F) - r_{\{a,b\}-\{c\}}(F) = r_{\{a,b\}}(F) - r_{\{a,b\}}(F) = 0$$

根据方法三,属性 c 的重要性为

$$\mathrm{SGF}(c,\{a,b\},\{d\}) = H(\{d\} \mid \{a,b\}) - H(\{d\} \mid \{a,b,c\})$$

$$= \frac{3}{9}\left(\frac{1}{3}\log\left(\frac{1}{3}\right) + \frac{2}{3}\log\left(\frac{2}{3}\right)\right) + \frac{4}{9}\left(\frac{1}{4}\log\left(\frac{1}{4}\right) + \frac{3}{4}\log\left(\frac{3}{4}\right)\right)$$

$$- \frac{7}{9}\left(\frac{3}{7}\log\left(\frac{3}{7}\right) + \frac{4}{7}\log\left(\frac{4}{7}\right)\right)$$

$$= \frac{1}{9}(-\log3 + \log4 - 2\log3 - \log4 + 3\log3 - 3\log4$$

$$- 3\log3 + 3\log7 - 4\log4 + 4\log7)$$

$$= \frac{1}{9}(-3\log3 - 7\log4 + 7\log7)$$

$$= \frac{1}{9}\log\left(\frac{7^7}{3^3 \times 4^7}\right) < 0$$

从例 2-3 可以看出,在该决策表中,在方法一下(代数定义下),属性 c 的重要性为 0;而在方法三下(信息熵定义下),属性 c 的重要性不为 0。反过来,如果在信息熵定义下,属性的重要性 $\mathrm{SGF}(a,A,D)$ 为 0,则该属性的重要性在代数定义下也为 0。

2.2.2 属性值间相异度度量及其理论分析

在聚类分析中,经常出现各种类型的数据,需要对它们进行处理。许多聚类算法以相异度矩阵为基础。如果数据用数据矩阵的形式描述,在使用该聚类算法前要将其转化为相异度矩阵。本节对信息系统中常用的二值变量、标称变量、区间标度变量和序数型变量的相异度问题进行讨论。

1. 属性值间相异度的度量

信息系统中求同一属性类型下属性值间的相似性也是一个很重要的研究内容,它对研究对象间的相似性是至关重要的[22]。文献[22]中给出了不同变量类型的相异度计算方法,但其操作性和针对性不强。本节对其进行了改进,提出了信息系统中属性值间相异度的具体计算方法,该方法有效性、操作性和针对性较强,可更好地解决属性值间的相似性问题。在信息系统中,属性(属性变量)按其属性取值类型划分,一般分为二值变量、标称变量、区间标度变量和序数型变量等,其具体含义和相应的度量方法如下。

1) 二值变量

如果属性是二值变量,表示该属性取值仅有两个状态,则对象 x_i 和 x_j 在同一二值属性变量 $v(v \in C)$ 上,其属性值间的相异度定义为

$$d(x_i(v), x_j(v)) = \begin{cases} 0 & x_i(v) = x_j(v) \\ 1 & 其他 \end{cases} \quad (2\text{-}26)$$

式中,$x_i(v)$、$x_j(v)$ 分别表示对象 x_i 和 x_j 在属性 v 上的取值,$i, j = 1, 2, \cdots, n$,以下含义类同。

2) 标称变量

标称变量是二值变量的推广,该变量具有两个以上的状态值(如变量值为各种颜色)。假设一个标称变量的状态数目是 w,这些状态可以用字母、符号或一组整数$(1, 2, \cdots, w)$来表示,但这些字母、符号或整数只是用于数据处理,并不代表任何特定的顺序或大小,则对象 x_i 和 x_j 在同一标称变量 v 上,其属性值间的相异度定义为

$$d(x_i(v), x_j(v)) = \begin{cases} 0 & x_i(v) = x_j(v) \\ 1 & 其他 \end{cases} \quad (2\text{-}27)$$

式(2-27)与式(2-26)形式相同。

3) 区间标度变量

区间标度变量是一个线性标度的连续变量,其取值可以是实数或整数,则对象 x_i 和 x_j 在同一区间标度变量 v 上,其属性值间的相异度定义为

$$d(x_i(v), x_j(v)) = \begin{cases} 0 & b = a \\ \dfrac{|x_i(v) - x_j(v)|}{b - a} & \text{其他} \end{cases} \quad (2\text{-}28)$$

式中,$a = \min_{1 \leqslant k \leqslant n}\{x_k(v)\}, b = \max_{1 \leqslant k \leqslant n}\{x_k(v)\}$。

4) 序数型变量

序数型变量类似于标称变量,但序数型变量的所有状态(设为 w 个)是以有意义的序列排序的。序数型变量状态值的相对顺序是必要的,而其实际的大小则不重要。序数型变量对记录那些难以客观度量的主观评价是非常有用的。例如,某个比赛的相对排名,都属于序数型变量的范畴。

假设一个序数型变量 v 有 w 个状态,这些有序的状态对应于一个排列 $1, 2, \cdots, w$。设对象 $x_k(k=1, 2, \cdots, n)$ 在属性 v 上的属性值为 $x_k(v)$,其对应的秩为 $r_k(v), r_k(v) \in \{1, 2, \cdots, w\}$,令

$$z_k(v) = \frac{r_k(v) - 1}{w - 1} \quad (2\text{-}29)$$

用 $z_k(v)$ 代替 x_k 在属性 v 上的属性值 $x_k(v)$,然后再用区间标度变量的方法进行度量,即

$$d(x_i(v), x_j(v)) = \begin{cases} 0 & b = a \\ \dfrac{|z_i(v) - z_j(v)|}{b - a} & \text{其他} \end{cases} \quad (2\text{-}30)$$

式中,$a = \min_{1 \leqslant k \leqslant n}\{z_k(v)\}, b = \max_{1 \leqslant k \leqslant n}\{z_k(v)\}$。

度量式(2-26)~式(2-30)主要是考虑完备信息系统,可以适当对其修改,即可推广应用到不完备信息系统中。

2. 属性值间相异度度量的理论分析与比较

定理 2.9 度量式(2-26)~式(2-30)满足对距离函数的如下数学性质。

(1) 非负性:$d(x_i(v), x_j(v)) \geqslant 0$。

(2) 自反性:$d(x_i(v), x_i(v)) = 0$。

(3) 对称性:$d(x_i(v), x_j(v)) = d(x_j(v), x_i(v))$。

(4) 三角不等式:$d(x_i(v), x_j(v)) \leqslant d(x_i(v), x_k(v)) + d(x_k(v), x_j(v))$。

其中,$x_i(v)$、$x_j(v)$、$x_k(v)$ 分别表示对象 x_i、x_j 和 x_k 在属性 v 上的取值,$i, j, k = 1, 2, \cdots, n$。

本节给出的不同变量类型的相异度计算方法与文献[22]中给出的不同变量类型的相异度计算方法相比较,具有以下优点。

(1) 本节针对每种属性变量给出了相应属性值间的相异度计算方法,方法简

单、具体,具有针对性和有效性。而文献[22]对每种属性变量并没有具体给出相应属性值间的相异度计算方法,而是直接给出了相应的同种类型的对象之间的相异度度量方法,缺乏针对性和有效性。

(2) 本节给出的不同变量类型的相异度计算方法可直接用于信息系统中的信息处理,如聚类分析等;而文献[22]并没有具体给出相应属性值间的相异度计算方法,无法直接用于信息系统中的信息处理,如聚类分析等。

(3) 文献[22]对每种属性变量直接给出了相应的同种属性变量类型的对象之间的相异度度量方法,但实际对象的属性类型往往是多样的,而不是只有一种属性类型,因而文献[22]的方法具有局限性。本节的方法可避免这种局限性,可对混合属性类型求对象之间的相异度。

(4) 本节给出的方法易于操作,具有实用性,而文献[22]的方法缺乏这个特性。

2.2.3 信息系统中对象之间的相似性度量及其理论分析

对象之间的相似性,在人工智能、数据挖掘等领域应用越来越广泛。对象之间的相似性研究对智能系统的推理过程起着关键作用[23]。由于信息系统中一般包括多个对象属性,各个属性的类型不一定相同,这就为求对象之间的相异度带来了很大困难。下面提出的对象之间的相异度度量方法即可解决对对象的不同属性类型组合进行混合性度量的问题。

在信息系统 S 中,对象 x_i 和 $x_j(i,j=1,2,\cdots,n)$ 之间有时需要通过其所有属性中的 l 个属性来比较其相似性。设这 l 个属性构成的集合为 P,则对象 x_i 和 x_j 之间的相异度 $d(x_i,x_j)$ 为

$$d(x_i,x_j)=\frac{\sum_{v\in P}d(x_i(v),x_j(v))}{l} \quad (2\text{-}31)$$

式中,$d(x_i(v),x_j(v))$ 的具体计算公式要根据属性 v 的变量类型来决定:

(1) 若属性 v 是二值变量,则用式(2-26)方法计算 $d(x_i(v),x_j(v))$;

(2) 若属性 v 是标称变量,则用式(2-27)方法计算 $d(x_i(v),x_j(v))$;

(3) 若属性 v 是区间标度变量,则用式(2-28)方法计算 $d(x_i(v),x_j(v))$;

(4) 若属性 v 是序数型变量,则用式(2-30)方法计算 $d(x_i(v),x_j(v))$。

度量式(2-31)中 $d(x_i,x_j)$ 是对象 x_i 和 x_j 间相异度的量化表示。对象 x_i 和 x_j 越相似(或接近),$d(x,y)$ 值就越接近 0;对象 x_i 和 x_j 越不同,$d(x,y)$ 就越大。

定理 2.10 度量式(2-31)中对象 x_i 和 x_j 之间的相异度 $d(x_i,x_j)$ 满足如下性质:

(1) $d(x_i, x_j) \in [0, 1]$；

(2) 在指定的 l 个属性上有 $d(x_i, x_j) = 0 \Leftrightarrow x_i(v) = x_j(v)$，这里 $v \in P, P$ 是这 l 个属性构成的集合；

(3) $d(x_i, x_j) = d(x_j, x_i)$。

在表 2-3 中，设 score_1 的值域为{优秀,良好,中等,及格,不及格}，其每个值对应的秩依次为 1,2,3,4,5。表中 sex 和 score_1 分别为二值变量和序数型变量，score_2 和 score_3 都为区间标度变量。根据式(2-31)，如果仅对 score_1、score_2 和 score_3 这 3 个属性进行比较，即有 $P = \{score\_1, score\_2, score\_3\}, l = 3$，则利用式(2-31)有 $d(x_1, x_2) = 0.359, d(x_4, x_5) = 0.282, d(x_1, x_3) = 0.645$。从而可知，对象 x_1 和 x_2 之间的相似性比 x_1 和 x_3 之间的相似性要大，从表 2-3 中也可直接看出。显然 $d(x_i, x_j)$ 越小，对象 x_i 和 x_j 就越相似。

表 2-3 学生成绩信息表

ID	sex	score_1	score_2	score_3
x_1	male	优秀	85	94
x_2	female	良好	74	85
x_3	female	中等	70	73
x_4	male	及格	62	71
x_5	male	及格	74	60

度量式(2-31)所计算的对象之间的相异度数据可用于信息系统中对象的聚类分析，同时，也可根据某些知识 P 求出每个对象的等价类或相似类，其等价类可定义为 $[x]_P = \{y | y \in U, d(x, y) = 0\}$，从而可对论域中的所有对象进行划分。式(2-31)没有考虑各个属性间的重要性差异，如果需要对一些重要属性进行重点考虑，可对式(2-31)中的每个 $d(x_i(v), x_j(v))$ 增加一个合适的权值，然后再进行对象间的加权度量，这样度量效果可能会更符合实际，这里不再讨论。

本节对信息系统中的属性重要性、属性值间的相似性等属性信息及对象之间的相似性进行系统完整的讨论，并提出相应的度量方法。与文献[22]中的度量方法相比较，本节提出的方法比较具体、更切合实际、度量效果较好。对信息系统中这些基本信息的度量研究，有助于系统全面地研究信息系统中的各种信息的特点和性质，便于更好地进行智能数据的聚类分析和不确定性推理等。同时，本节中的度量方法经过部分改进，完全可以推广到广义信息系统中。

2.3 信息系统中知识粒度与粒度熵理论

这里首先介绍经典的知识粒度的相关概念。

定义 2.7[27] 设 $S=(U,R)$ 是一个信息系统,$U/\text{IND}(R)=\{X_1,X_2,\cdots,X_n\}$,则 R 的知识粒度 $\text{GK}(R)$ 定义为

$$\text{GK}(R) = \frac{\sum_{i=1}^{n}|X_i|^2}{|U|^2} \tag{2-32}$$

式中,$\sum_{i=1}^{n}|X_i|^2$ 是由 $\bigcup_{i=1}^{n}(X_i \times X_i)$ 决定的等价关系的基数。

当 R 为相等关系时,即 $U/\text{IND}(R)=\{\{x\}|x\in U\}$ 为最小划分时,R 的知识粒度为最小值 $|U|/|U|^2=1/|U|$;当 R 为全域关系时,即 $U/\text{IND}(R)=\{U\}$ 为最大划分时,R 的知识粒度为最大值 $|U|^2/|U|^2=1$。一般情况下,$1/|U| \leqslant \text{GK}(R) \leqslant 1$。

定义 2.8[27] 设 $S=(U,R)$ 是一个信息系统,知识的分辨度 $\text{Dis}(R)$ 定义为

$$\text{Dis}(R) = 1 - \text{GK}(R) \tag{2-33}$$

同样有,$0 \leqslant \text{Dis}(R) \leqslant 1-1/|U|$。

分辨度的大小直接反映了知识的分辨能力,即分辨度越大,知识的分辨能力越强。由此,知识粒度也可以描述知识的分辨能力,知识粒度越小,它的分辨能力越强。

2.3.1 知识的粒度原理

粒度本来是一个物理学上的概念,指微粒大小的平均度量,物理粒度就是物理对象的细化划分。当把知识作为研究对象时,相应地,对它们的细化的不同层次的度量就可以定义为知识粒度,它存在着内在的规律,即知识表现为等价关系对论域划分的结果,以此,可以定义广义的知识粒度。

定义 2.9(广义的知识粒度) 设 $S=(U,R)$ 为一个信息系统,若对于 $\forall P \subseteq R$ 有 $G(P)$ 对应且满足如下性质。

(1) 非负性:$G(P) \geqslant 0$。

(2) 不变性:对于 $\forall P,Q \subseteq R$,且 $P \simeq Q$ 时,有 $G(P)=G(Q)$。

(3) 单调性:对于 $\forall P,Q \subseteq R$,且 $P \prec Q$ 时,有 $G(P) < G(Q)$。

(4) 有界性:当 U/P 为最小划分时,$G(P)$ 取得最小值;当 U/P 为最大划分时,$G(P)$ 取得最大值。

则称 $G(P)$ 为信息系统 $S=(U,R)$ 上的广义的知识粒度。

从粒度原理可知,知识的粒度越小,该知识对对象的划分越细,其分辨能力就越强;反之知识的粒度越大,它对对象的划分越粗糙,其分辨能力就越弱。

定义 2.10(基本粒度函数) 设 $S=(U,R)$ 为一个信息系统,其上有概率分布 $p(X_i)=|X_i|/|U|$,若对于 $\forall P \subseteq R$,知识 P 的基本粒度函数 $\text{FG}(P) = \sum_{i=1}^{n}$

$p(X_i)G(p(X_i))$ 是指满足下列条件的函数:

(1) 若 $1 \geqslant p(X) \geqslant 0$,则 $FG(P) > 0$;

(2) 若 $p(X_1) > p(X_2)$,则 $G(p(X_1)) > G(p(X_2))$,即 $FG_1(P) > FG_2(P)$;

(3) 若 $p(X) = \max\{p(X_1), p(X_2), \cdots, p(X_n)\}$,则 $G(p(X)) = \max\{G(p(X_1)), G(p(X_2)), \cdots, G(p(X_n))\}$,即 $FG(P) = \max\{FG_1(P), FG_2(P), \cdots, FG_n(P)\}$。

可以构造各种函数来满足定义 2.10 的 3 个条件,可以证明

$$FG_1(P) = \sum_{i=1}^{n} p(X_i) G_1(p(X_i)) = \sum_{i=1}^{n} p(X_i) p(X_i)$$

$$= \frac{\sum_{i=1}^{n} |X_i|^2}{|U|^2} \quad (\text{经典的知识粒度}^{[27]})$$

$$FG_2(P) = \sum_{i=1}^{n} p(X_i) G_2(p(X_i)) = \sum_{i=1}^{n} p(X_i) \log_2(p(X_i)|U|)$$

$$= \sum_{i=1}^{n} \frac{|X_i|}{|U|} \log_2 |X_i| \quad (\text{知识粗糙熵}^{[28]} \text{与此等价})$$

$$FG_3(P) = \sum_{i=1}^{n} p(X_i) G_3(p(X_i)) = \sum_{i=1}^{n} \frac{|X_i|}{|U|} \frac{C^2_{|X_i|}}{C^2_{|U|}} \quad (\text{组合粒度}^{[29]})$$

以上函数均满足定义 2.10 的条件,它们都为广义的知识粒度下的特例。

2.3.2 知识的粒度熵原理

熵概念本来是指热力学中反应热过程方向的物理量,用来度量热量的退化或进化。Shannon 将物理学中的熵概念引入到信息论中,用来度量信息系统的不确定性。在此,下面拓展了熵概念,认为熵定义的本质是知识划分的等价类的块大小,即划分的粗细,等价类划分的块越大,则等价类在论域中的概率越大,熵值越大。以此,可以定义广义的知识粒度熵。

定义 2.11(广义的知识粒度熵) 设 $S = (U, R)$ 为一个信息系统,若对于 $\forall P \subseteq R$ 有数 $E(P)$ 对应且满足如下性质。

(1) 非负性:$E(P) \geqslant 0$。

(2) 不变性:对于 $\forall P, Q \subseteq R$,且 $P \simeq Q$ 时,有 $E(P) = E(Q)$。

(3) 单调性:对于 $\forall P, Q \subseteq R$,且 $P \prec Q$ 时,有 $E(P) > E(Q)$。

(4) 有界性:当 U/P 为最小划分时,$E(P)$ 取得最大值;当 U/P 为最大划分时,$E(P)$ 取得最小值。

则称 $E(P)$ 为信息系统 $S = (U, R)$ 上的广义的知识粒度熵。

由粒度熵原理可知,知识的粒度熵越大,它对对象的划分越细,其分辨能力越强;反之知识的粒度熵越小,它对对象的划分越粗糙,其分辨能力越弱。

定义 2.12(基本粒度熵函数) 设 $S=(U,R)$ 为一个信息系统,若对于 $\forall P\subseteq R$,知识的粒度熵函数 $FE(P)=\sum_{i=1}^{n}p(X_i)E(1-p(X_i))$ 是指满足下列条件的函数:

(1) 若 $1\geqslant p(X)\geqslant 0$,则 $FE(P)>0$;

(2) 若 $p(X_1)>p(X_2)$,则 $E(1-p(X_1))<E(1-p(X_2))$,即 $FE_1(P)<FE_2(P)$;

(3) 若 $p(X)=\min\{p(X_1),p(X_2),\cdots,p(X_n)\}$,则 $E(p(X))=\max\{E(1-p(X_1)),E(1-p(X_2)),\cdots,E(1-p(X_n))\}$,即 $FE(P)=\max\{FE_1(P),FE_2(P),\cdots,FE_n(P)\}$。

可以构造各种函数来满足定义 2.12 的 3 个条件,可以证明

$$FE_1(P)=\sum_{i=1}^{n}p(X_i)E_1(1-p(X_i))=\sum_{i=1}^{n}p(X_i)(1-p(X_i))$$

$$=\sum_{i=1}^{n}\frac{|X_i|}{|U|}\left(1-\frac{|X_i|}{|U|}\right) \quad (\text{信息量}^{[30]}\text{ 或互补熵}^{[31]})$$

$$FE_2(P)=\sum_{i=1}^{n}p(X_i)E_2(1-p(X_i))=\frac{|X_i|}{|U|}(\log_2|U|-\log_2|X_i|)$$

(Shannon 信息熵[32] 与此等价)

$$FE_3(P)=\sum_{i=1}^{n}p(X_i)E_3(1-p(X_i))$$

$$=\sum_{i=1}^{n}\frac{|X_i|}{|U|}\left(1-\frac{C_{|X_i|}^2}{C_{|U|}^2}\right) \quad (\text{组合熵}^{[29]})$$

以上函数均满足定义 2.12 的条件,它们都为广义的知识粒度熵下的特例。

2.3.3 知识的粒度和粒度熵之间的关系

知识粒度和粒度熵其实都是对知识细化的不同层次的平均度量,其本质都是等价关系对论域划分结果的度量。由知识的粗糙度、粒度、粒度熵原理得知,知识粒度越小,则其知识粒度熵越大;知识粒度越大,其知识粒度熵越小。由此得知,知识粒度和粒度熵之间存在某种意义上的互补关系,表 2-4 为现有一些知识粒度与粒度熵之间的关系。

表 2-4 一些知识粒度与粒度熵之间的关系

R	相等关系	全域关系	一般的 R 关系	互补关系
$FG_1(R)$	$1/\|U\|$	1	$1/\|U\| \leqslant FG_1(R) \leqslant 1$	$FG_1(R)+FE_1(R)=1$
$FG_2(R)$	0	$\log_2\|U\|$	$0 \leqslant FG_2(R) \leqslant \log_2\|U\|$	
$FG_3(R)$	0	1	$0 \leqslant FG_3(R) \leqslant 1$	$FG_2(R)+FE_2(R)=\log_2\|U\|$
$FE_1(R)$	$1-1/\|U\|$	0	$0 \leqslant FG_1(R) \leqslant 1-1/\|U\|$	
$FE_2(R)$	$\log_2\|U\|$	0	$0 \leqslant FG_2(R) \leqslant \log_2\|U\|$	$FG_3(R)+FE_3(R)=1$
$FE_3(R)$	1	0	$0 \leqslant FG_3(R) \leqslant 1$	

推论 2.2 知识的粒度和粒度熵呈互补关系,即 $FG(R)+FE(R)=C(C$ 为常数)。

由推论 2.2 可知,如果存在某种度量上的知识粒度 $FG(R)$,那么一定能够找到一个相应的粒度熵 $FE(R)=C-FG(R)$,C 为常数;如果存在某种度量上的粒度熵 $FE(R)$,那么一定能够找到一个相应的知识粒度 $FG(R)=C-FE(R)$,C 为常数。

2.4 信息系统中知识距离与知识贴近度理论

借鉴集合论中对称差的概念,从粒度计算的观点出发,定义了信息系统中的知识距离,并指出利用知识距离也可以度量属性的相关性。为了方便后面各节讨论,下面采用一种新的知识表达形式来表示知识中的等价类,这种知识的表达方法称为知识的分类表达,具体的定义如下。

定义 2.13 设 $S=(U,R)$ 是一个信息系统,$P \subseteq R$,则知识 P 的分类表达 $U/\text{IND}(P)=\{I_P(u_1),I_P(u_2),\cdots,I_P(u_n)\}$,其中 $I_P(u_i)=\{u_j \in U | (u_i,u_j) \in \text{IND}(P)\}$($1 \leqslant i,j \leqslant n=|U|$),即 $I_P(u_i)$ 表示相对于 P 所有与 u_i 不可分辨对象所构成的等价类。

显然,这里定义的 $U/\text{IND}(P)$ 一般不构成 U 的划分,它构成 U 的覆盖。

知识 P 的分类表达简记为 $U/\text{IND}(P)=\{I_P(u_i) | u_i \in U\}$,则相等关系 ω 所对应的最细分类与全域关系 δ 所对应的最粗分类分别表示为

$$U/\omega = \{I_P(u_i) = \{u_i\} | u_i \in U\}$$
$$= \{\{u_1\},\{u_2\},\cdots,\{u_i\},\cdots,\{u_n\}\} \tag{2-34}$$

$$U/\delta = \{I_P(u_i) = U | u_i \in U\}$$
$$= \{\{u_1,u_2,\cdots,u_i,\cdots,u_n\},\cdots,\{u_1,u_2,\cdots,u_i,\cdots,u_n\}\} \tag{2-35}$$

性质 2.1 若 $u_j \in I_P(u_i)$,则 $I_P(u_i)=I_P(u_j)$。

性质 2.2 若 $P\subseteq Q\subseteq R$，则 $I_R(u)\subseteq I_Q(u)\subseteq I_P(u)$，其中 $u\in U$。

设 $S=(U,R)$ 是一个信息系统，令 $P,Q\subseteq R$，$U/\text{IND}(P)\leqslant U/\text{IND}(Q)$（简记为 $P\leqslant Q$）表示对 $\forall I_P(u_i)\in U/\text{IND}(P)$，$\exists I_Q(u_i)\in U/\text{IND}(Q)$，使得 $I_P(u_i)\subseteq I_Q(u_i)$，这意味着知识 P 比知识 Q 精细，或者说知识 Q 比知识 P 粗糙；而 $U/\text{IND}(P)\prec U/\text{IND}(Q)$（简记为 $P\prec Q$）表示对 $\forall I_P(u_i)\in U/\text{IND}(P)$，$\exists I_Q(u_i)\in U/\text{IND}(Q)$，使得 $I_P(u_i)\subseteq I_Q(u_i)$，且 $\exists I_P(u_j)\in U/\text{IND}(P)$，$I_Q(u_j)\in U/\text{IND}(Q)$，使得 $I_P(u_j)\subset I_Q(u_j)$，这意味着知识 P 比知识 Q 严格精细，或者说知识 Q 比知识 P 严格粗糙。

定义 2.14 设 $S=(U,R)$ 是一个信息系统，$r\in R$，若对 $\forall u_i\in U$，$I_{P-\{r\}}(u_i)=I_P(u_i)$，则称 r 在 R 中是不必要的或冗余的，否则，称 r 在 R 中是必要的；如果每个属性 $r\in R$ 在 R 中是必要的，则称属性集 R 是独立的，否则，称 R 是依赖的。R 中所有必要的属性组成的集合称为属性集 R 的核，记为 $\text{core}(R)$。

定义 2.15 设 $S=(U,R)$ 是一个信息系统，$B\subseteq R$，如果对 $\forall u_i\in U$，$I_B(u_i)=I_R(u_i)$，且 B 是独立的，则称 B 是 R 的一个约简。

显然 R 可以有多个约简，这多个约简可形式化表示为 $Q=\{B\subseteq \rho(R)|\forall u_i\in U, I_B(u_i)=I_R(u_i)\}$，其中 $\rho(R)$ 为属性集 R 的幂集。若约简 P 满足对 $\forall B\subseteq Q$ 使 $|P|\leqslant |B|$ 成立，则称 P 是 R 的一个最小约简。

2.4.1 信息系统中的知识距离

定义 2.16[33] 设任意两个集合 A 和 B，称属于 A 而不属于 B，或属于 B 而不属于 A 的全体元素组成的集合为 A 和 B 的对称差，记为 $A\oplus B$，符号化为 $A\oplus B=(A\ominus B)\cup(B\ominus A)$。

由集合论中相关知识可以证明 $(A-B)\cup(B-A)=A\cup B-A\cap B$，因此，可得集合的对称差的便捷的计算公式为 $A\oplus B=A\cup B-A\cap B$。

由集合的对称差定义易得出下面的性质。

性质 2.3[33] $A\oplus B=B\oplus A, A\oplus A=\varnothing, A\oplus \varnothing =A$。

定义 2.17 设任意两个集合 A 和 B，定义 A 和 B 的距离为

$$D(A,B)=\begin{cases}1 & A=B=\varnothing \\ \dfrac{|A\oplus B|}{|A\cup B|} & 其他\end{cases} \qquad (2\text{-}36)$$

式中，$0\leqslant D(A,B)\leqslant 1$，$|\cdot|$ 表示集合的基数。

特别地，若 $A=B$，则 $D(A,B)=0$，即 A 和 B 完全没有差别。若 $A\neq B$ 且 $A\cap B=\varnothing$，则 $D(A,B)=1$，即 A 和 B 完全不相同。集合的距离反映了集合之间的差异程度，即集合的距离越大，集合之间的差异程度也越大。

在粗糙集理论中，知识实质上是由属性子集决定的对象空间的划分或覆盖。

信息系统中不同的属性集一般会诱导出论域中不同的划分或覆盖,因此,可以从集合的对称差和集合的距离的角度定义信息系统中的知识距离,考察知识之间的距离也就考察了不同属性集之间对于论域划分或覆盖的差别,自然也就考察了知识之间的差异。

定义 2.18 设 $S=(U,R)$ 是一个信息系统,$P,Q\subseteq R$,$U/\text{IND}(P)=\{I_P(u_i)|u_i\in U\}$,$U/\text{IND}(Q)=\{I_Q(u_i)|u_i\in U\}$,定义知识 P 和 Q 之间的距离为

$$\text{KD}(P,Q)=\frac{1}{|U|}\sum_{i=1}^{|U|}\frac{|I_P(u_i)\oplus I_Q(u_i)|}{|I_P(u_i)\bigcup I_Q(u_i)|} \tag{2-37}$$

知识距离反映了在同一论域下不同关系所导致的知识之间的差异程度,即 KD 越大,知识之间的差异程度越大,反之,KD 越小,知识之间的差异程度越小。

性质 2.4 $\text{KD}(P,Q)=\text{KD}(Q,P)$。

证明:根据定义 2.18 显然成立。

性质 2.5 $0\leqslant \text{KD}(P,Q)\leqslant 1-1/|U|$。

证明:给定论域 U,存在两个特殊的知识:相等关系 ω 所对应的最细知识 U/ω 和全域关系 δ 所对应的最粗知识 U/δ。运用距离公式求两者之间的距离 $\text{KD}(\omega,\delta)$,对 $\forall u_i\in U$,$|I_Q(u_i)\oplus I_P(u_i)|=|U-1|$,即 $\text{KD}(\omega,\delta)=1-1/|U|$ 取得最大值。同理,给定论域 U,若存在两个相等知识 $U/\text{IND}(Q)=U/\text{IND}(P)$,则对 $\forall u_i\in U$,$I_Q(u_i)=I_P(u_i)$,显然 $I_Q(u_i)\oplus I_P(u_i)=\varnothing$,$|I_Q(u_i)\oplus I_P(u_i)|=0$,即 $\text{KD}(P,Q)=0$ 取得最小值。一般情况下,依据定义 2.18 有 $0\leqslant \text{KD}(P,Q)\leqslant 1-1/|U|$。

2.4.2 信息系统中的知识贴近度

定义 2.19 设任意两个集合 A 和 B,定义 A 和 B 的贴近度为

$$C(A,B)=1-D(A,B)=\begin{cases}0 & A=B=\varnothing\\ 1-\dfrac{|A\oplus B|}{|A\bigcup B|}=\dfrac{|A\bigcap B|}{|A\bigcup B|} & \text{其他}\end{cases} \tag{2-38}$$

式中,$0\leqslant C(A,B)\leqslant 1$,$|\cdot|$ 表示集合的基数。

特别地,若 $A=B$,则 $C(A,B)=1$,即 A 和 B 完全相似。若 $A\neq B$ 且 $A\bigcap B=\varnothing$,则 $C(A,B)=0$,即 A 和 B 完全不相似。集合的贴近度反映了集合之间的相似程度,即集合的贴近度越大,集合之间的相似程度也越大。

定义 2.20 设 $S=(U,R)$ 是一个信息系统,$P,Q\subseteq R$,$U/\text{IND}(P)=\{I_P(u_i)|u_i\in U\}$,$U/\text{IND}(Q)=\{I_Q(u_i)|u_i\in U\}$,定义知识 P 和 Q 之间的贴近度为

$$\text{KC}(P,Q)=\frac{1}{|U|}\sum_{i=1}^{|U|}\frac{|I_P(u_i)\bigcap I_Q(u_i)|}{|I_P(u_i)\bigcup I_Q(u_i)|} \tag{2-39}$$

知识贴近度反映了在同一论域下不同关系所导致的知识之间的相似程度,即 KC 越大,知识之间的相似程度越大,反之,KC 越小,知识之间的相似程度也越小。

性质 2.6 $KC(P, Q) = KC(Q, P)$。

证明:根据定义 2.20 显然成立。

性质 2.7 $1/|U| \leqslant KC(P, Q) \leqslant 1$。

证明:给定论域 U,存在两个特殊的知识:相等关系 ω 所对应的最细知识 U/ω 和全域关系 δ 所对应的最粗知识 U/δ。运用贴近度公式求两者之间的贴近度 $KC(\omega, \delta)$,对 $\forall u_i \in U, |I_Q(u_i) \cap I_P(u_i)| = 1$,即 $KC(\omega, \delta) = 1/|U|$ 取得最小值。同理,给定论域 U,若存在两个相等知识 $U/IND(Q) = U/IND(P)$,则对 $\forall u_i \in U$,$I_Q(u_i) = I_P(u_i)$,显然 $|I_Q(u_i) \cap I_P(u_i)| = |I_Q(u_i) \cup I_P(u_i)|$,即 $KC(P, Q) = 1$ 取得最大值。依据定义 2.20 有 $1/|U| \leqslant KC(P, Q) \leqslant 1$。

知识贴近度的定义是在知识距离的基础上定义的,它们之间的联系是紧密的。

性质 2.8 设 $S = (U, R)$ 是一个信息系统,$P, Q \subseteq R, U/IND(P) = \{I_P(u_i) | u_i \in U\}, U/IND(Q) = \{I_Q(u_i) | u_i \in U\}$,则 $KD(P, Q) + KC(P, Q) = 1$。

证明:
$$KD(P, Q) = \frac{1}{|U|} \sum_{i=1}^{U} \frac{|I_P(u_i) \oplus I_Q(u_i)|}{|I_P(u_i) \cup I_Q(u_i)|}$$
$$= \frac{1}{|U|} \sum_{i=1}^{U} \frac{|I_P(u_i) \cup I_Q(u_i) - I_P(u_i) \cap I_Q(u_i)|}{|I_P(u_i) \cup I_Q(u_i)|}$$
$$= 1 - \frac{1}{|U|} \sum_{i=1}^{U} \frac{|I_P(u_i) \cap I_Q(u_i)|}{|I_P(u_i) \cup I_Q(u_i)|}$$
$$= 1 - KC(P, Q)$$

显然
$$KD(P, Q) + KC(P, Q) = 1$$

性质 2.8 说明,知识距离和知识贴近度满足严格的互补关系。

2.4.3 基于知识距离的属性相关性度量理论研究

由于知识距离与知识贴近度呈互补关系,本节仅给出基于知识距离的属性相关性度量理论,这些理论对于信息系统中的知识约简具有重要意义。对于知识的贴近度有类似定理,这里不再给出。

1. 基于知识距离的知识粗糙性判定定理

定理 2.11 设 $S = (U, R)$ 是一个信息系统,$P, Q \subseteq R$。若 $R \leqslant Q \leqslant P$,则有 $KD(Q, R) \leqslant KD(P, Q)$。

证明:假定知识 P 到知识 R 的变化过程中,每次只改变知识中一个知识粒,即设 $U/IND(P) = \{T_1, L(k), T_2\}$,其中 T_1, T_2 分别是 $U/IND(P)$ 中等价块

的一个子序列,$L(k)$表示该等价块 L 中有 k 个元素,$0 \leqslant k \leqslant |U|$;

$U/\text{IND}(Q) = \{T_1, L(k-s), L(s), T_2\}$,其中块 $L(k)$ 细化为 $L(k-s)$ 和 $L(s)$ 两个等价块,T_1 和 T_2 不发生变化,$0 \leqslant s \leqslant k$;

$U/\text{IND}(R) = \{T_1, L(k-s-t), L(t), L(s), T_2\}$,其中块 $L(k-s)$ 细化为 $L(k-s-t)$ 和 $L(t)$ 两个等价块,$L(s)$、T_1、T_2 不发生变化,$0 \leqslant t \leqslant k-s$。

依据知识的距离公式,有

$$\text{KD}(P, R) = (k-s-t)\left(1 - \frac{k-s-t}{k}\right) + t\left(1 - \frac{t}{k}\right) + s\left(1 - \frac{s}{k}\right)$$

$$\text{KD}(Q, R) = t\left(1 - \frac{t}{k-s}\right) + (k-s-t)\left(1 - \frac{k-s-t}{k-s}\right)$$

故 $\text{KD}(P, R) - \text{KD}(Q, R) = 2s(k-s-t)/k \geqslant 0$

因此 $\text{KD}(Q, R) \leqslant \text{KD}(P, R)$

这里仅讨论了单一知识粒变化的情况,多个知识粒同时变化则是这种情况的累加,证明过程仅是计算量的增大,分析方法类似,故上述不等式依然成立。

定理 2.11 说明,在信息系统中,知识的划分越细,则该知识到信息系统的知识距离越小。

推论 2.3 设 $S = (U, R)$ 是一个信息系统,$R = \{r_1, r_2, \cdots, r_m\}$,那么 $\text{KD}(\{r_i\}, R) \geqslant \text{KD}(\{r_i\} \cup \{r_j\}, R) \geqslant \cdots \geqslant \text{KD}(\{r_1\} \cup \{r_2\} \cup \cdots \cup \{r_m\}, R) = 0$,$(1 \leqslant i, j \leqslant m)$。

推论 2.3 说明,在信息系统中,随着属性的增加,属性子集到全域属性集的知识距离的变化规律呈非严格单调性。

2. 基于知识距离的知识约简判定定理

定理 2.12 设 $S = (U, R)$ 是一个信息系统,$P \subseteq R$,则 $U/\text{IND}(R) = U/\text{IND}(P)$ 的充分必要条件是 $\text{KD}(P, R) = 0$。

证明:(必要性)由 $U/\text{IND}(P) = U/\text{IND}(R)$ 知,对 $\forall u_i \in U$,$I_P(u_i) = I_R(u_i)$,显然 $I_P(u_i) \oplus I_R(u_i) = \emptyset$,$|I_P(u_i) \oplus I_R(u_i)| = 0$,即 $\text{KD}(P, R) = 0$。

(充分性)由 $\text{KD}(P, R) = 0$ 知,对 $\forall u_i \in U$,$|I_R(u_i) \oplus I_P(u_i)| = 0$,显然 $I_P(u_i) \oplus I_R(u_i) = \emptyset$。由性质 2.1 可知 $I_P(u_i) = I_R(u_i)$,那么 $U/\text{IND}(R) = U/\text{IND}(P)$。

推论 2.4 设 $S = (U, R)$ 是一个信息系统,$P \subseteq R$。若 $\text{KD}(P, R) = 0$,则 P 为 R 的一个约简。

上述判定定理实际上是从知识距离角度提出了一种属性约简的判断方法,以此为基础,本书将在后面章节给出一种基于知识距离的属性约简算法。

2.5 基于粒计算的相似性度量理论

2.5.1 问题的提出与贴近度的基础知识

1. 问题的提出

客观世界中存在着许多"亦此亦彼"的现象,如设备故障诊断领域中的振动强烈、振动不稳定等。这些没有明确外延的"亦此亦彼"的概念,是人们在日常生活、社会实践及科学实验中常常遇到的问题,例如:

(1) 实际采集的故障信号和故障样本之间的相似程度问题;

(2) 所采集的一批信号的稳定性问题,也就是信号的综合相似程度问题;

(3) 在无样本的情况下,如何知道所采集的信号是否具有某些相似性;(补充说明:如果所采集的信号在此种未知故障的状态下某些特征是相似的,就说明这种故障具有这样的信号特征,从而可以根据这一相似性总结出故障的信号特征,这实际上也就可以增加其学习功能了。)

(4) 医疗诊断领域中,一个病人的症状和已知的某种疾病的症状的接近程度问题;

(5) 为了判断某些学校的学生是否是集体中毒,就要知道这些病人的症状的接近程度问题;

(6) 当一些病人的症状和已知疾病的症状都不一样时,也就是在无样本的情况下,想要判断这些病人是否得病,得的是同一种新疾病,还是两种不同的疾病,这就需要知道这些症状是否相似的问题。

如果想用粒计算解决以上问题,就必须先解决这类问题——如何描述粒计算的相似程度和接近程度问题。基于上述原因,为了刻画和度量粒集合之间的差异程度和相似程度,考虑到粒度的刻画和定义必须遵循一些潜在规则,本节首先定义粒及粒计算的概念,在粒的意义下给出公式的公理化定义,并给出它们相关的定理和性质,从而将粗糙集、模糊集等多种粒计算模型用公式统一在一起;为各种粒计算模型提供一个统一的理论框架,为粒度计算提供新的研究角度。然后在模糊集理论的基础上,对若干相似性度量标准之间的关系进行讨论,提出粒集之间的相似性度量;利用公式给出粒的隶属度和距离的定义,提出粒计算的距离和粒计算的贴近度概念,使得已有的距离和贴近度都是在由粒计算的公式定义下的特殊形式。本节还讨论贴近度理论的原理及其应用,并给出其定理、性质及相关证明,同时给出粒计算在实际中的应用。这些结论有助于人们理解粒度的本质,对于建立信息系统中的粒计算有着重要的指导意义。

2. 贴近度的知识基础

Fuzzy 集理论是建立在隶属度基础上的,从 Fuzzy 集理论的产生开始,如何确定隶属度就一直是人们关注的问题。贴近度是描述两个集合相似或者相似程度的一个重要数量指标,是刻画 Fuzzy 集接近程度的一种度量。传统的公理化 Fuzzy 集的贴近度定义如下[34-38]。

定义 2.21(隶属度) 设 $\widetilde{A}$ 是论域 X 到$[0,1]$的映射,即

$$\widetilde{A}:X \to [0,1], x \mapsto \widetilde{A}(x) \tag{2-40}$$

称 $\widetilde{A}$ 是 X 上的 Fuzzy 集,$\widetilde{A}(x)$ 称为 Fuzzy 集 $\widetilde{A}$ 的隶属函数(membership function)(或称为 x 对 Fuzzy 集 $\widetilde{A}$ 的隶属度(grade of membership))。

(1) 最大隶属度原则 1。

设 $A_1, A_2, \cdots, A_n \in F(X)$,取定对象 $x_0 \in X$,如果存在指标 $i \in \{1, 2, \cdots, n\}$,使得

$$A_i(x_0) = \max\{A_1(x_0), A_2(x_0), \cdots, A_n(x_0)\} \tag{2-41}$$

则认为 x_0 相对隶属于 A_i。

(2) 最大隶属度原则 2。

设 $A_1, A_2, \cdots, A_n \in F(X)$,取定对象 $x_0 \in X$,规定一个阈值(水平)$\lambda \in (0, 1]$,记

$$\alpha = \max\{A_1(x_0), A_2(x_0), \cdots, A_n(x_0)\} \tag{2-42}$$

若 $\alpha < \lambda$,则作"拒识"判决,应查找原因另作分析;若 $\alpha \geqslant \lambda$,则认为识别可行,按最大隶属度原则 1 判决。

(3) 最大隶属度原则 3。

设 $A \in F(X)$,取定 n 个对象 $x_1, x_2, \cdots, x_n \in X$,如果存在指标 $i \in \{1, 2, \cdots, n\}$,使得

$$A_i(x_i) = \max\{A(x_1), A(x_2), \cdots, A(x_n)\} \tag{2-43}$$

则认为 x_i 相对隶属于 A。

隶属度的确定遵循以上 3 种原则。最大隶属度原则 2 可以避免因隶属度都很小而由最大隶属度原则 1 作出偏离实际较远的判决。在 Fuzzy 集理论中还有一个非常重要的原则——择近原则,其在贴近度理论应用时起着重要的选择作用,贴近度求出后需要根据择近原则对目标进行选取。

(1) 择近原则 1。

设 $A_i, B \in F(x)(i=1, 2, \cdots, n)$,$N$ 为贴近度函数或格贴近度函数。若存在 $i \in \{1, 2, \cdots, n\}$,使得

$$N(A_i, B) = \max\{N(A_1, B), N(A_2, B), \cdots, N(A_n, B)\} \tag{2-44}$$

则认为 B 与 A_i 最贴近，将 B 与 A_i 归为一类。

(2) 择近原则 2(阈值原则)。

设 A_i, $B \in F(x)(i=1, 2, \cdots, n)$, N 为贴近度函数或格贴近度函数。规定一个阈值(水平)$\lambda \in (0, 1]$，记

$$\alpha = \max\{N(A_1, B), N(A_2, B), \cdots, N(A_n, B)\} \tag{2-45}$$

若 $\alpha < \lambda$，则作"拒识"判断，这时应查找原因另作分析；若 $\alpha \geqslant \lambda$，则认为识别可行，按择近原则 1 判决。

隶属度及择近原则都是贴近度理论和应用中不可缺少的部分，因而，在上述理论的基础上给出下面 Fuzzy 集贴近度的定义。

定义 2.22 设 $A, B, C \in F(X)$，且映射 $N: F(X) \times F(X) \rightarrow [0,1]$，满足下列条件：

(1) $N(A, A) = 1$;

(2) $N(A, B) = N(B, A)$;

(3) $N(U, \varnothing) = 0$;

(4) 若 $A \subseteq B \subseteq C$，则 $N(A, C) \leqslant N(A, B) \wedge N(B, C)$。

则称 N 为 Fuzzy 集上的贴近度函数(measure function of similarity)，$N(\widetilde{P}, \widetilde{Q})$ 为 $\widetilde{P}$ 和 $\widetilde{Q}$ 的贴近度(measure of similariy 或 degree of similarity)。

很容易验证下面介绍的都是 Fuzzy 集上的贴近度函数，它们都有形式简单、计算方便、意义明确等特点，且都具有实际使用价值。

在 Fuzzy 集贴近度中，当要用一个数粗略描述全体模糊集的相似程度时，只需相应求和(论域 X 是离散值)和多重积分(论域 X 是连续值)，并求其平均值即可。当然，在关注程度不同的情况下，也可以进行加权平均。下面的各种形式给出了离散值和连续值两种情况的计算公式。

定义 2.23(Hamming 贴近度 N_H) 设 $X = \{x_1, x_2, \cdots, x_n\}$, $A, B \in F(X)$，令

$$N_H(A,B) = 1 - \frac{1}{n} \sum_{i=1}^{n} |A(x_i) - B(x_i)| \tag{2-46}$$

而当 $X = [a, b]$ $(a < b)$ 时，则令

$$N_H(A,B) = 1 - \frac{1}{b-a} \int_a^b |A(x_i) - B(x_i)| \, dx \tag{2-47}$$

定义 2.24(Euclid 贴近度 N_E) 设 $X = \{x_1, x_2, \cdots, x_n\}$, $A, B \in F(X)$，令

$$N_E(A,B) = 1 - \frac{1}{\sqrt{n}} \left(\sum_{i=1}^{n} (A(x_i) - B(x_i))^2 \right)^{\frac{1}{2}} \tag{2-48}$$

$$N_E(A,B) = 1 - \frac{1}{b-a} \left(\int_a^b (A(x_i) - B(x_i))^2 \, dx \right)^{\frac{1}{2}} \tag{2-49}$$

定义 2.25(最大最小贴近度 N_M) 设 $X=\{x_1,x_2,\cdots,x_n\}$,$A,B\in F(X)$,令

$$N_M(A,B)=\begin{cases}1 & A=B=\varnothing \\ \dfrac{\sum_{i=1}^{n}(A(x_i)\wedge B(x_i))}{\sum_{i=1}^{n}(A(x_i)\vee B(x_i))} & \text{其他}\end{cases} \quad (2\text{-}50)$$

而当 $X=[a,b](a<b)$ 时,则令

$$N_M(A,B)=\begin{cases}1 & A=B=\varnothing \\ \dfrac{\int_a^b(A\cap B)(x)\mathrm{d}x}{\int_a^b(A\cup B)(x)\mathrm{d}x} & \text{其他}\end{cases} \quad (2\text{-}51)$$

定义 2.26(最小平均 N_A) 设 $X=\{x_1,x_2,\cdots,x_n\}$,$A,B\in F(X)$,令

$$N_A(A,B)=\begin{cases}1 & A=B=\varnothing \\ \dfrac{\sum_{i=1}^{n}(A(x_i)\wedge B(x_i))}{\dfrac{1}{2}\sum_{i=1}^{n}(A(x_i)+B(x_i))} & \text{其他}\end{cases} \quad (2\text{-}52)$$

而当 $X=[a,b](a<b)$ 时,则令

$$N_A(A,B)=\begin{cases}1 & A=B=\varnothing \\ \dfrac{\int_a^b(A\cap B)(x)\mathrm{d}x}{\dfrac{1}{2}\int_a^b(A+B)(x)\mathrm{d}x} & \text{其他}\end{cases} \quad (2\text{-}53)$$

这些贴近度函数都是满足 Fuzzy 集贴近度的 4 条公理,但是适用范围及条件不同。在不同的条件和环境下,需要利用不同的贴近度函数进行计算,这样才能达到较好的度量效果。用 Fuzzy 集 4 条公理做条件,刻画模糊集的接近程度是有其合理性的。但是,它也存在着极大的局限。

(1) 只能描述两个 Fuzzy 集之间的接近程度,而不能描述两个以上的 Fuzzy 集之间的接近程度。更谈不上,在 Fuzzy 集中存在着复杂的影响因素(例如,一组 Fuzzy 集和另一组 Fuzzy 集之间存在某种整体的相似关系)的情况下,描述全体的 Fuzzy 集的综合相似程度了。所以,它最多只能粗略地解决本节提出的问题(1)和(4),而不能解决其他问题。

(2) 在实际问题中,人们常常关心 Fuzzy 集在某些点或某些区域的贴近度,或者说对某些点或某些区域的关心程度是不同的。但是,这一定义只能粗略地给出

两个 Fuzzy 集总体上的描述,而不能具体地刻画两个 Fuzzy 集在不同区域、不同部分的差异。例如,在诊断转子不对称时,就对 2 倍转频等点处的振幅比较关心。所以,定义 2.22 是不能够满足实际应用需要的。

于是需要考虑如何在 Fuzzy 集理论的基础上,利用粒计算解决上面提出的所有问题,并能克服上述两个局限,同时可以满足各种粒计算模型的不同要求,建立统一粒计算模型。

2.5.2 基于粒计算的贴近度理论

虽然经典粗糙集和模糊集在解决有些分类问题时很方便,但也有些问题不能简单地用这两种集合理论解决。因为经典粗糙集是建立在不可分辨关系上的,而模糊集理论是建立在隶属度的基础上的。依据这一理论判断两个对象是否不可分辨,就是一一比较它们的属性值(或者隶属度),如果所有的属性值(或者隶属度)都完全相等,则它们不可分辨;否则,就应分为两类。但世界却显然不是这样,例如,很难找到两个完全一样的苹果,可要把每个苹果分为一类,又显然不合适。那么有没有一种方法可以解决这类问题呢?回答是肯定的。这类问题的出现使人们自然而然地想到了相似(similarity)。有关相似问题已有很多研究,但把相似关系引入粒计算的却不多见(粒的各种划分间的相似性度量还未有明确的方法),故本节在模糊集理论的基础上提出了一种基于粒计算的贴近度理论[39],就粒的划分间的相似性度量进行了深入研究。为了描述信息粒的接近程度,人们提出了粒的贴近度概念。由于实际问题的复杂性,在某一问题上适用的贴近度公式很有可能不适用于另外的场合,因此提出各种各样的贴近度公式对解决相关问题是非常必要的。

在普通 Fuzzy 集的贴近度定义中,因为组成普通函数是一维的,所以它所定义的贴近度就只能反映两个 Fuzzy 集之间的贴近程度,而没有办法度量 $N(N \geqslant 2)$ 个 Fuzzy 集在复杂的相互关系情况下的综合贴近程度,这样就必须将函数推广到高维领域。本节所定义的基于粒计算的贴近度能够克服该缺点,适用于高维领域。

1. 距离与贴近度相关性分析

1) 集合的距离

一般的相似度都是基于"距离"的概念构建的,所以在定义贴近度前首先要对距离有一定的了解。

定义 2.27 设 $X=\{x_1, x_2, \cdots, x_n\}$,有集合 P 和集合 Q,且 $P, Q \in F(X)$,定义集合 P 和 Q 间的距离 $D(P, Q)=1-\dfrac{|P \cap Q|}{|P \cup Q|}$。

特别地，$D(P,Q) = \sum_{j=1}^{n}(|P(x_j) - Q(x_j)|^p)^{\frac{1}{p}}$ 为 P 和 Q 的闵可夫斯基距离；当 $p=2$ 时，$D(P,Q) = \sum_{j=1}^{n}(|P(x_j) - Q(x_j)|^2)^{\frac{1}{2}}$ 称为欧式距离；当 $p=1$ 时，$D(P,Q) = \sum_{j=1}^{n}(|P(x_j) - Q(x_j)|)$ 称为海明距离。

性质 2.9 定义 2.27 的距离满足以下性质。

(1) 非负性：$D(P,Q) \geqslant 0$；

(2) 对称性：$D(P,Q) = D(Q,P)$。

证明：根据距离的定义可知，性质(1)和(2)显然成立。

特别地，若 $P \neq Q$ 且 $P \cap Q = \varnothing$，则集合 P 和 Q 的集合差异度可得到最大值 1，即集合 P 和 Q 完全不相似；反之，若 $P = Q$，则集合 P 和 Q 的集合差异度可得到最小值 0，即集合 P 和 Q 是完全相似的。集合的距离反映了在同一论域下不同关系所导致的集合之间的区别程度。

2) 集合的贴近度

由性质 2.9 可知，基于距离的相似关系显然具有对称性。假设信息表 IS $=(U,A)$，其中 U 是对象的有限集，A 是属性的有限集，每个属性 a_j 都对应着一个从 U 到 V_j（a_j 的值域）上的映射，使得 $a_j(x) = x_j$，它表示对象 x 在属性 a_j 上的取值。

对任何两个对象 $P,Q \in U$，都有关于属性 $a_j(j=1,2,\cdots,n)$，P 在多大程度上相似于 Q 的问题。因此，在考虑 P 相似于 Q 的问题上，都必须定义贴近度 $n(P,Q)$。

定义 2.28 设有集合 P 和集合 Q，定义 P 和 Q 的集合贴近度为

$$n(P,Q) = \frac{|P \cap Q|}{|P \cup Q|}, \quad 0 \leqslant n(P,Q) \leqslant 1 \tag{2-54}$$

基于隶属度同样可以定义 P 和 Q 的集合贴近度为

$$n(P,Q) = \frac{1}{n}\sum_{i=1}^{n}\frac{|P_j(x) \cap Q_j(x)|}{|P_j(x) \cup Q_j(x)|}, \quad 0 \leqslant n(P,Q) \leqslant 1 \tag{2-55}$$

特别地，若 $P = Q$，则 P 和 Q 的集合贴近度达到最大值 1，即 P 和 Q 完全贴近；若 $P \neq Q$ 且 $P \cap Q = \varnothing$，则 P 和 Q 的集合贴近度达到最小值 0，即 P 和 Q 完全不贴近。

由此可见，集合贴近度反映了集合之间相贴近的程度，并且 n 越大，表明集合之间越贴近；n 越小，表明集合之间越不贴近。

3) 集合的距离与贴近度的联系

贴近度是在距离的基础上定义的，它们之间的联系是紧密的。

性质 2.10 设 $S=(U,A)$ 是一个信息系统,P,Q 属于 A,则 $n(P,Q)+D(P,Q)=1$。

证明:$D(P,Q) = \frac{1}{n}\sum_{i=1}^{n}\left(1 - \frac{1}{n}\sum_{i=1}^{n}\frac{|P_j(x) \cap Q_j(x)|}{|P_j(x) \cup Q_j(x)|}\right)$

$= 1 - \frac{1}{n}\sum_{i=1}^{n}\frac{|P_j(x) \cap Q_j(x)|}{|P_j(x) \cup Q_j(x)|}$

$= 1 - n(P,Q)$

显然,$n(P,Q)+D(P,Q)=1$。

性质 2.10 表明,在距离定义 2.27 和贴近度定义 2.28 下,集合距离和集合贴近度之间有着严格的互补关系。n 越大,表明集合之间距离越小;D 越大,表明集合之间距离越大。反之亦然,n 越大,表明集合之间贴近度越大(越相似);D 越大,表明集合之间贴近度越小(越不相似)。

2. 粒计算度量的基础理论

定义 2.29[40] 设 $IS=(U,A)$ 是一个信息系统,U 为论域,其中 $a \in A$ 是属性集 A 上的属性,v 是 a 关于 U 上的个体 x 的属性值,$v=a(x)$,那么 (a,v) 或 a_v 被称为粒计算中的一个原子公式。

公式可以由逻辑否定、合取和析取的形式描述,通过经典逻辑连接词将诸多 (a,v) 或 a_v 组合起来,则可得到粒计算中的合式公式 ψ。

定义 2.30 设 $(\phi, m(\phi))$ 和 $(\phi', m(\phi'))$ 是两个粒,其关于逻辑连接词的运算定义为

(1) $\sim(\phi, m(\sim\phi)) = (\sim\phi, U - m(\phi))$;

(2) $(\phi, m(\phi)) \oplus (\phi', m(\phi')) = (\phi \vee \phi', m(\phi) \cup m(\phi'))$;

(3) $(\phi, m(\phi)) \otimes (\phi', m(\phi')) = (\phi \vee \phi', m(\phi) \cap m(\phi'))$;

(4) $(\phi, m(\phi)) c (\phi', m(\phi')) = (\phi \to \phi', m(\phi) \subseteq m(\phi') \vee m_*(\phi) \subseteq m_*(\phi') \wedge m^*(\phi) \subseteq m^*(\phi')$;

(5) $(\phi, m(\phi)) \equiv (\phi', m(\phi')) = (\phi \leftrightarrow \phi', m(\phi) \subseteq m(\phi')) \wedge m(\phi') \subseteq m(\phi) \vee ((m_*(\phi) \subseteq m_*(\phi')) \wedge m_*(\phi') \subseteq m_*(\phi)) \wedge m^*(\phi) \subseteq m^*(\phi') \wedge m^*(\phi') \subseteq m^*(\phi))$。

定义 2.31 设 U 为论域,$\tilde{P} \subseteq U$,如果一个集合 $\tilde{P}$ 有 m 个向量对象,$\tilde{P} = \{P_1, P_2, \cdots, P_m\}$,$P_k \in U(k=1, 2, \cdots, m)$,每一个向量对象的特征信息集合 $P_k = \{p_{k1}, p_{k2}, \cdots, p_{ks}\}$ 为一个信息粒,s 表示 P_k 中特征信息的个数。所有向量 P_k 的一些特征信息经过公式 φ 计算后的值 P_k' 形成集合:

$$m_{\tilde{P}}(\phi) = \{P_k' | P_k' \in \phi, P_k \to P_k', k=1, 2, \cdots, m\} \quad (2\text{-}56)$$

则称 $m_{\tilde{P}}(\phi)$ 为集合 $\tilde{P}$ 经过公式 ϕ 计算后所得值形成的粒集。用 $P_k \to P_k'$ 表示每

个对象与其值形成一一对应的关系,$P'_k \in \phi$ 表示 P_k 通过公式 ϕ 计算后所得到的值。

在传统的粒计算度量中,集合 $\widetilde{P}$ 的一个公式 ϕ 所定义的单粒 $m(\phi)$ 的度量方法可定义为 $G(\phi) = \dfrac{|m(\phi)|}{|\widetilde{P}|}$,但对于更加复杂的粒计算就束手无策了。

设公式 ϕ、φ 的关于集合 $\widetilde{P}$ 的粒分别是 $m(\phi)$ 和 $m(\varphi)$,$m(\phi)$ 和 $m(\varphi)$ 的交和并运算分别为

$$m(\phi) \cap m(\varphi) = m(\phi \wedge \varphi) \tag{2-57}$$

$$m(\phi) \cup m(\varphi) = m(\phi \vee \varphi) \tag{2-58}$$

则公式 ϕ、φ 之间的相似性度量为

$$R(\phi,\varphi) = \frac{|m(\phi \wedge \varphi)|}{|m(\phi \vee \varphi)|} = \frac{|m(\phi) \wedge m(\varphi)|}{|m(\phi) \vee m(\varphi)|} \tag{2-59}$$

3. 基于粒计算的多维综合贴近度理论的研究

设公式 ψ 是由一系列原子公式 ϕ_i 构成的公式集合,$\psi = \{\phi_1, \phi_2, \cdots, \phi_r\}$,这里 ϕ_i 是原子公式 $(i=1, 2, \cdots, r)$。集合 $\widetilde{P} \subseteq U, \widetilde{P} = \{P_1, P_2, \cdots, P_m\}$,其中 $P_k = \{p_{k1}, p_{k2}, \cdots, p_{ks}\}$ $(k=1, 2, \cdots, m, s$ 表示每个 P_k 中包含 s 个特征信息),那么 $m_{\widetilde{P}}^j(\phi_i)$ 为集合 $\widetilde{P}$ 中的各向量对象通过公式 ϕ_i 计算后达到层次 j 的相应向量对象的集合,表示为

$$m_{\widetilde{P}}^j(\phi_i) = \{P_k \mid P_k \in \widetilde{P}, P_k \in \phi_i, k=1,2,\cdots,m; j=1,2,\cdots,h\}$$

(h 表示层次的个数)

定义 2.32(隶属度) 设论域 U 上向量对象的集合 $\widetilde{P} = \{P_1, P_2, \cdots, P_m\}$ $(\widetilde{P} \subseteq U), \forall \phi_i \in \psi(i=1,2,\cdots,r), m_{\widetilde{P}}^j(\phi_i)$ 隶属于集合 $\widetilde{P}$ 的程度定义为

$$\mu_{\widetilde{P}}^j(\phi_i) = \frac{|m_{\widetilde{P}}^j(\phi_i) \cap \widetilde{P}|}{|\widetilde{P}|} \quad (i=1, 2, \cdots, r; j=1, 2, \cdots, h) \tag{2-60}$$

显然,$0 \leqslant \mu_{\widetilde{P}}^j(\phi_i) \leqslant 1, \sum_{j=1}^{h} \mu_{\widetilde{P}}^j(\phi_i) = 1$。

根据本节对贴近度理论的阐述,可知贴近度是描述两个集合相似或者贴近程度的重要数量指标。设 $\widetilde{P}$ 是论域 U 上的一个子集,$\forall \widetilde{P}, \widetilde{Q} \subseteq U, \phi_i$ 是原子公式,$\mu_{\widetilde{P}}^j(\phi_i), \mu_{\widetilde{Q}}^j(\phi_i)$ 分别是原子公式 ϕ_i 关于集合 $\widetilde{P}$、$\widetilde{Q}$ 的隶属度,则下面给出集合 $\widetilde{P}$ 和 $\widetilde{Q}$ 之间的贴近度定义。

定义 2.33 若映射 $n: \widetilde{P}(U) \times \widetilde{Q}(U) \to [0,1], \forall \widetilde{P}, \widetilde{Q} \in P(U)$ 满足下列条件:
(1) $n(\widetilde{P}, \widetilde{P}) = 1$;

(2) $n(\widetilde{P},\widetilde{Q})=n(\widetilde{Q},\widetilde{P})$;

(3) $n(U,\phi)=0$;

(4) 若 $\widetilde{P}\subseteq\widetilde{Q}\subseteq\widetilde{R}$,则 $n(\widetilde{P},\widetilde{R})\leqslant n(\widetilde{P},\widetilde{Q})\wedge n(\widetilde{Q},\widetilde{R})$。

则称 $n(\widetilde{P},\widetilde{Q})$ 为 $\widetilde{P}$ 和 $\widetilde{Q}$ 的贴近度,这里 $P(U)$ 表示 U 的幂集。

为了满足实际问题的需求,下面给出贴近度的多种表示形式。基于粒计算理论,本节对定义 2.23~定义 2.26 中模糊集贴近度的距离法、最大最小法、代数和最小法作了重新定义。根据定义 2.32 和定义 2.33,集合 $\widetilde{P}$ 和 $\widetilde{Q}$ 之间的贴近度根据不同应用情况分别有下列不同定义。

1) 距离法

定义 2.34 集合 $\widetilde{P}$ 和 $\widetilde{Q}$ 之间的距离定义为

$$d(\widetilde{P},\widetilde{Q})=\left(\sum_{j=1}^{h}\sum_{i=1}^{r}|\mu_{\widetilde{P}}^{j}(\phi_i)-\mu_{\widetilde{Q}}^{j}(\phi_i)|^{\lambda}\right)^{\frac{1}{\lambda}} \tag{2-61}$$

定义 2.35 设 U 为论域,$\widetilde{P},\widetilde{Q}\in U$,称

$$n(\widetilde{P},\widetilde{Q})=1-c[d(\widetilde{P},\widetilde{Q})^{\alpha}] \tag{2-62}$$

为 $\widetilde{P},\widetilde{Q}$ 的贴近度,其中 c 和 α 为适当选择的参数,$d(\widetilde{P},\widetilde{Q})$ 为 $\widetilde{P}$ 与 $\widetilde{Q}$ 间的距离。

对式(2-62),若取 $\alpha=\lambda$,则得到闵可夫斯基距离为

$$n(\widetilde{P},\widetilde{Q})=1-c[d(\widetilde{P},\widetilde{Q})^{\alpha}]=1-c\left[\sum_{j=1}^{h}\sum_{i=1}^{r}|\mu_{\widetilde{P}}^{j}(\phi_i)-\mu_{\widetilde{Q}}^{j}(\phi_i)|^{\lambda}\right] \tag{2-63}$$

对式(2-63),若进一步取 $c=\dfrac{1}{(r\times h)^{\frac{1}{\lambda}}}$,于是就有

$$n(\widetilde{P},\widetilde{Q})=1-\dfrac{1}{(r\times h)^{\frac{1}{\lambda}}}\left[\sum_{j=1}^{h}\sum_{i=1}^{r}|\mu_{\widetilde{P}}^{j}(\phi_i)-\mu_{\widetilde{Q}}^{j}(\phi_i)|^{\lambda}\right] \tag{2-64}$$

式(2-64)根据需要对 λ 取不同值,可分别得到基于 Hamming 距离的贴近度($\lambda=1$)和 Euclid 距离贴近度($\lambda=2$)。

① Hamming 距离贴近度

$$n(\widetilde{P},\widetilde{Q})=1-\dfrac{1}{r\times h}\sum_{j=1}^{h}\sum_{i=1}^{r}|\mu_{\widetilde{P}}^{j}(\phi_i)-\mu_{\widetilde{Q}}^{j}(\phi_i)| \tag{2-65}$$

② Euclid 距离贴近度

$$n(\widetilde{P},\widetilde{Q})=1-\dfrac{1}{(r\times h)^{\frac{1}{2}}}\left[\sum_{j=1}^{h}\sum_{i=1}^{r}|\mu_{\widetilde{P}}^{j}(\phi_i)-\mu_{\widetilde{Q}}^{j}(\phi_i)|^{2}\right] \tag{2-66}$$

2) 最大最小法

定义 2.36 设 U 为论域,$\widetilde{P},\widetilde{Q}\in U$,称

$$n(\widetilde{P},\widetilde{Q}) = \frac{\sum_{j=1}^{h}\sum_{i=1}^{r}(\mu_{\widetilde{P}}^{j}(\phi_i) \wedge \mu_{\widetilde{Q}}^{j}(\phi_i))}{\sum_{j=1}^{h}\sum_{i=1}^{r}(\mu_{\widetilde{P}}^{j}(\phi_i) \vee \mu_{\widetilde{Q}}^{j}(\phi_i))} \tag{2-67}$$

为 $\widetilde{P}$、$\widetilde{Q}$ 的贴近度(最大最小贴近度)。

3) 代数和最小法(最大最小平均法)

定义 2.37 设 U 为论域，$\widetilde{P},\widetilde{Q} \in U$，称

$$n(\widetilde{P},\widetilde{Q}) = \frac{2\sum_{j=1}^{h}\sum_{i=1}^{r}(\mu_{\widetilde{P}}^{j}(\phi_i) \wedge \mu_{\widetilde{Q}}^{j}(\phi_i))}{\sum_{j=1}^{h}\sum_{i=1}^{r}(\mu_{\widetilde{P}}^{j}(\phi_i) + \mu_{\widetilde{Q}}^{j}(\phi_i))} \tag{2-68}$$

为 $\widetilde{P}$、$\widetilde{Q}$ 的贴近度(最小平均贴近度)。

4. 实例分析

例 2-4 设 $\widetilde{P}$、$\widetilde{Q}$、$\widetilde{R}$ 分别为 3 个班对应的学生集合，人数分别为 40 人、50 人和 50 人。现记录下每个学生的语、数、外、物、化、生、政、史、地各科的成绩。ϕ_1 为主课成绩的计算公式，ϕ_2 为所有课程成绩的计算公式(表 2-5)。

表 2-5 学生成绩隶属度对照表

		ϕ_1			ϕ_2		
		优	良	差	优	良	差
$\widetilde{P}$	$m_{\widetilde{P}}^{j}(\phi_i)$	10	25	5	8	30	2
	$\mu_{\widetilde{P}}^{j}(\phi_i)$	0.25	0.625	0.125	0.2	0.75	0.05
$\widetilde{Q}$	$m_{\widetilde{Q}}^{j}(\phi_i)$	5	43	2	2	48	0
	$\mu_{\widetilde{Q}}^{j}(\phi_i)$	0.1	0.86	0.04	0.04	0.96	0
$\widetilde{R}$	$m_{\widetilde{R}}^{j}(\phi_i)$	0	45	5	0	0	50
	$\mu_{\widetilde{R}}^{j}(\phi_i)$	0	0.9	0.1	0	0	1

根据定义 2.32、定义 2.34 和定义 2.35，得

$d(\widetilde{P},\widetilde{Q}) = |0.25-0.1| + |0.625-0.86| + |0.125-0.04| + |0.2-0.04|$
$\qquad + |0.75-0.96| + |0.05-0| = 0.89$

$n(\widetilde{P},\widetilde{Q}) = 1 - 0.89/6 = 0.85$

$d(\widetilde{P},\widetilde{R}) = |0.25-0| + |0.625-0.9| + |0.125-0.1| + |0.2-0| + |0.75-0|$
$\qquad + |0.05-1| = 2.45$

$n(\widetilde{P},\widetilde{R}) = 1 - 2.45/6 = 0.59$

$$d(\widetilde{Q},\widetilde{R})=|0.1-0|+|0.86-0.9|+|0.04-0.1|+|0.04-0|+|0.96-0|$$
$$+|0-1|=2.2$$
$$n(\widetilde{Q},\widetilde{R})=1-2.2/6=0.63$$

经过本例分析可知,集合 $\widetilde{P}$ 和 $\widetilde{Q}$ 的贴近度的值最大,即它们的相似性最大;而集合 $\widetilde{P}$ 和 $\widetilde{R}$ 的贴近度的值最小,即相似程度最小。也就是说集合间的贴近度值越大则相似程度越大,反之贴近度值越小则相似程度越小。本节提出的基于粒计算贴近度的方法不仅体现出不同层次学生成绩的相似性程度,更体现出不同标准下学生成绩的综合相似程度,可以使学校针对不同的班级学习情况选择不同的老师,对情况相似程度更大的班级选择相同的教学方法,以便更好地因材施教。

本节提出的方法与传统的 Fuzzy 集贴近度方法的比较分析如下。

(1) 传统的贴近度方法只定义了 Fuzzy 集上的相似度,而未考虑如何衡量粒计算中其他模型的相似程度;本节提出的方法利用合式公式对集合进行划分,对合式公式进行适当选取可用于粒计算的各种模型贴近度的计算(包括 Fuzzy 集)。

(2) 传统的 Fuzzy 集贴近度的定义所给出的仅仅是二维情况的一种定义。维数的大小不取决于集合的个数,而取决于影响综合贴近程度因素的数量。这种影响因素可以是一个标准下的贴近程度,也可以是多标准情况下的综合贴近程度。所以,二维仅代表了影响集合的贴近程度的影响因素的个数是两个,而不代表标准的个数。本节定义的多维综合贴近度,利用不同的公式对集合进行了多层次上的综合度量,解决了多标准状态下综合情况的分析,从而弥补了传统贴近度描述集合在综合相似程度上的不足。

5. 小结

粒计算的形式化是许多从事计算机科学研究学者关注和探究的问题。虽然从最初具有直观思想的粒计算研究到粒计算名称的提出,以至后来所总结出的各类特殊粒计算的模型等都推进了粒计算研究的发展,但一些学者仍在探寻一种具有抽象性且能够概括各类特殊模型的粒计算形式化方法。上述通过粒计算公式语义集所定义的粒引出的粒计算贴近度是公式形式化描述手段的巧妙应用,具有较强的抽象概括性。这可通过对广义代数系统上特定粒可被形式化证明,以及由此证得的近似空间和信息系统中特定粒可被形式化的结论予以充分说明。当然其他一些领域中的粒一定也可以采用公式语义集的方法进行描述,自然也不排除某些领域中特定粒难以表示成公式语义集的形式。但无论怎样,粒空间和抽象粒的广阔概括性毋庸质疑。在粒空间和抽象粒基础上所给出的粒计算贴近度的定义同样是对许多运算的抽象,它特别把公式作为粒计算贴近度的定义方法更说明这种定义的重要意义。作为计算机科学的研究热点,粒计算应重视理论方面的探讨。只有理论基础的支撑,才能使研究更具活力,应用更加深入。本节定义的粒和公式为粒计算的深入研究做了前期工作和必要准备。通过对传统模糊集贴近度公理化定义的改造,本节所定义的粒集的贴近度将能够全面完整地反映两个粒集之间的接近程度[38]。基于粒计算的综合贴近度在图像检索、生物基因、病情分析和情报检索等多方面都有广泛的应用,而这方面的研究是当前的一个热点,但在公式表示和合成等方面尚有大量问题需要研究。

贴近度如实反映了模糊集合的接近程度,但满足贴近度定义的映射并不唯一。格贴近度是另一个度量集合间相似性的函数,2.5.3 节先给出 Fuzzy 集格贴近度理论及其应用,在此基础上给出粒计算的格贴近度理论。

2.5.3 基于粒计算的格贴近度理论

Hobbs 于 1985 年提出了粒度的概念[40],并对公式中的谓词定义了不可区分关系[41]。Lin 在 1996 年第一次提出了粒计算的概念[41]。粒计算的基本思想是在问题求解中使用粒子,粒是元素的群、类或聚类。构建信息粒的过程称为信息粒化。信息粒化的过程就是将一类对象划分为一系列粒,其中每一个粒是基于不可分辨关系、相似性或者泛函数聚集得到的一个对象的集合。对于粒的度量而言,虽然方法各异,但常常带有主观性。对于同一论域上的粒计算,不同的人用不同的判断标准得出的各元素的度量值及意义也不尽相同。而不同的度量结构又导致该信息粒呈现出不同的分类。基于粒计算的贴近度如实反映了粒集的接近程度,但由于实际问题的复杂性,原有的一般粒计算贴近度不能完全满足实际问题的需要[38],而且满足贴近度定义的映射并不唯一,如格贴近度函数。本节基于粒计算理论,在传统模糊集的基础上深入研究格贴近度理论,使得建立在格上的粒计算的相似度量能进一步提高度量的精度。最后提供了该理论在相似度量中的应用以及它与一般的度量理论的比较分析,格上度量理论的研究在基本思想和研究方法上都有其独到之处。

在此基础上,本节进一步提出了基于粒计算的格贴近度概念以及相关性质和证明[42],这对解决相关实际问题是十分必要的。

1. 基于粒计算的格贴近度理论研究

在 2.5.2 节中粒计算度量理论的基础上,本节对模糊集的格贴近度作如下定义,并给出相关性质及其证明。

定义 2.38 设公式 $\psi=\{\phi_1,\phi_2,\cdots,\phi_n\}(i=1,2,\cdots,n)$ 是由一系列公式 ϕ_i 构成的公式集合。集合 $\widetilde{P} \subseteq U$ 且 $\widetilde{P}=\{P_1,P_2,\cdots,P_m\}$,其中 $P_k=\{p_{k1},p_{k2},\cdots,p_{ks}\}(k=1,2,\cdots,m,s$ 表示每个 P_k 中包含 s 个特征信息),C_j 表示层次 j,$P'_k \in C_j$ 表示 P'_k 值达到层次 j,那么集合 $\widetilde{P}$ 中的各向量对象的特征信息通过公式 ϕ_i 计

算后所得值达到层次 j 的相应向量对象的集合定义为 $m_{\widetilde{P}}^{j}(\phi_i)$,且有

$$m_{\widetilde{P}}^{j}(\phi_i) = \{ P_k \mid P'_k \in m_{\widetilde{P}}(\phi_i), P'_k \in C_j, P_k \in \widetilde{P}, P_k \to P'_k, k=1,2,\cdots,m \} \tag{2-69}$$

式中,$j=1,2,\cdots,h$;h 表示层次的个数。(注:假定这里层次之间不交叉。)

定义 2.39(隶属度) 设论域 U 上的向量对象的集合 $\widetilde{P}=\{P_1,P_2,\cdots,P_m\}$ ($\widetilde{P}\subseteq U$),$\forall \phi_i \in \psi$ ($i=1,2,\cdots,n$),$m_{\widetilde{P}}^{j}(\phi_i)$ 隶属于集合 $\widetilde{P}$ 的程度定义为

$$\mu_{\widetilde{P}}^{j}(\phi_i) = \frac{|m_{\widetilde{P}}^{j}(\phi_i) \cap \widetilde{P}|}{|\widetilde{P}|} \quad (i=1,2,\cdots,n; j=1,2,\cdots,h) \tag{2-70}$$

显然,$0 \leqslant \mu_{\widetilde{P}}^{j}(\phi_i) \leqslant 1$,$\sum_{j=1}^{h} \mu_{\widetilde{P}}^{j}(\phi_i) = 1$。

定义 2.40 设 U 为论域,且 $P, Q \subseteq U$,ψ 为 U 上的公式集合,$\phi_i \in \psi$,$m_{\widetilde{P}}^{j}(\phi_i) \subseteq m_{\widetilde{P}}^{j}(\psi)$,记

$$[m_{\widetilde{P}}^{j}(\phi_i) \circ m_{\widetilde{Q}}^{j}(\phi_i)] \triangleq \frac{1}{n} \sum_{i=1}^{n} \left[\bigvee_{j=1}^{h} (\mu_{\widetilde{P}}^{j}(\phi_i) \wedge \mu_{\widetilde{Q}}^{j}(\phi_i)) \right] \tag{2-71}$$

$$[m_{\widetilde{P}}^{j}(\phi_i) \odot m_{\widetilde{Q}}^{j}(\phi_i)] \triangleq \frac{1}{n} \sum_{i=1}^{n} \left[\bigwedge_{j=1}^{h} (\mu_{\widetilde{P}}^{j}(\phi_i) \vee \mu_{\widetilde{Q}}^{j}(\phi_i)) \right] \tag{2-72}$$

称 $[m_{\widetilde{P}}^{j}(\phi_i) \circ m_{\widetilde{Q}}^{j}(\phi_i)]$,$[m_{\widetilde{P}}^{j}(\phi_i) \odot m_{\widetilde{Q}}^{j}(\phi_i)]$ 分别为 U 上粒集 $m_{\widetilde{P}}^{j}(\phi_i)$ 和 $m_{\widetilde{Q}}^{j}(\phi_i)$ 的内积和外积,为方便应用,分别简记为 $(\widetilde{P} \circ \widetilde{Q})$ 和 $(\widetilde{P} \odot \widetilde{Q})$。

定义 2.41 设 $\widetilde{P} \subseteq U$,记 $\overline{P} \triangleq \frac{1}{n} \sum_{i=1}^{n} \left[\bigvee_{j=1}^{h} \mu_{\widetilde{P}}^{j}(\phi_i) \right]$,$\underline{P} \triangleq \frac{1}{n} \sum_{i=1}^{n} \left[\bigwedge_{j=1}^{h} \mu_{\widetilde{P}}^{j}(\phi_i) \right]$,称 $\overline{P}$ 和 $\underline{P}$ 分别为 $\widetilde{P}$ 的上模和 $\widetilde{P}$ 的下模。

命题 2.1 设 $\alpha \in [0,1]$,记 $\alpha^c \triangleq 1-\alpha$。

内积和外积的性质如下。

性质 2.11 $(\widetilde{P} \circ \widetilde{Q})^c = \widetilde{P}^c \odot \widetilde{Q}^c$,$(\widetilde{P} \odot \widetilde{Q})^c = \widetilde{P}^c \circ \widetilde{Q}^c$。

证明:$(\widetilde{P} \circ \widetilde{Q})^c = 1 - \frac{1}{n} \sum_{i=1}^{n} \left[\bigvee_{j=1}^{h} (\mu_{\widetilde{P}}^{j}(\phi_i) \wedge \mu_{\widetilde{Q}}^{j}(\phi_i)) \right]$

$= \frac{1}{n} \sum_{i=1}^{n} \left\{ 1 - \left[\bigvee_{j=1}^{h} (\mu_{\widetilde{P}}^{j}(\phi_i) \wedge \mu_{\widetilde{Q}}^{j}(\phi_i)) \right] \right\}$

$= \frac{1}{n} \sum_{i=1}^{n} \left\{ \bigwedge_{j=1}^{h} \left[(1 - \mu_{\widetilde{P}}^{j}(\phi_i)) \vee (1 - \mu_{\widetilde{Q}}^{j}(\phi_i)) \right] \right\}$

$= \frac{1}{n} \sum_{i=1}^{n} \left[\bigwedge_{j=1}^{h} (\mu_{\widetilde{P}}^{j}(\phi_i))^c \vee (\mu_{\widetilde{Q}}^{j}(\phi_i))^c \right]$

$= \widetilde{P}^c \odot \widetilde{Q}^c$

性质 2.12 $\widetilde{P} \circ \widetilde{Q} \leqslant \overline{P} \wedge \overline{Q}, \widetilde{P} \odot \widetilde{Q} \geqslant \underline{P} \vee \underline{Q}$。

性质 2.13 $\widetilde{P} \circ \widetilde{P} = \overline{P}, \widetilde{P} \odot \widetilde{P} = \underline{P}$。

证明：$\widetilde{P} \circ \widetilde{P} = \frac{1}{n} \sum_{i=1}^{n} \left[\bigvee_{j=1}^{h} (\mu_{\widetilde{P}}^{j}(\phi_i) \wedge \mu_{\widetilde{P}}^{j}(\phi_i)) \right]$

$= \frac{1}{n} \sum_{i=1}^{n} \left[\bigvee_{j=1}^{h} \mu_{\widetilde{P}}^{j}(\phi_i) \right]$

$= \overline{P}$

$\widetilde{P} \odot \widetilde{P} = \frac{1}{n} \sum_{i=1}^{n} \left[\bigwedge_{j=1}^{h} (\mu_{\widetilde{P}}^{j}(\phi_i) \vee \mu_{\widetilde{P}}^{j}(\phi_i)) \right]$

$= \frac{1}{n} \sum_{i=1}^{n} \left[\bigwedge_{j=1}^{h} \mu_{\widetilde{P}}^{j}(\phi_i) \right]$

$= \underline{P}$

性质 2.14 $0 \leqslant \widetilde{P} \circ \widetilde{Q} \leqslant 1, 0 \leqslant \widetilde{P} \odot \widetilde{Q} \leqslant 1$。

性质 2.15 $\widetilde{P} \circ \widetilde{P}^c \leqslant \frac{1}{2}, \widetilde{P} \odot \widetilde{P}^c \geqslant \frac{1}{2}$。

证明：$\widetilde{P} \circ \widetilde{P}^c = \frac{1}{n} \sum_{i=1}^{n} \left[\bigvee_{j=1}^{h} (\mu_{\widetilde{P}}^{j}(\phi_i) \wedge \mu_{\widetilde{P}^c}^{j}(\phi_i)) \right]$

$= \frac{1}{n} \sum_{i=1}^{n} \left[\bigvee_{j=1}^{h} (\mu_{\widetilde{P}}^{j}(\phi_i) \wedge (1 - \mu_{\widetilde{P}}^{j}(\phi_i))) \right]$

$\leqslant \frac{1}{2}$

$\widetilde{P} \odot \widetilde{P}^c = \frac{1}{n} \sum_{i=1}^{n} \left[\bigwedge_{j=1}^{h} (\mu_{\widetilde{P}}^{j}(\phi_i) \vee \mu_{\widetilde{P}^c}^{j}(\phi_i)) \right]$

$= \frac{1}{n} \sum_{i=1}^{n} \left[\bigwedge_{j=1}^{h} (\mu_{\widetilde{P}}^{j}(\phi_i) \vee (1 - \mu_{\widetilde{P}}^{j}(\phi_i))) \right]$

$\geqslant \frac{1}{2}$

定义 2.42 设 $m_{\widetilde{P}}^{j}(\phi_i), m_{\widetilde{Q}}^{j}(\phi_i) \in U$，则称

$$n(m_{\widetilde{P}}^{j}(\phi_i), m_{\widetilde{Q}}^{j}(\phi_i))_L = \left[\frac{1}{n} \sum_{i=1}^{n} (\bigvee_{j=1}^{h} (\mu_{\widetilde{P}}^{j}(\phi_i) \wedge \mu_{\widetilde{Q}}^{j}(\phi_i))) \right]$$

$$\wedge \left[\frac{1}{n} \sum_{i=1}^{n} (\bigwedge_{j=1}^{h} (\mu_{\widetilde{P}}^{j}(\phi_i) \vee \mu_{\widetilde{Q}}^{j}(\phi_i))) \right]^c \qquad (2\text{-}73)$$

为粒集 $m_{\widetilde{P}}^{j}(\phi_i)$ 和 $m_{\widetilde{Q}}^{j}(\phi_i)$ 之间的格贴近度。

定义 2.42 也可简记为 $n(\widetilde{P}, \widetilde{Q})_L = (\widetilde{P} \circ \widetilde{Q}) \wedge (\widetilde{P} \odot \widetilde{Q})^c$。 $\qquad (2\text{-}74)$

粒集 $m_{\widetilde{P}}^{j}(\phi_i)$ 与 $m_{\widetilde{Q}}^{j}(\phi_i)$ 之间的格贴近度具有下列性质。

性质 2.16 $0 \leqslant n(\widetilde{P}, \widetilde{Q})_L \leqslant 1$。

性质 2.17 $n(\widetilde{P}, \widetilde{P})_L = \overline{P} \wedge (\overline{P})^c$。

性质 2.18 $n(U, \phi)_L = 0$。

证明:性质 2.16 明显成立,现在证明性质 2.17 和性质 2.18。

因为 $n(\widetilde{P}, \widetilde{P})_L = (\widetilde{P} \circ \widetilde{P}) \wedge (\widetilde{P} \odot \widetilde{P})^c = \overline{P} \wedge \underline{P}^c$,显然性质 2.17 成立。

因为 $n(U, \phi)_L = (U \circ \phi) \wedge (U \odot \phi)^c = 0$,显然性质 2.18 也成立。

由以上性质可知,粒集 $\widetilde{P}$ 和 $\widetilde{Q}$ 的格贴近度一般不满足定义 2.22 中的公理化条件(4),所以粒计算格贴近度一般不是定义 2.33 中定义的粒计算贴近度。

2. 贴近度与格贴近度的实例对比分析

例 2-5 设 $\widetilde{P}, \widetilde{Q}, \widetilde{R}$ 分别为 3 个班对应的学生集合,人数分别为 40 人、50 人和 50 人。现记录下每个学生的语、数、外、物、化、生、政、史、地各科的成绩。ϕ_1 为主课成绩(语、数、外)的计算公式,ϕ_2 为所有课程成绩的计算公式(表 2-6)。

表 2-6 学生成绩隶属度对照表

		ϕ_1			ϕ_2		
		优	良	差	优	良	差
$\widetilde{P}$	$m_{\widetilde{P}}^j(\phi_i)$	10	25	5	8	30	2
	$\mu_{\widetilde{P}}^j(\phi_i)$	0.25	0.625	0.125	0.2	0.75	0.05
$\widetilde{Q}$	$m_{\widetilde{Q}}^j(\phi_i)$	5	43	2	2	48	0
	$\mu_{\widetilde{Q}}^j(\phi_i)$	0.1	0.86	0.04	0.04	0.96	0
$\widetilde{R}$	$m_{\widetilde{R}}^j(\phi_i)$	0	45	5	0	0	50
	$\mu_{\widetilde{R}}^j(\phi_i)$	0	0.1	0.9	0	0	1

根据定义 2.38、定义 2.39 和定义 2.40,得

$\widetilde{P} \circ \widetilde{Q} = 0.5\{[(0.25 \wedge 0.1) \vee (0.625 \wedge 0.86) \vee (0.125 \wedge 0.04)] + [(0.2 \wedge 0.4)$
$\vee (0.75 \wedge 0.96) \vee (0.05 \wedge 0)]\} = 0.6875$

$\widetilde{P} \odot \widetilde{Q} = 0.5\{[(0.25 \vee 0.1) \wedge (0.625 \vee 0.86) \wedge (0.125 \vee 0.04)] + [(0.2 \vee 0.4)$
$\wedge (0.75 \vee 0.96) \wedge (0.05 \vee 0)]\} = 0.0875$

$n(\widetilde{P}, \widetilde{Q})_L = 0.6875 \wedge (1 - 0.0875) = 0.6875$

$\widetilde{P} \circ \widetilde{R} = 0.5\{[(0.25 \wedge 0) \vee (0.625 \wedge 0.1) \vee (0.125 \wedge 0.9)] + [(0.2 \wedge 0)$
$\vee (0.75 \wedge 0) \vee (0.05 \wedge 1)]\} = 0.0875$

$\widetilde{P} \odot \widetilde{R} = 0.5\{[(0.25 \vee 0) \wedge (0.625 \vee 0.1) \wedge (0.125 \vee 0.9)] + [(0.2 \vee 0)$
$\wedge (0.75 \vee 0) \wedge (0.05 \vee 1)]\} = 0.225$

$n(\widetilde{P},\widetilde{R})_L = 0.0875 \wedge (1-0.225) = 0.0875$

$\widetilde{Q} \circ \widetilde{R} = 0.5\{[(0.1 \wedge 0) \vee (0.86 \wedge 0.1) \vee (0.04 \wedge 0.9)] + [(0.04 \wedge 0)$
$\qquad \vee (0.96 \wedge 0) \vee (0 \wedge 1)]\} = 0.05$

$\widetilde{Q} \odot \widetilde{R} = 0.5\{[(0.1 \vee 0) \wedge (0.86 \vee 0.1) \wedge (0.04 \vee 0.9)] + [(0.04 \vee 0)$
$\qquad \wedge (0.96 \vee 0) \wedge (0 \vee 1)]\} = 0.07$

$n(\widetilde{Q},\widetilde{R})_L = 0.05 \wedge (1-0.07) = 0.05$

$\widetilde{P} \circ \widetilde{P} = 0.5\{[(0.25 \wedge 0.25) \vee (0.625 \wedge 0.625) \vee (0125 \wedge 0125)] + [(0.2 \wedge 0.2)$
$\qquad \vee (0.75 \wedge 0.75) \vee (0.05 \wedge 0.05)]\} = 0.6875$

$\widetilde{P} \odot \widetilde{P} = 0.5\{[(0.25 \vee 0.25) \wedge (0.625 \vee 0.625) \wedge (0.125 \vee 0.125)]$
$\qquad + (0.2 \vee 0.2) \wedge (0.75 \vee 0.75) \wedge (0.05 \vee 0.05)]\} = 0.0875$

$n(\widetilde{P},\widetilde{P})_L = 0.6875 \wedge (1-0.0875) = 0.6875$

$\widetilde{Q} \circ \widetilde{Q} = 0.5\{[(0.1 \wedge 0.1) \vee (0.86 \wedge 0.86) \vee (0.04 \wedge 0.04)]$
$\qquad + [(0.04 \wedge 0.04) \vee (0.96 \wedge 0.96) \vee (0 \wedge 0)]\} = 0.91$

$\widetilde{Q} \odot \widetilde{Q} = 0.5\{[(0.1 \vee 0.1) \wedge (0.86 \vee 0.86) \wedge (0.04 \vee 0.04)]$
$\qquad + [(0.04 \vee 0.04) \wedge (0.96 \vee 0.96) \wedge (0 \vee 0)]\} = 0.05$

$n(\widetilde{Q},\widetilde{Q})_L = 0.91 \wedge (1-0.05) = 0.91$

$\widetilde{R} \circ \widetilde{R} = 0.5\{[(0 \wedge 0) \vee (0.1 \wedge 0.1) \vee (0.9 \wedge 0.9)] + [(0 \wedge 0) \vee (0 \wedge 0)$
$\qquad \vee (1 \wedge 1)]\} = 0.95$

$\widetilde{R} \odot \widetilde{R} = 0.5\{[(0 \vee 0) \wedge (0.1 \vee 0.1) \wedge (0.9 \vee 0.9)] + [(0 \vee 0) \wedge (0 \vee 0)$
$\qquad \wedge (1 \vee 1)]\} = 0$

$n(\widetilde{R},\widetilde{R})_L = 0.95 \wedge (1-0) = 0.95$

而用普通贴近度计算的结果为 $n(\widetilde{P},\widetilde{Q})=0.852, n(\widetilde{P},\widetilde{R})=0.425, n(\widetilde{Q},\widetilde{R})=0.38$。

从上面的结果不难看出,集合与其自身的格贴近度值是最大的,而集合与其完全不同的集合的格贴近度值是最小的,这与实际情况一致,说明该理论方法是有效、可行的,而格贴近度与普通贴近度的值相比,其结果更直接,层次也更明显。

例 2-6 设有 5 种小麦优良品种:早熟型、矮秆型、大粒型、高肥丰产型、中肥丰产型。识别农作物亲本的品种可根据不同环境选择适宜的品种,提高小麦产量。任一品种的小麦有很多特征,如抽穗期、株高、有效穗期、主穗粒重以及百粒重等数字特征。现根据百粒重进行抽样实测,它们分别是如下几种正态集(表 2-7)。

表 2-7 小麦正态集对照表

参数及 $\mu_{\widetilde{P}}$ 品种	α	σ	$\mu_{\widetilde{P}_1}(x)$
$\widetilde{P}_1$(早熟型)	3.7	0.3	$e^{-\left(\frac{x-3.7}{0.3}\right)^2}$
$\widetilde{P}_2$(矮秆型)	2.9	0.3	$e^{-\left(\frac{x-2.9}{0.3}\right)^2}$
$\widetilde{P}_3$(大粒型)	5.0	0.3	$e^{-\left(\frac{x-5.0}{0.3}\right)^2}$
$\widetilde{P}_4$(高肥丰产型)	3.9	0.3	$e^{-\left(\frac{x-3.9}{0.3}\right)^2}$
$\widetilde{P}_5$(中肥丰产型)	3.7	0.2	$e^{-\left(\frac{x-3.7}{0.2}\right)^2}$

就现有的一种品种未知的小麦亲本 $\widetilde{Q}$,测得参数 $(\alpha,\sigma)=(3.43,0.28)$,于是 $\mu_{\widetilde{Q}}(x)=e^{-\left(\frac{x-3.43}{0.28}\right)^2}$,容易算出 $n(\widetilde{P}_1,\widetilde{Q})_L=0.91, n(\widetilde{P}_2,\widetilde{Q})_L=0.72, n(\widetilde{P}_3,\widetilde{Q})_L=0.50, n(\widetilde{P}_4,\widetilde{Q})_L=0.76, n(\widetilde{P}_5,\widetilde{Q})_L=0.89$。

根据 2.5.1 节中的择近原则可知,$\widetilde{Q}$ 与 $\widetilde{P}_1$ 的格贴近度值最大,从而可知 $\widetilde{Q}$ 属于早熟型,这个结果与文献[39]的粒计算贴近度方法的计算结果是一致的,说明本节提出的格贴近度度量方法是有效的,可以作为一种较好的相似性的度量方法。

2.6 信息系统中的概念粒及其不确定性度量

本节在传统粒计算理论的基础上结合经典概念格理论中的形式概念分析,引入概念粒的定义,并从概念粒的外延和内涵两个方面进行研究和计算。这种粒的表示方法不仅实现了传统表示方法难以实现的度量计算,而且这种用粒表示概念的方法对于经典概念格理论[43]来说,将形式概念分析引入信息系统中,打破了原来形式背景中的二值局限性,从而使粗糙集、概念格及粒计算紧密地结合在一起,能更准确地表述属性与对象之间的不确定关系。

2.6.1 概念粒的表示方法及其运算规则

定义 2.43 设 U 为有限对象集,P 为有限原子公式集,原子公式 $a_v \in P, X$, $X_1, X_2 \subseteq U, B, B_1, B_2 \subseteq P, f:G(P) \to G(U)$ 为公式集到对象集的映射算子; $g:G(U) \to G(P)$ 表示从对象集合到公式集合上的映射算子。若 f 满足

$$f(\varnothing)=U$$
$$f(B_1 \vee B_2)=f(B_1) \wedge f(B_2)$$

且 g 满足

$$g(\varnothing) = P$$
$$g(X_1 \vee X_2) = g(X_1) \wedge g(X_2)$$

则称 GCs$=(U, P, f, g)$为概念粒空间。

性质 2.19 设概念粒空间 GCs $=(U, P, f, g)$，令 $X, X_1, X_2 \subseteq U$、B 且 $B_1, B_2 \subseteq P$，则

(1) $B_1 \subseteq B_2 \Rightarrow f(B_2) \subseteq f(B_1)$, $X_1 \subseteq X_2 \Rightarrow g(X_2) \subseteq g(X_1)$；

(2) $B \subseteq g(f(B))$, $X \subseteq f(g(X))$；

(3) $f(B_1 \wedge B_2) \supseteq f(B_1) \vee f(B_2)$。

证明：(1) 已知 $B_1 \subseteq B_2$，则 $f(B_1 \vee B_2) = f(B_2)$，又由概念粒空间的定义知 $f(B_1 \vee B_2) = f(B_1) \wedge f(B_2)$，所以 $f(B_2) = f(B_1) \wedge f(B_2)$，而 $f(B_1) \wedge f(B_2) \subseteq f(B_1)$，因此 $f(B_2) \subseteq f(B_1)$，即 $B_1 \subseteq B_2 \Rightarrow f(B_2) \subseteq f(B_1)$，同理有 $X_1 \subseteq X_2 \Rightarrow g(X_2) \subseteq g(X_1)$。

(2) 与(1)的证明过程类似。

(3) $B_1 \wedge B_2 \subseteq B_1, B_1 \wedge B_2 \subseteq B_2$，由性质(1)可得 $f(B_1 \wedge B_2) \supseteq f(B_1)$, $f(B_1 \wedge B_2) \supseteq f(B_2)$，所以 $f(B_1 \wedge B_2) \supseteq f(B_1) \vee f(B_2)$ 成立。

定义 2.44 在概念粒空间 GCs$=(U, P, f, g)$中，一个概念粒 GC 定义为 GC $=(B, f(B))$，其中 $B \subseteq P$, $f(B) \subseteq U$ 且公式集 B 中不存在不兼容的原子公式，即不存在同一属性有不同的属性取值，B 为概念粒的内涵，$f(B)$ 为由内涵 B 确定的对象集，被称为概念的外延。如果 B 为非空的单元素集，则称 GC 为原子概念粒。

定义 2.45 在概念粒空间 (U, P, f, g)中，GC$_1 = (B_1, f(B_1))$、GC$_2 = (B_2, f(B_2))$ 为两个概念粒，如果 $B_1 \subseteq B_2$，则称概念粒 GC$_1$ 是 GC$_2$ 的父概念，或者称 GC$_2$ 是 GC$_1$ 的子概念，记为 GC$_2 \prec$ GC$_1$。

例 2-7 设 $S = (U, A, V, f)$ 为一个信息系统（表 2-8），其中 $U = \{x_1, x_2, x_3, x_4, x_5, x_6\}$, $A = \{a, b, c\}$。由信息系统 S 构造概念粒空间 GCs$=(U, P, f, g)$，令 $P = \{a_v | a \in A, v \in V_a\} = \{a_0, a_1, b_0, b_1, c_0, c_1, c_2\}$。

表 2-8 信息系统 S

U	a	b	c
x_1	1	1	0
x_2	1	1	1
x_3	1	1	2
x_4	0	1	0
x_5	0	0	1
x_6	0	1	2

GCs 中的几个概念粒如下：

$GC_1 = \{\{a_0, b_1\}, \{x_4, x_6\}\}$ 为满足在属性 a 上取值为 0，在属性 b 上取值为 1 的概念粒；

$GC_2 = \{\{a_0, c_1\}, \{x_5\}\}$ 为满足在属性 a 上取值为 0，在属性 c 上取值为 1 的概念粒；

$GC_3 = \{\{b_1\}, \{x_1, x_2, x_3, x_4, x_6\}\}$ 为满足在属性 b 上取值为 1 的原子概念粒；

$\gamma = (\varnothing, U)$ 为该论域上最粗的概念粒。

2.6.2 概念粒的距离及其性质

在不确定信息推理中，不确定性的结构体之间的距离计算在推理中有重要的意义。

定义 2.46 在概念粒空间 (U, P, f, g) 中，$GC_1 = (B_1, f(B_1))$，$GC_2 = (B_2, f(B_2))$ 为两个概念粒，则定义 GC_1 与 GC_2 的距离为

$$GD(GC_1, GC_2) = \frac{|f(B_1 \wedge B_2) - f(B_1 \vee B_2)|}{|U|} \tag{2-75}$$

式中，$|\cdot|$ 表示集合的基数。

定理 2.13 在概念粒空间 (U, P, f, g) 中，对于任意两个概念粒 $GC_1 = (B_1, f(B_1))$，$GC_2 = (B_2, f(B_2))$，必有 $GD(GC_1, GC_2) = GD(GC_2, GC_1)$ 成立。

证明：根据式(2-75)显然成立。

定理 2.14（直线定理）若 P, Q 和 R 为同一概念粒空间 (U, P, f, g) 中的 3 个概念粒，且满足 $P \prec Q \prec R$，则必有 $GD(P, R) = GD(P, Q) + GD(Q, R)$。

证明：设 $P = (B_1, f(B_1))$，$Q = (B_2, f(B_2))$，$R = (B_3, f(B_3))$，由于 $P \prec Q \prec R$，根据定义 2.45 有 $B_3 \subseteq B_2 \subseteq B_1$，则根据定义 2.46 可得

$$GD(P, Q) = \frac{|f(B_1 \wedge B_2) - f(B_1 \vee B_2)|}{|U|}$$

由定义 2.43 可得 $f(B_1 \vee B_2) = f(B_1) \wedge f(B_2)$，则

$$GD(P, Q) = \frac{|f(B_2) - f(B_1) \wedge f(B_2)|}{|U|}$$

又因为 $f(B_1) \wedge f(B_2) \subseteq f(B_2)$，所以

$$GD(P, Q) = \frac{|f(B_2)| - |f(B_1) \wedge f(B_2)|}{|U|}$$

由性质 2.19 可得 $B_2 \subseteq B_1 \Rightarrow f(B_1) \wedge f(B_2) = f(B_1)$，即

$$GD(P, Q) = \frac{|f(B_2)| - |f(B_1)|}{|U|}$$

同理
$$\mathrm{GD}(Q,R)=\frac{|f(B_3)|-|f(B_2)|}{|U|},\mathrm{GD}(P,R)=\frac{|f(B_3)|-|f(B_1)|}{|U|}$$

因此
$$\mathrm{GD}(P,R)=\frac{|f(B_3)|-|f(B_2)|+|f(B_2)|-|f(B_1)|}{|U|}$$
$$=\frac{|f(B_2)|-|f(B_1)|}{|U|}+\frac{|f(B_3)|-|f(B_2)|}{|U|}$$
$$=\mathrm{GD}(P,Q)+\mathrm{GD}(Q,R)$$

即 $\mathrm{GD}(P,R)=\mathrm{GD}(P,Q)+\mathrm{GD}(Q,R)$。

性质 2.20 在概念粒空间 (U,P,f,g) 中,对于任意两个概念粒 $\mathrm{GC}_1=(B_1,f(B_1))$, $\mathrm{GC}_2=(B_2,f(B_2))$,则有 $0\leqslant\mathrm{GD}(\mathrm{GC}_1,\mathrm{GC}_2)\leqslant 1$。

推论 2.5 对于任意两个概念粒 $\mathrm{GC}_i=(B_i,f(B_i))$, $\mathrm{GC}_j=(B_j,f(B_j))$,若

(1) $\mathrm{GD}(\mathrm{GC}_i,\mathrm{GC}_j)=1$,当且仅当 $B_i\wedge B_j=\varnothing$;

(2) $\mathrm{GC}_i=\mathrm{GC}_j$ 的充分必要条件是 $\mathrm{GD}(\mathrm{GC}_i,\mathrm{GC}_j)=0$。

例 2-8 计算例 2-7 中概念粒 GC_1、GC_2 与 GC_3 相互之间的距离。

由定义 2.46 得
$$\mathrm{GD}(\mathrm{GC}_1,\mathrm{GC}_2)=\frac{|f(\{a_0\})-f(\{a_0,b_1,c_1\})|}{|U|}=\frac{|\{x_4,x_5,x_6\}-\phi|}{|U|}=\frac{1}{2}$$
$$\mathrm{GD}(\mathrm{GC}_1,\mathrm{GC}_3)=\frac{|f(\{b_1\})-f(\{a_0,b_1\})|}{|U|}=\frac{|\{x_1,x_2,x_3,x_4,x_6\}-\{x_4,x_6\}|}{|U|}$$
$$=\frac{1}{2}$$
$$\mathrm{GD}(\mathrm{GC}_2,\mathrm{GC}_3)=\frac{|f(\phi)-f(\{a_0,b_1,c_1\})|}{U}=\frac{|\{x_1,x_2,x_3,x_4,x_5,x_6\}-\phi|}{|U|}=1$$

可见 3 个概念粒中,GC_1 与 GC_2 虽然没有相同的对象,但有相同的属性取值 a_0,所以距离并不是最大的;GC_2 与 GC_3 没有相同对象也没有相同的属性取值,所以取距离最大值 1。由此说明定义 2.46 中定义的距离是合理的,类似举例很容易验证定理 2.14(直线定理)的正确性。

2.6.3 概念粒的内涵重要度

在概念粒空间 (U,P,f,g) 中,$\gamma=(\varnothing,U)$ 为最粗的概念粒,则概念粒 GC 的粗细程度可以用 GC 与 γ 的距离来度量。GC 与 γ 的距离越大说明概念粒越细,GC 与 γ 的距离越小说明概念粒越粗。

定义 2.47 在概念粒空间 (U,P,f,g) 中,概念粒 $\mathrm{GC}=(B,f(B))$ 的粒熵

GEr(GC)定义为

$$\text{GEr(GC)} = \text{GD(GC}, \gamma) = 1 - \frac{|f(B)|}{|U|} \quad (2\text{-}76)$$

式中,$\gamma = (\emptyset, U)$为该论域中最粗的概念粒。

由此可见,概念粒的距离不仅度量了在同一论域下概念粒之间的差异程度,而且在存在序关系的概念粒之间,其距离显然能刻画出概念粒中因内涵的变化导致概念粒粗细变化的程度。例如,在概念粒空间(U, P, f, g)中,将概念粒$\text{GC} = (B, f(B))$的内涵B中去掉一个原子公式a_v后,得到一个新的概念粒$\text{GC}' = (B - \{a_v\}, f(B - \{a_v\}))$,GC与GC'的距离度量了因概念粒GC的内涵变小所导致的粒的变化程度,因此可以用这个距离度量原子公式a_v对概念粒GC的重要度,距离越大,认为a_v对GC越重要。

定义 2.48 在概念粒空间(U, P, f, g)中,对于概念粒$\text{GC} = (B, X)$,其中$B \subseteq P, X \subseteq U, a_v \in B, a_v$的重要度表示为

$$\text{sig}_{\text{GC}}(a_v) = \frac{\text{GD(GC,GC')}}{\text{Er(GC)}} \quad (2\text{-}77)$$

式中,$\text{GC}' = (B - \{a_v\}, f(B - \{a_v\}))$。

由定义 2.48 可得到以下性质。

性质 2.21 $0 \leqslant \text{sig}_{\text{GC}}(a_v) \leqslant 1$。

性质 2.22 原子公式a_v对概念粒GC是必要的,当且仅当$\text{sig}_{\text{GC}}(a_v) > 0$。

定理 2.15 在概念粒空间(U, P, f, g)中,对于概念粒$\text{GC} = (B, X), a_v \in B$,$\text{sig}_{\text{GC}}(a_v) = 0$的充分必要条件是$f(B) = f(B - \{a_v\})$。

证明:(充分性)由于$\text{sig}_{\text{GC}}(a_v) = 0$,根据$a_v$重要度的定义,有$\text{GD(GC,GC')} = 0$,即$\dfrac{f(B - \{a_v\}) - f(B)}{|U|} = 0$,所以$f(B) = f(B - \{a_v\})$;

(必要性)根据a_v重要度的定义,显然成立。

定义 2.49 在概念粒空间(U, P, f, g)中,对于概念粒$\text{GC} = (B, f(B))$,其中$B \subseteq P, f(B) \subseteq U, C \subseteq B$,满足$f(B) = f(C)$,且对任意$a_v \in C$,有$\text{sig}_{\text{GC}}(a_v) > 0$,则概念粒$\text{GC}' = (C, f(C))$为GC的一个约简。

定义 2.49 在给出概念粒约简定义的同时,实际上也给出了一种概念约简方法,概念粒作为一个完整的结构体,像粗糙集理论中的信息系统一样可能存在冗余信息,信息系统的属性约简在这里相当于概念粒空间中对最粗的概念粒$\gamma = (\emptyset, U)$进行内涵约简。实际应用中简洁完备的概念对一个智能系统起着极其重要的作用,所以概念粒的约简也将作为粒计算的一个重要研究方向,在完善粒计算理论中起着一定的作用。

2.7 一种新的粒表示方法及其不确定性度量

传统粒的表示存在局限性而导致粒的适用性不强,难以满足用户对粒描述的兴趣点。本节在传统粒计算理论的基础上,对粒的表示方法加以改进,进而定义了新的粒表示方法下粒的几种运算,研究了新的粒表示方法下粒的距离及相似度。这种理论方法注重从粒的语法上研究粒的运算、距离及相似度,从而更清晰准确地揭示了粒的本质。

2.7.1 信息系统中粒的新表示方法及其运算

定义 2.50(公式的定义) 在信息系统 $S=(U, A, V, f)$ 中,令 $a \in A$, $M \subseteq V_a$,(a, M) 为一个原子公式,以下简写为 a_M,定义如下的粗糙逻辑公式。

(1) a_M 是原子公式,若 $M=V_a$,则 a_M 对应的对象为整个论域,并把该类原子公式记为 T;若 $M=\varnothing$,则称 a_M 为空公式。

(2) 如果 A 和 B 是原子公式,那么 $A \wedge B$ 是公式,使用连接词"$\wedge$"进行有限次运算所组成的式子是公式。

定义 2.51(粒的定义) 函数 $h(a, M)$ 表示所有在属性 $a(a \in A)$ 上的值属于 $M(M \subseteq V_a)$ 的对象集,即 $h(a, M) = \{x | a(x) \in M\}$,其中 $x \in U$,则信息系统 $S=(U, A, V, f)$ 中粒的定义为

$$\text{Gr} = ((a, M), h(a, M)) \quad (2-78)$$

式中,原子公式 (a, M) 为粒 Gr 的语法,Gr 被称为信息系统中的原子粒。

设 ω 是形如 $(a_1, M_1) \wedge (a_2, M_2) \wedge \cdots \wedge (a_n, M_n)$ 的由原子公式使用逻辑连接词"$\wedge$"组成的逻辑组合,$h(\omega)$ 表示满足逻辑组合 ω 的对象集合。$\text{Gr} = (\omega, h(\omega))$ 被称为满足逻辑组合 ω 的组合粒。函数 $F(\text{Gr})$ 表示满足粒 Gr 的对象集合。

定义 2.50 与定义 2.51 在文献[44]的基础上对公式和粒进行了重新定义,其主要区别是将原子公式 (a, v) 重新定义为 $(a, M)(a \in A, v \in V_a, M \subseteq V_a)$,其意义在于扩大粒的适用范围。同时,为了简化粒的运算,公式的逻辑组合所用连接词只用"$\wedge$"。

性质 2.23 设 ω 是公式,对于原子公式 a_M,若 $M=\varnothing$,则 $h(a, M)=\varnothing$。若 $M=V_a$,则 $h(a, M)=U$,且满足 $\omega \wedge a_M = \omega, \omega \vee a_M = a_M$。

定义 2.52(粒分解) 设有一个粒 $\text{Gr}=(\omega, h(\omega))$,其中 $\omega = (a_1, M_1) \wedge (a_2, M_2) \wedge \cdots \wedge (a_n, M_n)$,则 Gr 的分解 $\text{Dec}(\text{Gr})$ 定义为

$$\text{Dec}(\text{Gr}) = \{\text{Gr}_1, \text{Gr}_2, \cdots, \text{Gr}_n\} \quad (2-79)$$

式中,$\text{Gr}_1 = ((a_1, M_1), h(a_1, M_1))$,$\text{Gr}_2 = ((a_2, M_2), h(a_2, M_2))$,$\cdots$,$\text{Gr}_n =$

$((a_n, M_n), h(a_n, M_n))$。

定义 2.53（交运算） 对于任意两个粒 $Gr_1 = (\omega_1, h(\omega_1))$，$Gr_2 = (\omega_2, h(\omega_2))$，其中 $\omega_1 = (a_1, M_1) \wedge (a_2, M_2) \wedge \cdots \wedge (a_n, M_n)$，$\omega_2 = (a_1, K_1) \wedge (a_2, K_2) \wedge \cdots \wedge (a_n, K_n)$，则定义其交运算（$\wedge$）为

$$Gr_1 \wedge Gr_2 = (\omega_3, h(\omega_3)) \tag{2-80}$$

式中，$\omega_3 = (a_1, M_1 \wedge K_1) \wedge (a_2, M_2 \wedge K_2) \wedge \cdots \wedge (a_n, M_n \wedge K_n)$。

定义 2.54（并运算） 对于任意两个粒 $Gr_1 = (\omega_1, h(\omega_1))$，$Gr_2 = (\omega_2, h(\omega_2))$，其中 $\omega_1 = (a_1, M_1) \wedge (a_2, M_2) \wedge \cdots \wedge (a_n, M_n)$，$\omega_2 = (a_1, K_1) \wedge (a_2, K_2) \wedge \cdots \wedge (a_n, K_n)$，则定义其并运算（$\vee$）为

$$Gr_1 \vee Gr_2 = (\omega_3, h(\omega_3)) \tag{2-81}$$

式中，$\omega_3 = (a_1, M_1 \vee K_1) \wedge (a_2, M_2 \vee K_2) \wedge \cdots \wedge (a_n, M_n \vee K_n)$。

定理 2.16 对于任意两个组合粒 $Gr_i = (\omega_i, h(\omega_i))$，$Gr_j = (\omega_j, h(\omega_j))$，其中 $\omega_i = (a_1, M_1) \wedge (a_2, M_2) \wedge \cdots \wedge (a_n, M_n)$，$\omega_j = (a_1, K_1) \wedge (a_2, K_2) \wedge \cdots \wedge (a_n, K_n)$，则满足 $Gr_i \wedge Gr_j = \wedge \{Gr | Gr \in Dec(Gr_i) \bigcup Dec(Gr_j)\}$，$Gr_i \vee Gr_j = \vee \{Gr | Gr \in Dec(Gr_i) \bigcup Dec(Gr_j)\}$。

证明：由定义 2.52 可得 $Dec(Gr_i) = \{Gr_{i1}, Gr_{i2}, \cdots, Gr_{in}\}$，其中 $Gr_{i1} = ((a_1, M_1), h(a_1, M_1))$，$Gr_{i2} = ((a_2, M_2), h(a_2, M_2))$，$\cdots$，$Gr_{in} = ((a_n, M_n), h(a_n, M_n))$；$Dec(Gr_j) = \{Gr_{j1}, Gr_{j2}, \cdots, Gr_{jn}\}$，其中 $Gr_{j1} = ((a_1, K_1), h(a_1, K_1))$，$Gr_{j2} = ((a_2, K_2), h(a_2, K_2))$，$\cdots$，$Gr_{jn} = ((a_n, K_n), h(a_n, K_n))$。所以 $\wedge \{Gr | Gr \in Dec(Gr_1) \vee Dec(Gr_2)\} = \wedge \{Gr_{i1}, Gr_{i2}, \cdots, Gr_{in}, Gr_{j1}, Gr_{j2}, \cdots, Gr_{jn}\} = Gr_{i1} \wedge Gr_{j1} \wedge \cdots \wedge Gr_{in} \wedge Gr_{jn} = ((a_1, M_1 \wedge K_1), h(a_1, M_1 \wedge K_1)) \wedge \cdots \wedge ((a_n, M_n \wedge K_n), h(a_n, M_n \wedge K_n))$。由定义 2.53 可得 $Gr_i \wedge Gr_j = (\omega_k, h(\omega_k))$，其中 $\omega_k = (a_1, M_1 \wedge K_1) \wedge (a_2, M_2 \wedge K_2) \wedge \cdots \wedge (a_n, M_n \wedge K_n)$，所以 $Gr_i \wedge Gr_j = \wedge \{Gr | Gr \in Dec(Gr_i) \vee Dec(Gr_j)\}$，同理可得 $Gr_i \vee Gr_j = \vee \{Gr | Gr \in Dec(Gr_i) \vee Dec(Gr_j)\}$。

性质 2.24 对于任意两个粒 $Gr_1 = (\omega_1, h(\omega_1))$，$Gr_2 = (\omega_2, h(\omega_2))$，$Gr_1 = Gr_2$，当且仅当 $Gr_1 \wedge Gr_2 = Gr_1 \vee Gr_2$。

证明：显然成立。

定义 2.55 对于任意两个粒 $Gr_1 = (\omega_1, h(\omega_1))$，$Gr_2 = (\omega_2, h(\omega_2))$，若满足 $Gr_1 \vee Gr_2 = Gr_1$ 且 $Gr_1 \wedge Gr_2 = Gr_2$，则称粒子 Gr_1 是 Gr_2 的父粒，或者称 Gr_2 是 Gr_1 的子粒，记为 $Gr_2 \prec Gr_1$。

性质 2.25 对于任意组合粒 $Gr = (\omega, h(\omega))$，其中 $\omega = (a_1, M_1) \wedge (a_2, M_2) \wedge \cdots \wedge (a_n, M_n)$，$N \in Dec(Gr)$，则 $Gr \prec N$。

证明：由于 $N \in Dec(Gr)$，所以令 $N = ((a_i, M_i), h(a_i, M_i))$，又因为 $\omega \wedge$

$(a_i, M_i) = \omega$,所以 $Gr \wedge N = Gr$;又有 $(\omega \vee (a_i, M_i) = (a_i, M_i)$,得到 $Gr \vee N = N$,根据定义 2.55 可得 $Gr \prec N$。

例 2-9 设 $S = (U, A, V, f)$ 为一个信息系统(表 2-9),其中 $U = \{x_1, x_2, x_3, x_4, x_5, x_6\}$,$A = \{a, b, c\}$。

(1) 描述在属性 a 上取值大于 0,属性 b 上取值不等于 0,属性 c 上取值等于 1 的粒 Gr_1;

(2) 描述在属性 a 上取值小于 3,属性 c 上取值大于 0 的粒 Gr_2;

(3) 求 $Gr_1 \wedge Gr_2$ 与 $Gr_1 \vee Gr_2$。

表 2-9 信息系统 S

U	a	b	c
x_1	1	3	0
x_2	-1	0.5	1
x_3	3	1	2
x_4	0	0	4
x_5	5	0	1
x_6	2	1	1

由以上定义可知,在属性 a 上取值大于 0 的原子公式可表示为 $(a, \{a(x) | a(x) > 0\})$,简写为 $\{a(x) > 0\}$;

同理,属性 b 上取值不为 0 的原子公式表示为 $\{b(x) \neq 0\}$,属性 c 上取值为 1 的原子公式表示为 $\{c(x) = 1\}$,则粒子 Gr_1 可以表示为 $(\Psi_1, h(\Psi_1))$,其中 $\Psi_1 = \{a(x) > 0\} \wedge \{b(x) \neq 0\} \wedge \{c(x) = 1\}$;

同理,Gr_2 可以表示为 $(\Psi_2, h(\Psi_2))$,其中 $\Psi_2 = \{a(x) < 3\} \wedge \{c(x) > 0\}$,$Gr_1 \vee Gr_2 = (\Psi_3, h(\Psi_3))$,其中 $\Psi_3 = \{c(x) > 0\}$;

同理,$Gr_1 \wedge Gr_2 = (\Psi_4, h(\Psi_4))$,其中 $\Psi_4 = \{0 < a(x) < 3\} \wedge \{b(x) \neq 0\} \wedge \{c(x) = 1\}$。

2.7.2 粒的距离计算及其性质

定义 2.56 在信息系统 $S = (U, A, V, f)$ 中,对于任意两个粒 Gr_1 与 Gr_2,定义 Gr_1 与 Gr_2 的绝对距离 $GD(Gr_1, Gr_2)$ 为

$$GD(Gr_1, Gr_2) = \frac{|F(Gr_1 \vee Gr_2)| - |F(Gr_1 \wedge Gr_2)|}{|U|} \tag{2-82}$$

式中,$|\cdot|$ 表示集合的基数。

定理 2.17 在信息系统 $S = (U, A, V, f)$ 中,对于任意两个粒 Gr_1 与 Gr_2,

必有 $GD(Gr_1, Gr_2) = GD(Gr_2, Gr_1)$ 成立。

证明：显然成立。

定理 2.18（直线定理） 若 P, Q 和 R 为信息系统 $S = (U, A, V, f)$ 中的 3 个粒且满足 $P \leqslant Q \leqslant R$，则必有 $GD(P, R) = GD(P, Q) + GD(Q, R)$。

证明：设 $P = (\omega_1, h(\omega_1)), Q = (\omega_2, h(\omega_2)), R = (\omega_3, h(\omega_3))$，由于 $P \leqslant Q \leqslant R$，根据定义 2.55 得

$$P \wedge Q = P, P \vee Q = Q, P \wedge R = P, P \vee R = R, Q \vee R = R, Q \wedge R = Q$$

由定义 2.56 得

$$GD(P, R) = (|F(P \vee R)| - |F(P \wedge R)|)/|U|$$
$$= (|F(R)| - |F(P)|)/|U|$$

同理

$$GD(P, Q) = (|F(P \vee Q)| - |F(P \wedge Q)|)/|U|$$
$$= (|F(Q)| - |F(P)|)/|U|$$
$$GD(Q, R) = (|F(Q \vee R)| - |F(Q \wedge R)|)/|U|$$
$$= (|F(R)| - |F(Q)|)/|U|$$

所以

$$GD(P, Q) + GD(Q, R) = (|F(Q)| - |F(P)|)/|U|$$
$$+ (|F(R)| - |F(Q)|)/|U|$$
$$= (|F(R)| - |F(P)|)/|U|$$
$$= GD(P, R)$$

即

$$GD(P, R) = GD(P, Q) + GD(Q, R)$$

性质 2.26 在信息系统 $S = (U, A, V, f)$ 中，对于任意两个粒 Gr_1 与 Gr_2，有 $0 \leqslant GD(Gr_1, Gr_2) \leqslant 1$。

推论 2.6 对于任意两个粒 Gr_1 和 Gr_2，它们满足如下性质：

(1) $GD(Gr_1, Gr_2) = 1$，当且仅当 $F(Gr_1 \wedge Gr_2) = \varnothing$ 且 $F(Gr_1 \vee Gr_2) = U$；

(2) $Gr_1 = Gr_2$ 的充分必要条件是 $GD(Gr_1, Gr_2) = 0$。

推论 2.6 说明两个粒之间的距离最大时，它们所对应的对象集是互补的；距离最小时两个粒相等，该距离反映了两个粒之间的绝对差异程度。如果考虑两个粒之间的相似度，就需要计算它们之间的相对距离，下面给出粒的相似度定义及相对距离的定义。

定义 2.57 定义 Gr_1 与 Gr_2 的相似度 $Sim(Gr_1, Gr_2)$ 为

$$Sim(Gr_1, Gr_2) = |F(Gr_1 \wedge Gr_2)| / |F(Gr_1 \vee Gr_2)| \tag{2-83}$$

性质 2.27 在信息系统 $S=(U,A,V,f)$ 中,对于任意两个粒 Gr_1 和 Gr_2,有 $0 \leqslant Sim(Gr_1, Gr_2) \leqslant 1$。

定义 2.58 在信息系统 $S=(U,A,V,f)$ 中,对于任意两个粒 Gr_1 和 Gr_2,定义 Gr_1 与 Gr_2 的覆盖系数为

$$Cov(Gr_1, Gr_2) = |F(Gr_1 \vee Gr_2)|/|U| \tag{2-84}$$

定义 2.59 在信息系统 $S=(U,A,V,f)$ 中,对于任意两个粒 Gr_1 和 Gr_2,定义 Gr_1 与 Gr_2 的相对距离 $GD_U(Gr_1, Gr_2)$ 为

$$GD_U(Gr_1, Gr_2) = GD(Gr_1, Gr_2)/Cov(Gr_1, Gr_2) \tag{2-85}$$

性质 2.28 在信息系统 $S=(U,A,V,f)$ 中,对于任意两个粒 Gr_1 和 Gr_2,有 $Sim(Gr_1, Gr_2) + GD_U(Gr_1, Gr_2) = 1$。

证明:根据定义 2.58 与定义 2.59 可得

$$GD_U(Gr_1, Gr_2) = ((|F(Gr_1 \vee Gr_2)| - |F(Gr_1 \wedge Gr_2)|)/|U|)$$
$$/(|F(Gr_1 \vee Gr_2)|/|U|)$$
$$= (|F(Gr_1 \vee Gr_2)| - |F(Gr_1 \wedge Gr_2)|)/|F(Gr_1 \vee Gr_2)|$$
$$= 1 - |F(Gr_1 \wedge Gr_2)|/|F(Gr_1 \vee Gr_2)|$$

根据定义 2.59 有

$$Sim(Gr_1, Gr_2) = |F(Gr_1 \wedge Gr_2)|/|F(Gr_1 \vee Gr_2)|$$

显然

$$Sim(Gr_1, Gr_2) + GD_U(Gr_1, Gr_2) = 1$$

性质 2.28 说明,粒的相对距离与粒的相似度满足严格的互补关系。

例 2-10 计算例 2-9 中粒 Gr_1 与 Gr_2 的绝对距离、相似度及相对距离。

由例 2-8 计算得

$$Gr_1 \vee Gr_2 = (\Psi_3, h(\Psi_3))$$

式中

$$\Psi_3 = (c) > 0$$
$$Gr_1 \wedge Gr_2 = (\Psi_4, h(\Psi_4))$$
$$\Psi_4 = 0 < (a) < 3 \wedge (b) \notin \varnothing \wedge (c) = 1$$
$$GD(Gr_1, Gr_2) = (|F(Gr_1 \vee Gr_2)| - |F(Gr_1 \wedge Gr_2)|)/|U|$$
$$= (|\{x_2, x_3, x_4, x_5, x_6\}| - |\{x_6\}|)/|U|$$
$$= 2/3$$
$$GD_U(Gr_1, Gr_2) = GD(Gr_1, Gr_2)/Cov(Gr_1, Gr_2)$$
$$= ((|F(Gr_1 \vee Gr_2)| - F(Gr_1 \wedge Gr_2)|)/|U|)$$
$$/(|F(Gr_1 \vee Gr_2)|/|U|)$$

$$= (|\{x_2, x_3, x_4, x_5, x_6\}| - |\{x_6\}|)$$
$$/|\{x_2, x_3, x_4, x_5, x_6\}| = 4/5$$
$$\text{Sim}(\text{Gr}_1, \text{Gr}_2) = |F(\text{Gr}_1 \wedge \text{Gr}_2)|/|F(\text{Gr}_1 \vee \text{Gr}_2)|$$
$$= |\{x_6\}|/|\{x_2, x_3, x_4, x_5, x_6\}| = 1/5$$

本例说明,粒的距离考虑的是从粒的语法上计算,而通常的知识距离计算都只从粒的语义上考虑,即两个粒之间最大相同对象与最大包容对象的比值,但只从语义上计算的距离显然并不能很准确地表示粒之间的差异程度(例如,两个语法完全不同的粒却可能包含相同的对象,但这些对象意义可能完全不同),而本节所提出的粒的距离无论从语法还是语义上讲都是符合逻辑的。同时也说明本节提出的相似度与绝对距离是严格互补的,用类似的方法容易验证定理2.18的正确性。

2.7.3 基于粒距离的相似性度量

粒的距离不仅度量了两个粒之间的差异程度,在信息系统 $S=(U, A, V, f)$ 中,设 $\gamma=(\omega, U)$ 为论域粒,显然,若把论域粒看做系统中最粗的粒,则任意粒与论域粒之间的距离反映了该粒的粗细程度,则粒 Gr 的粗细程度可以用 Gr 与 γ 的距离来度量。Gr 与 γ 的距离越大说明粒 Gr 越细,Gr 与 γ 的距离越小说明粒 Gr 越粗。

定义 2.60 在信息系统 $S=(U, A, V, f)$ 中,粒 $\text{Gr}=(\Psi, h(\Psi))$ 的粒熵 Er(Gr) 定义为

$$\text{Er}(\text{Gr}) = \text{GD}(\text{Gr}, \gamma) = (|F(\text{Gr} \vee \gamma)| - |F(\text{Gr} \wedge \gamma)|)/|U|$$
$$= 1 - |F(\text{Gr})|/|U| \tag{2-86}$$

式中,$\gamma=(\omega, U)$ 为该论域粒。

由此可知,概念粒的距离不仅度量了在同一论域下粒之间的差异程度,而且在存在序关系的粒之间,其距离显然能刻画出粒中因某个原子公式的变化导致的粒粗细变化的程度。例如,在信息系统 $S=(U, A, V, f)$ 中,将原子粒 $\text{Gr}=(a_M, h(a_M))$ 的原子公式 a_M 中的 M 去掉一个取值 $v(v \in M)$ 后,得到一个新的概念粒 $\text{Gr}'=(a_{M-v}, h(a_{M-v}))$,Gr 与 Gr' 的距离度量了因粒 Gr 的原子公式变化所导致的粒的变化程度,因此可以用这个距离度量某个属性取值 v 对粒 Gr 的重要度,距离越大,则 v 对 Gr 越重要。

定义 2.61 在信息系统 $S=(U, A, V, f)$ 中,对于原子粒 $\text{Gr}=(a_M, h(a_M)), a \in A, M \subseteq V_a, v \in M$,属性取值 v 的重要度表示为

$$\text{sig}_{\text{Gr}}(a_v) = \text{GD}(\text{Gr}, \text{Gr}')/\text{Er}(\text{Gr}) \tag{2-87}$$

式中,$\text{Gr}'=(a_{M-v}, h(a_{M-v}))$。

由定义 2.61 可得以下性质。

性质 2.29 $0 \leqslant \text{sig}_{Gr}(a_v) \leqslant 1$。

性质 2.30 属性取值 v 对原子粒 Gr 是必要的，当且仅当 $\text{sig}_{Gr}(a_v) > 0$。

定理 2.19 在信息系统 $S = (U, A, V, f)$ 中，对于原子粒 $\text{Gr} = (a_M, h(a_M))$，$a \in A, M \subseteq V_a, v \in M$，$\text{sig}_{GC}(a_v) = 0$ 的充分必要条件是 $h(a_M) = h(a_{M-v})$。

证明：(充分性)由于 $\text{sig}_{GC}(a_v) = 0$，根据属性取值 v 重要度的定义，有 $\text{GD}(\text{Gr}, \text{Gr}') = 0$，即 $|h(a_M) - h(a_{M-v})|/|U| = 0$，所以 $h(a_M) = h(a_{M-v})$；

(必要性)根据属性取值 v 重要度的定义，显然成立。

定理 2.19 表明粒作为一个完整的结构体，像粗糙集理论中的信息系统一样，可能存在冗余信息，实际应用中简洁完备的粒结构对一个智能系统起着极其重要的作用。所以在这种新的粒表示方法下，粒的约简也将成为一个重要的研究方向，在完善粒计算理论中起着一定的作用。

2.8 信息系统中的粒结构分析

在目前粒计算的研究中，粒的表示方法难以描述粒之间的层次关系。因为粒有其确定的语法和语义，在考虑粒之间的层次结构时，如果只从语义上考虑，并不能很准确地表示其层次关系，因此还必须考虑其语法的层次结构。而经典粒计算理论(如文献[44])中粒的语法表示方法难以体现语法上的层次性，例如，若要提取一个智能系统上的知识层次图，则知识之间的粗细不仅体现在知识包含的对象上，而且体现在影响知识粗细的属性上。传统概念格理论从外延和内涵两方面进行了形式概念分析，能够很好地解释概念之间的层次关系，但受限于形势背景的二值局限性，难以用在多样化的信息系统中。因此，信息系统中粒结构分析有待于进一步深入研究。

本节用粒表示概念，同时用概念的结构和分析方法描述粒之间的不确定性关系，并通过提取这种关系所形成的数据结构——粒格，得到该信息系统的概念层次关系，最后与传统概念格理论进行比较，证明了该理论的可行性和实效性。这种粒的表示方法不仅实现了传统粒的表示方法难以实现的层次结构描述问题，而且这种用粒表示概念的方法对于经典概念格理论来说，使粗糙集、概念格及粒计算紧密结合在一起，形成概念格理论的扩展——粒格理论，从而扩大了概念格的应用范围，提高了其数据分析能力。

2.8.1 粒格的表示及其运算规则

一般来说，一个智能系统用概念粒空间 $\text{GCs} = (U, P, f, g)$ 表示，智能系统的知识概念用概念粒形式化时，则概念粒空间所对应的概念粒层次结构图，即偏序集(GCs,<)所形成的数据结构称为粒格。在粒格结构中,严格定义了概念粒之间的运算规则,使概念与概念之间按着规范化的规则运算,这种形式化理论方法更清晰直观地描述了智能系统的结构体系及其之间的关系。

定义 2.62 在概念粒空间(U, P, f, g)中,对于概念粒$GC=(B, f(B))$,如果$B=g(f(B))$,则称 GC 为完备概念粒,记为$\widetilde{GC}$。

定义 2.63(粒格定义) 在概念粒空间 $GCs=(U, P, f, g)$中,设$G=\{(B, f(B))|B\in P, B=g(f(B))\}$,则存在唯一偏序集$(G,<)$与之对应,且该偏序集存在唯一的下确界和唯一的上确界,这个偏序集产生的格结构称为粒格,记为$\widetilde{G}(U, P, f, g)$。

根据定义 2.63,对于每个非空的完备概念粒总是存在唯一的最大子概念(下确界)和唯一的最小父概念(上确界)。由此,在粒格中定义了两个运算,取上界运算($\vee$)和取下界运算($\wedge$)。

定义 2.64 在概念粒空间 $GCs=(U, P, f, g)$中,对于任意两个完备概念粒$\widetilde{GC}_1=(B_1, f(B_1)),\widetilde{GC}_2=(B_2, f(B_2))$,其"$\wedge$"运算和"$\vee$"运算分别定义为

$$\widetilde{GC}_1 \wedge \widetilde{GC}_2 = (g(f(B_1 \cup B_2)), f(B_1) \cap f(B_2)) \tag{2-88}$$

$$\widetilde{GC}_1 \vee \widetilde{GC}_2 = (B_1 \cap B_2, f(g(f(B_1) \cup f(B_2)))) \tag{2-89}$$

定理 2.20(闭包运算) 设概念粒空间 $GCs=(U, P, f, g)$对应的粒格为$\widetilde{G}(U, P, f, g)$,$\widetilde{GC}_1=(B_1, f(B_1)),\widetilde{GC}_2=(B_2, f(B_2))$为粒格中任意两个完备概念粒,则其满足下列条件:

(1) $\widetilde{GC}_1 \in \widetilde{G}, \widetilde{GC}_2 \in \widetilde{G}$;

(2) $\widetilde{GC}_1 \wedge \widetilde{GC}_2 \in \widetilde{G}, \widetilde{GC}_1 \vee \widetilde{GC}_2 \in \widetilde{G}$;

(3) 完备概念粒之间使用连接词"$\vee$"和"$\wedge$"进行有限次运算所得概念粒属于粒格。

证明:由粒格的定义知,(1)显然成立。由完备概念粒的定义可得$B_1=g(f(B_1)), B_2=g(f(B_2))$,所以$\widetilde{GC}_1 \wedge \widetilde{GC}_2=(g(f(B_1 \cup B_2)), f(B_1) \cap f(B_2))=(g(f(B_1 \cup B_2)), f(B_1 \cup B_2))$,则$B_1 \cup B_2=g(f(B_1 \cup B_2))$,由定义 2.62 可得$\widetilde{GC}_1 \wedge \widetilde{GC}_2 \in \widetilde{G}$,同理$\widetilde{GC}_1 \vee \widetilde{GC}_2 \in \widetilde{G}$。同理可证明(3)也成立。

定理 2.21(粒格的存在定理) 设概念粒空间 $GCs=(U, P, f, g)$对应的粒格$\widetilde{G}(U, P, f, g)$,对于任一给定概念粒 $GC=(B_{n-1}, X_{n-1})$,经以下有限次迭代运算

$$X_n = X_{n-1} \cup f(B_{n-1})$$
$$B_n = g(X_n)$$

$$B_{n+1} = B_n \bigcup g(X_n)$$
$$X_{n+1} = f(B_{n+1})$$

则存在一个完备概念粒 $(B_{n'}, f(B_{n'}))$,使得 $(B_{n'}, f(B_{n'})) \in \widetilde{G}(U, P, f, g)$。

证明:显然运算中 X_n 是单调增加的,又因为论域 U 是有限集,必然存在 $X_{n'} = X_{n'+1} \subseteq U$,运算(1)使得 $X_{n'} = X_{n'+1} = X_{n'} \bigcup f(B_{n'})$;由运算(2)有 $B_{n'} = g(X_{n'})$,由运算(3)有 $B_{n'} = B_{n'} \bigcup g(X_{n'}) = g(X_{n'})$,又因为 $X_{n'} = X_{n'+1}$,所以 $B_{n'} = g(X_{n'+1})$,再由运算(4)可得 $X_{n'+1} = f(B_{n'+1})$, $B_{n'} = g(f(B_{n'}))$,于是 $(B_{n'}, f(B_{n'}))$ 为一完备概念粒,即 $(B_{n'}, f(B_{n'})) \in \widetilde{G}(U, P, f, g)$。

例 2-11 设 $S = (U, A, V, f)$ 为一个信息系统,如表 2-10 所示,其中 $U = \{x_1, x_2, x_3, x_4\}$, $A = \{a, b, c\}$。由信息系统 S 构造概念粒空间 $GCs = (U, P, f, g)$,令 $P = \{a_v | a \in A, v \in V_a\} = \{a_0, a_1, b_0, b_1, c_0, c_1, c_2\}$。$GC = (B, f(B)) = \{\{b_1\}, \{x_2, x_4\}\}$ 为满足在属性 b 上取值为 1 的原子概念粒,计算其对应的完备概念粒。

表 2-10 信息系统 S

U	a	b	c
x_1	1	0	0
x_2	0	1	2
x_3	0	0	1
x_4	1	1	2

根据定理 2.21 中的运算,令 $X = f(B)$,则 $X_1 = X \bigcup f(B) = f(B) = \{x_2, x_4\}$, $B_1 = g(X_1) = g(\{x_2, x_4\}) = \{b_1, c_2\}$, $B_2 = B_1 \bigcup g(X_1) = \{b_1, c_2\}$, $X_2 = f(B_2) = f(\{b_1, c_2\}) = \{x_2, x_4\}$,因为 $X_2 = f(B_2)$, $B_2 = \{b_1, c_2\} = g(X_2)$,所以 (B_2, X_2) 即为概念粒 GC 对应的完备概念粒。

定理 2.21 实际上给出了一种粒格的提取算法,对于任意一个概念粒可以用定理 2.21 中的迭代运算找到对应的完备概念粒。对于一个智能系统,求出其所有完备概念粒,然后把父、子概念用线段连接起来,按照父概念在上、子概念在下的原则,就得到该智能系统对应的粒格的哈希图。

以表 2-10 中的信息系统 S 为例,按一定的顺序找出信息系统对应的所有完备概念粒,即 $\{\varnothing, U\}, \{\{a_1, b_0, c_0\}, \{x_1\}\}, \{\{a_0, b_1, c_2\}, \{x_2\}\}, \{\{a_0, b_0, c_1\}, \{x_3\}\}, \{\{a_1, b_1, c_2\}, \{x_4\}\}, \{\{b_1, c_2\}, \{x_2, x_4\}\}, \{\{a_0\}, \{x_2, x_3\}\}, \{\{a_1\}, \{x_1, x_4\}\}, \{\{b_0\}, \{x_1, x_3\}\}, \{P, \varnothing\}$,则信息系统 S 对应的粒格哈希图如图 2-1 所示。

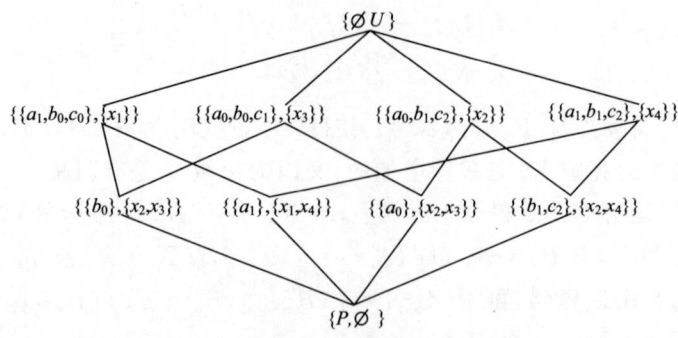

图 2-1 例 2-11 中信息系统 S 的粒格

2.8.2 粒格与概念格的比较

定义 2.65 在概念粒空间 $GCs=(U,P,f,g)$ 中,设 $G=\{(B,f(B))|B\in P, B=g(f(B))\}$,对于任意原子公式 $b\in P$,若满足只存在唯一原子公式 e 使得 $f(b)\bigcup f(e)=U$ 且 $f(b)\bigcap f(e)=\varnothing$,则令

$$R_{\{b,e\}}(x)=\begin{cases}0 & x\in f(b)\\ 1 & x\in f(e)\end{cases} \quad (2\text{-}90)$$

式中,$R_{\{b,e\}}$ 为内涵 $\{b,e\}$ 构成的新属性,则概念粒空间 GCs 退化为形式背景,对应的粒格 $\widetilde{G}(U,P,f,g)$ 退化为概念格。

由定义 2.65 可知,粒格是概念格的推广,概念格是粒格的一种特殊形式,同时用粒表示概念,用概念表示粒,概念与粒融为一体,这种理论方法扩展了概念格的应用范围。

定义 2.66 对于任一信息系统 $S=(U,A,V,f)$,$A=C\bigcup D$,$C\bigcap D=\varnothing$,$C=\{a_1,a_2,\cdots,a_m\}$,$D=\{d_1,d_2,\cdots,d_n\}$,$V_a=\{q_{k+1},q_{k+2},\cdots,q_{k+p}\}$,其中 $p=|V_a|$,$k=\sum|V_{a_i}|(i=0,1,\cdots,m+n-1)$,$q_n<q_{n+1}$,可以构造如下形式背景 $K=(U',B,I)$,$U'=U$,$B=\{b_1,b_2,\cdots,b_r\}$,其中 $r=\sum|V_{a_i}|(a_i\in A)$,$I\subseteq U'\times B$,取 $I=\{(x,b_l)|f'(x,b_l)=1\}$,且

$$f'(x,b_l)=\begin{cases}1 & f(x,a_j=q_1)\\ 0 & f(x,a_j\neq q_1)\end{cases} \quad (2\text{-}91)$$

式中,$x\in U$,$b_l\in B$,$q_l\in V_{a_j}$,$\sum_{i=1}^{j-1}|V_{a_i}|<l\leqslant \sum_{i=1}^{j}|V_{a_i}|$。

定义 2.66 是对经典概念格理论进行扩展的一种方法,即将信息系统或其他智能系统转化为形式背景后进而构造概念格,从而进行形式概念分析。文献[45]即

为使用该方法将概念格理论应用到决策规则提取的研究上。与粒格理论相比,显然粒格计算方法更简洁。

另一种解决形式背景的二值局限性的方法类似文献[46,47],用粗集的思想把 Galois 算子稍作改进,进而在数据表中进行形式概念分析,但在计算和表示方面都较复杂,而且都未能把形式概念分析与粗集和粒计算有机地结合起来。

2.8.3 粒的分层结构的分析方法

定义 2.67(粒子空间) 设 U 为有限对象集,G 为有限原子粒集合,原子粒$((a, M), h(a, M)) \in G; X, X_1, X_2 \subseteq U; B, B_1, B_2 \subseteq G, f$ 为粒集到对象集的映射算子;g 表示从对象集合到粒集上的映射算子。若 f 满足

$$f(\varnothing) = U, f(B_1 \bigcup B_2) = f(B_1) \bigcap f(B_2)$$

且 g 满足

$$g(\varnothing) = G, g(X_1 \bigcup X_2) = g(X_1) \bigcap g(X_2)$$

则称 GCs$=(U, G, I)$ 为粒子空间,其中 $I = U \times G$ 表示对象与粒之间的二元关系。对于任意粒子 Gr$\in G, x \in U$,用$(x, \text{Gr}) \in I$ 表示对象 x 满足粒 Gr,用$(x, \text{Gr}) \notin I$ 表示对象 x 不满足粒 Gr。

性质 2.31 对于粒子空间 GCs$=(U, G, I)$,令 $X, X_1, X_2 \subseteq U; B, B_1, B_2 \subseteq G$,则有

(1) $B_1 \subseteq B_2 \Rightarrow f(B_2) \subseteq f(B_1), X_1 \subseteq X_2 \Rightarrow g(X_2) \subseteq g(X_1)$;

(2) $B \subseteq g(f(B)), X \subseteq f(g(X))$;

(3) $f(B_1 \bigcap B_2) \supseteq f(B_1) \bigcup f(B_2)$。

证明:(1) 已知 $B_1 \subseteq B_2$,则 $f(B_1 \bigcup B_2) = f(B_2)$,又由粒子空间的定义知 $f(B_1 \bigcup B_2) = f(B_1) \bigcap f(B_2)$,所以 $f(B_2) = f(B_1) \bigcap f(B_2)$,而 $f(B_1) \bigcap f(B_2) \subseteq f(B_1)$,因此 $f(B_2) \subseteq f(B_1)$,同理有 $X_1 \subseteq X_2 \Rightarrow g(X_2) \subseteq g(X_1)$。

(2) 与(1)的证明过程类似。

(3) 由于 $B_1 \bigcap B_2 \subseteq B_1, B_1 \bigcap B_2 \subseteq B_2$,则由性质(1)可得 $f(B_1 \bigcap B_2) \supseteq f(B_1), f(B_1 \bigcap B_2) \supseteq f(B_2)$,所以 $f(B_1 \bigcap B_2) \supseteq f(B_1) \bigcup f(B_2)$ 成立。

定义 2.68 在信息系统 $S = (U, A, V, f)$ 中,对于任意粒 Gr$=(\Psi, h(\Psi))$,其中 $\Psi = (a_1, M_1) \wedge (a_2, M_2) \wedge \cdots \wedge (a_n, M_n)$,Dec(Gr)$ = \{\text{Gr}_1, \text{Gr}_2, \cdots, \text{Gr}_n\}$,该粒在信息系统 S 中对应的粒子空间可以表示为(U', G, I),其中 $U' = U - \{x \mid (x, \text{Gr}_i) \notin I, \text{Gr}_i\}, \text{Gr}_i \in \text{Dec(Gr)}, G = \text{Dec(Gr)}$。

例 2-12 信息系统 $S = (U, A, V, f)$ 如表 2-11 所示,其中 $U = \{x_1, x_2, x_3, x_4, x_5\}, A = \{a, b, c, d\}$,信息系统 S 中任意粒 Gr$=(\Psi, h(\Psi))$,其中 $\Psi = (a) > 0 \wedge (b) < 5$,求该系统 S 对应的粒子空间。

表 2-11 信息系统 S

U	a	b	c	d
x_1	3	1	0	0
x_2	-2	3	1	0
x_3	5	0	-1	-1
x_4	0	7	0	0
x_5	2	1	1	1

根据定义 2.68,信息系统 $S=(U,A,V,f)$ 的粒子空间可以表示为 (U',G,I),其中

$$U' = U - \{x \mid (x, \text{Gr}_i) \notin I, \text{Gr}_i\}$$
$$= \{x_1, x_2, x_3, x_4, x_5\} - \{x_2, x_4\}$$
$$= \{x_1, x_3, x_5\}$$
$$G = \text{Dec}(\text{Gr}) = \{\text{Gr}_1, \text{Gr}_1\}$$
$$= \{((a) > 0, h((a) > 0)), ((b) < 5, h((b) < 5))\}$$

定义 2.69 在信息系统 $S=(U,A,V,f)$ 中,粒 Gr 对应的粒子空间为 GCs$=(U,G,I)$,对于一个二元对 $(B,f(B))$,$B \subseteq G$,如果满足 $B=g(f(B))$,则称该二元对为该粒子的子粒节点。

定义 2.70 在信息系统 $S=(U,A,V,f)$ 中,粒 Gr 对应的粒子空间为 GCs$=(U,G,I)$,设 $P=\{(B,f(B)) \mid B \in G, B=g(f(B))\}$ 为 GCs 中所有子粒节点的集合,则存在唯一偏序集 $(P,\prec)$ 与之对应,且该偏序集中子粒节点都存在唯一的最小父粒(下确界)和唯一的最大子粒(上确界),这个偏序集产生的数据结构称为 Gr 在信息系统 S 中的投影。

根据定理 2.20,在一个粒子对应的粒子空间中,每个子粒节点总是存在唯一的最小下确界和唯一的最大上确界,由此得到该粒子在相应信息系统中的投影。显然这个投影描述的是一个特征粒在某个信息系统中的具体层次结构。如果将其所有子粒节点按照父粒在上、子粒在下的原则用线段连接起来,就得到该特征粒的层次结构图。

2.9 本章小结

本章分析了经典 Rough 集之间的相似度量及性质,有助于系统全面地研究信息系统中的各种信息的特点和性质,便于更好地进行智能数据的聚类分析和不确定性推理等。对信息系统中属性重要性、属性值间的相似性等属性信息及对象之

间的相似性进行了系统完整的讨论,并提出了相应的度量方法。可用于完备信息系统或不完备信息系统中 Rough 集之间的相似性度量,从而更好地应用于不确定信息的数据处理。本章所提出的 Rough 集之间的相似度量,也可用于不确定性推理。

从知识粗糙性的原理和经典知识粒度及信息熵理论出发,本章定义了广义的知识粒度度量和粒度熵,并给出了粒度和粒度熵函数,揭示了知识粒度的量化计算方法的本质,为进一步研究知识的粒度计算以及知识的不确定性度量提供了可行的方法。这些结论将有助于读者理解粒度的本质,对于建立信息系统中的粒计算有重要的意义。

本章借鉴集合论中对称差的概念,从粒度计算的观点出发,给出了信息系统中知识距离的概念,分析了其相关性质,并指出知识距离也可以度量属性的相关性。同时,也给出了知识贴近度的概念,并分析了它与知识距离的关系,经证明它们之间满足严格互补关系。这些结论极大地丰富和发展了不确定信息处理及其度量理论。

粒计算的形式化是许多计算机科学研究学者关注和探究的问题。本章定义的粒和公式为粒计算的深入研究做了前期工作和必要准备,原有的 Rough 集和 Fuzzy 集只能解决实际情况中某一方面的相似性,而对于更广义范围的相似性问题就束手无策了。基于这种情况,引入了粒计算的粒集的格贴近度,通过对传统模糊集贴近度公理化定义的改造,使得本章的定义能够全面完整地反映两个粒集之间的接近程度。

本章在传统粒计算理论的基础上结合经典概念格理论中的形式概念分析,引入了概念粒的概念,并从概念粒的外延和内涵两个方面进行了研究和计算。将形式概念分析引入到信息系统中,打破了原来形式背景中的二值局限性,从而使粗糙集、概念格及粒计算紧密结合在一起,能更准确地表述属性与对象之间的不确定关系。通过引入概念粒的概念重新表示粒,并通过提取粒格对粒的层次结构进行描述,研究了粒格的一些性质及运算规则,并把粒格与传统概念格理论进行比较,进而说明该理论方法的有效性和可行性。

参 考 文 献

[1] Kryszkiewicz M. Rough set approach to incomplete information systems[J]. Information Sciences,1998,112:39-49.
[2] Liu Q. λ-level rough equality relation and the inference of rough paramodulation[C]//Proceedings of International Workshop on Rough Set Theory and Granular Computing,2001:424-431.
[3] 江娟,刘清. 基于程度等价关系的广义 Rough 集定义[J]. 计算机科学,2001,28(5):8-9.
[4] 王国胤. Rough 集理论与知识获取[M]. 西安:西安交通大学出版社,2001.

[5] 王国胤. Rough 集理论在不完备信息系统中的扩充[J]. 计算机研究与发展, 2002, 39(10): 1238-1243.

[6] 李凡, 徐章艳. Vague 集之间的相似度量[J]. 软件学报, 2001, 12(6): 921-927.

[7] Chen S M. Measures of similarity between vague sets[J]. Fuzzy Sets and Systems, 1995, 74(2): 217-223.

[8] Hong D H, Kim C. A note on similarity measures between vague sets and between elements[J]. Information Sciences, 1999, 115(1): 83-96.

[9] Lee K H, Song Y S, Lee K M. Similarity measure between fuzzy sets and between elements[J]. Fuzzy Sets and Systems, 1994, 62: 291-293.

[10] Pappis C P, Karacapilidis N I. A comparative assessment of measures of similarity of fuzzy values[J]. Fuzzy Sets and Systems, 1993, 56: 171-174.

[11] Chaudhuri B B, Bhattacharya A. On correlation between two fuzzy sets[J]. Fuzzy Sets and Systems, 2001, 118: 447-456.

[12] Liu Y K. The completion of a fuzzy measure and its applications[J]. Fuzzy Sets and Systems, 2001, 123: 137-145.

[13] Ban A I, Gal S G. Decomposable measures and information measures for intuitionistic fuzzy sets[J]. Fuzzy Sets and Systems, 2001, 123: 103-117.

[14] Fan J L, Ma Y L, Xie W X. On some properties of distance measures[J]. Fuzzy Sets and Systems, 2001, 117: 355-361.

[15] Chen S M. A weighted fuzzy reasoning algorithm for medical diagnosis[J]. Decision Support Systems, 1994, 11: 37-43.

[16] Stepaniuk J. Similarity relations and rough set model. http://logic.mimuw.edu.pl/prace/E55/stepaniuk_mendel197.doc.

[17] Stepaniuk J. Rough sets similarity based learning. http://logic.mimuw.edu.pl/prace/1997/E53/stepaniuk_eufit97.doc.

[18] 张文修, 梁怡, 吴伟志. 信息系统与知识发现[M]. 北京: 科学出版社, 2003.

[19] 苗夺谦, 范世栋. 知识的粒度计算及其应用[J]. 系统工程理论与实践, 2002, 1(1): 48-56.

[20] 阎丽红, 韩燮. 基于粒度计算的属性约简算法研究[J]. 计算机应用与软件, 2008, 25(4): 239-240.

[21] 王国胤. 决策表核属性的计算方法[J]. 计算机学报, 2003, 26(5): 611-615.

[22] Han J W, Kamber M. Data Mining: Concepts and Techniques[M]. Beijing: China Machine Press, 2001.

[23] 王永庆. 人工智能原理与方法[M]. 西安: 西安交通大学出版社, 1999.

[24] Pawlak Z. Rough sets[J]. International Journal of Information and Computer Science, 1982, 11(5): 341-356.

[25] 徐久成, 沈钧毅. 信息系统中对象之间相似性度量的研究[J]. Microelectronics & Computer, 2003, 20(5): 59-61.

[26] Xu J C, Shen J Y. Measures of basic information based on information systems of rough sets[J]. Microelectronics & Computer, 2004, 21(2): 40-43.

[27] 苗夺谦, 范世栋. 知识的粒度计算及其应用[J]. 系统工程理论与实践, 2002, 1(1): 48-56.

[28] Liang J Y, Shi Z Z. The information entropy, rough entropy and knowledge granulation in rough set theory[J]. International Journal of Uncertainty, Fuzziness and Knowledge-Based System, 2004, 12(1): 37-76.

[29] Qian Y H, Liang J Y. Combination entropy and combination granulation in incomplete information sys-

tem[J]. Lecture Notes in Artifical Intelligence 4062,2006:184-190.
[30] 梁吉业,曲开社,徐宗本.信息系统的属性约简[J].系统工程理论与实践,2001,12:76-80.
[31] Liang J Y, Chin K S, Dang C Y, et al. A new method for measuring uncertainty and fuzziness in rough set theory[J]. International Journal of General Systems, 2002, 31(4):331-342.
[32] 王国胤,于洪,杨大春.基于条件信息熵的决策表约简[J].计算机学报,2002,25(7):759-766.
[33] 耿素元,屈婉玲.集合论导引[M].北京:北京大学出版社,1990:1-82.
[34] 胡宝清.模糊理论基础[M].武汉:武汉大学出版社,2004.
[35] 王新洲,史文中,王树良.模糊空间信息处理[M].武汉:武汉大学出版社,2004.
[36] Zadeh L A. Fuzzy sets[J]. Information and Control,1965,8(3):338-353.
[37] 汪培庄.模糊集合论及其应用[M].上海:上海科学技术出版社,1983.
[38] 孙超,韩捷,关惠玲.模糊集的贴近度及多维综合贴近度[J].河南科学,2004,22(2):143-166.
[39] 马媛媛,徐久成,孙林.基于粒计算贴近度的理论研究[J].计算机科学,2006,33(11A):114-115.
[40] 刘清. Rough 集及 Rough 推理[M].北京:科学出版社,2001.
[41] 邓蔚,王国胤,吴渝.粒计算综述[J].计算机科学,2004,31(10A):178-181.
[42] 马媛媛,徐久成,孙林.基于粒计算格贴近度的理论研究[J].河南师范大学学报,2007,35(1):48-50.
[43] Lin T Y. Granular computing: a problem solving paradigm[C]//The 14th IEEE International Conference on Fuzzy System, Reno, 2005:132-137.
[44] 刘清,刘群.粒及粒计算在逻辑推理中的应用[J].计算机研究与发展,2004,41(4):546-551.
[45] 姜广,王俊红,梁吉业.一种基于概念格的决策规则挖掘算法[J].电脑开发与应用,2006,19(7):24-25.
[46] Wu Q, Liu Z T. Real formal concept analysis based on grey-rough set theory[J]. Knowledge-Based Systems, 2009, 22(1):38-45.
[47] Lei Y, Luo M. Rough concept lattices and domains[J]. Annals of Pure and Applied Logic, 2008, 9(28):124-129.

第3章 边界不确定信息的处理
——Rough 集、Fuzzy 集和 Vague 集理论

3.1 引　　言

集合论是由德国数学家 Cantor 于 1895 年创立的,其集合又称经典集合,它要求论域 U 中的每个元素 u 对于子集 $A \subseteq U$ 来说,要么 $u \in A$,要么 $u \notin A$,集合 A 可用特征函数表示,这个函数仅取 0 和 1 两个值,所以在表达概念方面有其局限性。美国控制论专家 Zadeh 于 1965 年将经典集合论里特征函数的取值范围由 $\{0,1\}$ 推广到闭区间 $[0,1]$,于是便得到 Fuzzy 集的定义[1]。Fuzzy 集在模糊控制、模糊专家系统、模糊决策支持系统等智能系统中处理由模糊性引起的不确定性问题方面起到了较大的作用。不少逻辑学家和计算机科学家试图通过 Fuzzy 集理论来解决 1904 年谓词逻辑创始人 Frege 提出的含糊(vague)概念问题,但遗憾的是 Fuzzy 集是不可计算的,即没有给出数学公式描述这一含糊概念,故无法计算出它的具体的含糊元素数目。20 世纪 80 年代初,Pawlak 针对 Frege 的边界线区域思想提出了 Rough 集理论[2],他把那些无法确认的个体都归属于边界线区域,而这种边界线区域被定义为上近似集和下近似集之差。Rough 集理论是一种处理含糊和不精确问题的新的数学方法,它与其他处理含糊和不精确问题的数学方法一样,都是求近似值,如 Fuzzy 集和证据理论等,但不同的是 Rough 集是通过数学公式计算得到近似值,而 Fuzzy 集只能依赖于统计方法得到近似值。在 Fuzzy 集理论中,由于隶属度是一个单值,它无法同时表示支持和反对的证据,这表明 Fuzzy 集理论并不是一种处理模糊性问题的最好工具。为弥补 Fuzzy 集理论的不足,1993 年 Gau 和 Buehrer 提出了一种新的处理模糊信息的模糊理论——Vague 集[3]。在 Vague 集中同样给论域中每个对象分配一个隶属度,不同的是该隶属度是 $[0,1]$ 上的一个子区间,这个子区间既给出了支持对象的证据,也包含了反对对象的证据。与 Fuzzy 集相比,Vague 集能更好、更准确地表达模糊信息。

3.2 Fuzzy 集、Vague 集和 Rough 集理论之间的比较分析

为了建立 Fuzzy 集、Rough 集和 Vague 集在集合不确定表达和处理上的统一模型,本节首先介绍这几种集合的基本定义和性质,并系统分析它们之间的关系。

1. Fuzzy 集

定义 3.1[4] 设 U 是给定的论域，对于 $\forall A \subseteq U$，A 是一个经典集合，由集合 A 可确定一个从 U 到 $\{0,1\}$ 的映射 $C_A : U \to \{0,1\}$，则

$$u \to c_A(u) = \begin{cases} 1 & u \in A \\ 0 & u \notin A \end{cases}$$

称为集合 A 的特征函数。

定义 3.2 论域 U 上的一个经典集为 A，U 中所有使 $C_A(u_i)=1$ 的元素构成的集合，称为 A 的正经典集；U 中所有使 $C_A(u_i)=0$ 的元素构成的集合，称为 A 的负经典集（A 的补集 $\overline{A}$）。

定义 3.3[4] 所谓论域 U 上的一个 Fuzzy 集 $\widetilde{A}$ 是指，对于任何 $u \in U$，都指定了一个数 $\mu_{\widetilde{A}}(u) \in [0,1]$ 与之对应，称它为 u 对 $\widetilde{A}$ 的隶属度。这意味着构造了一个映射

$$\mu_{\widetilde{A}} : U \to [0,1], \quad u \to \mu_{\widetilde{A}}(u)$$

这个映射称为 $\widetilde{A}$ 的隶属函数。

Fuzzy 集 $\widetilde{A}$ 的核 $\mathrm{core}(\mu_{\widetilde{A}}) = \{u \in U | \mu_{\widetilde{A}}(u)=1\}$，Fuzzy 集 $\widetilde{A}$ 的支撑 $\mathrm{supp}(\mu_{\widetilde{A}}) = \{u \in U | \mu_{\widetilde{A}}(u) > 0\}$，Fuzzy 集的边界域 $\mathrm{BN}_{\widetilde{A}} = \mathrm{supp}(\mu_{\widetilde{A}}) - \mathrm{core}(\mu_{\widetilde{A}})$。

当 $\mu_{\widetilde{A}}(U) = \{0,1\}$ 时，$\mu_{\widetilde{A}}$ 便退化为一个经典（普通）集合的特征函数，此时 $\widetilde{A}$ 便退化为一个经典集合 $\widetilde{A} = \{u \in U | \mu_{\widetilde{A}}(u) = 1\}$。

经典集合的特征函数可认为是 Fuzzy 集上隶属函数的特殊情况，即经典集是 Fuzzy 集的特殊情况。

2. Vague 集

定义 3.4[5] 令 U 是一个论域，对于其中的任一个元素 x，U 中的一个 Vague 集 $\hat{A}$ 可用一个真隶属函数 $t_{\hat{A}}(x)$ 和一个假隶属函数 $f_{\hat{A}}(x)$ 来表示。$t_{\hat{A}}(x)$ 是从支持 x 的证据导出的 x 的真隶属度下界，$f_{\hat{A}}(x)$ 则是从反对 x 的证据导出的 x 的否定隶属度下界，$t_{\hat{A}}(x)$ 和 $f_{\hat{A}}(x)$ 将区间 $[0,1]$ 中的实数与 U 中每一个元素联系起来，即

$$t_{\hat{A}} : U \to [0,1]$$
$$f_{\hat{A}} : U \to [0,1]$$

式中，$t_{\hat{A}}(x) + f_{\hat{A}}(x) \leqslant 1$。

由 Vague 集的定义可知，x 的隶属函数被限制在 $[0,1]$ 上的一个子区间 $[t_{\hat{A}}(x), 1 - f_{\hat{A}}(x)]$ 内。其中 $t_{\hat{A}}(x)$ 是 Vague 集 $\hat{A}$ 的真隶属函数，它表示支持

$x \in U$ 的证据的必要程度;$f_{\hat{A}}(x)$ 是 Vague 集 $\hat{A}$ 的假隶属函数,它表示反对 $x \in U$ 的证据的必要程度;$1-f_{\hat{A}}(x)$ 则表示支持 $x \in U$ 的证据的可能程度。

在 Vague 集中,当 $1-f_{\hat{A}}(x)=t_{\hat{A}}(x)$ 时,则可精确地知道 x,此时 Vague 集便退化为 Fuzzy 集;当 $1-f_{\hat{A}}(x)$ 和 $t_{\hat{A}}(x)$ 同时为 1 或 0 时,Vague 集便退化为经典集合。

定义 3.5 设论域 U 上的一个 Vague 集为 $\hat{A}$,定义 $\hat{A}$ 的正域为
$$\hat{A}_{-}=\{u_i \mid u_i \in U, t_{\hat{A}}(u_i)=1\}$$

定义 3.6 设论域 U 上的一个 Vague 集为 $\hat{A}$,定义 $\hat{A}$ 的负域为
$$\text{NEG}_{\hat{A}}=\{u_i \mid u_i \in U, f_{\hat{A}}(u_i)=1\}$$

定义 3.7 设论域 U 上的一个 Vague 集为 $\hat{A}$,定义 $\hat{A}$ 的非正域为
$$N_{\hat{A}_{-}}=U-\hat{A}_{-}=\{u_i \mid u_i \in U, t_{\hat{A}}(u_i)<1\}$$

定义 3.8 设论域 U 上的一个 Vague 集为 $\hat{A}$,定义 $\hat{A}$ 的最大可能域为
$$\hat{A}^{-}=\{u_i \mid u_i \in U, f_{\hat{A}}(u_i)<1\}$$

定义 3.9 设论域 U 上的一个 Vague 集为 $\hat{A}$,定义 $\hat{A}$ 的边界域为
$$\text{BN}_{\hat{A}}=\hat{A}^{-}-\hat{A}_{-}=\{u_i \mid u_i \in U, t_{\hat{A}}(u_i)<1, f_{\hat{A}}(u_i)<1\}$$

在 Vague 集 $\hat{A}$ 中,$\hat{A}$ 的正域 $\hat{A}_{-}$ 表示全部支持 u_i 的证据的 $u_i(u_i \in U)$ 的集合;$\hat{A}$ 的负域 $\text{NEG}_{\hat{A}}$ 表示全部反对 u_i 的证据的 $u_i(u_i \in U)$ 的集合;$\hat{A}$ 的最大可能域 $\hat{A}^{-}$ 表示所有持不全反对 u_i 的证据的 $u_i(u_i \in U)$ 的集合;$\hat{A}$ 的边界域 $\text{BN}_{\hat{A}}$ 表示所有既不全部支持又不全部反对 u_i 的证据的所有 $u_i(u_i \in U, i=1, 2, \cdots, n)$ 的集合。

3. Rough 集

设 U 是一个非空有限论域,R 是 U 上的二元等价关系,R 称为不分明关系(或称为不可分辨关系),$S=(U,R)$ 称为近似空间,$\forall (x,y) \in U \times U$,若 $(x,y) \in R$,则称元素 x 和 y 在 S 中是不可分辨的。U/R 是 U 上由 R 生成的等价类全体,它构成 U 上的一个划分。U/R 中的集合称为基本集或原子集,任意有限个基本集的并和空集均称为可定义集,否则称为不可定义集。可定义集也称为精确集,不可定义集也称为 Rough 集。

给定知识表达系统 $S=<U, R, V, f>$,对于每个子集 $X \subseteq U$ 和不分明关系 $B(B \subseteq R)$,X 的下近似集和上近似集分别可以由 B 的基本集定义为
$$\underline{B}(X)=\cup \{Y_i \mid Y_i \in U/\text{IND}(B) \wedge Y_i \subseteq X\}$$
$$\overline{B}(X)=\cup \{Y_i \mid Y_i \in U/\text{IND}(B) \wedge Y_i \cap X \neq \varnothing\}$$
式中,$U/\text{IND}(B)$ 是不分明关系 B 对 U 的划分。

Rough 集的下近似集和上近似集也可通过集合来定义,即

$$\underline{B}(X) = \{x \mid (x \in U \wedge [x]_B \subseteq X)\}$$
$$\overline{B}(X) = \{x \mid (x \in U \wedge [x]_B \cap X \neq \emptyset)\}$$

$POS_B(X) = \underline{B}(X)$ 称为 X 的 B 正域,它可以解释为由根据现有知识 B,U 中所有肯定属于集合 X 的元素所组成的集合;$\overline{B}(X)$ 可以解释为由根据现有知识 B,U 中所有一定能和可能能归入集合 X 的元素所组成的集合;集合 $BN_B(X) = \overline{B}(X) \setminus \underline{B}(X)$ 称为 X 的 B 边界域,它可以解释为由根据现有知识 B,U 中所有判断出可能属于 X 但不能完全肯定是否一定属于 X 的元素所组成的集合;$NEG_B(X) = U \setminus \overline{B}(X)$ 称为 X 的 B 负域,它可以解释为由根据现有知识 B,判断出 U 中肯定不属于 X 的元素所组成的集合。

当且仅当 $\underline{B}(X) = \overline{B}(X)$,称 X 是 B 可定义的,即对于 B,X 为经典集;当且仅当 $\underline{B}(X) \neq \overline{B}(X)$,称 X 是 B 不可定义的,即对于 B,X 为 Rough 集。

3.2.1 Vague 集与 Fuzzy 集的性质比较

Vague 集与 Fuzzy 集都可以处理模糊、不确定和不精确的问题,它们的隶属函数都只能依赖于统计或专家的经验得到。Vague 集 $\hat{A}$ 的正域 $\hat{A}_- = \{u_i \mid u_i \in U, t_{\hat{A}}(u_i) = 1\}$ 对应于模糊集的核 $core(\mu_{\tilde{A}}) = \{u \in U \mid \mu_{\tilde{A}}(u) = 1\}$;$\hat{A}$ 的最大可能域 $\hat{A}^- = \{u_i \mid u_i \in U, f_{\hat{A}}(u_i) < 1\}$ 对应于模糊集的支撑 $supp(\mu_{\tilde{A}}) = \{u \in U \mid \mu_{\tilde{A}}(u) > 0\}$。

Fuzzy 集最基本的特征是承认差异的中介过渡,也就是说承认渐变的隶属关系,隶属函数 $\mu_{\tilde{A}}(x)(x \in U)$ 给每个对象分配一个 0~1 的数作为它的隶属度,它是一个单值,这个单值既包含了支持 $x \in \tilde{A}$ 的证据,也包含了反对 $x \in \tilde{A}$ 的证据,它不可能表示其中的一个,更不可能表示支持和反对的证据。而在 Vague 集中同样给论域中每个对象分配一个隶属度,不同的是该隶属度是 [0,1] 上的一个子区间。这个子区间既给出了支持 $x \in \hat{A}$ 的证据,也包含了反对 $x \in \hat{A}$ 的证据。例如,设 $\hat{A}$ 为一个 Vague 集,假定 $[t_{\hat{A}}(x), 1-f_{\hat{A}}(x)] = [0.5, 0.8]$,可知 $t_{\hat{A}}(x) = 0.5$,$f_{\hat{A}}(x) = 0.2$,此时 Vague 集 $\hat{A}$ 可解释为对象 x 属于集合 $\hat{A}$ 的程度为 0.5,不属于集合 $\hat{A}$ 的程度为 0.2。也可以用投票模型来解释集合 $\hat{A}$,即赞成票为 5 票,反对票为 2 票,弃权票为 3 票。显然,用 Fuzzy 集是无法表示和处理这类模糊信息的,与 Fuzzy 集相比较,Vague 集能更好、更准确地表达模糊信息。

3.2.2 Rough 集与 Fuzzy 集的性质比较

Rough 集与 Fuzzy 集理论在处理不确定和不精确问题上都推广了经典集合

论，它们都可以描述知识的不完全性和不精确性[6-10]，但它们的侧重点不同。从知识描述的方法来看，Rough 集是通过集合关于某个已知的近似空间的一对上、下近似来描述的，而 Fuzzy 集是通过元素关于集合的隶属程度来近似描述的；从知识的粒度来看，Rough 集着眼于知识的粗糙性，Fuzzy 集着眼于知识的模糊性；从集合元素间的关系来看，Rough 集强调的是集合元素间的不可分辨性，而 Fuzzy 集强调的是集合边界的病态定义，即边界的不分明性；从研究的元素来看，Rough 集研究的是不同类中的元素组成的集合之间的关系，重在分类，而 Fuzzy 集研究的是属于同一类的不同的元素的隶属关系，重在隶属程度。

Rough 集理论中的粗糙隶属函数可以看成特殊的模糊隶属函数，这样论域 U 中的任何一个经典集 X 都对应一个模糊集 μ_X，集合 X 的上近似和下近似分别是这个模糊集的核和支撑，即

$$\text{core}(\mu_X) = \{u \in U \mid \mu_X(u) = 1\} = \underline{B}(X)$$

$$\text{supp}(\mu_X) = \{u \in U \mid \mu_X(u) > 0\} = \overline{B}(X)$$

Rough 集隶属函数可通过精确的数学公式计算，而 Fuzzy 集的隶属函数只能依赖于统计或专家的经验得到。

3.2.3 Rough 集与 Vague 集的性质比较

Rough 集与 Vague 集理论在处理不确定和不精确问题上都推广了经典集合论，它们都可以描述知识的不完全性和不精确性；在 Rough 集理论中，集合 X 的下近似和上近似分别对应于 Vague 集的正域和最大可能域。

Rough 集通过集合关于某个已知的近似空间上的一对上下近似来描述，而 Vague 集通过元素关于集合的隶属程度来近似描述；Rough 集着眼于知识的粗糙性，Vague 集着眼于知识的模糊性；Rough 集强调的是集合元素间的不可分辨性，而 Vague 集强调的是集合边界的不分明性；Rough 集研究的是不同类中的元素组成的集合之间的关系，重在分类，而 Vague 集研究的是属于同一类的不同元素的隶属关系，重在隶属程度；Rough 集隶属函数可通过精确的数学公式计算得到，而 Vague 集的隶属函数只能依赖于统计或专家的经验得到。

3.3 Fuzzy 集、Vague 集和 Rough 集之间的性质及其集合相似性度量的统一模型

不确定性集合之间相似性度量是边界不确定信息处理的一个重要概念，是进行不确定性信息处理的基础。目前，对 Fuzzy 集、Rough 集和 Vague 集三者之间关系、性质、集合相似性度量及性质等研究的文章还很少。本节在前面分析 Fuzzy

集、Rough 集和 Vague 集的基本概念之间相互关系的基础上,提出经典集、Fuzzy 集、Rough 集和 Vague 集的边界不确定性都可用[0,1]上的一个子区间来进行描述的思想。然后基于 Fuzzy 集、Rough 集和 Vague 集对边界不确定性都可用[0,1]上的一个子区间来表示的思想,在 Vague 集相似性度量的基础上提出一种求 Fuzzy 集、Rough 集的相似性度量的方法,并建立了基于 Fuzzy 集、Rough 集和 Vague 集的不确定集合之间相似性度量的统一模型,该模型满足自反性、对称性和单调性等性质。可以证明,Fuzzy 集、Rough 集和 Vague 集相似性度量在此统一模型上是等价的。

3.3.1 Fuzzy 集、Vague 集和 Rough 集的性质

由前面的概念分析可知,经典集、Fuzzy 集、Vague 集和 Rough 集的集合元素隶属度表示方法不一样,但可以为它们建立一个统一的集合元素隶属度表示模型,这种统一模型可用[0,1]上的一个子区间来表示。

定理 3.1 设论域为 $U, A \subseteq U, x$ 为 U 上的任一元素,对经典集、Fuzzy 集、Vague 集和 Rough 集 4 种不同类的集合,元素 x 隶属于 A 的程度都可用[0,1]上的子区间 $[a, b](a, b \in [0, 1], a \leqslant b)$ 来表示。其中,a 表示元素 x 隶属于集合 A 的必要性程度,b 表示元素 x 隶属于集合 A 的可能性程度。

在经典集 A 中,元素 x 隶属于 A 的程度可用[0,0]或[1,1]表示,即要求区间 $[a, b]$ 满足 $a=b=0$ 或 $a=b=1$。若元素 x 的隶属度为[0,0],表示 $x \notin A$;若元素 x 的隶属度为[1,1],表示 $x \in A$。

在 Fuzzy 集 $\widetilde{A}$ 中,U 中的元素 x 隶属于 $\widetilde{A}$ 的程度可用[0,1]上的子区间 $[\mu_{\widetilde{A}}(x), \mu_{\widetilde{A}}(x)]$ 表示,即要求区间 $[a, b]$ 满足 $a=b=\mu_{\widetilde{A}}(x)$。这是因为若元素 x 隶属于 $\widetilde{A}$ 的程度为 $\mu_{\widetilde{A}}(x)$,则元素 x 非隶属于 $\widetilde{A}$ 的程度为 $1-\mu_{\widetilde{A}}(x)$,从而元素 x 隶属于 $\widetilde{A}$ 的可能性程度仍为 $1-[1-\mu_{\widetilde{A}}(x)]=\mu_{\widetilde{A}}(x)$。

在 Vague 集 $\hat{A}$ 中,根据 Vague 集的定义 3.4 显然可知,U 中元素 x 隶属于 $\hat{A}$ 的程度可用[0,1]上的一个子区间 $[t_{\hat{A}}(x), 1-f_{\hat{A}}(x)]$ 来表示。

在 Rough 集中,定义 Rough 集意义下的集合 X 的 Rough 隶属函数为

$$\mu_X^I(x) = \mathrm{Card}(X \cap I(x))/\mathrm{Card}(I(x)) \tag{3-1}$$

式中,$x \in U, I(x)$ 是包含 x 的等价类,$\mathrm{Card}(M)$ 表示集合 M 的基数,$0 \leqslant \mu_X^I(x) \leqslant 1$。

在 Rough 集中,U 中的元素 x 隶属于 $X(X \subseteq U)$ 的程度可用[0,1]上的一个子区间 $[\mu_X^I(x), \mu_X^I(x)]$ 表示。

定理 3.2 经典集、Fuzzy 集、Vague 集和 Rough 集 4 种集合边界域的不确定性都可用相应集合的上近似与下近似的差来表示。

因为在经典集 A 中,集合 A 的上近似与下近似相等,都等于 A,集合 A 的边界域 $BC(A)=A\backslash A=\varnothing$;在 Fuzzy 集 $\widetilde{A}$ 中,集合 $\widetilde{A}$ 的下近似(正域)$\widetilde{A}_-=\{u\in U|\mu_{\widetilde{A}}(u)=1\}$,集合 $\widetilde{A}$ 的上近似 $\widetilde{A}^-=\{u\in U|\mu_{\widetilde{A}}(u)>0\}$,集合 $\widetilde{A}$ 的边界域 $BF(\widetilde{A})=\widetilde{A}^-\backslash\widetilde{A}_-$;在 Vague 集 $\hat{A}$ 中,集合的边界域 $BV(\hat{A})=BN_{\hat{A}}=\hat{A}^-\backslash\hat{A}_-$,这里 $\hat{A}$ 的最大可能域 $\hat{A}^-$ 就是 $\hat{A}$ 的上近似,$\hat{A}$ 的正域 $\hat{A}_-$ 就是 $\hat{A}$ 的下近似;在 Rough 集 A 中,由 Rough 集的定义可知,集合的边界域 $BR(A)=BN_B(A)=B^-(A)\backslash B_-(A)$。

3.3.2 Vague 集之间的相似性度量方法及其性质

模糊集之间或元素之间的相似性度量可用于智能推理系统中,检查两个知识模式是否完全一致或近似一致,也可用于数据挖掘系统中确定概念间的函数依赖关系、聚类分析等方面,在实际应用中具有一定的意义。Vague 集是模糊集和经典集的推广,Vague 集在刻画事物全面性方面是对模糊集的拓展,所以研究 Vague 集的相似性度量具有重要意义。

近年来,对 Vague 集的相似性度量,国内外一些学者从不同角度进行了研究[11-17]。Chen[12]给出了一种求 Vague 集之间相似性度量的方法,经过分析,该方法具有一些不足和缺陷。李凡和徐章艳[11]针对 Chen 提出的度量方法的不足,给出了一种新的求 Vague 集之间相似性的度量方法。由于该方法具有较好的特征和效果,所以是一种较为理想的检测 Vague 集之间相似程度的度量方法。

按照文献[11]的思想及定理 3.1 和定理 3.2 的结论,在此对文献[11]中 Vague 集之间的相似性度量方法作了部分改进,然后把该方法推广应用于 Fuzzy 集、Rough 集理论中,分别提出了一种求 Fuzzy 集、Rough 集的集合相似性度量方法,并在此基础上建立了基于 Fuzzy 集、Rough 集和 Vague 集的集合相似性度量的统一模型。

下面给出求 Vague 集之间相似性度量的方法。

(1) 设论域为 U,$\hat{A}$ 和 $\hat{B}$ 是 U 上的两个 Vague 集,$x\in U$,假定 $a=[t_{\hat{A}}(x),1-f_{\hat{A}}(x)]$ 是元素 x 关于 $\hat{A}$ 上的一个 Vague 集,其中 $t_{\hat{A}}(x)\in[0,1]$,$f_{\hat{A}}(x)\in[0,1]$,$t_{\hat{A}}(x)+f_{\hat{A}}(x)\leqslant 1$,令

$$S(a)=t_{\hat{A}}(x)-f_{\hat{A}}(x) \qquad (3-2)$$

显然,$S(a)\in[-1,1]$,$S(a)$ 表示元素 x 关于 $\hat{A}$ 的支持度与反对度之差。

(2) 假定 $a=[t_{\hat{A}}(x),1-f_{\hat{A}}(x)]$,$b=[t_{\hat{B}}(x),1-f_{\hat{B}}(x)]$ 是元素 x 分别关于 $\hat{A}$ 和 $\hat{B}$ 的两个 Vague 集,则 x 关于 $\hat{A}$ 和 $\hat{B}$ 之间的相似程度可由函数 M 进行计算,即

$$M(a,b)=1-\frac{|S(a)-S(b)|+|t_{\hat{A}}(x)-t_{\hat{B}}(x)|+|f_{\hat{A}}(x)-f_{\hat{B}}(x)|}{4}$$

(3-3)

第 3 章 边界不确定信息的处理——Rough 集、Fuzzy 集和 Vague 集理论

式中,$S(a) = t_{\hat{A}}(x) - f_{\hat{A}}(x)$,$S(b) = t_{\hat{B}}(x) - f_{\hat{B}}(x)$。

(3) 假定 A 和 B 是论域 $U = \{u_1, u_2, \cdots, u_n\}$ 上的两个 Vague 集,其中

$$A = [t_A(u_1), 1 - f_A(u_1)]/u_1 + [t_A(u_2), 1 - f_A(u_2)]/u_2$$
$$+ \cdots + [t_A(u_n), 1 - f_A(u_n)]/u_n$$
$$= \sum_{i=1}^{n} [t_A(u_i), 1 - f_A(u_i)]/u_i$$

$$B = [t_B(u_1), 1 - f_B(u_1)]/u_1 + [t_B(u_2), 1 - f_B(u_2)]/u_2$$
$$+ \cdots + [t_B(u_n), 1 - f_B(u_n)]/u_n$$
$$= \sum_{i=1}^{n} [t_B(u_i), 1 - f_B(u_i)]/u_i$$

则一般集合 A 和 B 之间的相似程度可由下面的公式计算得到,即

$$\text{VSimD}(A, B) = \frac{1}{n} \sum_{i=1}^{n} M(a_i, b_i)$$

$$= \frac{1}{n} \sum_{i=1}^{n} \left(1 - \frac{|S(a_i) - S(b_i)| + |t_A(u_i) - t_B(u_i)| + |f_A(u_i) - f_B(u_i)|}{4} \right)$$

综上,Vague 集 A 和 B 之间的相似性度量公式为

$$\text{VSimD}(A, B) = \begin{cases} 1 & A = B = \varnothing \\ 0 & \text{满足条件 conditions} \\ \frac{1}{n} \sum_{i=1}^{n} \left(1 - \frac{|S(a_i) - S(b_i)| + |t_A(u_i) - t_B(u_i)| + |f_A(u_i) - f_B(u_i)|}{4} \right) & \text{其他} \end{cases} \quad (3-4)$$

式中,$a_i = [t_A(u_i), 1 - f_A(u_i)]$ 表示集合 A 中 u_i 的隶属度;$b_i = [t_B(u_i), 1 - f_B(u_i)]$ 表示集合 B 中 u_i 的隶属度;$S(a_i) = t_A(u_i) - f_A(u_i)$,$S(b_i) = t_B(u_i) - f_B(u_i)$;条件 conditions 为,对每个 $u_i (i = 1, 2, \cdots, n)$,若 $t_A(u_i)$ 和 $t_B(u_i)$ 有且仅有一个为 0,同时 $t_A(u_i) + f_A(u_i) = 1$ 且 $t_B(u_i) + f_B(u_i) = 1$;条件 conditions 的语义为,对每个 $u_i (i = 1, 2, \cdots, n)$,在集合 A 和 B 的隶属上一部分支持 u_i 的证据,另一部分一点也不支持 u_i 的证据,这种情况下定义 $\text{VSimD}(A, B) = 0$。

$\text{VSimD}(A, B)$ 的值越大,表明 Vague 集 A 和 B 之间的相似程度越大;$\text{VSimD}(A, B)$ 的值越小,表明 Vague 集 A 和 B 之间的相似程度越小。当 $A = B$ 时,$\text{VSimD}(A, B)$ 的值达到最大值 1;当 A 和 B 满足条件 conditions 时,$\text{VSimD}(A, B)$ 的值达到最小值 0;一般情况下,有 $0 < \text{VSimD}(A, B) < 1$。该公式比较符合实际情况,更具合理性。

下面对 Chen[12] 提出的 Vague 集度量方法、李凡和徐章艳[11] 提出的 Vague 集

度量方法和式(3-4)定义的 Vague 集度量方法进行比较分析。

Chen 提出的 Vague 集之间的相似性度量方法的基本思想是,设 A 和 B 是论域 U 上的两个 Vague 集,则集合 A 和 B 之间的相似程度可由下面的公式计算得到

$$T(A,B) = \frac{1}{n}\sum_{i=1}^{n} M(V_A(u_i), V_B(u_i))$$

$$= \frac{1}{n}\sum_{i=1}^{n}\left(1 - \frac{|S(V_A(u_i)) - S(V_B(u_i))|}{2}\right) \quad (3\text{-}5)$$

式中,$V_A(u_i) = [t_A(u_i), 1 - f_A(u_i)]$,$V_B(u_i) = [t_B(u_i), 1 - f_B(u_i)]$,$S(V_A(u_i))$ 和 $S(V_B(u_i))$ 的含义见式(3-2)。

李凡和徐章艳提出的 Vague 集之间的相似性度量方法是对 Chen 提出的 Vague 集之间的相似性度量方法的改进,该度量方法的基本思想是,设 A 和 B 是论域 U 上的两个 Vague 集,则集合 A 和 B 之间的相似程度可由下面的公式计算得到

$$T'(A,B) = \frac{1}{n}\sum_{i=1}^{n} M'(V_A(u_i), V_B(u_i))$$

$$= \frac{1}{n}\sum_{i=1}^{n}\Big(1 - |\frac{S(V_A(u_i)) - S(V_B(u_i))}{4}|$$

$$- \frac{|t_A(u_i) - t_B(u_i)| + |f_A(u_i) - f_B(u_i)|}{4}\Big) \quad (3\text{-}6)$$

式中,$V_A(u_i) = [t_A(u_i), 1 - f_A(u_i)]$,$V_B(u_i) = [t_B(u_i), 1 - f_B(u_i)]$,$S(V_A(u_i))$ 和 $S(V_B(u_i))$ 的含义见式(3-2)。

本节所定义的 Vague 集度量方法[式(3-4)]是对李凡和徐章艳提出的 Vague 集之间的相似性度量方法的部分改进,主要是为了建立一个 Fuzzy 集、Vague 集和 Rough 集之间的相似性度量方法的统一模型。

下面以文献[12]中的例子作为实例,并附加了集合 C,D,E,F,令

$A = [0.2,0.4]/u_1 + [0.3,0.5]/u_2 + [0.5,0.7]/u_3 + [0.7,0.9]/u_4$
$\quad + [0.8,1]/u_5$

$B = [0.3,0.5]/u_1 + [0.4,0.6]/u_2 + [0.6,0.8]/u_3 + [0.7,0.9]/u_4$
$\quad + [0.9,1]/u_5$

$C = [0,0]/u_1 + [0,0]/u_2 + [0,0]/u_3 + [0,0]/u_4 + [0,0]/u_5$

$D = [1,1]/u_1 + [1,1]/u_2 + [1,1]/u_3 + [1,1]/u_4 + [1,1]/u_5$

$E = [0.5,0.5]/u_1 + [0.5,0.5]/u_2 + [0.5,0.5]/u_3 + [0.5,0.5]/u_4$
$\quad + [0.5,0.5]/u_5$

$F = [0,1]/u_1 + [0,1]/u_2 + [0,1]/u_3 + [0,1]/u_4 + [0,1]/u_5$

上述 3 种方法的计算结果比较见表 3-1。

表 3-1 3 种相似性度量方法的结果比较

	A,B	C,D	E,F
Chen 方法	0.93	0	1
李凡和徐章艳提出的方法	0.93	0	0.75
本节方法	0.93	0	0.75

综合比较 Chen[12]、李凡和徐章艳[11]及本节定义的 Vague 集度量方法,可以得出下列结论。

(1) 一般情况下,这 3 种方法都能较好地度量 Vague 集之间的相似性,度量结果比较合理,度量结果具有一致性。表 3-1 中这 3 种方法在集合 A 与 B、C 与 D 上的相似值都相同。

(2) 李凡和徐章艳及本节提出的方法合理性更强。在特殊情况下,Chen 提出的方法有一定的缺陷。如对上述集合 E 和 F 来说,Chen 提出的方法度量集合 E 和 F 之间的相似性值为 1[$T(E,F)=1$],即 E 和 F 完全相似,这显然不符合实际情况。而用李凡和徐章艳提出的方法及式(3-4)定义的方法度量集合 E 和 F 之间的相似性值都为 0.75,该结果比较合理。

(3) 本节定义的方法能够更好地推广到 Fuzzy 集和 Rough 集理论中,用于集合之间的相似性度量,从而可以建立一个 Fuzzy 集、Vague 集和 Rough 集之间的相似性度量方法的统一模型,建立这 3 类集合之间的联系,进行多方法融合,更好地进行不确定信息的度量和处理。

3.3.3 Fuzzy 集之间的相似性度量方法及其性质

对 Fuzzy 集之间的相似性度量,国内外一些学者从不同的角度进行了研究[18-24],并提出了很多求 Fuzzy 集之间的相似性度量的方法[18-20,24]。作为应用的基础理论,模糊集间的相似性度量受到人们的关注。

按照文献[11]的思想及定理 3.1 和定理 3.2 的结论,在此介绍一种新的求 Fuzzy 集之间相似性度量的方法。

下面给出求 Fuzzy 集之间的相似性度量的方法。

(1) 设论域为 U,$\widetilde{A}$ 是 U 上的一个 Fuzzy 集,$x \in U$,假定 x 关于 $\widetilde{A}$ 的 Fuzzy 隶属度为 $a = \mu_{\widetilde{A}}(x)$,对式(3-2)中的各项重新进行设定,令 $t_{\widetilde{A}}(x) = \mu_{\widetilde{A}}(x)$, $f_{\widetilde{A}}(x) = 1 - \mu_{\widetilde{A}}(x)$,则

$$S(a) = t_{\widetilde{A}}(x) - f_{\widetilde{A}}(x) = \mu_{\widetilde{A}}(x) - [1 - \mu_{\widetilde{A}}(x)]$$

即
$$S(a) = 2\mu_{\widetilde{A}}(x) - 1 \tag{3-7}$$

式中，$S(a)$ 表示 x 隶属于 $\widetilde{A}$ 的程度与非隶属于 $\widetilde{A}$ 的程度之差，显然，$S(a) \in [-1, 1]$。

(2) 假定 $\widetilde{A}, \widetilde{B} \subseteq U, x \in U, x$ 关于 $\widetilde{A}$ 和 $\widetilde{B}$ 的隶属度分别为 $a = \mu_{\widetilde{A}}(x)$ 和 $b = \mu_{\widetilde{B}}(x)$，则 x 关于 $\widetilde{A}, \widetilde{B}$ 之间的相似程度可由函数 M 进行计算，即

$$M(a, b) = 1 - \frac{|S(a) - S(b)| + |t_{\widetilde{A}}(x) - t_{\widetilde{B}}(x)| + |f_{\widetilde{A}}(x) - f_{\widetilde{B}}(x)|}{4}$$

$$= 1 - \frac{|(2\mu_{\widetilde{A}}(x) - 1) - (2\mu_{\widetilde{B}}(x) - 1)|}{4} - \frac{2|\mu_{\widetilde{A}}(x) - \mu_{\widetilde{B}}(x)|}{4}$$

$$= 1 - |\mu_{\widetilde{A}}(x) - \mu_{\widetilde{B}}(x)|$$

即
$$M(a, b) = 1 - |\mu_{\widetilde{A}}(x) - \mu_{\widetilde{B}}(x)| \tag{3-8}$$

式中，$S(a) = 2\mu_{\widetilde{A}}(x) - 1, S(b) = 2\mu_{\widetilde{B}}(x) - 1$。

(3) 设 $\widetilde{A}$ 和 $\widetilde{B}$ 是论域 $U = \{u_1, u_2, \cdots, u_n\}$ 上的两个 Fuzzy 集，假设 $\widetilde{A}$ 和 $\widetilde{B}$ 分别为

$$\widetilde{A} = \mu_{\widetilde{A}}(u_1)/u_1 + \mu_{\widetilde{A}}(u_2)/u_2 + \cdots + \mu_{\widetilde{A}}(u_n)/u_n$$

$$\widetilde{B} = \mu_{\widetilde{B}}(u_1)/u_1 + \mu_{\widetilde{B}}(u_2)/u_2 + \cdots + \mu_{\widetilde{B}}(u_n)/u_n$$

一般来说，集合 $\widetilde{A}$ 和 $\widetilde{B}$ 之间的相似程度可由下面的公式计算得到

$$\text{FSimD}(\widetilde{A}, \widetilde{B}) = \frac{1}{n} \sum_{i=1}^{n} M(a_i, b_i) = \frac{1}{n} \sum_{i=1}^{n} (1 - |\mu_{\widetilde{A}}(u_i) - \mu_{\widetilde{B}}(u_i)|)$$

式中，a_i 表示 u_i 在集合 $\widetilde{A}$ 中的隶属度 $\mu_{\widetilde{A}}(u_i)$，b_i 表示 u_i 在集合 $\widetilde{B}$ 中的隶属度 $\mu_{\widetilde{B}}(u_i)(i = 1, 2, \cdots, n)$。

综上，Fuzzy 集 $\widetilde{A}$ 和 $\widetilde{B}$ 之间的相似性度量公式为

$$\text{FSimD}(\widetilde{A}, \widetilde{B}) = \begin{cases} 1 & A = B = \varnothing \\ 0 & \text{对} \forall i(i=1,2,\cdots,n), \mu_{\widetilde{A}}(u_i) \text{ 和 } \mu_{\widetilde{B}}(u_i) \text{ 有且仅有一个为 } 0 \\ \frac{1}{n} \sum_{i=1}^{n} [1 - |\mu_{\widetilde{A}}(u_i) - \mu_{\widetilde{B}}(u_i)|] & \text{其他} \end{cases} \tag{3-9}$$

式中，$\text{FSimD}(\widetilde{A}, \widetilde{B})$ 的值越大，表明 Fuzzy 集 $\widetilde{A}$ 和 $\widetilde{B}$ 之间的相似程度越大；$\text{FSimD}(\widetilde{A}, \widetilde{B})$ 的值越小，表明 Fuzzy 集 $\widetilde{A}$ 和 $\widetilde{B}$ 之间的相似程度越小。当 $\widetilde{A} = \widetilde{B}$ 时，$\text{FSimD}(\widetilde{A}, \widetilde{B})$ 的值达到最大值 1。若两个集合 $\widetilde{A}$ 和 $\widetilde{B}$ 中的每个 $u_i(i = 1, 2, \cdots, n)$ 都满足 $\mu_{\widetilde{A}}(u_i) \neq 0$ 且 $\mu_{\widetilde{B}}(u_i) = 0$，或 $\mu_{\widetilde{A}}(u_i) = 0$ 且 $\mu_{\widetilde{B}}(u_i) \neq 0$ 时，定义 FSimD

$(\widetilde{A},\widetilde{B})=0$,其语义为每个 u_i 在 $\widetilde{A}$ 和 $\widetilde{B}$ 的隶属程度上,一个有隶属,另一个没任何隶属。一般情况下,有 $0<\text{FSimD}(\widetilde{A},\widetilde{B})<1$。

例3-1 设 $\widetilde{A},\widetilde{B}$ 和 $\widetilde{C}$ 是论域 $U=\{u_1,u_2,\cdots,u_9\}$ 上的3个Fuzzy集,假定 $\widetilde{A},\widetilde{B}$ 和 $\widetilde{C}$ 分别为

$\widetilde{A}=0/u_1+0.2/u_2+0.6/u_3+0.9/u_4+1/u_5+0.9/u_6+0.6/u_7$
$\quad+0.2/u_8+0/u_9$

$\widetilde{B}=0/u_1+0.2/u_2+0.6/u_3+0.9/u_4+1/u_5+0.9/u_6+0.6/u_7$
$\quad+0.4/u_8+0.2/u_9$

$\widetilde{C}=0.2/u_1+0.4/u_2+0.6/u_3+0.9/u_4+1/u_5+0.9/u_6+0.6/u_7$
$\quad+0.4/u_8+0.2/u_9$

则集合 $\widetilde{A},\widetilde{B}$ 和 $\widetilde{C}$ 之间的相似程度可由式(3-9)计算得到

$$\text{FSimD}(\widetilde{A},\widetilde{B})=\frac{1}{9}\sum_{i=1}^{9}(1-|\mu_{\widetilde{A}}(u_i)-\mu_{\widetilde{B}}(u_i)|)$$

$=[(1-|0-0|)+(1-|0.2-0.2|)+(1-|0.6-0.6|)$
$\quad+(1-|0.9-0.9|)+(1-|1-1|)+(1-|0.9-0.9|)$
$\quad+(1-|0.6-0.6|)+(1-|0.2-0.4|)$
$\quad+(1-|0-0.2|)]/9$
$=(7+0.8+0.8)/9\approx 0.96$

$\text{FSimD}(\widetilde{A},\widetilde{C})=(0.8+0.8+5+0.8+0.8)/9\approx 0.91$

显然,$\widetilde{A}$ 和 $\widetilde{B}$ 的相似度要比 $\widetilde{A}$ 和 $\widetilde{C}$ 的相似度大,该结果与实际情况相符,具有合理性。

下面对Lee-Kwang等[18]提出的Fuzzy集度量方法和本节提出的Fuzzy集度量方法进行比较分析。

首先对Lee-Kwang等[18]提出的Fuzzy集之间的相似性度量方法进行介绍:设 A 和 B 是论域 U 上的两个Fuzzy集,则集合 A 和 B 之间的相似程度可由下面的公式计算得到

$$S(A,B)=\max_{x\in U}\min[\mu_A(x),\mu_B(x)] \quad (3-10)$$

现以文献[18]中的一个例子(表3-2)为例,对Lee-Kwang等提出的Fuzzy集度量方法 $S(A,B)$ 和式(3-9)给出的Fuzzy集度量方法 $\text{FSimD}(A,B)$ 的结果进行比较(表3-3)。为了更好地说明问题,表3-2中增加了一个集合 D。

表 3-2　Fuzzy 集

	A	B	C	D
x_1	0.4	0.6	0	0
x_2	0.8	0.3	0.4	0
x_3	0.9	0	0.8	0
x_4	0	0.5	1	0

表 3-3　结果比较

		文献[18]	式(3-9)
A	B	0.4	0.475
A	C	0.8	0.525
A	A	0.9	1
D	D	0	1

同样,对于例 3-1,用 Lee-Kwang 等提出的 Fuzzy 集度量方法和式(3-9)给出的 Fuzzy 集度量方法的结果进行比较(表 3-4)。

表 3-4　结果比较

		文献[18]	式(3-9)
$\widetilde{A}$	$\widetilde{B}$	0.9	0.96
$\widetilde{A}$	$\widetilde{C}$	0.9	0.91
$\widetilde{A}$	$\widetilde{A}$	0.9	1

对表 3-3 和表 3-4 的结果进行比较,综合得出如下关于本节讨论的 Fuzzy 集度量方法和 Lee-Kwang 等提出的 Fuzzy 集度量方法的比较分析结果。

(1) 本节提出的方法和 Lee-Kwang 等提出的方法都满足对称性,且集合相似性度量值都在[0,1]区间内。

(2) 当两个集合相等时,即对任意集合 X,$S(X,X)$ 的值不一定为 1,而 FSimD(X,X) 的值为 1。如表 3-3 中 $S(A,A)=0.9$,而 FSimD$(A,A)=1$。显然 $S(A,A)=0.9$ 不符合实际情况,因为 A 和 A 相等,$S(A,A)$ 的值为 1 更合理。所以,Lee-Kwang 等提出的方法在两个集合相等的度量上不具有合理性。

(3) 对任意两个集合 X 和 Y,$\forall u_i \in U(i=1,2,\cdots,n)$,若 $\mu_X(u_i)$ 和 $\mu_Y(u_i)$ 有且仅有一个为 0,$S(X,Y)$ 和 FSimD(X,Y) 的值都为 0,即在此情况下结果具有一致性。

(4) 从表 3-3 中前 3 行数据可以看出,这两种方法的结果大小具有一致性。

(5) 从表 3-4 可以看出，按照文献[18]的方法度量 $S(\widetilde{A},\widetilde{B})=S(\widetilde{A},\widetilde{C})=S(\widetilde{A},\widetilde{A})=0.9$，但实际上集合 $\widetilde{A}$ 与 $\widetilde{B}$ 之间的相似性、集合 $\widetilde{A}$ 与 $\widetilde{C}$ 之间的相似性、集合 $\widetilde{A}$ 与 $\widetilde{A}$ 之间的相似性完全不同，即说明 Lee-Kwang 等提出的方法不能够区分 $\widetilde{A}$ 与 $\widetilde{B}$ 之间的相似性、$\widetilde{A}$ 与 $\widetilde{C}$ 之间的相似性、$\widetilde{A}$ 与 $\widetilde{A}$ 之间的相似性，即 Lee-Kwang 等提出的方法缺乏合理性。而 $\text{FSimD}(\widetilde{A},\widetilde{B})=0.96$，$\text{FSimD}(\widetilde{A},\widetilde{C})=0.91$，$\text{FSimD}(\widetilde{A},\widetilde{A})=1$，即本节提出的 Fuzzy 集度量方法 $\text{FSimD}(A,B)$ 能够区分 $\widetilde{A}$ 与 $\widetilde{B}$ 之间的相似性、$\widetilde{A}$ 与 $\widetilde{C}$ 之间的相似性、$\widetilde{A}$ 与 $\widetilde{A}$ 之间的相似性，且结果具有合理性，比较符合实际情况。

综上分析比较，本节研究的 Fuzzy 集度量方法比 Lee-Kwang 等提出的方法更具准确性和合理性，因而是一种较好的度量方法。

3.3.4 Rough 集之间的相似性度量方法及其性质

对 Rough 集之间的相似性度量国内外还未看到有关的研究资料，根据 Fuzzy 集、Vague 集的求集合之间的相似性度量方法的思想及定理 3.1 和定理 3.2 的结论思想，本节重点研究一种新的求 Rough 集之间的相似性度量方法[16,25]。求 Rough 集之间的相似性度量方法如下。

(1) 设论域为 U，$A \subseteq U$，$x \in U$，假定 x 在某指定的不分明关系 I 下关于 A 的 Rough 隶属度为 $a = \mu_A^I(x)$[由式(3-1)得]，对式(3-2)中的各项重新进行设定，令 $t_A(x) = \mu_A^I(x)$，$f_A(x) = 1 - \mu_A^I(x)$，则

$$S(a) = t_A(x) - f_A(x) = \mu_A^I(x) - [1 - \mu_A^I(x)]$$

即

$$S(a) = 2\mu_A^I(x) - 1 \tag{3-11}$$

式中，$S(a)$ 表示 x 在某指定的不分明关系 I 下，x 隶属于 A 的程度与非隶属于 A 的程度之差，显然，$S(a) \in [-1, 1]$。

(2) 假定 $A, B \subseteq U$，$x \in U$，x 在某指定的不分明关系 I 下关于 A 和 B 的 Rough 隶属值分别为 $a = \mu_A^I(x)$ 和 $b = \mu_B^I(x)$，则 x 关于 A 和 B 之间的相似程度可由函数 M 进行计算，即

$$M(a,b) = 1 - \frac{|S(a)-S(b)| + |t_A(x)-t_B(x)| + |f_A(x)-f_B(x)|}{4}$$

$$= 1 - |\mu_A^I(x) - \mu_B^I(x)| \tag{3-12}$$

式中，$S(a) = 2\mu_A^I(x) - 1$，$S(b) = 2\mu_B^I(x) - 1$，$M(a,b)$ 的值为 $(1-x)$ 关于 A 和 B 的 Rough 集隶属度之差的绝对值，即为 x 在某指定的不分明关系 I 下关于 A 和 B 的相似程度。

(3) 设 A 和 B 是论域 $U=\{u_1, u_2, \cdots, u_n\}$ 上的两个 Rough 集，假定 A 和 B 关于某指定的不分明关系 I 下的 Rough 隶属度表示分别为 A' 和 B'，且有

$$A' = \mu_A^I(u_1)/u_1 + \mu_A^I(u_2)/u_2 + \cdots + \mu_A^I(u_n)/u_n$$

$$B' = \mu_B^I(u_1)/u_1 + \mu_B^I(u_2)/u_2 + \cdots + \mu_B^I(u_n)/u_n$$

则一般集合 A 和 B 之间的相似程度可由下面的公式计算得到

$$\text{RSimD}(A, B) = \frac{1}{n}\sum_{i=1}^{n} M(a_i, b_i) = \frac{1}{n}\sum_{i=1}^{n}[1 - |\mu_A^I(u_i) - \mu_B^I(u_i)|]$$

式中，a_i 表示集合 A' 中 u_i 的隶属度 $\mu_A^I(u_i)$，b_i 表示集合 B' 中 u_i 的隶属度 $\mu_B^I(u_i)$。

综上，Rough 集 A 和 B 之间的相似性度量公式为

$$\text{RSimD}(A, B) = \begin{cases} 1 & A = B = \varnothing \\ 0 & \text{对 } \forall i(i=1,2,\cdots,n), \mu_A^I(u_i) \text{ 和 } \mu_B^I(u_i) \text{ 有且仅有一个为 } 0 \\ \frac{1}{n}\sum_{i=1}^{n}(1 - |\mu_A^I(u_i) - \mu_B^I(u_i)|) & \text{其他} \end{cases}$$

(3-13)

式(3-13)求出的 Rough 集 A 和 B 的相似度结果比较符合实际情况，$\text{RSimD}(A, B)$ 的值越大，表明 Rough 集 A 和 B 之间在某指定的不分明关系 I 下的相似程度越大；当 $A = B$ 时，$\text{RSimD}(A, B)$ 的值达到最大值 1。$\text{RSimD}(A, B)$ 的值越小，表明 Rough 集 A 和 B 之间在某指定的不分明关系 I 下的相似程度越小。若两个集合 A 和 B 在某指定的不分明关系 I 下，对每个 $u_i(i=1, 2, \cdots, n)$ 都满足 $\mu_A^I(u_i) \neq 0$ 且 $\mu_B^I(u_i) = 0$，或 $\mu_A^I(u_i) = 0$ 且 $\mu_B^I(u_i) \neq 0$，$\text{RSimD}(A, B) = 0$，其语义为集合 A 和 B 在某指定的不分明关系 I 下没有任何联系，即 $A \cap I(u_i)$ 和 $B \cap I(u_i) (i = 1, 2, \cdots, n)$ 有且仅有一个为空集。一般情况下，$0 < \text{RSimD}(A, B) < 1$。

例 3-2 给定一个知识库 $S = (U, I)$，其中 $U = \{x_1, x_2, x_3, x_4, x_5, x_6, x_7, x_8\}$，$I$ 是一个等价关系（不分明关系），$I(x)$ 是包含 x 的等价类，$U/I = \{E_1, E_2, E_3, E_4,\}$，其中

$$E_1 = \{x_1, x_4, x_8\}$$
$$E_2 = \{x_2, x_5, x_7\}$$
$$E_3 = \{x_3\}$$
$$E_4 = \{x_6\}$$

对于集合 $A = \{x_1, x_4, x_7\}$，$B = \{x_1, x_4\}$，$C = \{x_2, x_8\}$，$D = \{x_3\}$，A, B, C, D 在某指定的不分明关系 I 下的 Rough 隶属表示分别为 A', B', C', D'，由 Rough

隶属函数 $\mu_X^I(x)$ [式(3-1)]经计算有

$$A' = \frac{2}{3}/x_1 + \frac{1}{3}/x_2 + 0/x_3 + \frac{2}{3}/x_4 + \frac{1}{3}/x_5 + 0/x_6 + \frac{1}{3}/x_7 + \frac{2}{3}/x_8$$

$$B' = \frac{2}{3}/x_1 + 0/x_2 + 0/x_3 + \frac{2}{3}/x_4 + 0/x_5 + 0/x_6 + 0/x_7 + \frac{2}{3}/x_8$$

$$C' = \frac{1}{3}/x_1 + \frac{1}{3}/x_2 + 0/x_3 + \frac{1}{3}/x_4 + \frac{1}{3}/x_5 + 0/x_6 + \frac{1}{3}/x_7 + \frac{1}{3}/x_8$$

$$D' = 0/x_1 + 0/x_2 + 1/x_3 + 0/x_4 + 0/x_5 + 0/x_6 + 0/x_7 + 0/x_8$$

则集合 A 和 B 之间的相似度为

$$\begin{aligned} \text{RSimD}(A, B) &= \frac{1}{8}\sum_{i=1}^{8}[1 - |\mu_A^I(u_i) - \mu_B^I(u_i)|] \\ &= [(1-0) + (1-1/3) + (1-0) + (1-0) + (1-1/3) \\ &\quad + (1-0) + (1-1/3) + (1-0)]/8 \\ &= (5 + 3 \times 2/3)/8 \\ &= 7/8 = 0.875 \end{aligned}$$

同理 $\text{RSimD}(A, A) = 1$，$\text{RSimD}(B, C) = 0.75$，而 $\text{RSimD}(A, D) = 0$ 由式(3-13)可直接得到。

从例 3-2 可以看出，集合 A 和 A 之间的相似度最大，达到最大值 $1(A = A)$；集合 A 和 D 之间的相似度最小，达到最小值 0，这是由于 A 和 D 之间在某指定的不分明关系 I 下没有任何关系；而集合 A 和 B 之间、集合 B 和 C 之间的相似度值都在 0 和 1 之间，说明集合 B 和 C 之间在某指定的不分明关系 I 下有一定的联系。

3.3.5 Fuzzy 集、Vague 集及 Rough 集集合相似性度量的统一模型

在前面分析的基础上，同样可以建立一个 Fuzzy 集、Vague 集和 Rough 集集合相似度量的统一模型。文献[11]～[13]中给出了一些求两个 Vague 集之间相似性度量的方法，其中文献[11]的方法比其他度量方法更能准确地度量两个 Vague 集之间的相似性。按照文献[11]的思想及定理 3.1 的结论，基于 Vague 集相似性度量，可以得到 Fuzzy 集、Rough 集的集合相似性度量方法，并建立基于 Fuzzy 集、Rough 集和 Vague 集的集合相似性度量的统一模型，该模型满足自反性、对称性和单调性。可以证明，Fuzzy 集、Rough 集和 Vague 集的集合相似性度量在此统一模型上是等价的。

该不确定集合相似性度量的统一模型为

$$\text{SimD}(A,B) = \begin{cases} 1 & A=B=\varnothing \\ 0 & \text{满足条件 conditions} \\ \dfrac{1}{n}\sum_{i=1}^{n} M(a_i,b_i) & \text{其他} \end{cases} \quad (3\text{-}14)$$

关于式(3-14)说明如下。

(1) A 和 B 是论域 $U=\{u_1, u_2, \cdots, u_n\}$ 上的两个同类不确定集合，$\text{SimD}(A,B)$ 表示 A 和 B 之间的相似度，在 Fuzzy 集、Vague 集及 Rough 集中分别表示为 $\text{FSimD}(A,B)$、$\text{VSimD}(A,B)$ 和 $\text{RSimD}(A,B)$。

(2) 其中 $M(a,b)=1-\dfrac{|S(a_i)-S(b_i)|+|t_A(u_i)-t_B(u_i)|+|f_A(u_i)-f_B(u_i)|}{4}$

式中，$M(a,b)$ 表示元素 u_i 在集合 A 和 B 上的相似程度；$a_i=[t_A(u_i),1-f_A(u_i)]$，$b_i=[t_B(u_i),1-f_B(u_i)]$ 分别为元素 $u_i(u_i \in U)$ 在两个同类集合 A 和 B 中的隶属度(由定理 3.1 知)；$t_A(u_i)$ 表示 u_i 隶属于 A 的必要性程度，$1-f_A(u_i)$ 表示 u_i 隶属于 A 的可能性程度。在 Vague 集中，$t_A(u_i)=t_A(u_i)$，$f_A(u_i)$ 表示 $(1-u_i)$ 隶属于 A 的可能性程度。在 Fuzzy 集中，$t_A(u_i)=\mu_A(u_i)$，$f_A(u_i)=1-\mu_A(u_i)$；在 Rough 集中，$t_A(u_i)=\mu_A^I(u_i)$，$f_A(u_i)=1-\mu_A^I(u_i)$。$t_B(u_i)$ 和 $1-f_B(u_i)$ 的含义同 $t_A(u_i)$ 和 $1-f_A(u_i)$；$S(a_i)=t_A(u_i)-f_A(u_i)$，$S(b_i)=t_B(u_i)-f_B(u_i)$。

(3) 条件 conditions 为，对于每个 $u_i(i=1,2,\cdots,n)$，$t_A(u_i)$ 和 $t_B(u_i)$ 有且仅有一个为 0，同时 $t_A(u_i)+f_A(u_i)=1$ 且 $t_B(u_i)+f_B(u_i)=1$。条件 conditions 的语义为对于每个 $u_i(i=1,2,\cdots,n)$，在集合 A 和 B 的隶属上一部分支持证据，另一部分不支持证据，在这种情况下定义 $\text{SimD}(A,B)=0$。

显然，这个统一模型[式(3-14)]在这 3 种集合之间的相似性度量上是等价的，因为它们各自定义的相似性度量方法与统一模型具有一致性。作为一个好的度量模型，必须满足自反性、对称性、单调性，上述度量模型是满足这些性质的。下面以定理的形式予以说明。

设论域为 U，a 和 b 分别为元素 $x(x \in U)$ 在两个同类不确定集合 A 和 B 中的隶属度(这里，集合 A 和 B 同为 Fuzzy 集、Vague 集或 Rough 集)，则 $M(a,b)$ 满足以下定理。

定理 3.3 对于任意元素 $x(x \in U)$，Fuzzy 集、Vague 集及 Rough 集都满足 $M(a,b) \in [0,1]$。

证明：在 Fuzzy 集中，$M(a,b)=1-|\mu_{\tilde{A}}(x)-\mu_{\tilde{B}}(x)| \leqslant 1$，又因为 $\mu_{\tilde{A}}(x) \in [0,1]$，$\mu_{\tilde{B}}(x) \in [0,1]$，从而 $|\mu_{\tilde{A}}(x)-\mu_{\tilde{B}}(x)| \leqslant 1$，故有 $M(a,b)=1-|\mu_{\tilde{A}}(x)-\mu_{\tilde{B}}(x)| \geqslant 0$，从而 $M(a,b) \in [0,1]$；

在 Rough 集中，同理可得 $M(a,b) \in [0,1]$；

在 Vague 集中，$M(a,b) \in [0,1]$ 已证[11]。

定理 3.4（对称性定理） 对于任意元素 $x(x \in U)$，Fuzzy 集、Vague 集及 Rough 集都满足 $M(a,b) = M(b,a)$。

证明：由 $M(a,b)$ 在 Fuzzy 集、Vague 集及 Rough 集中的定义即可得证。

定理 3.5 对于任意元素 $x(x \in U)$，Fuzzy 集、Vague 集及 Rough 集都满足 $M(a,b) = 0 \Leftrightarrow a = [0,0], b = [1,1]$ 或 $a = [1,1], b = [0,0]$。

证明：（必要性）在 Fuzzy 集中，若 $M(a,b) = 1 - |\mu_{\tilde{A}}(x) - \mu_{\tilde{B}}(x)| = 0$，即 $|\mu_{\tilde{A}}(x) - \mu_{\tilde{B}}(x)| = 1$，又 $\mu_{\tilde{A}}(x) \in [0,1]$，$\mu_{\tilde{B}}(x) \in [0,1]$。因此，有 $\mu_{\tilde{A}}(x) = 0$ 且 $\mu_{\tilde{B}}(x) = 1$，或 $\mu_{\tilde{A}}(x) = 1$ 且 $\mu_{\tilde{B}}(x) = 0$，即 $a = [0,0], b = [1,1]$ 或 $a = [1,1], b = [0,0]$；

在 Rough 集和 Vague 集中，同理可证。

（充分性）若 $a = [0,0], b = [1,1]$ 或 $a = [1,1], b = [0,0]$，在 Fuzzy 集中，有 $\mu_{\tilde{A}}(x) = 0$ 且 $\mu_{\tilde{B}}(x) = 1$，或 $\mu_{\tilde{A}}(x) = 1$ 且 $\mu_{\tilde{B}}(x) = 0$，从而 $|\mu_{\tilde{A}}(x) - \mu_{\tilde{B}}(x)| = 1$，$M(a,b) = 1 - |\mu_{\tilde{A}}(x) - \mu_{\tilde{B}}(x)| = 1 - 1 = 0$；

在 Rough 集和 Vague 集中，同理可证。

设 A 和 B 是论域 $U = \{u_1, u_2, \cdots, u_n\}$ 上的两个同类集合（这里集合 A 和 B 同为 Fuzzy 集、Vague 集或 Rough 集），A 和 B 在不同类的集合中有相应的定义，这里不再赘述。$\text{SimD}(A, B)$ 在 Fuzzy 集、Vague 集及 Rough 集中分别表示为 $\text{FSimD}(A, B)$、$\text{VSimD}(A, B)$ 和 $\text{RSimD}(A, B)$。$\text{SimD}(A, B)$ 满足如下定理。

定理 3.6 Fuzzy 集、Vague 集及 Rough 集都满足 $\text{SimD}(A, B) \in [0,1]$。

证明：由定理 3.3 和式(3-14)可证。

定理 3.7 对于 Fuzzy 集、Vague 集及 Rough 集来说，$\text{SimD}(A, B)$ 满足如下性质。

(1) 自反性：$\text{SimD}(A, A) = 1$。

(2) 对称性：$\text{SimD}(A, B) = \text{SimD}(B, A)$。

(3) 单调性：A 与 B 的相似程度越大，则 $\text{SimD}(A, B)$ 的值越大；A 与 B 的相似程度越小，则 $\text{SimD}(A, B)$ 的值越小。

证明：(1) 自反性由式(3-14)可证。

(2) 对称性由式(3-14)可证。

(3) 单调性：在统一模型式(3-14)中，对于集合 A 和 B，$a_i = [t_A(u_i), 1 - f_A(u_i)]$，$b_i = [t_B(u_i), 1 - f_B(u_i)]$ 分别为元素 $u_i(u_i \in U)$ 在两个同类不确定集合 A 和 B 中的隶属度（$i = 1, 2, \cdots, n$）。假定 A 不变，即 $a_i (i = 1, 2, \cdots, n)$ 不变，仅让 B 中某一个 b_k 发生变化，记变化后的集合为 B'，有 $b'_j = b_j (j = 1, 2, \cdots, k-1, k+1, \cdots, n)$。若 A 与 B 及 A 与 B' 仍满足统一模型[式(3-14)]中的 conditions，$\text{SimD}(A, B) = \text{SimD}(A, B') = 0$，此种情况不再讨论；若 b'_k 比 b_k 更接近 a_k，对于

Fuzzy 集来说，由式(3-12)知

$$M(a_k, b'_k) = 1 - |\mu_A(u_k) - \mu_{B'}(u_k)| > 1 - |\mu_A(u_k) - \mu_B(u_k)|$$
$$= M(a_k, b_k)$$

而 $M(a_j, b_j) = M(a_j, b'_j)(j = 1, 2, \cdots, k-1, k+1, \cdots, n)$，由式(3-14)知，$\text{SimD}(A, B') > \text{SimD}(A, B)$。根据 b_k 的任意性，即可证明，A 与 B 相似程度越大，则 $\text{SimD}(A, B)$ 的值越大；A 与 B 相似程度越小，则 $\text{SimD}(A, B)$ 的值越小。

同理，对于 Rough 集和 Vague 集来说，单调性也可证明。

式(3-14)不满足传递性。

定理 3.8 Fuzzy 集、Vague 集及 Rough 集都满足 $\text{SimD}(A, B) = 0$，当且仅当 $\forall i(i = 1, 2, \cdots, n)$，$t_A(u_i)$ 和 $t_B(u_i)$ 中有且仅有一个为 0，同时 $t_A(u_i) + f_A(u_i) = 1$ 且 $t_B(u_i) + f_B(u_i) = 1$，其中，$a_i = [t_A(u_i), 1 - f_A(u_i)]$，$b_i = [t_B(u_i), 1 - f_B(u_i)]$。

证明：由 $\text{SimD}(A, B)$ 的式(3-14)即可直接得证。

从定理 3.6～定理 3.8 的证明可以看出：当 $A = B$ 时，$\text{SimD}(A, B)$ 的值达到最大值 1；当 A 和 B 没有任何关系时，即 A 和 B 满足条件 conditions 时，$\text{SimD}(A, B)$ 的值达到最小值 0；一般情况下，$0 < \text{SimD}(A, B) < 1$。式(3-14)比较符合实际情况，具有合理性，可用于度量两个同类集合（这里集合 A 和 B 同为 Fuzzy 集、Vague 集或 Rough 集）之间的相似性。

3.4 Fuzzy 集的格贴近度理论

贴近度如实反映了模糊集的接近程度，但满足贴近度定义的映射并不唯一。格贴近度是另一个度量集合间相似性的函数。

3.4.1 基于集合的内积与外积的相关理论

定义 3.10 设 A, B 为论域 X 上的两个 Fuzzy 集，记

$$A \circ B = \bigvee_{x \in X} (A(x) \vee B(x)) \tag{3-15}$$

$$A \hat{\circ} B = \bigwedge_{x \in X} (A(x) \vee B(x)) \tag{3-16}$$

分别称 $A \circ B$、$A \hat{\circ} B$ 为 Fuzzy 集 A、B 的内积(inner product)与外积(outer product)。

内积与外积互为对偶运算。在讨论内积与外积的性质之前，还要了解上模与下模的相关知识[1,26-29]。

定义 3.11 设 A 为论域 U 上的一个 Fuzzy 集，令

$$\overline{A} = \bigvee_{x \in X} A(x)$$

第3章 边界不确定信息的处理——Rough集、Fuzzy集和Vague集理论

$$\underline{A} = \bigwedge_{x \in X} A(x)$$

称 $\overline{A}$ 和 $\underline{A}$ 分别为Fuzzy集 A 的上模与下模。

定理3.9 设 A, B 为论域 X 上的两个Fuzzy集,则有

(1) $\overline{(A \cup B)} = \overline{A} \vee \overline{B}, \overline{(A \cap B)} \leqslant \overline{A} \wedge \overline{B}, \underline{(A \cup B)} \geqslant \underline{A} \vee \underline{B}, \underline{(A \cap B)} = \underline{A} \wedge \underline{B}$;

(2) $A \subseteq B \Rightarrow \overline{A} \leqslant \overline{B}, \underline{A} \leqslant \underline{B}$。

定理3.10 设 $A, B, C \in F(X)$,则有

(1) $A \subseteq C, B \subseteq D \Rightarrow A \circ B \leqslant C \circ D, A \hat{\circ} B \leqslant C \hat{\circ} D$;

(2) $(A \hat{\circ} B)^c = A^c \circ B^c, (A \circ B)^c = A^c \hat{\circ} B^c$;

(3) $A \circ B \leqslant \overline{A} \wedge \overline{B}, A \hat{\circ} B \geqslant \underline{A} \vee \underline{B}$;

(4) $A \subseteq B \Rightarrow A \circ B = \overline{A}, A \hat{\circ} B = \underline{B}$;

(5) $A \circ A = \overline{A}, A \hat{\circ} A = \underline{A}$;

(6) $A \circ A \leqslant 1/2, A \hat{\circ} A \geqslant 1/2$;

(7) $\bigvee_{B \in F(X)} (A \circ B) = \overline{A}, \bigwedge_{B \in F(X)} (A \hat{\circ} B) = \underline{A}$。

证明:(1) 由算子内积与外积的定义即可得到。

(2) $(A \hat{\circ} B)^c = 1 - \bigwedge_{x \in X} (A(x) \vee B(x))$
$= \bigvee_{x \in X} (1 - (A(x) \vee B(x)))$
$= \bigvee_{x \in X} ((1 - A(x)) \wedge (1 - B(x)))$
$= \bigvee_{x \in X} (A^c(x) \wedge B^c(x))$
$= A^c \circ B^c$

$(A \circ B)^c = 1 - \bigvee_{x \in X} (A(x) \wedge B(x))$
$= \bigwedge_{x \in X} (1 - (A(x) \wedge B(x)))$
$= \bigwedge_{x \in X} ((1 - A(x)) \vee (1 - B(x)))$
$= \bigwedge_{x \in X} (A^c(x) \vee B^c(x))$
$= A^c \hat{\circ} B^c$

(3)~(6) 由 $\overline{A}$ 和 $\underline{A}$ 以及 $A \circ B$ 和 $A \hat{\circ} B$ 的定义即可得到。

(7) 首先由(5)得到 $\bigvee_{B \in F(X)} (A \circ B) \geqslant A \circ A = \overline{A}$,而另一方面,由上模的定义又可推出,$\forall B \in F(X), \overline{A} \hat{\circ} \bigvee_{x \in X} A(x) \geqslant \bigvee_{x \in X} (A(x) \wedge B(x)) = A \circ B$,故 $\bigvee_{B \in F(x)} (A \circ B) \leqslant \overline{A}$,从而(7)的第一式得证。同理可证(7)的第二式为真。证毕。

由定理3.10中(3)和(5)发现,给定Fuzzy集 A,让Fuzzy集 B 靠近 A,会使内积 $A \circ B$ 增大而外积 $A \hat{\circ} B$ 减小。反之,当 $A \circ B$ 较大且 $A \hat{\circ} B$ 较小时,A 与 B 比较贴近。所以,可采用内积与外积相结合的"格贴近度"来刻画两个Fuzzy集的贴近程度。

定义 3.12 设 $A,B,C \in F(X)$,称

$$N_L(A,B) = (A \circ B) \wedge (A \hat{\circ} B)^c \tag{3-17}$$

为 Fuzzy 集 A 和 B 的格贴近度(lattice measure of similarity)。

定理 3.11[26] 设 A,B,C 分别为论域 X 上的 Fuzzy 集,对于格贴近度 $N_L(A,B)$,则有

(1) $0 \leqslant N_L(A,B) \leqslant 1$;

(2) $N_L(A,B) = N_L(B,A)$;

(3) $N_L(A,A) = \overline{A} \wedge (1-\underline{A}) \geqslant N_L(A,B)$;

(4) $N_L(X,\varnothing) = 0$;

(5) $A \subseteq B \subseteq C \Rightarrow N_L(A,C) \leqslant N_L(A,B) \leqslant N_L(B,C)$。

证明:根据定义 3.10 内积、外积和定义 3.12 格贴近度的定义可知,(1)~(4)显然成立,下面证明(5)。

根据定理 3.10 的(4),由 $A \subseteq C$ 得

$$N_L(A,C) = (A \circ C) \wedge (A \hat{\circ} C)^c = \overline{A} \wedge \underline{C}^c$$

由 $A \subseteq B$ 得

$$N_L(A,B) = (A \circ B) \wedge (A \hat{\circ} B)^c = \overline{A} \wedge \underline{B}^c$$

因为

$$\underline{B} \leqslant \underline{C}, \quad \underline{B}^c \geqslant \underline{C}^c$$

从而

$$N_L(A,C) \leqslant N_L(A,B)$$

同理

$$N_L(A,C) \leqslant N_L(B,C)$$

因此

$$N_L(A,C) \leqslant N_L(A,B) \leqslant N_L(B,C)$$

证毕。

由定理 3.11 易知

$$N_L(A,A) = 1 \Leftrightarrow \overline{A} = 1, \underline{A} = 0$$

3.4.2 基于隶属度的格贴近度

定义 3.13 设论域为 U,A 与 B 是 U 的模糊集,称数值 $\bigvee\limits_{x \in X}(\mu_A(x) \wedge \mu_B(x))$ 为 A 与 B 的内积,记为 $A \circ B$;称数值 $\bigwedge\limits_{x \in X}(\mu_A(x) \vee \mu_B(x))$ 为 A 与 B 的外积,记为 $A \hat{\circ} B$。特别地,当 $A = (a_1, a_2, \cdots, a_n)$ 和 $B = (b_1, b_2, \cdots, b_n)$ 是模糊向量时,A 与 B 的内积、外积分别为

第 3 章 边界不确定信息的处理——Rough 集、Fuzzy 集和 Vague 集理论

$$A \circ B = \bigvee_{i=1}^{n}(a_i \wedge b_i)$$

$$A \hat{\circ} B = \bigwedge_{i=1}^{n}(a_i \vee b_i)$$

模糊集的基于隶属度的内积与外积具有下列性质。

性质 3.1 $(A\hat{\circ}B)^c = A^c \circ B^c, (A \circ B)^c = A^c \hat{\circ} B^c$。

证明：$(A\hat{\circ}B)^c = 1 - \bigwedge_{x \in X}(\mu_A(x) \vee \mu_B(x))$

$$= \bigvee_{x \in X}(1 - (\mu_A(x) \vee \mu_B(x)))$$

$$= \bigvee_{x \in X}((1 - \mu_A(x)) \wedge (1 - \mu_B(x)))$$

$$= \bigvee_{x \in X}(\mu_A^c(x) \wedge \mu_B^c(x))$$

$$= A^c \circ B^c$$

$(A \circ B)^c = 1 - \bigvee_{x \in X}(\mu_A(x) \wedge \mu_B(x))$

$$= \bigwedge_{x \in X}(1 - (\mu_A(x) \wedge \mu_B(x)))$$

$$= \bigwedge_{x \in X}((1 - \mu_A(x)) \vee (1 - \mu_B(x)))$$

$$= \bigwedge_{x \in X}(\mu_A^c(x) \vee \mu_B^c(x))$$

$$= A^c \hat{\circ} B^c$$

性质 3.2 $A \circ A^c \leqslant \dfrac{1}{2}, A \hat{\circ} A^c \geqslant \dfrac{1}{2}$。

性质 3.3 设 $A = (a_1, a_2, \cdots, a_n)$，令

$$\overline{A} = \bigvee_{i=1}^{n} a_i$$

$$\underline{A} = \bigwedge_{i=1}^{n} a_i$$

称 $\overline{A}$ 和 $\underline{A}$ 分别为 A 的上模和下模，则

$$A \circ B = \overline{A} \wedge \overline{B}$$

$$A \hat{\circ} B = \underline{A} \vee \underline{B}$$

性质 3.4 设 $A \subseteq B$，则

$$A \circ B = \overline{A}$$

$$A \hat{\circ} B = \underline{B}$$

定义 3.14 设有映射 $n, n: P(U) \times P(U) \to [0, 1], (A, B) \to n(A, B) \in [0, 1]$，如果 n 满足下列条件：

(1) $n(A, B) = n(B, A)$；

(2) 当 $A = B$ 时，有 $n(A, B) = 1$；

(3) $n(\varnothing, U) = 0$；

(4) 若 $A \subseteq B \subseteq C$,则 $n(A,C) \leqslant n(A,B) \wedge n(B,C)$;

称映射 n 为 U 的模糊集的贴近度。

3.5 覆盖粗糙 Vague 集模型及其不确定性度量

经典的 Pawlak 粗糙集研究要素之一是论域中的等价关系,但对象间满足等价关系这样的要求过于严格,在一定程度上会限制粗糙集理论的应用范围。因而,在现阶段许多学者在等价关系方面对粗糙集进行了推广,提出了一些泛化的粗糙集模型,如基于覆盖的粗糙集模型[30]、基于相似关系下的粗糙集模型[31]等,本节的研究重点是基于覆盖的广义粗糙集。

在不确定性度量理论中,粗糙集理论解决问题的出发点在于信息系统中知识的不可分辨性,然而在许多场合中,知识不但是不可分辨的,而且是模糊的,从而使人们对概念的认识不可能完全精确和全面。因此,Banerjee 和 Pal[32]将粗糙集和模糊集相结合,提出了粗糙模糊集的概念,为研究更复杂的问题提供了一种理论工具。此后,很多学者做了这方面的研究工作,提出了粗糙模糊集和模糊粗糙集模型[33]、基于覆盖的粗糙模糊集模型[34]等。Vague 集理论的研究重点在于概念内涵的模糊性,因而,后来有学者将粗糙集和 Vague 集相结合,提出了粗糙 Vague 集模型[35],更加丰富了不确定性理论。本节在覆盖广义粗糙集理论研究的基础上,进一步把人们对概念的认识从精确值集推广到了 Vague 集,研究基于覆盖的粗糙 Vague 集的新模型及其性质。

3.5.1 覆盖粗糙 Vague 集模型及其性质

设 U 为非空有限论域,$C = \{X \mid X \subseteq U\}$ 是 U 的一组非空子集族,若对 $\forall X \in C, X \neq \varnothing$,并且有 $\cup C = U$,则称 C 是 U 上的一个覆盖[36],并称 (U,C) 为覆盖近似空间。特别地,若 C 中的所有分块两两之间不存在交集,则 C 是论域 U 上的一个划分。因而,划分是覆盖的特例。显然,论域 U 的划分一定是 U 的一个覆盖,所以覆盖是划分的推广。

若 (U,C) 是一个覆盖近似空间,$x \in U$,称 $\mathrm{Md}(x) = \{K \in C \mid x \in K \wedge (\forall S \in C \wedge x \in S \wedge S \subseteq K \Rightarrow K = S)\}$ 为 x 的最小描述[37]。

定义 3.15 设 (U,C) 是一个覆盖近似空间,其中 U 为非空有限论域,C 为 U 上的一个覆盖,$\forall x \in U$,Vague 集 A 关于覆盖近似空间 (U,C) 的下近似与上近似分别为 $\underline{C}(A)$ 和 $\overline{C}(A)$,并且有

$$t_{\underline{C}(A)} = \inf\{t_A(y) \mid y \in \cup \mathrm{Md}(x)\} \tag{3-18}$$

$$f_{\underline{C}(A)} = \sup\{f_A(y) \mid y \in \cup \mathrm{Md}(x)\} \tag{3-19}$$

$$t_{\overline{C}(A)} = \sup\{t_A(y) \mid y \in \bigcup \text{Md}(x)\} \tag{3-20}$$

$$f_{\overline{C}(A)} = \inf\{f_A(y) \mid y \in \bigcup \text{Md}(x)\} \tag{3-21}$$

则称序对 CV=($\underline{C}(A)$, $\overline{C}(A)$)为基于覆盖的粗糙 Vague 集(这里 inf 表示取下界,sup 表示取上界)。

在此规定基于覆盖的粗糙 Vague 集 CV=∅,当且仅当 $\underline{C}(A)=∅$ 且 $\overline{C}(A)=∅$。

在定义 3.15 中,若对 $\forall x \in U$,有 $\underline{C}(A)(x)=\overline{C}(A)(x)$,则称 Vague 集 A 关于覆盖近似空间(U,C)是可定义的,否则称 Vague 集 A 关于覆盖近似空间(U,C)是粗糙的,此时也称 A 为粗糙 Vague 集。这里称 $\underline{C}$、$\overline{C}$ 分别为覆盖粗糙 Vague 集的下近似算子和上近似算子。

从定义 3.15 可以看出,在覆盖空间(U,C)上定义的粗糙 Vague 集表示的是在覆盖 C 上粗糙支持和可能支持的程度,也就是对象肯定属于 Vague 集的支持程度和可能属于 Vague 集的支持程度,而这两种支持程度分别是由一个 Vague 区间表示的。

容易验证,在定义 3.15 中,如果对 Vague 集中论域上的每个对象都有 $t_A(x)=1-f_A(x)$,则此定义就退化为基于覆盖的粗糙模糊集;如果覆盖 C 是由等价关系 R 得到的等价类,则($\underline{C}(A)(x)$, $\overline{C}(A)(x)$)就退化为一般的粗糙 Vague 集,在此基础上如果有 $t_A(x)=1-f_A(x)$,定义就退化为一般的粗糙模糊集;而如果在 A 中,有 $t_A(x), f_A(x) \in \{0,1\}$,则定义 3.15 就是经典粗糙集。可见,基于覆盖的粗糙 Vague 集是目前所研究的不确定理论的推广,它对于进一步的理论研究和实际应用都有很重要的价值。

下面讨论基于覆盖的粗糙 Vague 集的基本性质。

设(U,C)是一个覆盖近似空间,A 和 B 分别为论域 U 上的 Vague 集,则覆盖粗糙 Vague 集的下近似算子 $\underline{C}$ 与上近似算子 $\overline{C}$ 具有如下性质。

性质 3.5 $\underline{C}(\varnothing)=\overline{C}(\varnothing)=\varnothing$,$\underline{C}(U)=\overline{C}(U)=U$。

性质 3.6 $\underline{C}(A) \subseteq A \subseteq \overline{C}(A)$。

证明:对 $\forall x \in U$,根据定义 3.15 有

$$t_{\underline{C}(A)} = \inf\{t_A(y) \mid y \in \bigcup \text{Md}(x)\} \leqslant t_A(x)$$

$$1-f_{\underline{C}(A)} = 1-\sup\{f_A(y) \mid y \in \bigcup \text{Md}(x)\} \leqslant 1-f_A(x)$$

根据第 1 章的定义 1.40 可知 $\underline{C}(A) \subseteq A$。同理,有 $A \subseteq \overline{C}(A)$。

性质 3.7(可加性 1) $\underline{C}(A \cap B)=\underline{C}(A) \cap \underline{C}(B)$。

证明:根据定义 3.15,对 $\forall x \in U$,有

$$t_{\underline{C}(A \cap B)} = \inf\{t_{A \cap B}(y) \mid y \in \bigcup \text{Md}(x)\}$$

$$= \inf\{\min(t_A(y), t_B(y)) \mid y \in \bigcup \text{Md}(x)\}$$

$$= \min\{\inf(t_A(y), t_B(y)) \mid y \in \bigcup Md(x)\}$$
$$= t_{\underline{C}(A)} \cap t_{\underline{C}(B)}$$
$$f_{\underline{C}(A \cap B)} = \sup\{f_{A \cap B}(y) \mid y \in \bigcup Md(x)\}$$
$$= \sup\{\min(f_A(y), f_B(y)) \mid y \in \bigcup Md(x)\}$$
$$= \min\{\sup(f_A(y), f_B(y)) \mid y \in \bigcup Md(x)\}$$
$$= f_{\underline{C}(A)} \cap f_{\underline{C}(B)}$$

即 $\underline{C}(A \cap B) = \underline{C}(A) \cap \underline{C}(B)$。

性质 3.8(可加性 2) $\overline{C}(A \cup B) = \overline{C}(A) \cup \overline{C}(B)$。

证明过程同性质 3.7 的证明。

性质 3.9(单调性) $A \subseteq B \Rightarrow \underline{C}(A) \subseteq \underline{C}(B), \overline{C}(A) \subseteq \overline{C}(B)$。

证明:由于 $A \subseteq B$,则对 $\forall x \in U$,有 $t_A(x) \leqslant t_B(x)$ 且 $1-f_A(x) \leqslant 1-f_B(x)$,进而有

$$\inf\{t_A(y) \mid y \in \bigcup Md(x)\} \leqslant \inf\{t_B(y) \mid y \in \bigcup Md(x)\}$$
$$\sup\{f_A(y) \mid y \in \bigcup Md(x)\} \geqslant \sup\{f_B(y) \mid y \in \bigcup Md(x)\}$$

则 $1 - \sup\{f_A(y) \mid y \in \bigcup Md(x)\} \leqslant 1 - \sup\{f_B(y) \mid y \in \bigcup Md(x)\}$,由第 1 章的定义 1.40 可得 $\underline{C}(A) \subseteq \underline{C}(B)$。同理,有 $\overline{C}(A) \subseteq \overline{C}(B)$。

性质 3.10 $\underline{C}(A^c) = (\overline{C}(A))^c, \overline{C}(A^c) = (\underline{C}(A))^c$。

证明:由第 1 章的定义 1.37 可知, $t_{A^c}(x) = f_A(x), 1 - f_{A^c}(x) = 1 - t_A(x)$,则有

$$t_{\underline{C}(A^c)} = \inf\{t_{A^c}(y) \mid y \in \bigcup Md(x)\} = \inf\{f_A(x) \mid y \in \bigcup Md(x)\} = f_{\overline{C}(A)}$$
$$f_{\underline{C}(A^c)} = \sup\{f_{A^c}(y) \mid y \in \bigcup Md(x)\} = \sup\{t_A(x) \mid y \in \bigcup Md(x)\} = t_{\overline{C}(A)}$$

从而 $\underline{C}(A^c) = (\overline{C}(A))^c$。同理,有 $\overline{C}(A^c) = (\underline{C}(A))^c$。

性质 3.11(幂等性) $\underline{C}(A) = \underline{C}(\underline{C}(A)), \overline{C}(A) = \overline{C}(\overline{C}(A))$。

证明:由定义 3.15 可知

$$t_{\underline{C}(\underline{C}(A))}(x) = \inf\{t_{\underline{C}(A)}(y) \mid y \in \bigcup Md(x)\}$$
$$= \inf\{\inf\{t_A(y) \mid y \in \bigcup Md(x)\}\}$$
$$= \inf\{t_A(y) \mid y \in \bigcup Md(x)\}$$
$$= t_{\underline{C}(A)}(x)$$
$$f_{\underline{C}(\underline{C}(A))}(x) = \sup\{f_{\underline{C}(A)}(y) \mid y \in \bigcup Md(x)\}$$
$$= \sup\{\sup\{f_A(y) \mid y \in \bigcup Md(x)\}\}$$
$$= \sup\{f_A(y) \mid y \in \bigcup Md(x)\}$$
$$= f_{\underline{C}(A)}(x)$$

所以 $\underline{C}(A)=\underline{C}(\underline{C}(A))$。同理,有 $\overline{C}(A)=\overline{C}(\overline{C}(A))$。

性质 3.12 当覆盖 C 是最细的粒度关系,即 $C=\{\{x_1\},\{x_2\},\{x_3\},\cdots,\{x_n\}\}$时,有 $\underline{C}(A)=A=\overline{C}(A)$。

证明:当 $C=\{\{x_1\},\{x_2\},\{x_3\},\cdots,\{x_n\}\}$时,对于 $\forall x \in U$,有
$$t_{\underline{C}(A)}=\inf\{t_A(y) \mid y \in \bigcup \mathrm{Md}(x)\}=t_A(x)$$
$$f_{\underline{C}(A)}=\sup\{f_A(y) \mid y \in \bigcup \mathrm{Md}(x)\}=f_A(x)$$
即 $\underline{C}(A)=A$;
而
$$t_{\overline{C}(A)}=\sup\{t_A(y) \mid y \in \bigcup \mathrm{Md}(x)\}=t_A(x)$$
$$f_{\overline{C}(A)}=\inf\{f_A(y) \mid y \in \bigcup \mathrm{Md}(x)\}=f_A(x)$$
即 $\overline{C}(A)=A$,所以有 $\underline{C}(A)=A=\overline{C}(A)$。

性质 3.12 表明,当覆盖 C 的粒度最细时,基于覆盖的粗糙 Vague 集是可定义的。

3.5.2 覆盖的粒度熵

在粗糙集理论中,不确定性度量是一项重要的数值特征,本节所研究的基于覆盖的粗糙 Vague 集模型是对经典粗糙集理论的推广,用于处理更广范围内的不确定信息。那么,如何刻画基于覆盖的粗糙 Vague 集 CV 的不确定程度呢?

经典粗糙集理论中知识的不确定性主要是由等价关系对论域的划分和论域中粗糙近似的边界引起的[33],依此来分析,导致 CV 不确定性的原因是覆盖知识粒度的粗糙性,以及粗糙 Vague 集边界域的大小。如果仅从任意一个方面考虑都是不完善的,因而研究覆盖粗糙 Vague 集模型的不确定性度量需要全面考虑这两个因素。

覆盖粒度空间与划分粒度空间的本质区别是粒子间存在交集,实际应用中更具一般性。粒度原理在人工智能领域研究中起着重要的作用。目前,很多学者都对粒度空间的不确定性进行了度量[38,39],本节定义的覆盖的粒度熵刻画了粗细不同的覆盖包含的信息量大小。

定义 3.16 设 (U, C) 为一个覆盖空间,$U=\{x_1, x_2, \cdots, x_n\}$ 为对象的论域,$C=\{K_1, K_2, \cdots, K_m\}$ 是 U 上的一个覆盖,则覆盖 C 的粒度熵 $G(C)$ 定义为

$$G(C) = \frac{1}{|U|}\sum_{i=1}^{m}\frac{1}{|K_i|} \tag{3-22}$$

式中,$|\cdot|$ 表示集合的基数。

由定义 3.16 可知,当覆盖 C 的粒度最细,即 $C=\{\{x_1\},\{x_2\},\{x_3\},\cdots,\{x_n\}\}$时,有 $G(C)=\frac{1}{|U|}\cdot|U|=1$;当覆盖 C 是最粗的论域关系,即 $C=\{x_1, x_2,$

$x_3,\cdots,x_n\}$时,则 $G(C)=\dfrac{1}{|U|}\cdot\dfrac{1}{|U|}=1/|U|^2$。可见,一般情况下,$1/|U|^2\leqslant G(C)\leqslant 1$。

覆盖粒度熵 $G(C)$ 主要用来衡量针对覆盖 C 的粗细不同,对知识分类产生的不确定性影响。覆盖的粒度越细,其包含的信息量越大,熵值也就越大,知识的分辨能力就越强;反之,粒度越粗,其熵值越小,知识的分辨能力就越弱。

3.5.3 基于粒度熵的覆盖粗糙 Vague 集的不确定性度量

导致 CV 不确定性的另一个原因是其本身的粗糙度,即粗糙 Vague 集的边界域的大小,这是由上近似和下近似的存在而引起的。文献[40]给出了粗糙 Vague 集的粗糙度的定义,本节在其理论研究基础上,定义了基于覆盖的粗糙 Vague 集 CV 的精度和粗糙度的定义。

定义 3.17 设 $CV=(\underline{C}(A),\overline{C}(A))$ 是给定论域 U 上的覆盖粗糙 Vague 集,$0<\beta\leqslant\alpha\leqslant 1$,则有 A 的 α 下近似 $\underline{C}(A)_\alpha=\{y\,|\,y\in\bigcup\mathrm{Md}(x_i),\ t_{\underline{C}(A)}(y)\geqslant\alpha,\ f_{\underline{C}(A)}(y)<\alpha,\ i=1,2,\cdots,n\}$,$A$ 的 β 上近似 $\overline{C}(A)_\beta=\{y\,|\,y\in\bigcup\mathrm{Md}(x_i),\ t_{\overline{C}(A)}(y)\geqslant\beta,\ f_{\overline{C}(A)}(y)<\beta,\ i=1,2,\cdots,n\}$。

定义 3.18 基于覆盖的粗糙 Vague 集的精度定义为

$$\gamma_{\mathrm{CV}}^{\alpha,\beta}=\frac{|\underline{C}(A)_\alpha|}{|\overline{C}(A)^\beta|} \tag{3-23}$$

则基于覆盖的粗糙 Vague 集的粗糙度 $\rho_{\mathrm{CV}}^{\alpha,\beta}=1-\gamma_{\mathrm{CV}}^{\alpha,\beta}$,其中 $0<\beta\leqslant\alpha\leqslant 1$,$\overline{C}(A)^\beta\neq\varnothing$。

在定义 3.18 中,若 $\gamma_{\mathrm{CV}}^{\alpha,\beta}=1$,则 CV 是可定义的,即获得完全确定的信息。

性质 3.13 若 $CV_1=(\underline{C}(A),\overline{C}(A))$,$CV_2=(\underline{C}(B),\overline{C}(B))$ 粗糙相等,则对于任意的 $\alpha,\beta\ (0<\beta\leqslant\alpha\leqslant 1)$,有 $\rho_{\mathrm{CV}_1}^{\alpha,\beta}=\rho_{\mathrm{CV}_2}^{\alpha,\beta}$。

基于以上两方面原因,在此定义基于覆盖的粗糙 Vague 集的一种新的粗糙度,用于最后对基于覆盖的粗糙 Vague 集的不确定性度量。

定义 3.19 设 (U,C) 是一个覆盖近似空间,$CV=(\underline{C}(A),\overline{C}(A))$ 是论域 U 上的覆盖粗糙 Vague 集,$0<\beta\leqslant\alpha\leqslant 1$,基于覆盖的粗糙 Vague 集的一种新的粗糙度定义为

$$\rho^{\alpha,\beta}(A,C)=\rho_{\mathrm{CV}}^{\alpha,\beta}(1-G(C)) \tag{3-24}$$

从定义 3.19 所给出的基于覆盖的粗糙 Vague 集的一种新的粗糙度可以看出,覆盖粗糙 Vague 集的不确定性不仅和它自身的粗糙度大小有关,还和覆盖的粗细有关。这一定义能更准确地反映基于覆盖的粗糙 Vague 集的不确定性程度,可用来度量 CV 的不确定性。

例3-3 假设由一个班级中抽查的 7 位同学构成的论域 $U=\{x_1, x_2, \cdots, x_7\}$，表 3-5 给出了这 7 位同学的各科成绩。

表 3-5　7 位同学各科成绩评定表

U	语文	数学	外语	综合
x_1	优秀	中等	及格	中等
x_2	优秀	及格	及格	合格
x_3	中等	优秀	优秀	合格
x_4	及格	中等	中等	优秀
x_5	合格	中等	中等	优秀
x_6	及格	优秀	中等	良好
x_7	中等	良好	优秀	中等

在此对表 3-5 中 7 位同学进行分类。

$\{x_1, x_2\}$：语文成绩在良好（含良好）以上；

$\{x_3, x_6, x_7\}$：数学成绩在良好以上；

$\{x_3, x_7\}$：外语成绩在良好以上；

$\{x_4, x_5, x_6\}$：综合成绩在良好以上。

这样，$C_1=\{\{x_1, x_2\}, \{x_3, x_6, x_7\}, \{x_3, x_7\}, \{x_4, x_5, x_6\}\}$ 就形成了论域 U 上的一个覆盖，所讨论对象的 Vague 集 A 表示通过教师根据学生平时的表现评定"成绩优异"，其隶属函数为

$A=\{[0.7, 0.8]/x_1, [0.1, 0.2]/x_2, [0.8, 0.9]/x_3, [0.3, 0.4]/x_4, [0.4, 0.5]/x_5, [0.5, 0.6]/x_6, [0.7, 0.8]/x_7\}$

针对覆盖 C_1，由于

$$\mathrm{Md}(x_1)=\{x_1, x_2\}$$
$$\mathrm{Md}(x_2)=\{x_1, x_2\}$$
$$\mathrm{Md}(x_3)=\{x_3, x_7\}$$
$$\mathrm{Md}(x_4)=\{x_4, x_5, x_6\}$$
$$\mathrm{Md}(x_5)=\{x_4, x_5, x_6\}$$
$$\mathrm{Md}(x_6)=\{x_3, x_6, x_7\}, \{x_4, x_5, x_6\}$$
$$\mathrm{Md}(x_7)=\{x_3, x_7\}$$

由定义 3.15 可得

$\underline{C_1}(A)=\{[0.1, 0.2]/x_1, [0.1, 0.2]/x_2, [0.7, 0.8]/x_3, [0.3, 0.4]/x_4,$
$\qquad [0.3, 0.4]/x_5, [0.3, 0.4]/x_6, [0.7, 0.8]/x_7\}$

$\overline{C_1}(A)=\{[0.7, 0.8]/x_1, [0.7, 0.8]/x_2, [0.8, 0.9]/x_3, [0.5, 0.6]/x_4,$
$\qquad [0.5, 0.6]/x_5, [0.8, 0.9]/x_6, [0.8, 0.9]/x_7\}$

这样，$CV_1 = (\underline{C_1}(A), \overline{C_1}(A))$ 就是考虑在一定的知识背景（在此为覆盖知识空间 C_1）下的一个粗糙 Vague 集。

如果在此对 7 位同学按照各科成绩均在优秀以上的条件分类，可得到论域 U 上的一个更细的覆盖 $C_2 = \{\{x_1, x_2\}, \{x_3, x_6\}, \{x_3, x_7\}, \{x_4, x_5\}\}$，同样有

$\underline{C_2}(A) = \{[0.1, 0.2]/x_1, [0.1, 0.2]/x_2, [0.5, 0.6]/x_3, [0.3, 0.4]/x_4,$
$[0.3, 0.4]/x_5, [0.5, 0.6]/x_6, [0.7, 0.8]/x_7\}$

$\overline{C_2}(A) = \{[0.7, 0.8]/x_1, [0.7, 0.8]/x_2, [0.8, 0.9]/x_3, [0.4, 0.5]/x_4,$
$[0.4, 0.5]/x_5, [0.8, 0.9]/x_6, [0.8, 0.9]/x_7\}$

这样，$CV_2 = (\underline{C_2}(A), \overline{C_2}(A))$ 是在覆盖 C_2 下的一个粗糙 Vague 集。

根据定义 3.16 计算覆盖 C_1, C_2 的粒度熵 $G(C_1) = 5/21, G(C_2) = 6/21$。计算结果表明，覆盖 C_2 比 C_1 更细，熵值更大，提供的信息更丰富。

为说明定义 3.19 的不确定性度量方法的有效性，在这里取 $\beta = 0.4, \alpha = 0.5$，则

$$\rho_{CV_1}^{\alpha, \beta} = 1 - \frac{\{x_3, x_7\}}{\{x_1, x_2, x_3, x_6, x_7\}} = \frac{3}{5}$$

$$\rho_{CV_2}^{\alpha, \beta} = 1 - \frac{\{x_3, x_6, x_7\}}{\{x_1, x_2, x_3, x_6, x_7\}} = \frac{2}{5}$$

这样，计算 Vague 集 A 关于覆盖 C_1, C_2 的粗糙 Vague 集的新的粗糙度分别为

$$\rho^{\alpha, \beta}(A, C_1) = \rho_{CV_1}^{\alpha, \beta}(1 - G(C_1)) = \frac{3}{5} \times \frac{16}{21} = \frac{16}{35}$$

$$\rho^{\alpha, \beta}(A, C_2) = \rho_{CV_2}^{\alpha, \beta}(1 - G(C_2)) = \frac{2}{5} \times \frac{15}{21} = \frac{2}{7}$$

实例分析结果表明，对于一个覆盖粗糙 Vague 集模型，覆盖知识的分类越细，其粗糙度、不确定程度就越小，结合用粗糙度来度量边界域大小的方法，定义 3.19 给出的一种新的粗糙度较好地刻画了覆盖粗糙 Vague 集的不确定性。

3.5.4 覆盖近似空间的知识含量

文献[41]指出，粗糙集的不确定性主要由两个原因引起，一个原因来自给定近似空间的粗糙集的边界，另一个原因来自论域上的二元关系对论域中对象的分类能力，也就是知识的粒度大小所引起的不确定性。对于覆盖粗糙 Vague 集的不确定性度量也必然要同时考虑这两方面影响因素。对于知识粒度所引起的不确定性，采用信息论中熵度量的方法[42]，度量结果具有相对性，并且实际运算中比较复杂，在此重新定义一种知识含量测度的方法，可以高效地度量覆盖近似空间中知识

的不确定性,运算过程简便,并且指出随着覆盖的变细,知识含量增大。同时结合边界域大小的度量方法定义了 C-粗糙度的概念来度量覆盖粗糙 Vague 集的不确定性。

文献[43]指出,论域中的元素由于不可分辨性构成了覆盖粒度空间中的粒子。对于论域中的某个元素,可能同时属于多个粒子,这是人们从不同角度观察事物的结果。对于论域中的两个元素,可能它们从某个角度观察是不可区分的,但从其他的角度观察却是可区分的。因此,对于论域中的某个元素,在覆盖粒度空间中的不确定性应由各个角度都不可分辨的元素决定,文献[43]中给出了不可分辨集的定义,现引用如下。

定义 3.20[43] 设 (U,C) 为一个覆盖近似空间,x 为 U 中的一个对象,则在覆盖近似空间下 x 的描述集定义为 $\text{Des}_C(x)=\{K\mid K\in C\land x\in K\}$。

定义 3.21[43] 设 (U,C) 为一覆盖近似空间,x 为论域 U 中的一个对象,则在覆盖近似空间下 x 的不可分辨集定义为 $\text{Ind}_C(x)=\bigcap\limits_{K\in\text{Des}_C(x)}K$。

下面定义覆盖近似空间的知识含量。

定义 3.22 设 (U,C) 为一个覆盖空间,$U=\{x_1,x_2,\cdots,x_n\}$ 为对象的论域,$C=\{K_1,K_2,\cdots,K_m\}$ 是 U 上的一个覆盖,定义

$$I(C)=\begin{cases}1 & |K_i|=1,i=1,2,\cdots,m \\ 1-\sum\limits_{x_i\in U}|\text{Ind}_C(x_i)|/|U|^2 & \text{其他}\end{cases} \quad (3-25)$$

为覆盖 C 的知识含量的测度,其中 $|\cdot|$ 表示集合的基数。

从定义 3.22 可以看出,当覆盖 C 的粒度最细,即 $|K_i|=1$ 时,覆盖的知识含量最大为 1;当覆盖为最粗的论域关系时,知识含量为最小 0。

由于划分是覆盖的一个特例,所以 Pawlak 划分近似空间是覆盖近似空间的特例。因此,当覆盖近似空间退化为经典的划分近似空间时,定义 3.22 中所定义的覆盖近似空间的知识含量就应该退化为划分近似空间下的知识含量。显然,当 C 为论域上的划分时,定义 3.22 给出的覆盖知识含量 $I(C)$ 与文献[44,45]中所定义的基于论域上等价关系划分近似空间下的知识含量一致。

性质 3.14 设 (U,C) 为一个覆盖近似空间,对任一覆盖 C,有 $0\leqslant I(C)\leqslant 1$。特别地,当 $C=\{U\}$ 时,$I(C)=0$;当 $C=\{\{x_1\},\{x_2\},\{x_3\},\cdots,\{x_n\}\}$ 时,$I(C)=1$。

由定义 3.22 可知,性质 3.14 显然成立,证明过程略。

性质 3.15 设 (U,C_1) 和 (U,C_2) 为两个覆盖近似空间,若 $\forall x\in U$,有 $\text{Ind}_{C_1}(x)=\text{Ind}_{C_2}(x)$,则 $I(C_1)=I(C_2)$。

文献[46]给出了覆盖粗细的定义。

定义 3.23 设 U 为非空有限论域，C_1 和 C_2 为 U 上的两个覆盖，如果 $\forall K_i \in C_1$，存在 $K_j \in C_2$，使得 $K_i \subseteq K_j$，且 $\forall K_j \in C_2$，存在 $K_i \in C_1$，使得 $K_i \subseteq K_j$，则称覆盖 C_1 较覆盖 C_2 细，记为 $C_1 \preceq C_2$。

性质 3.16 设 (U, C_1)，(U, C_2) 为两个覆盖近似空间，若 $C_1 \prec C_2$，则 $I(C_1) > I(C_2)$。

证明：如果 $C_1 \prec C_2$，则有 $\forall K_i \in C_1$，存在 $K_j \in C_2$，使得 $K_i \subset K_j$，且 $\forall K_j \in C_2$，存在 $K_i \in C_1$，使得 $K_i \subset K_j$。则 $\forall x_i \in U$，有 $\text{Des}_{C_1}(x_i) \subset \text{Des}_{C_2}(x_i)$，其中 $\text{Des}_{C_1}(x) = \{K_i | K_i \in C_1 \wedge x \in K_i\}$，$\text{Des}_{C_2}(x_i) = \{K_j | K_j \in C_2 \wedge x \in K_i\}$。则根据定义 3.21 有 $\text{Ind}_{C_1}(x_i) \subset \text{Ind}_{C_2}(x_i)$，即 $|\text{Ind}_{C_1}(x_i)| < |\text{Ind}_{C_2}(x_i)|$，$1 - \sum\limits_{x_i \in U}^{m} |\text{Ind}_{C_1}(x_i)|/|U|^2 > 1 - \sum\limits_{x_i \in U}^{m} |\text{Ind}_{C_2}(x_i)|/|U|^2$，由定义 3.22 得 $I(C_1) > I(C_2)$。

知识含量主要用来描述覆盖粒度空间所包含的确定性信息的多少，性质 3.16 表明知识含量随着覆盖粒度的变细而变大，即覆盖知识粒度越细，其包含的知识量越大，对论域中对象的分辨能力越强，因而可用覆盖的知识含量测度来对不同的覆盖引起的知识不确定性进行数值特征刻画。

3.5.5 基于知识含量的覆盖粗糙 Vague 集的不确定性度量

还有一个原因会引起覆盖粗糙 Vague 集的不确定性，即粗糙 Vague 集边界区域的大小，这是用一对上下近似来刻画的。结合定义 3.18 给出的基于覆盖的粗糙 Vague 集 CV 的粗糙度的定义，现给出基于知识含量的覆盖粗糙 Vague 集不确定性度量方法。

定义 3.24 设 (U, C) 为一个覆盖近似空间，$CV = (\underline{C}(A), \overline{C}(A))$ 为论域 U 上的一个覆盖粗糙 Vague 集，$0 < \beta \leqslant \alpha \leqslant 1$，定义基于知识含量的覆盖粗糙 Vague 集的 C-粗糙度为

$$\rho^{\alpha,\beta}(A,C) = \rho_{CV}^{\alpha,\beta}(1 - I(C)) \tag{3-26}$$

从定义 3.24 可以看出，覆盖粗糙 Vague 集的 C-粗糙度不仅和它自身的粗糙度有关，还和覆盖的知识含量有关。这一定义能更准确地反映出基于覆盖的粗糙 Vague 集的不确定性程度，运行过程简便有效。

例 3-4 设有覆盖近似空间 (U, C)，论域 $U = \{x_1, x_2, \cdots, x_7\}$，已知 U 上的两个覆盖分别为 $C_1 = \{\{x_1, x_2\}, \{x_3, x_6\}, \{x_3, x_7\}, \{x_4, x_5\}, \{x_6\}, \{x_7\}\}$，$C_2 = \{\{x_1, x_2\}, \{x_3, x_6, x_7\}, \{x_3, x_7\}, \{x_4, x_5, x_6\}\}$，所讨论的 Vague 集对象为

$$A = \{[0.7, 0.8]/x_1, [0.5, 0.7]/x_2, [0.8, 0.9]/x_3, [0.3, 0.4]/x_4,$$
$$[0.4, 0.5]/x_5, [0.5, 0.6]/x_6, [0.7, 0.8]/x_7\}$$

由定义 3.23 知 $C_1 \prec C_2$，计算覆盖的知识含量有 $I(C_1) = 40/49$，$I(C_2) = 34/$

49,可见粒度越细的覆盖,包含的知识越多。

由定义 3.15 可知,序对 $CV_1 = (\underline{C_1}(A), \overline{C_1}(A))$ 为覆盖知识空间 C_1 下的粗糙 Vague 集,其中

$$\underline{C_1}(A) = \{[0.7,0.8]/x_1, [0.5,0.7]/x_2, [0.5,0.6]/x_3, [0.3,0.4]/x_4,$$
$$[0.3,0.4]/x_5, [0.5,0.6]/x_6, [0.7,0.8]/x_7\}$$

$$\overline{C_1}(A) = \{[0.7,0.8]/x_1, [0.5,0.7]/x_2, [0.8,0.9]/x_3, [0.4,0.5]/x_4,$$
$$[0.4,0.5]/x_5, [0.5,0.6]/x_6, [0.7,0.8]/x_7\}$$

为说明定义 3.24 中不确定性度量方法的有效性,这里取 $\alpha = 0.7, \beta = 0.4$,则 $\rho_{CV_1}^{\alpha,\beta} = 1 - |\{x_1, x_7\}|/|\{x_1, x_2, x_3, x_6, x_7\}| = 3/5$;

同样,序对 $CV_2 = (\underline{C_2}(A), \overline{C_2}(A))$ 为基于覆盖 C_2 的粗糙 Vague 集,其中

$$\underline{C_2}(A) = \{[0.5,0.7]/x_1, [0.5,0.7]/x_2, [0.7,0.8]/x_3, [0.3,0.4]/x_4,$$
$$[0.3,0.4]/x_5, [0.3,0.4]/x_6, [0.7,0.8]/x_7\}$$

$$\overline{C_2}(A) = \{[0.7,0.8]/x_1, [0.7,0.8]/x_2, [0.8,0.9]/x_3, [0.5,0.6]/x_4,$$
$$[0.5,0.6]/x_5, [0.8,0.9]/x_6, [0.8,0.9]/x_7\}$$

则有 $\rho_{CV_2}^{\alpha,\beta} = 1 - |\{x_3, x_7\}|/|\{x_1, x_2, x_3, x_6, x_7\}| = 3/5$。

可以看出,两个粒度粗细不同的覆盖粗糙 Vague 集却具有相同的粗糙度,此时无法准确判断 CV_1 和 CV_2 的不确定性,这是因为忽略了分类知识对模型不确定性造成的影响,所以使用定义 3.24 给出的覆盖粗糙 Vague 集的 C-粗糙度的定义,则有

$$\rho^{\alpha,\beta}(A, C_1) = \rho_{CV_1}^{\alpha,\beta}(1 - I(C_1)) = \frac{3}{5} \times \frac{9}{49} = 0.11$$

$$\rho^{\alpha,\beta}(A, C_2) = \rho_{CV_2}^{\alpha,\beta}(1 - I(C_2)) = \frac{3}{5} \times \frac{15}{49} = 0.184$$

显然,$\rho^{\alpha,\beta}(A, C_1) < \rho^{\alpha,\beta}(A, C_2)$。

实例分析结果表明,仅用粗糙度并不能正确反映覆盖粗糙 Vague 集的不确定性,必须考虑到覆盖分类知识的粒度粗细对覆盖粗糙 Vague 集的不确定性造成的影响,这里知识含量测度正是体现了知识分类的本质特征,因而使用基于知识含量的 C-粗糙度能更好地度量其不确定性,并且运算更简便。

3.6 本章小结

Fuzzy 集、Rough 集和 Vague 集都是对经典集的扩充,都可用于边界不确定信息的处理。本章研究了 Fuzzy 集、Rough 集和 Vague 集基本概念之间的关系,提

出了这 3 种类型的不确定集合中每个元素的隶属度都可用[0,1]上的一个子区间来进行统一描述的思想。在基于 Vague 集相似性度量研究的基础上提出了一种求 Fuzzy 集、Rough 集的相似性度量方法,然后基于不同类型不确定集合元素隶属度的统一表示模型建立了基于 Fuzzy 集、Rough 集和 Vague 集的不确定集合之间的相似性度量的统一模型,该模型满足自反性、对称性和单调性等性质。可以证明,Fuzzy 集、Rough 集和 Vague 集集合之间相似性度量在此统一模型上是等价的。实验分析结果表明,所研究的度量模型是有效可行的。

不确定性集合之间的相似性度量是边界不确定信息处理的一个重要概念,是进行不确定性知识获取和不确定性信息处理的基础[11]。在不确定性推理中,不确定性集合之间的相似性度量是推理的重要基础。因此,对 Fuzzy 集、Rough 集和 Vague 集三者之间关系、性质、集合相似性度量及性质等进行研究,特别是对这 3 类集合相似性度量的统一模型进行研究,有助于进一步了解三者之间的相互联系和机理,相互补充,进行多方法融合,更好地用于不确定信息的处理。

覆盖广义粗糙集是数据挖掘领域最具应用前景的一种粗糙集推广模型,在此进一步将粗糙集和 Vague 集两种不确定性理论相结合,研究覆盖知识空间下粗糙集模型的推广。本章对基于覆盖的粗糙 Vague 集不确定性度量的研究,有助于发现模糊信息系统中隐藏的知识,对处理 Vague 信息系统的属性约简、知识获取起到推动作用,同时这也是本书接下来要研究的内容。将粗糙集和 Vague 集理论相结合,优势互补,对进一步探索粗糙集和 Vague 集理论具有一定的研究意义。

参 考 文 献

[1] Zadeh L A. Fuzzy sets[J]. Information and Control,1965,8(3):338-359.

[2] Pawlak Z. Rough sets[J]. International Journal of Information and Computer Science,1982,11(5):341-356.

[3] Gau W L, Buehrer D J. Vague sets[J]. IEEE Transactions on Systems, Man and Cybernetics,1993,23(2):610-614.

[4] 李洪兴,汪培庄. 模糊数学[M]. 北京:国防工业出版社,1994.

[5] 李凡,徐章艳,饶勇,等. Vague 集[J]. 计算机科学,2000,27(9):12-14.

[6] Yao Y Y. A comparative study of fuzzy sets and rough sets[J]. Journal of Information Sciences,1998,109:227-242.

[7] Chanas S, Kuchta D. Further remarks on the relation between rough and fuzzy sets[J]. Fuzzy Sets and Systems,1992,47:391.

[8] Dudios D, Prade H. Rough fuzzy sets and fuzzy rough sets[J]. International Journal of General Systems,1990,17:191-209.

[9] Dudios D, Prade H. Twofold fuzzy sets and rough sets—some issues in knowledge representation[J]. Fuzzy Sets and Systems,1987,23:3-18.

[10] Beaubouef T, Perty F E. Fuzzy rough set techniques for uncertainty processing in a relational database[J]. International Journal of Intelligence Systems, 2000, 15(5): 389-424.

[11] 李凡, 徐章艳. Vague 集之间的相似度量[J]. 软件学报, 2001, 12(6): 921-927.

[12] Chen S M. Measures of similarity between vague sets[J]. Fuzzy Sets and Systems, 1995, 74(2): 217-223.

[13] Hong D H, Kim C. A note on similarity measures between vague sets and between elements[J]. Information Sciences, 1999, 115(1): 83-96.

[14] 闫德勤, 迟忠先, 李艳红. 关于 Vague 集的相似度量[J]. 模式识别与人工智能, 2004, 17(1): 22-26.

[15] 徐久成, 安秋生, 王国胤, 等. 边界不确定信息的处理——Fuzzy 集和 Vague 集[J]. 计算机工程与应用, 2002, 38(16): 24-26.

[16] Xu J C, Shen J Y, An Q S, et al. Processing of information with uncertain borderline——fuzzy sets, rough sets and vague sets[C]//The 7th International Conference for Young Computer Scientists, Harbin, 2003: 399-403.

[17] Xu J C, Shen J Y, An Q S. Processing of information with uncertain boundaries——fuzzy sets and vague sets[C]//The 2004 World Congress on Intelligent Control and Automation(WCICA 2004), Hangzhou, 2004: 2532-2534.

[18] Lee-Kwang H, Song Y S, Lee K M. Similarity measure between fuzzy sets and between elements[J]. Fuzzy Sets and Systems, 1994, 62: 291-293.

[19] Pappis C P, Karacapilidis N I. A comparative assessment of measures of similarity of fuzzy values[J]. Fuzzy Sets and Systems, 1993, 56: 171-174.

[20] Chaudhuri B B, Bhattacharya A. On correlation between two fuzzy sets[J]. Fuzzy Sets and Systems, 2001, 118: 447-456.

[21] Liu Y K. The completion of a fuzzy measure and its applications[J]. Fuzzy Sets and Systems, 2001, 123: 137-145.

[22] Ban A I, Gal S G. Decomposable measures and information measures for intuitionistic fuzzy sets[J]. Fuzzy Sets and Systems, 2001, 123: 103-117.

[23] Fan J L, Ma Y L, Xie W X. On some properties of distance measures[J]. Fuzzy Sets and Systems, 2001, 117: 355-361.

[24] Chen S M. A weighted fuzzy reasoning algorithm for medical diagnosis[J]. Decision Support Systems, 1994, 11: 37-43.

[25] Xu J C, Shen J Y. Similarity measures between rough sets[J]. Wseas Transactions on Computers, 2004, 3(3): 696-699.

[26] 胡宝清. 模糊理论基础[M]. 武汉: 武汉大学出版社, 2004.

[27] 王新洲, 史文中, 王树良. 模糊空间信息处理[M]. 武汉: 武汉大学出版社, 2004.

[28] 汪培庄. 模糊集合论及其应用[M]. 上海: 上海科学技术出版社, 1983.

[29] 孙超, 韩捷, 关惠玲. 模糊集的贴近度及多维综合贴近度[J]. 河南科学, 2004, 22(02): 143-166.

[30] Mordeson J N. Rough set theory applied to (fuzzy) idel theory[J]. Fuzzy Sets and Systems, 2001, 121(2): 315-324.

[31] Slowinski R, Vanderpooten D. A generalized definition of rough approximation based on similarity[J]. IEEE Trans on Knowledge and Data Engineering, 2000, 12(2): 331-336.

[32] Banerjee M, Pal S K. Roughness of a fuzzy set[J]. Information and Computer Science, 1996, 93:

225-246.

[33] Dubois D, Prand H. Rough fuzzy and fuzzy rough sets[J]. Information and Computer Science, 1990, 17(2): 191-209.

[34] 魏莱,苗夺谦,徐菲菲,等. 基于覆盖的粗糙模糊集模型研究[J]. 计算机研究与发展, 2006, 43(10): 1719-1723.

[35] 闫德琴,迟忠先. 粗糙集与 Vague 集[J]. 计算机科学, 2004, 31(8): 133-135.

[36] Bonikowski Z, Bryniarski E, Wybraniec U. Extensions and intentions in the rough set theory[J]. Information Sciences, 1998, 107: 149-167.

[37] Zhu W, Wang F Y. Reduction and axiomization of covering generalized rough sets[J]. Information Sciences, 2003, 152: 217-230.

[38] 王国胤,张清华. 不同知识粒度下粗糙集的不确定性研究[J]. 计算机学报, 2008, 31(9): 1588-1598.

[39] Liang J Y, Wang J H, Qian Y H. A new measure of uncertainty based on knowledge granulation for rough set[J]. Information Sciences, 2009, 179(4): 458-470.

[40] 朱六兵. 粗糙集与 Vague 集的理论及应用研究[硕士学位论文]. 成都:西南交通大学, 2006.

[41] 张文修,吴伟志. 粗糙集理论介绍和研究综述[J]. 模糊系统与数学, 2000, 14(4): 1-12.

[42] 徐菲菲,苗夺谦,李道国,等. 基于覆盖的粗糙模糊集的粗糙熵[J]. 计算机科学, 2006, 33(10): 179-181.

[43] 胡军,王国胤. 覆盖粒度空间的层次模型[J]. 南京大学学报, 2008, 44(5): 551-558.

[44] Liang J Y, Li D Y. Information measure of roughness of knowledge and significance of attribute in rough set theory[J]. Journal of Engineering Mathematics, 2000, 17: 106-108.

[45] 刘纪芹,史开泉. 基于知识含量的粗糙集不确定性度量[J]. 计算机科学, 2007, 34(7): 171-173.

[46] Zhang Q H, Wang G Y, Hu J, et al. Approximation partition spaces of covering space[C]//IEEE International Conference on Granular Computing, Silicon Valley, 2007: 199-204.

第 4 章　基于信息粒度与 Rough 集的决策细化的理论分析

决策表中一般包含某一领域的大量数据对象,由于各种原因,往往造成决策表中各对象的决策值划分的信息粒度比较大,从而造成各对象的决策值不准确,具有模糊性[1],这对进一步的数据挖掘造成严重的不良影响,因此有必要对决策值进一步细化。

用粗糙集理论对决策表进行数据分析之前,首先要求对决策表数据离散化。数据离散化的方法很多,文献[2]对已有的数据离散化方法进行了阐述和探讨,文献[3-5]对决策数据的离散化程度、数据过滤等进行了部分阐述。在此基础上,本章从理论上进一步探讨基于信息粒度与 Rough 集的决策值细化程度问题,讨论决策值细化程度与信息粒度、近似分类的精度、近似分类的质量、规则的近似质量、核属性和信息熵之间的关系,并给出相应的理论证明。研究决策值细化问题,对研究决策表属性约简、决策规则的有效性及实用性等问题都有很大的实际意义。

4.1　信息颗粒与粒度计算

4.1.1　信息颗粒

人类认识、推理和作决策都是在大量的信息基础上进行的。所谓信息颗粒(information granule)是指人类在解决、处理和存储信息时能力有限的一种反映,也就是人类在解决和处理大量复杂信息问题时,由于人类的认识能力有限,把大量复杂信息按其各自的特征和性能划分成若干较简单的块,而每个如此划分出的块被看成一个粒(信息颗粒)[6,7]。

定义 4.1[8](信息颗粒)　称序对 $S=(U,A)$ 为信息系统,其中 U 为论域,A 为有限属性集,$a \in A$,一个基本的信息颗粒定义为 $\text{EF}_B(x)$,这里 EF_B 为 $a=a(x)$ 的选择子的连接,$\|\text{EF}_B(x)\|_S = \|\wedge_{a \in B} a=a(x)\|_S$,其中 $B \subseteq A, x \in U$,$\|\cdot\|$ 为公式集 Φ 到幂集 $P(U)$ 的映射函数,这里的 $P(U)$ 表示 U 的幂集。

就广泛意义而言,信息颗粒涉及整体到部分的划分。更明确地说,信息颗粒涉及个体或对象划分成一种类的聚合。从本质上讲,"颗粒"即基本元素,信息颗粒是在基本集(Rough 集概念)中具有相同属性值的对象集合,或者说信息颗粒是通过不可分辨性(indiscernibility)、相似性(similarity)或函数性(functionality)等来划分的对象的集合。一个基本信息颗粒相当于 Rough 集的一个等价类,等价类也称为等价颗粒[8-10]。

信息颗粒在许多方法中所起的作用是显然的。例如,区间分析、数量分析、分块、Rough 集、DS 理论、机器学习、定性处理理论、决策树、语义网络、图像分割、群体的分析等[6,9-21]。

4.1.2 信息颗粒细化与粒度计算

定义 4.2[22]（信息粒度） 设 $S=<U,R>$ 是一个决策表,$B\in R$ 为一等价关系,B 的粒度记为 $GD(B)$,定义 $GD(B)$ 为

$$GD(B)=|B|/|U^2|=|B|/|U|^2 \tag{4-1}$$

式中,$|B|$ 表示 $B\subseteq U\times U$ 的基数。

当 B 为相等关系时,B 的粒度（信息粒度）达到最小值 $|U|/|U|^2=1/|U|$；当 B 为论域关系时,B 的粒度达到最大值 $|U^2|/|U^2|=1$。一般情况下,$0\leqslant GD(B)\leqslant 1$。

知识的粒度可以表示知识的分辨能力,$GD(B)$ 越小,分辨能力越强。当 $(u,v)\in B$ 时,表明对象 u 和 v 在 B 下不可分辨,属于 B 的同一个等价类,否则它们可分辨,属于不同的 B 等价类。因此,$GD(B)$ 表示在 U 中随机选择两个对象,这两个对象 B-不可分辨的可能性大小。$GD(B)$ 越大表明 B 的分辨能力越弱,$GD(B)$ 越小表明其分辨能力越强。定义知识（属性）B 的分辨度 $Dis(B)$ 为

$$Dis(B)=1-GD(B) \tag{4-2}$$

显然,$0\leqslant Dis(B)\leqslant 1-1/|U|$。

定理 4.1[22] 设 B 是决策表 $S=<U,R>$ 中的知识,$U/B=\{F_1,F_2,\cdots,F_m\}$,则

$$GD(B)=\sum_{i=1}^{m}|F_i|^2/|U|^2 \tag{4-3}$$

根据定理 4.1 有 $Dis(B)=1-GD(B)=1-\sum_{i=1}^{m}|F_i|^2/|U|^2$,显然从该公式可以看出,分辨度的大小直接反映了知识的分辨能力。

在实际研究中,对于一个问题,有时需要同时在粗细不同的粒度世界中进行问题的求解,因此有必要研究不同粒度世界之间的关系,粒度的粗细可以通过如下等价关系来形式化地描述。

定义 4.3[23] 设 R_1 和 R_2 是属性集 R 上的任意两个等价关系,如果对任意的 $x,y\in U$,都有 $xR_1y\Rightarrow xR_2y$,那么就称 R_1 比 R_2 细,记为 $R_1\leqslant R_2$。

信息颗粒化及信息粒度计算（信息粒化计算）是一种新的软计算方法,它的基

本成分是论域的子集、类、簇。在信息粒化计算中,涉及的主要问题有颗粒的描述、颗粒之间的关系、颗粒的粒度计算等,它们可以用于很多领域,如聚类分析、概念的形式化、机器学习、数据挖掘等。目前粒化计算的研究主要从两个方面展开:颗粒的构造和颗粒的粒度计算。信息粒化计算与数据挖掘的关系可以从概念的形式化与概念关系的确定两方面来说明。在概念的形式化研究中,一般认为概念由内涵和外延构成,概念的内涵由相关的属性或特征构成,它表明了对象应用的有效性;概念的外延指相应的对象集,外延中的对象具有相同的特征或属性,也就是说,外延构成了对象具体的实例。从粒化计算的观点看,每个颗粒可以作为概念的一个实例。一旦概念被构造和描述,人们便可用颗粒构造相应的计算方法。特别地,人们可以根据概念的内涵与外延研究概念之间的关系,如子概念(sub-concept)、无关性(disjoint)、重叠概念(overlap concept)、部分子概念(partial sub-concept)等,这些关系可以按照规则或关联度量被方便地表示[19-24]。

4.1.3 粗糙集与信息粒度数据分析的一些度量

一个决策表可以表示为 $S=<U,A>$,其中论域 U 表示对象的集合,$U=\{1,2,\cdots,n\}$,n 表示对象的个数;$A=C\cup D$ 是属性集合,子集 C 和 D 分别为条件属性集和决策属性集,且 $C\cap D=\varnothing$。$C=\{a_1,a_2,\cdots,a_m\}$,m 表示条件属性的个数。D 一般取一个属性,设 $D=\{d\}$,d 为决策属性。对于具有多个决策属性的决策表可以等价地转化为具有单个决策属性的决策表进行讨论,文献[25]对此已有研究,在此不再讨论。

对于每个属性子集 $B\subseteq A$,定义一个二元不可分辨关系 IND(B) 为

$$\text{IND}(B)=\{(x,y)\in U\times U\mid \forall a\in B,a(x)=a(y)\}$$

显然,IND(B) 是一个等价关系,它构成论域 U 上的一个划分 $U/\text{IND}(B)$。划分 $U/\text{IND}(B)$ 中等价类的个数用 $|U/\text{IND}(B)|$ 表示。

设集合簇 $F=\{F_1,F_2,\cdots,F_m\}$ 是论域 U 上的一个划分,B 是一个属性子集,定义 B 对 F 近似分类的精度为

$$d_B(F)=(\sum_{i=1}^{m}|B\_(F_i)|)/\sum_{i=1}^{m}|B^-(F_i)| \tag{4-4}$$

定义 B 对 F 近似分类的质量为

$$r_B(F)=\sum_{i=1}^{m}|B\_(F_i)|/|U| \tag{4-5}$$

定义 4.4[26] 设 $Q\subseteq C$,规则 $Q\to d$ 的近似质量 $\gamma(Q\to d)$ 定义为

$$\gamma(Q\to d)=(\sum|\{Q\_(X)\mid X\in U/\text{IND}(d)\}|)/|U| \tag{4-6}$$

近似质量 $\gamma(Q\to d)$ 定义中的分子相当于等价关系 IND(d) 的 Q 正域。

在式(4-5)中，若 $B \subseteq C$ 且 $F=\{F_1,F_2,\cdots,F_m\}$ 是论域 U 上根据决策表 S 中 $IND(d)$ 得到的划分，则 B 对 F 近似分类的质量 $r_B(F)$ 和定义 4.6 中规则 $Q \rightarrow d$ 的近似质量 $\gamma(Q \rightarrow d)$ 具有一致性。

定义 4.5[25]　设知识(属性集合) P 和 Q 在 U 上导出的划分分别为 X 和 Y，$X=\{X_1,X_2,\cdots,X_{n_1}\}$，$Y=\{Y_1,Y_2,\cdots,Y_{n_2}\}$，则 P,Q 在 U 的子集组成的 σ 代数上的概率分布分别为

$$p(X_i) = \frac{|X_i|}{|U|} \quad i=1,2,\cdots,n_1 \tag{4-7}$$

$$p(Y_j) = \frac{|Y_j|}{|U|} \quad j=1,2,\cdots,n_2 \tag{4-8}$$

有了知识的概率分布后，根据信息论就可以定义知识的熵与条件熵的概念。

定义 4.6　知识 P 的熵 $H(P)$ 定义为

$$H(P) = -\sum_{i=1}^{n_1} p(X_i) \log(P(X_i)) \tag{4-9}$$

条件熵的定义参见第 1 章的定义 1.19。

4.2　决策表中常用的数据预处理

存在不完整的(有些感兴趣的属性缺属性值，或仅包含聚集数据)、含噪声的(包含错误的或存在偏离期望的孤立点值)和不一致的(用于分类的编码存在差异)数据是大型的现实世界数据库或数据仓库的共同特点。数据预处理技术可以提高数据的质量，从而有助于提高其后的数据挖掘过程的精度和性能。由于高质量的决策必然依赖于高质量的数据，所以数据预处理是数据挖掘过程中的主要步骤，其处理的结果对下一步数据挖掘有直接影响，为下一步的数据挖掘打下了基础。数据预处理技术主要包括数据清理、数据集成、数据变换与数据归约。

建立任何实际的知识获取系统，都需要研究数据的预处理问题。不同领域的原始数据可以通过不同的方法获得，但是获得的原始数据并不一定适合直接用于知识获取，通常还需要进行预处理加工。在基于 Rough 集理论的知识获取中，对于原始数据中有遗漏的信息，需要补充(称为决策表补齐)；对于原始数据中值域为实数值的数据，还需要进行离散化(因为 Rough 集理论研究的对象的属性值只能是离散值)。本节仅对决策表补齐和离散化问题进行讨论。

4.2.1　决策表补齐

在很多情况下，得到的待处理信息表并不是一个完备的信息表，表中的某些属性值被遗漏了，因而无法知道它的原始值，这也是信息表不确定性的一个主要原

因。对于这种情况,目前主要通过以下途径对信息表的遗漏数据进行补齐。第一种途径是简单地将存在的遗漏(空缺)属性值的实例记录删除,从而得到一个完备的信息表;第二种途径是将存在的遗漏属性值作为一个特殊的属性值,从而得到一个完备的信息表;第三种途径是采用统计的方法,根据信息表中的其余实例在属性上的取值的分布情况来对一个遗漏属性值进行估计补充,这样不会影响信息表中包含的信息量,也可得到一个完备的信息表;第四种途径是根据 Rough 集理论中数据的不可分辨关系来对不完备的数据进行补齐处理[25]。在 Rough 集理论中主要对后两种情况的数据补齐进行讨论。下面就常用的数据补齐算法进行介绍[25]。

(1) Mean Completer 算法。该算法的思想是,将信息表中的属性分为数值属性和非数值属性来分别处理。如果遗漏的属性值是数值型的,就根据该属性在其他所有实例上的平均值补充该遗漏的属性值;如果遗漏的属性值是非数值型的,就用该属性在其他所有实例上的取值最多的值(出现频率最高的取值)补充该遗漏的属性值。

Mean Completer 算法简单直接,在此基础上,还可演绎出 Conditioned Mean Completer 算法。在 Conditioned Mean Completer 算法中,遗漏属性值的补齐同样是靠该属性在其他实例上的取值求平均得到的,但不同的是,用于求平均的值并不是从信息表的所有实例上取得,而是从与该实例具有相同决策属性值的实例中取得。

Mean Completer 算法和 Conditioned Mean Completer 算法都是数据补齐算法,其基本出发点是一致的,都是以最大概率可能的取值来补充遗漏的属性值,但在具体方法上有些不同,且数据补齐的效果无法保证。

(2) Combinatorial Completer 算法。该算法的思想是用遗漏属性值的所有可能属性取值来试,并从最终属性约简结果中选择最好的一个作为填补的属性值。

Combinatorial Completer 算法是以约简为目的的数据补齐方法,能够得到好的约简结果,但当数据量很大或者遗漏属性值较多时,其计算代价很大。另一种补齐数据的算法称为 Conditioned Combinatorial Completer 算法,其填补遗漏属性值的原则与 Combinatorial Completer 算法一样,不同的只是从决策相同的实例中尝试所有属性值的可能情况,而不是根据信息表中所有实例进行尝试。Conditioned Combinatorial Completer 算法在一定程度上减小了 Combinatorial Completer 算法的计算代价。

(3) 基于 Rough 集理论的不完备数据分析方法(ROUSTIDA)。该算法的思想是,遗漏属性值的填补应使完整化后的信息表产生的分类规则具有尽可能高的支持度,产生的规则应尽量集中。该算法的目标是,具有遗漏属性值的对象与信息表中的其他相似对象的属性值尽可能保持一致,使属性值之间的差异尽可能保持最小。该算法以可辨识矩阵为基础,以可辨识矩阵来反映对象间的差异。

上述数据补齐算法仅仅是在无法获取真实遗漏属性值时所采取的权宜之计,至于采取哪种补齐算法更好,要根据具体情况而定。

即使是一个完备的信息表,也可能存在数据分布的不均匀性,这对以后的信息处理也会造成一定的影响。因此,对于不均匀的信息表,也需要进行缺失对象的数据补齐。

4.2.2 决策表离散化

运用 Rough 集理论处理决策表时,要求决策表中各属性值用离散值表达。如果某些条件属性或决策属性的值域为连续值,则在数据处理前必须进行离散化,这是 Rough 集理论中的一个重要研究课题。由于决策表的离散化问题在 Rough 集理论分析的其他环节(如属性约简、值约简)之前进行,所以它属于 Rough 集理论中的预处理问题之一。

目前国际上针对 Rough 集理论中的离散化问题也提出了一些有价值的研究成果,大致可以分为两类,其中一类基本上是很少或不考虑 Rough 集理论的特殊性,而是把其他学科中的离散化方法借用到 Rough 集理论中来,故离散化效果并不突出;另一类则注意到了 Rough 集理论对决策表的特殊要求,采取将其结合的方法解决离散化问题。

在 Rough 集理论与决策表相结合的离散化算法中,根据离散化处理时是否改变信息系统的原有不可分辨关系,可把离散化算法分为"改变不可分辨关系的离散化算法"和"不改变不可分辨关系的离散化算法"。根据离散化处理时是否考虑到信息系统的具体属性值,可把离散化算法分为"参照性的离散化算法"和"非参照性的离散化算法"。根据选取断点的过程可把离散化算法分为"逐步删除断点的离散化算法"和"逐步增加断点的离散化算法"。

针对离散化问题,人工智能方面的研究者提出了多种算法,具体有等距离划分法、等频率划分法、Naive Scaler 算法、Semi Naive Scaler 算法、布尔逻辑和 Rough 集理论相结合的离散化算法、基于属性重要性的离散化算法等。等距离划分法和等频率划分法需要人为地规定划分的维数,或者需要用户预先给定一个参数,根据给定的参数将各属性的值域按等距离或者等频率划分为几个离散的区间。Naive Scaler 算法不需要额外的参数,能够根据信息系统或数据库本身进行离散化处理,并已在波兰华沙大学与挪威科技大学联合开发的 Rosetta 软件中实现。布尔逻辑和 Rough 集理论相结合的离散化算法根据给出的信息系统求出所有的断点集,而且采用任意的一种断点集得到的新信息系统不会改变原信息系统的不可分辨关系。该算法在求取实际的断点集时,采取的是贪心算法。基于属性重要性的离散化算法,通过对每一个断点进行判定,去掉冗余的断点,从而得到简化的信息系统。该算法的特点在于离散化过程中始终不改变信息系统的不可分辨关系。

4.3 决策表中决策数据的细化

在决策表中,由于各种原因,往往根据决策知识对决策属性值划分的信息粒度比较大,造成各对象的决策值不准确,具有模糊性。如表 4-1 中各对象的决策值要么是流感,要么不是流感,对流感的程度没有进一步的描述,决策数据具有粗糙性[1,27],显然根据这种决策表中形成的决策规则,其实用性和针对性不强,因此有必要对决策的信息颗粒进一步细化。决策值数据挖掘通过详细的量化计算即可解决决策值细化问题,同时可纠正决策中的不准确性和决策失误等问题[4,28]。如对表 4-1 中流感值为"是"可进一步细化为"轻度"、"较重"和"重"3 种情况,从而形成细化后的决策表(表 4-2)。通过表 4-2 发现,表 4-2 的决策属性流感的离散化程度比表 4-1 好,决策值更具准确性和针对性。

本节将对决策属性值的细化过程进行讨论。

表 4-1 流感诊断决策表

对象编号	头疼	肌肉疼	体温	流感
1	是	是	正常	否
2	是	是	高	是
3	是	是	很高	是
4	否	是	正常	否
5	否	否	高	否
6	否	是	很高	是

表 4-2 表 4-1 细化后的流感诊断决策表

对象编号	头疼	肌肉疼	体温	流感
1	是	是	正常	否
2	是	是	高	轻度
3	是	是	很高	重
4	否	是	正常	否
5	否	否	高	否
6	否	是	很高	较重

4.3.1 决策表量化

假设 $S=<U,A>$ 是经过上述数据预处理后的决策表,对 S 进行量化。量化的过程为:对于 $\forall b \in A$,若 $U/\text{IND}(b) = \{X_0, X_1, \cdots, X_{t-1}\}$,且 $X_0, X_1, \cdots, X_{t-1}$ 是按属性 b 的离散值的语意顺序进行排序的,则对于 $\forall x \in X_i$,令 $b(x) = i (0 \leqslant i \leqslant t-1)$。

以医学流感诊断决策表为例(表 4-1),其中条件属性集 $C = \{$头疼,肌肉疼,体温$\}$,决策属性集 $D = \{$流感$\}$。为描述方便,后面分别用 a_1, a_2, a_3 和 d 代表上述的头疼、肌肉疼、体温和流感属性。表 4-1 量化后的形式如表 4-3 所示。在表 4-3 中,为了对流感值的程度放大,定义流感属性值"否"为 0,"是"为 100(其效果与定义流感属性值"否"为 0,"是"为 1 一样)。

表 4-3 表 4-1 决策表的量化

对象编号	a_1	a_2	a_3	d
1	1	1	0	0
2	1	1	1	100
3	1	1	2	100
4	0	1	0	0
5	0	0	0	0
6	0	1	2	100

4.3.2 决策表中决策数据细化的预处理算法

本节把文献[4]给出的正交表中缺失对象和待识对象数据的挖掘预测方法推广应用到决策表中,并对其进行基于不可分辨关系下的重新描述,它主要用于决策表中决策属性值数据的细化预处理,然后用于基于决策属性的信息颗粒细化。决策表中决策属性值数据的细化预处理算法如下。

输入:$S = <U, A>$ 是已量化的决策表,其中,$A = C \cup D$,C 和 D 分别为条件属性集和决策属性集,$D = \{d\}$,d 为决策属性。

输出:$S' = <U, A'>$,其中,$A' = C \cup D'$,C 和 D' 分别为条件属性集和决策属性集,$D' = \{d'^*\}$,d'^* 为决策属性,S' 是 S 经决策属性值细化预处理后所得到的决策表。

Step1:设 $N_j(i) = \{e | a_j(e) = i, a_j \in C, e \in U\}$,其中,$N_j(i)$ 表示决策表 S 中属性 a_j 值为 i 的所有对象构成的集合 $(j = 1, 2, \cdots, m; i = 0, 1, \cdots, |U/\text{IND}(a_j)| - 1)$,显然 $N_j(i) \in U/\text{IND}(a_j)$。

Step2:计算 $\bar{y}_j(i) = \dfrac{1}{|N_j(i)|} \sum_{e \in N_j(i)} d(e)$,其中,$|N_j(i)|$ 表示 $N_j(i)$ 中元素的个数,$d(e)$ 表示对象 e 对应的决策值 $(j = 1, 2, \cdots, m; i = 0, 1, \cdots,$

$|U/\text{IND}(a_j)|-1)$。

Step3:对决策表 S 中的所有对象分别重新计算其所得到的决策属性预测值

$$y_{i_1i_2\cdots i_m} = \bar{y} + [\bar{y}_1(i_1) - \bar{y}] + [\bar{y}_2(i_2) - \bar{y}] + \cdots + [\bar{y}_m(i_m) - \bar{y}]$$

(4-10)

式中,i_j 表示第 j 个条件属性 a_j 取值为 i_j($j=1,2,\cdots,m$),$y_{i_1i_2\cdots i_m}$ 表示某对象的属性 $a_1,a_2,\cdots,a_m$ 依次分别取 $i_1,i_2,\cdots,i_m$ 值时所得到的决策属性预测值(d^* 值);$\bar{y}$ 表示决策表 S 中所有已知的对象对应的决策值的平均值。

Step4:结束。

例 4-1 根据式(4-10),对表 4-3 中对象编号为 1~6 的对象分别重新计算其新的流感值。

对表 4-3 中的第一个对象,其对应的条件属性 a_1,a_2,a_3 的值分别为 1,1,0,则根据式(4-10)有

$$\begin{aligned}y_{110} &= \bar{y} + [\bar{y}_1(1) - \bar{y}] + [\bar{y}_2(1) - \bar{y}] + [\bar{y}_3(0) - \bar{y}]\\ &= 50 + (200/3 - 50) + (60 - 50) + (0 - 50)\\ &= 26.7\end{aligned}$$

同理,可对编号为 2~6 的对象重新计算其流感值,其结果见表 4-4 中属性 d^* 的值。

表 4-4 表 4-3 的决策属性值细化预处理

对象编号	a_1	a_2	a_3	d^*
1	1	1	0	26.7
2	1	1	1	76.7
3	1	1	2	126.7
4	0	1	0	−6.7
5	0	0	1	−16.7
6	0	1	2	93.3

4.3.3 决策表中决策数据的补齐

在表 4-3 中,$U/\text{IND}(a_1) = \{\{1,2,3\},\{4,5,6\}\}$,$U/\text{IND}(a_2) = \{\{1,2,3,4,6\},\{5\}\}$,$U/\text{IND}(a_3) = \{\{1,4\},\{2,5\},\{3,6\}\}$。显然属性 a_2 的取值分布偏差太大,从表 4-2 中获取的决策规则不可能对进一步的待诊病人作出准确的流感诊断。为解决此类问题,在表 4-3 中可进行缺失对象补齐。在表 4-3 中其属性组 $a_1a_2a_3$ 的对应值 101,000,100,011,002,102 都是需要补齐的对象,根据

式(4-10),可分别计算其对应的新的属性流感 d^* 值,然后将上述需要补齐的对象编号及其条件属性值、计算得到的决策属性流感 d^* 值一并放入表4-4尾部,形成新的决策表 $S''=<U',A>$(表4-5)。

表4-5 表4-3决策表的数据缺失补齐

对象编号	a_1	a_2	a_3	d^*
1	1	1	0	26.7
2	1	1	1	76.7
3	1	1	2	126.7
4	0	1	0	−6.7
5	0	0	1	−16.7
6	0	1	2	93.3
7	1	0	1	16.7
8	0	0	0	−66.7
9	1	0	0	−33.3
10	0	1	1	43.3
11	0	0	2	33.3
12	1	0	2	66.7

从表4-5可以看出,该决策表中各属性值具有均匀性。如果决策表中数据量较大,也可适当进行补齐,以保持决策表中各属性值具有相对均匀性,并避免造成属性值的较大偏差,而影响后期形成的决策规则的有效性。

决策表经过上述决策数据细化的预处理之后,还需要继续进行决策数据的离散化处理,才能真正用于Rough集理论的分析,因为Rough集理论研究的对象的属性值只能是离散值。决策数据的离散化程度(决策数据细化的程度)可根据实际情况决定,如后面要介绍的表4-6中就给出了一种表4-5的离散化程度方法。

4.3.4 决策数据细化预处理算法的性能评价

决策属性值的细化预处理算法的性能评价如下。

(1) 算法通过详细的量化计算即可解决决策值细化的问题,同时可纠正决策中的不准确性和决策失误等问题。

(2) 算法能够保证决策属性值细化预处理前后的决策结果具有相对一致性。即在决策表中,如果一个对象原有的决策值较大,则经该算法预处理后其决策值也较大。反之,如果一个对象原有的决策值较小,则经该算法预处理后其决策值也较小。

(3) 可消除决策冲突,解决决策表中存在的决策结果的不一致性问题,因为如果两个对象的条件属性值都相等,则它们通过式(4-10)计算得到的决策值也一定相等。

(4) 算法处理具有较少数据的决策表比较方便。对于数据量较大的决策表,该算法数据处理的复杂度较高,但可以采用正交表的方法进行部分补齐,以保持决策表中各属性值具有相对均匀性。

4.4 决策细化的 Rough 集理论分析

决策表中决策数据细化的预处理算法通过详细的量化计算可解决决策值细化的问题,同时可纠正决策中的不准确性和决策失误等问题[4,28]。该方法得到的决策属性值是非离散化的,如果需要离散化,可根据实际情况决定决策属性离散化的程度。如在表 4-5 中,若对其 d^* 值再进行离散化,离散化方法见表 4-6(离散化区间可根据实际情况而定),同样也可用其他方法进行离散化。然后对决策值数据挖掘预测前后的表 4-3 和表 4-5 相同元素进行比较(表 4-7)。通过表 4-7 的比较发现,表 4-5 经表 4-6 的离散化方法离散化后的情况比表 4-3 好,表 4-5 经离散化后的决策值更具准确性、针对性和实用性。

表 4-6 表 4-5 中 d^* 的离散化

离散值	d^*
否	$d^* \leqslant 60$
轻度	$60 < d^* \leqslant 80$
较重	$80 < d^* \leqslant 100$
重	$100 < d^*$

表 4-7 表 4-3 与表 4-5 之间对应对象间的决策值离散化比较

对象编号	a_1	a_2	a_3	表 4-3 d	表 4-5 d^*
1	1	1	0	0(否)	26.7(否)
2	1	1	1	100(是)	76.7(轻度)
3	1	1	2	100(是)	126.7(重)
4	0	1	0	0(否)	-6.7(否)
5	0	0	1	0(否)	-16.7(否)
6	0	1	2	100(是)	93.3(较重)

本节对决策表中决策属性值细化前后的决策情况进行了理论分析和实例分析比较。

设在决策表 $S=<U,A>$ 中,决策属性集 $D=\{d\}$,d 为决策属性,d 的离散值个数为 $t(t\geq 2)$,d 的属性值域为 $\{0,1,\cdots,t-1\}$,则 U 根据 $IND(d)$ 划分的等价类集合为 $F=\{X_0,X_1,\cdots,X_{t-1}\}$,其中 $X_i=\{x|\forall x\in U,d(x)=i\}$,$i=0,1,2,\cdots,t-1$。若将 F 中的 X_i 进一步细化为 X_{i1} 和 X_{i2},从而形成决策表 S',并有 $X_i=X_{i1}\bigcup X_{i2}$ 且 $X_{i1}\bigcap X_{i2}=\varnothing$ [28]。令 $F'=\{X_0,X_1,\cdots,X_{i-1},X_{i1},X_{i2},X_{i+1},\cdots,X_{t-1}\}$ 是 U 根据决策表 S' 中 $IND(d')$ 得到的划分(为区别,记 S' 中的 d 为 d'),则决策表 S 和决策表 S' 之间有下列定理成立。

4.4.1 决策属性值细化对近似分类精度的影响

定理 4.2 设 S' 是决策表 S 中某一决策属性值进一步细化为两个值后形成的决策表,S' 中其他决策值与 S 相同。若 $F=\{X_0,X_1,\cdots,X_{t-1}\}$ 是论域 U 上根据决策表 S 中 $IND(d)$ 得到的划分,F' 是 S' 中根据 $IND(d')$(d' 为决策属性)得到的划分,B 是一个条件属性子集,则 $d_B(F')\leq d_B(F)$。

证明:已知 $F=\{X_0,X_1,\cdots,X_{t-1}\}$ 和 $F'=\{X_0,X_1,\cdots,X_{i-1},X_{i1},X_{i2},X_{i+1},\cdots,X_{t-1}\}$ 分别是决策表 S 和 S' 根据 $IND(d)$ 和 $IND(d')$ 得到的划分,其中 $X_i=X_{i1}\bigcup X_{i2}$ 且 $X_{i1}\bigcap X_{i2}=\varnothing$,则

$$B_-(X_i)=B_-(X_{i1}\bigcup X_{i2})\supseteq B_-(X_{i1})\bigcup B_-(X_{i2})$$

又

$$X_{i1}\bigcap X_{i2}=\varnothing$$

从而

$$B_-(X_{i1})\bigcap B_-(X_{i2})=\varnothing$$

所以

$$|B_-(X_i)|\geq |B_-(X_{i1})|+|B_-(X_{i2})|$$

又因为

$$B^-(X_i)=B^-(X_{i1}\bigcup X_{i2})=B^-(X_{i1})\bigcup B^-(X_{i2})$$

所以

$$|B^-(X_i)|\leq |B^-(X_{i1})|+|B^-(X_{i2})|$$

则由近似分类精度的定义[式(4-4)]知

$$d_B(F)=(\sum_{j=0}^{t-1}|B_-(X_j)|)/\sum_{j=0}^{t-1}|B^-(X_j)|$$

$$=(\sum_{j=0}^{i-1}|B_-(X_j)|+|B_-(X_i)|+\sum_{j=i+1}^{t-1}|B_-(X_j)|)/(\sum_{j=0}^{i-1}|B^-(X_j)|$$

$$+|B^-(X_i)|+\sum_{j=i+1}^{t-1}|B^-(X_j)|)$$

$$\geqslant (\sum_{j=0}^{i-1}|B_-(X_j)|+|B_-(X_{i1})|+|B_-(X_{i2})|$$

$$+\sum_{j=i+1}^{t-1}|B_-(X_j)|)/(\sum_{j=0}^{i-1}|B^-(X_j)|+|B^-(X_{i1})|+|B^-(X_{i2})|$$

$$+\sum_{j=i+1}^{t-1}|B^-(X_j)|)=d_B(F')$$

即

$$d_B(F')\leqslant d_B(F)。$$

定理 4.3 若 $S=<U,A>$ 是一个一致的决策表,P 是一个相对于决策属性集 $D=\{d\}$ 的条件属性约简,$P\subseteq Q,Q\subseteq C,F=\{X_0,X_1,\cdots,X_{t-1}\}$ 是论域 U 上根据 $IND(d)$ 得到的划分,则 $d_Q(F)=1$。

证明:因为 S 是一个一致的决策表,P 是一个相对于决策属性 $D=\{d\}$ 的条件属性约简,则

$$POS_C(F)=POS_P(F)=U$$

因为

$$P\subseteq Q,Q\subseteq C$$

则

$$POS_Q(F)=U$$

又因为 $F=\{X_0,X_1,\cdots,X_{t-1}\}$ 是论域 U 上根据 $IND(d)$ 得到的划分,则

$$POS_Q(F)=\bigcup_{X_i\in F}Q_-(X_i)$$

从而有

$$Q_-(X_i)=X_i \quad (i=0,1,2,\cdots,t-1)$$

由于

$$X_i\cap X_j=\varnothing(i\neq j;i,j=0,1,2,\cdots,t-1)$$

所以

$$Q^-(X_i)=X_i$$

根据式(4-4),则有 $d_Q(F)=1$。

定理 4.2 说明,决策表中某一决策属性值细化后所得到的近似分类精度不大于细化前所得到的近似分类精度。定理 4.3 说明,在基于决策属性的任何条件属性约简上,近似分类精度都达到最大值 1。

4.4.2 决策属性值细化对近似分类质量的影响

定理 4.4 设 S' 是决策表 S 中某一决策属性值进一步细化为两个值后形成的决策表,S' 中其他决策值与 S 相同。若 $F=\{X_0,X_1,\cdots,X_{t-1}\}$ 是论域 U 上根据决策表 S 中 $\text{IND}(d)$ 得到的划分,F' 是 S' 中根据 $\text{IND}(d')$(d' 为决策属性)得到的划分,B 是一个条件属性子集,则 $r_B(F') \leqslant r_B(F)$。

证明:已知 $F=\{X_0,X_1,\cdots,X_{t-1}\}$ 和 $F'=\{X_0,X_1,\cdots,X_{i-1},X_{i1},X_{i2},X_{i+1},\cdots,X_{t-1}\}$ 分别是决策表 S 和 S' 根据 $\text{IND}(d)$ 和 $\text{IND}(d')$ 得到的划分,其中 $X_i=X_{i1}\bigcup X_{i2}$ 且 $X_{i1}\bigcap X_{i2}=\varnothing$,则

$$B_-(X_i)=B_-(X_{i1}\bigcup X_{i2})\supseteq B_-(X_{i1})\bigcup B_-(X_{i2})$$

又

$$X_{i1}\bigcap X_{i2}=\varnothing$$

从而

$$B_-(X_{i1})\bigcap B_-(X_{i2})=\varnothing$$

所以

$$|B_-(X_i)|\geqslant |B_-(X_{i1})|+|B_-(X_{i2})|$$

由近似分类质量的定义[式(4-5)]知

$$r_B(F)=(\sum_{j=0}^{t-1}|B_-(X_j)|)/|U|$$
$$=(\sum_{j=0}^{i-1}|B_-(X_j)|+|B_-(X_i)|+\sum_{j=i+1}^{t-1}|B_-(X_j)|)/|U|$$
$$\geqslant (\sum_{j=0}^{i-1}|B_-(X_j)|+|B_-(X_{i1})|+|B_-(X_{i2})|+\sum_{j=i+1}^{t-1}|B_-(X_j)|)/|U|$$
$$=r_B(F')$$

即

$$r_B(F')\leqslant r_B(F)$$

定理 4.5 若 $S=<U,A>$ 是一个一致决策表,P 是一个相对于决策属性集 $D=\{d\}$ 的条件属性约简,$P\subseteq Q$,$Q\subseteq C$,$F=\{X_0,X_1,\cdots,X_{t-1}\}$ 是论域 U 上根据 $\text{IND}(d)$ 得到的划分,则 $r_Q(F)=1$。

证明:因为 S 是一个一致决策表,P 是一个相对于决策属性 $D=\{d\}$ 的条件属性约简,则

$$\text{POS}_C(F)=\text{POS}_P(F)=U$$

又

$$P\subseteq Q,\quad Q\subseteq C$$

则
$$POS_Q(F) = U$$
$F = \{X_0, X_1, \cdots, X_{t-1}\}$ 是论域 U 上根据 IND(d) 得到的划分,则有
$$POS_Q(F) = \bigcup_{X_i \in F} Q\_(X_i)$$
从而有 $Q\_(X_i) = X_i (i = 0, 1, 2, \cdots, t-1)$。

由于 $X_i \cap X_j = \varnothing (i \neq j; i, j = 0, 1, 2, \cdots, t-1)$,且 $\sum_{j=0}^{t-1} X_j = U$,则

$$\sum_{j=0}^{t-1} |Q\_(X_j)| = \sum_{j=0}^{t-1} |X_j| = |U|$$

根据式(4-5),则有 $r_Q(F) = 1$。

定理 4.4 说明,决策表中某一决策属性值细化后所得到的近似分类质量不大于细化前所得到的近似分类质量。定理 4.5 说明,在基于决策属性的任何条件属性约简上近似分类质量都达到最大值 1。

4.4.3 决策属性值细化对规则近似质量的影响

定理 4.6 设 S' 是决策表 S 中某一决策属性值进一步细化为两个值后形成的决策表,S' 中其他决策值与 S 相同。若 $Q \rightarrow d$ 为决策表 S 的规则,$Q \rightarrow d'$ 为决策表 S' 的规则,$Q \subseteq C$,则

$$\gamma(Q \rightarrow d') \leqslant \gamma(Q \rightarrow d)$$

证明:$F = \{X_0, X_1, \cdots, X_{t-1}\}$ 和 $F' = \{X_0, X_1, \cdots, X_{i-1}, X_{i1}, X_{i2}, X_{i+1}, \cdots, X_{t-1}\}$ 分别是决策表 S 和 S' 根据 IND(d) 和 IND(d') 得到的划分,其中,$X_i = X_{i1} \cup X_{i2}$ 且 $X_{i1} \cap X_{i2} = \varnothing$,则

$$Q\_(X_i) = Q\_(X_{i1} \cup X_{i2}) \supseteq Q\_(X_{i1}) \cup Q\_(X_{i2})$$

根据式(4-6),有 $\gamma(Q \rightarrow d') \leqslant \gamma(Q \rightarrow d)$。

推论 4.1 设 $F = \{X_0, X_1, \cdots, X_{t-1}\}$ 是 U 上根据决策表 S 中 IND(d) 得到的划分,若将决策表 S 中某两个决策值相临的近似决策等价类 X_j 和 X_{j+1} 合并为 $X_j \cup X_{j+1}$,形成新的决策表 SS,并定义 $X_{j'} = X_j \cup X_{j+1}$,即 $X_{j'} = \{x \mid \forall x \in U, d(x) = j$ 或 $d(x) = j+1\}$,且 SS 中 U 根据 IND(dd)(为区别,记 SS 中的 d 为 dd)划分的新的等价类集合为 $F' = \{X_0, X_1, \cdots, X_{j-1}, X_{j'}, X_{j+2}, \cdots, X_{t-1}\}$,$0 \leqslant j < t-2$,则

$$\gamma(Q \rightarrow d) \leqslant \gamma(Q \rightarrow dd)$$

定理 4.7 若 $S = <U, A>$ 是一个一致决策表,P 是一个相对于决策属性集 $D = \{d\}$ 的条件属性约简,$P \subseteq Q, Q \subseteq C, F = \{X_0, X_1, \cdots, X_{t-1}\}$ 是论域 U 上根据 IND(d) 得到的划分,则 $\gamma(Q \rightarrow d) = 1$。

证明：因为 S 是一个一致决策表，P 是一个相对于决策属性 $D=\{d\}$ 的条件属性约简，则

$$\text{POS}_C(F)=\text{POS}_P(F)=U$$

又，因为

$$P\subseteq Q,\quad Q\subseteq C$$

则

$$\text{POS}_Q(F)=U$$

由于 $F=\{X_0,X_1,\cdots,X_{t-1}\}$ 是论域 U 上根据 $\text{IND}(d)$ 得到的划分，所以

$$POS_Q(F)=\bigcup_{X_i\in F}Q\_(X_i)$$

从而有 $Q\_(X_i)=X_i(i=0,1,2,\cdots,t-1)$。

因为 $X_i\cap X_j=\varnothing(i\neq j,i,j=0,1,2,\cdots,t-1)$，且 $\sum_{j=0}^{t-1}X_j=U$，则

$$\sum_{j=0}^{t-1}|Q\_(X_j)|=\sum_{j=0}^{t-1}|X_j|=|U|$$

根据式(4-6)得到 $\gamma(Q\to d)=1$。

定理 4.6 说明，决策表中某一决策属性值细化后所得到的规则的近似分类质量不大于细化前所得到的规则的近似分类质量。定理 4.7 说明，在基于决策属性的任何条件属性约简上规则的近似分类质量都达到最大值 1。

4.4.4 决策属性值细化对核属性的影响

定理 4.8 若 S 是一个一致决策表，S' 是决策表 S 中某一决策属性值进一步细化为两个值后形成的决策表，S' 中其他决策值与 S 相同。若 $a_i\in C$ 是 S 的核属性，则 a_i 也一定是 S' 的核属性。

证明：若 $F=\{X_0,X_1,\cdots,X_{t-1}\}$ 是 U 根据决策表 S 中 $\text{IND}(d)$ 得到的划分，$a_i\in C$ 是 S 的核属性，$P=C\setminus\{a_i\}$，则 $\text{POS}_P(F)\neq\text{POS}_C(F)$。

因为

$$\text{POS}_P(F)=\bigcup_{X_i\in F}P\_(X_i),\text{POS}_C(F)=\bigcup_{X_i\in F}C\_(X_i)$$

因为对于任意 $X_i\in F$，都有 $P\_(X_i)\subseteq C\_(X_i)$，则 $\text{POS}_P(F)\subset\text{POS}_C(F)$。

若将 F 中的 X_i 进一步细化为 X_{i1} 和 X_{i2}，形成决策表 S'，并有 $X_i=X_{i1}\cup X_{i2}$ 且 $X_{i1}\cap X_{i2}=\varnothing$。

令 $F1=\{X_0,X_1,\cdots,X_{i-1},X_{i1},X_{i2},X_{i+1},\cdots,X_{t-1}\}$ 是 U 根据 S' 中 $\text{IND}(d')$ 得到的划分（d' 为决策属性），则 $\text{POS}_P(F1)=A\cup P\_(X_{i1})\cup P\_(X_{i2})\cup B$，其中

$$A=P\_(X_0)\cup P\_(X_1)\cup\cdots\cup P\_(X_{i-1})$$

$$B=P\_(X_{i+1})\cup\cdots\cup P\_(X_{t-1})$$

又
$$\text{POS}_P(F) = A \bigcup P_-(X_i) \bigcup B = A \bigcup P_-(X_{i1} \bigcup X_{i2}) \bigcup B$$
$$P_-(X_{i1} \bigcup X_{i2}) \supseteq P_-(X_{i1}) \bigcup P_-(X_{i2})$$

则
$$\text{POS}_P(F) \supseteq \text{POS}_P(\text{F1})$$

由此可知
$$\text{POS}_P(F) \subset \text{POS}_C(F)$$

所以
$$\text{POS}_P(\text{F1}) \subset \text{POS}_C(F)$$

因此
$$\text{POS}_P(\text{F1}) \neq \text{POS}_C(F)$$

由于 S 是一个完全一致决策表,则 S' 也是完全一致的,即有
$$\text{POS}_C(F) = \text{POS}_C(\text{F1}) = U$$

从而
$$\text{POS}_P(\text{F1}) \neq \text{POS}_C(\text{F1})$$

即 a_i 是 S' 的核属性。

从前面的分析证明可得出这样一个结论:在一个决策表中,决策属性的属性值划分得越细,则其近似分类的精度、近似分类的质量和规则的近似质量就越小;并且决策表中决策属性值细化后所得到的核属性集一定包含细化前的核属性集。因此,在对决策表离散化时,要求决策属性离散化的程度要适宜,即决策细化的程度要适宜。如果决策数据划分得太细,可能会增加问题的复杂性,不利于解决问题。关于广义决策表的决策细化问题将在后面介绍。

4.4.5 决策属性值细化对信息熵的影响

定理 4.9 设 P 和 Q 是决策表 S 中根据 $\text{IND}(d)$ 得到的两个划分,$P = \{P_1, P_2, \cdots, P_m\}$,$Q = \{Q_1, Q_2, \cdots, Q_n\}$,且 $P \neq Q$。若 $\forall P_i \in P$,$\exists Q_j \in Q$,都有 $P_i \subseteq Q_j$,则 $H(P) > H(Q)$。

证明:根据知识的熵的定义[式(4-9)]有
$$H(P) = \sum_{i=1}^{m} P(P_i) \log P(P_i)$$
$$= \frac{1}{|U|} \sum_{i=1}^{m} |P_i| (\log |P_i| - \log |U|)$$

同理
$$H(Q) = -\frac{1}{|U|}\sum_{j=1}^{n}|Q_j|(\log|Q_j|-\log|U|)$$

根据已知条件，显然 $m>n$，且存在 $\{1,2,\cdots,m\}$ 的一个划分 $B=\{B_1,B_2,\cdots,B_n\}$ 使得
$$Q_j = \bigcup_{i\in B_j} P_i \ (j=1,2,\cdots,n)$$

因此
$$H(Q) = -\frac{1}{|U|}\sum_{j=1}^{n}|Q_j|(\log|Q_j|-\log|U|)$$
$$= -\frac{1}{|U|}\sum_{j=1}^{n}|\bigcup_{i\in B_j}P_i|(\log|\bigcup_{i\in B_j}P_i|-\log|U|)$$
$$= -\frac{1}{|U|}\sum_{j=1}^{n}(\sum_{i\in B_j}|P_i|)[\log(\sum_{i\in B_j}|P_i|)-\log|U|]$$
$$= \frac{1}{|U|}\sum_{j=1}^{n}(\sum_{i\in B_j}|P_i|)[\log|U|-\log(\sum_{i\in B_j}|P_i|)]$$

由于 $m>n$，则至少存在一个 $B_k\in B$ 使得 $|B_k|>1$，有
$$(\sum_{i\in B_k}|P_i|)(\log|U|-\log(\sum_{i\in B_k}|P_i|))$$
$$< (\sum_{i\in B_k K}|P_i|)(\log|U|-\log(|P_i|))$$
$$(\sum_{i\in B_j,j\neq k}|P_i|)(\log|U|-\log(\sum_{i\in B_j,j\neq k}|P_i|))$$
$$\leqslant (\sum_{i\in B_j,j\neq k}|P_i|)(\log|U|-\log(|P_i|))$$

因此
$$H(Q) = \frac{1}{|U|}\sum_{j=1}^{n}(\sum_{i\in B_j}|P_i|)(\log|U|-\log(\sum_{i\in B_j}|P_i|))$$
$$< \frac{1}{|U|}\sum_{j=1}^{n}(\sum_{i\in B_j}|P_i|)(\log|U|-\log(|P_i|))$$
$$= \frac{1}{|U|}\sum_{i=1}^{m}|P_i|(\log|U|-\log(|P_i|))$$
$$= -\frac{1}{|U|}\sum_{i=1}^{m}|P_i|(\log(|P_i|)-\log|U|)$$
$$= H(P)$$

即
$$H(P) > H(Q)$$

从定理4.9可以看出，决策表中根据决策属性得到的划分越细（信息粒度越

小),其信息熵(关于决策知识的熵)单调增加。

下面在 Rough 集理论中引入一个新的信息熵定义。

定义 4.7 设 $S=<U,A>$ 是一个决策表,$A=C\cup D$,$F=\{F_1,F_2\cdots,F_m\}$ 是 U 上按 $\text{IND}(d)$ 划分的类集。决策表中类集 F 的信息熵定义为

$$E(F)=(\sum_{i=1}^{m}|F_i|\log|F_i|)/|U|$$

定理 4.10 设 P 和 Q 是决策表 S 中根据 $\text{IND}(d)$ 得到的两个划分,$P=\{P_1,P_2,\cdots,P_m\}$,$Q=\{Q_1,Q_2,\cdots,Q_n\}$,且 $P\neq Q$。若对于 $\forall P_i\in P$,$\exists Q_j\in Q$,都有 $P_i\subseteq Q_j$,则

$$E(P)<E(Q)$$

证明:显然 $m>n$,且存在 $\{1,2,\cdots,m\}$ 的一个划分 $B=\{B_1,B_2,\cdots,B_n\}$ 使得

$$Q_j=\bigcup_{i\in B_j}P_i \quad (j=1,2,\cdots,n)$$

由定义 4.7 可得

$$E(Q)=(\sum_{j=1}^{n}|Q_j|\log|Q_j|)/|U|$$

$$=(\sum_{j=1}^{n}(|\bigcup_{i\in B_j}P_i|)\log|\bigcup_{i\in B_j}P_i|)/|U|$$

$$=(\sum_{j=1}^{n}(\sum_{i\in B_j}|P_i|)\log(\sum_{i\in B_j}|P_i|))/|U|$$

又 $(\sum_{i\in B_j}|P_i|)\log(\sum_{i\in B_j}|P_i|)\geqslant\sum_{i\in B_j}|P_i|\log|P_i|$,且 $m>n$,则至少存在一个 $B_k\in B$ 使得 $|B_k|>1$,则有

$$(\sum_{i\in B_k}|P_i|)\log(\sum_{i\in B_k}|P_i|)>\sum_{i\in B_k}|P_i|\log|P_i|$$

故

$$E(Q)>(\sum_{j=1}^{n}(\sum_{i\in B_j}|P_i|)\log|P_i|)/|U|$$

$$=(\sum_{j=1}^{m}|P_i|\log|P_i|)/|U|=E(P)$$

即

$$E(P)<E(Q)$$

定理 4.10 说明,如果一个决策表的对象数和条件属性部分都相同,而决策属性的属性值划分得越细(信息粒度越小),则其关于决策的信息熵就越小。这个结论与文献[29]中的结论一致。

定理 4.9 和定理 4.10 从不同信息熵定义下的两个方面说明了关于决策知识

划分的不确定性,其道理是完全一致的。在计算关于决策知识划分的信息熵时,定义 4.7 比定义 4.6 更简单,更具针对性。

例 4-2 假定对表 4-5 中的决策属性值离散化分 3 种情况,分别表示为 Case1、Case2 和 Case3(表 4-8),然后分别形成相应的 3 个决策表 Table5_Case1、Table5_Case2 和 Table5_Case3。下面给出相应的实例验证和比较。

表 4-8 表 4-5 中 d^* 离散化的 3 种情况

离散化			d^*
Case1	Case2	Case3	
0(否)	0(否)	0(否)	$d^* \leqslant 60$
1(轻度)	1(轻度)	0(否)	$60 < d^* \leqslant 80$
2(较重)	1(轻度)	1(流感)	$80 < d^* \leqslant 100$
3(重)	2(重)	1(流感)	$100 < d^*$

(1) 决策细化和核属性之间的关系。

决策属性值细化的程度对核属性有直接的影响(定理 4.8)。根据表 4-8,表 4-9 给出了表 4-3 对应的决策表 Table3 和决策表 Table5_Case1、Table5_Case2、Table5_Case3 之间对应的核属性之间的比较。

表 4-9 表 4-3 和表 4-5 对应的决策表的核比较

	Table 3	Table5_Case1	Table5_Case2	Table5_Case3
核属性	$\{a_3\}$	$\{a_1,a_2,a_3\}$	$\{a_1,a_2,a_3\}$	$\{a_1,a_2,a_3\}$

从表 4-9 的比较发现,Table5_Case1、Table5_Case2、Table5_Case3 的核属性集是完全一样的,而表 4-3 的核属性集与它们不同,其主要原因是表 4-3 对应的决策表中的对象分布不均匀且存在缺失对象(定理 4.8)。对表 4-3 对应的决策表进行数据补齐,即可形成相对均匀的决策表(表 4-5)。对于相对均匀的决策表来说,它的核属性集保持不变。因此,从相对均匀的决策表中获取的决策规则的准确率是较高的。

(2) 决策细化和近似度量之间的关系。

表 4-10 对决策表 Table5_Case1、Table5_Case2、Table5_Case3 分别从不同条件属性集进行了规则的近似质量、近似分类的精度值的比较。由表 4-10 可知,在任何条件属性集上,Table5_Case1 的规则的近似质量 γ 和近似分类的精度 d 值都不大于 Table5_Case2 相应的规则的近似质量 γ 和近似分类的精度 d 的值;Table5_Case2 的规则的近似质量 γ 和近似分类的精度 d 值都不大于 Table5_Case3 相应

的规则的近似质量 γ 和近似分类的精度 d 的值。并且从表 4-10 中可看出在相对于决策属性的任何条件属性约简上，γ 和 d 都达到最大值 1。

表 4-10 决策细化和近似度量之间的关系

		属性集					
		$\{a_1\}$	$\{a_2\}$	$\{a_3\}$	$\{a_1,a_3\}$	$\{a_2,a_3\}$	$\{a_1,a_2,a_3\}$
Table5_Case1	γ	0	0	0.333	0.5	0.5	1
	d	0	0	0.143	0.333	0.333	1
Table5_Case2	γ	0	0	0.333	0.5	0.5	1
	d	0	0	0.167	0.333	0.333	1
Table5_Case3	γ	0	0	0.333	0.667	0.667	1
	d	0	0	0.2	0.5	0.5	1
Table3	γ	0	0.167	0.667	1	1	1
	d	0	0.091	0.5	1	1	1

从表 4-10 的实例分析可以看出，实例分析的结果与定理 4.6、定理 4.2 的结论一致，这也说明了定理 4.6 和定理 4.2 的正确性和有效性。

4.5 基于信息颗粒理论的决策细化理论

4.5.1 基于信息颗粒理论的决策细化

就广泛意义而言，信息颗粒涉及整体到部分的划分。更明确地讲，信息颗粒涉及个体或对象划分成一种类的聚合。信息颗粒化相当于把原始的复杂问题分解为多个易管理的子问题，即把大颗粒分解为小颗粒。颗粒化问题随处可见，它是很多学科共同研究的课题。

粒度本身是物理学的概念，是指微粒大小的平均度量。在这里被借用做"信息粗细的平均度量"。物理粒度涉及对物理对象的细化划分，而信息粒度则是对信息和知识细化的不同层次的度量。在认知和处理现实世界问题时，常常采用从不同层次观察问题的策略，往往从极不相同的粒度上观察和分析同一问题，也就是说需要在粗细不同的粒度上进行问题求解，因此有必要研究不同粒度世界之间的关系。

信息粒度和等价关系有着非常密切的关系，不同的等价关系对应不同的信息粒度。如在定义 4.3 中，等价关系 R_1 比 R_2 细，也就是等价关系 R_1 的粒度比 R_2 要小，换句话说，就是根据等价关系 R_2 划分的信息颗粒比根据等价关系 R_1 划分的信息颗粒要大。粗细不等的等价关系之间存在一种继承关系："较细"等价关系继承了"较粗"等价关系的部分性质，嵌套的等价关系是一种偏序格结构[9]。

决策表中一般包含了某一领域的大量数据对象,由于各种原因,往往根据决策知识(等价关系)对决策属性值划分的信息颗粒比较大,造成各对象的决策值不准确,具有模糊性[1,26]。如表 4-1 中各对象的决策值要么是流感,要么不是流感,对流感的程度没有进一步的描述,决策数据具有粗糙性,显然根据这种决策表中形成的决策规则,其实用性和针对性不强,因此有必要对决策的信息颗粒进一步细化。对于决策属性,通过把它的一些粒度比较大的决策信息颗粒细化为不同粒度下的一些决策子颗粒,消除了决策表中存在的决策值不准确和模糊等问题,在实际中可能会更具准确性和实用性。

研究基于信息粒度的决策细化问题对研究基于决策的聚类和分类有很大帮助。从表面上看,聚类和分类有很大的区别,然而从信息粒度的角度能更清楚地认识聚类和分类之间的联系。聚类是在一个统一的粒度下看问题,而分类是在不同的粒度层次下进行计算的[23]。

4.5.2 决策属性值细化对信息粒度的影响

定理 4.11 设 S' 是决策表 S 中某一决策属性值进一步细化为两个值后形成的决策表,S' 中其他决策值与 S 相同。若 $F=\{X_0,X_1,\cdots,X_{t-1}\}$ 是论域 U 上根据决策表 S 中 $\text{IND}(d)$ 得到的划分,F' 是 S' 中根据 $\text{IND}(d')$ 得到的划分(d' 为决策属性),则 $\text{GD}(F')\leqslant\text{GD}(F)$。

证明:由定理 4.1 知

$$\text{GD}(F)=\sum_{j=0}^{t-1}|X_j|^2/|U|^2$$

$$=\sum_{j=0}^{i-1}|X_j|^2/|U|^2+|X_i|^2/|U|^2+\sum_{j=i+1}^{t-1}|X_j|^2/|U|^2$$

又因为 $X_i=X_{i1}\cup X_{i2}$ 且 $X_{i1}\cap X_{i2}=\varnothing$,则

$$|X_i|^2\geqslant|X_{i1}|^2+|X_{i2}|^2$$

从而

$$\text{GD}(F)\geqslant\sum_{j=0}^{i-1}|X_j|^2/|U|^2+(|X_{i1}|^2+|X_{i2}|^2)/|U|^2$$
$$+\sum_{j=i+1}^{t-1}|X_j|^2/|U|^2=\text{GD}(F')$$

即

$$\text{GD}(F')\leqslant\text{GD}(F)$$

推论 4.2 设 S' 是决策表 S 中某一决策属性值进一步细化为多个值后形成的决策表,S' 中其他决策值与 S 相同。若 $F=\{X_0,X_1,\cdots,X_{t-1}\}$ 是论域 U 上根据决

策表 S 中 $IND(d)$ 得到的划分,F' 是 S' 中根据 $IND(d')$(d' 为决策属性)得到的划分,则 $GD(F')\leqslant GD(F)$。

推论 4.3 设 S' 是决策表 S 中决策属性值进一步细化后形成的决策表,若 $IND(d')\leqslant IND(d)$,则 $GD(IND(d'))\leqslant GD(IND(d))$。

定理 4.12 设 P 和 Q 分别是决策表 S 中根据决策属性得到的两个划分,$P=\{P_1,P_2,\cdots,P_m\}$,$Q=\{Q_1,Q_2,\cdots,Q_n\}$,且 $P\neq Q$。若 $\forall P_i\in P$,$\exists Q_j\in Q$,都有 $P_i\subseteq Q_j$,则 $GD(P)\leqslant GD(Q)$。

定理 4.12 的证明类似于定理 4.11,这里不再证明。

在此作一个基于决策属性值细化的 3 种决策表的信息粒度的比较分析,见表 4-11。

表 4-11 基于决策属性值细化的 3 种决策表的信息粒度比较

	Table5_Case1	Table5_Case2	Table5_Case3
信息粒度(GD)	0.486	0.514	0.556

在决策属性上决策表 Table5_Case1 比决策表 Table5_Case2 划分得细,决策表 Table5_Case2 比 Table5_Case3 划分得细。从表 4-11 可以看出,GD(Table5_Case1)<GD(Table5_Case2)<GD(Table5_Case3),即决策表中决策属性值划分得越细,其关于决策属性的信息粒度值就越小,换句话说,就是决策表中决策属性值划分得越粗,其关于决策属性的信息粒度值就越大。这一结果正好与定理 4.11 的结论相吻合,该实例验证了本节定理的正确性和有效性。

通过把一些粒度比较大的决策信息颗粒(如表 4-1)细化为不同粒度下的一些决策子颗粒(如 Table5_Case1 和 Table5_Case2),消除了决策表中存在的决策值不准确和模糊等问题,在实际中更具准确性和实用性。

4.6 本章小结

本章基于信息粒度与 Rough 集理论,研究了决策表中决策值细化的程度问题,探讨了决策表中决策值细化程度与信息粒度、近似分类的精度、近似分类的质量、规则的近似质量、核属性和信息熵之间的关系。证明了决策属性的属性值划分越细,则其关于信息粒度、近似分类的精度、近似分类的质量和规则的近似质量就越小;并且决策表中决策属性值细化后所得到的核属性集一定包含细化前的核属性集。然后,从不同信息熵定义下的两个方面研究了关于决策知识划分的不确定性。并通过实例分析,验证了本章定理的正确性和有效性。因此,在对决策属性离散化时,决策数据细化的程度要适宜。通过把一些粒度比较大的信息颗粒细化为不同粒度下的一些子颗粒,消除了决策表中存在的决策值不准确和模糊等问题,在实际中更具准确性和实用性。本章的研究思想对医学、气象、化工等领域的数据挖掘和系统决策有很大的指导作用。

参 考 文 献

[1] Pawlak Z, Slowinski R. Rough set approach to multi-attribute decision analysis[R]. Institute of Computer Science, Warsaw University of Technology, Tech Report, 1993.

[2] 侯利娟,王国胤,聂能,等. 粗糙集理论中的离散化问题[J]. 计算机科学, 2000, 27(12): 89-94.

[3] 刘清,黄兆华,刘少辉,等. 带 Rough 算子的决策规则及数据挖掘中的软计算[J]. 计算机研究与发展, 1999, 36(7): 800-804.

[4] 张应山. 多边矩阵理论[M]. 北京: 中国统计出版社, 1993.

[5] Lee T L, Tsai C P, Jeng D S, et al. Neural network for the prediction and supplement of tidal record in Taichung Harbor[J]. Advances in Engineering Software, 2002, 33: 329-338.

[6] Liu Q. Granular language and its applications in problem solving[C]//The 4th International Conference on Rough Sets and Current Trends in Computing, Nanchang, 2004, 3066: 127-132.

[7] Zadeh L A. Toward a theory of fuzzy information granulation and its certainty in human reasoning and fuzzy logic[J]. Fuzzy Sets and Systems, 1997, 90(2): 111-128.

[8] Skowron A, Stepaniuk J, Peters J F. Approximations of information granule sets[C]//Rough Sets and Current Trends in Computing (RSCTC' 2000), Alberta, 2000: 33-39.

[9] Yao Y Y. Stratified rough sets and granular computing[C]//Proceedings of the 18th International Conference of the North American Fuzzy Information Processing Society, New York, 1999: 800-804.

[10] Pawlak Z. Granularity of knowledge, indiscernibility and rough sets[C]//Fuzzy Systems Proceedings of 1998 IEEE World Congress on Computational Intelligence, 1998, 1: 106-110.

[11] Andrzej S, Stepaniuk J. Information granules: towards foundations of granular computing[J]. International Journal of Intelligent Systems, 2001, 16: 57-85.

[12] Zadeh L A. Fuzzy graphs, rough sets and information granularity[C]//3rd International Workshop on Rough Sets and Soft Computing, 1994: 10-12.

[13] Zadeh L A. Information granulation, fuzzy logic and rough sets[C]//4th International Workshop on Rough Sets, Fuzzy Sets and Machine Discovery, 1996: 6-8.

[14] Zadeh L A. Fuzzy logic = computing with words[J]. IEEE Trans on Fuzzy Systems, 1996, 4(2): 103-111.

[15] Yao Y Y. Rough sets, neighborhood systems and granular computing[C]//Proceedings of the 1999 IEEE Canadian Conference on Electrical and Computer Engineering, Edmonton, 1999: 1553-1558.

[16] Yao Y Y. Information granulation and rough set approximation[J]. International Journal of Intelligent Systems, 2001, 16(1): 87-104.

[17] Yao Y Y, Zhong N. Granular computing using information tables[C]//Lin T Y, Yao Y Y, Zadeh L A. Data Mining, Rough Sets and Granular Computing, Heidelberg, 2002: 102-124.

[18] Yao Y Y, Yao J T. Granular computing as a basis for consistent classification problems[C]//PAKDD Workshop on Fundation of Data Mining, Taibei, 2002: 6-8.

[19] Yao Y Y. On modeling data mining with granular computing[C]. Proceedings of the 25th Annual International Computer Software and Applications Conference (COMPSAC 2001), Chicago, 2001: 638-643.

[20] Yao Y Y, Zhong N. Potential applications of granular computing in knowledge discovery and data mining[C]//Proceedings of World Multiconference on Systemics, Cybernetics and Informatics Computer Science and Engineering, Florida, 1999: 573-580.

[21] Yao Y Y. Granular computing using neighborhood systems, advances in soft computing: engineering design and manufacturing[C]//The 3rd Online World Conference on Soft Computing (WSC3), London, 1999: 539-553.

[22] 苗夺谦,范世栋. 知识的粒度计算及其应用[J]. 系统工程理论与实践, 2002, 1(1): 48-56.

[23] 卜东波,白硕,李国杰. 聚类/分类中的粒度原理[J]. 计算机学报, 2002, 25(8): 810-815.

[24] 安秋生. 粗糙集与信息颗粒原理在数据库理论中的应用[博士学位论文]. 西安: 西安交通大学, 2003: 1-22.

[25] 王国胤. Rough 集理论与知识获取[M]. 西安: 西安交通大学出版社, 2001.

[26] Duntsch I, Gediga G. Simple data filtering in rough set systems[J]. International Journal of Approximate Reasoning, 1998, 18: 93-106.

[27] 刘清,黄兆华,刘少辉,等. 带 Rough 算子的决策规则及数据挖掘中的软计算[J]. 计算机研究与发展, 1999, 36(7): 800-804.

[28] Lee T L, Tsai C P, Jeng D S, et al. Neural network for the prediction and supplement of tidal record in Taichung Harbor, Taiwan[J]. Advances in Engineering Software, 2002, 33: 329-338.

[29] Beaubouef T, Petry F E. Information-theoretic measures of uncertainty for rough sets and rough relational databases[J]. Journal of Information Sciences, 1998, 109: 185-195.

第5章 基于粒计算的知识约简

5.1 基于 Rough 集的信息系统属性约简

5.1.1 信息系统中 Rough 集的划分贴近度与属性约简算法

本节主要基于粗糙集的集合运算思想,给出一种度量集合间贴近度的方法,提出了一个新的信息系统中的不确定性度量——划分贴近度,证明了它的一些定理性质,并基于划分贴近度设计了一种对一般信息系统进行属性约简的启发式算法。

1. 信息系统中粗糙集的划分贴近度理论

定义 5.1 若 $S=(U,A,V,f)$ 为一个信息系统,属性集 $P,Q\subseteq A$,且 P,Q 在 U 上导出的划分分别为 $X=\{X_1,X_2,\cdots,X_m\}$ 和 $Y=\{Y_1,Y_2,\cdots,Y_n\}$,且对于任意的 $X_i\cap X_j=\varnothing, Y_i\cap Y_j=\varnothing(i\neq j)$,称 $p(X_i|Y_j)$ 为集合 X_i 对 Y_j 的贴近度,定义为

$$p(X_i \mid Y_j) = \begin{cases} \dfrac{|X_i|}{|Y_j|} & X_i \subseteq Y_j \\ 0 & 其他 \end{cases} \tag{5-1}$$

式中,$|\cdot|$ 表示集合的基数,$0\leqslant p(X_i|Y_j)\leqslant 1$,$p(X_i|Y_j)$ 反映了集合 X_i 对集合 Y_j 的贴近程度,$p(X_i|Y_j)$ 越大,则集合 X_i 和 Y_j 越接近。

定义 5.2 若 $S=(U,A,V,f)$ 是一个信息系统,属性集 $P,Q\subseteq A$,P,Q 在 U 上导出的划分分别为 $X=\{X_1,X_2,\cdots,X_m\}$ 和 $Y=\{Y_1,Y_2,\cdots,Y_n\}$,属性集 P 对 Q 的划分贴近度定义为

$$\mathrm{TC}(P \mid Q) = \mathrm{TC}(X \mid Y) = \frac{1}{n}\sum_{i=1}^{m}\sum_{j=1}^{n} p(X_i \mid Y_j) \tag{5-2}$$

式中,$0\leqslant\mathrm{TC}(P|Q)\leqslant 1$,它反映了一个划分对另一个划分的贴近程度,$\mathrm{TC}(P|Q)$ 越大,则由 P 得到的 U 的划分越贴近由 Q 得到的 U 的划分。

定理 5.1 若 $S=(U,A,V,f)$ 是一个信息系统,$P_1\subseteq A$,P_1 在 U 上形成的划分为 $B_1=\{X_1,X_2,\cdots,X_m\}$。将 P_1 中某个属性 a 去掉,得到新的属性集 P_2;$Q\subseteq A$,Q 将 U 划分为 $Y=\{Y_1,Y_2,\cdots,Y_n\}$,则 $\mathrm{TC}(P_1|Q)\geqslant\mathrm{TC}(P_2|Q)$。

证明:设属性集 P_2 在 U 上形成的划分为 B_2,因为从 P_1 中去掉一个属性 a,会导致对论域分块的合并或不变。

(1) 若 $B_1=B_2$,即对论域的划分不变,根据定义 5.2,有 $\mathrm{TC}(P_1|Q)=\mathrm{TC}(B_1$

$|Y)$, $\mathrm{TC}(P_2|Q) = \mathrm{TC}(B_2|Y)$, 则 $\mathrm{TC}(P_1|Q) = \mathrm{TC}(P_2|Q)$。

(2) 若 $B_1 \neq B_2$, 即在发生分块合并的情况下, 设 P_2 在 U 上形成的划分 $B_2 = \{X_1, X_2, \cdots, X_{i-1}, X_{i+1}, \cdots, X_{k-1}, X_{k+1}, \cdots, X_m, X_i \cup X_k\}$, 即 B_2 是将划分 B_1 中的某两个等价块 X_i 和 X_k 合并后得到的新划分, 记为

$$\mathrm{TC}(P_1 \mid Q) = \mathrm{TC}(B_1 \mid Y) = \frac{1}{n} \sum_{i=1}^{m} \sum_{j=1}^{n} p(X_i \mid Y_j)$$

$\mathrm{TC}(P_2 \mid Q) = \mathrm{TC}(B_2 \mid Y)$
$= \mathrm{TC}(P_1 \mid Q) - \frac{1}{n} \left[\sum_{j=1}^{n} p(X_i \mid Y_j) + \sum_{j=1}^{n} p(X_k \mid Y_j) \right] + \frac{1}{n} \left[\sum_{j=1}^{n} p(X_i \cup X_k \mid Y_j) \right]$

那么

$\mathrm{TC}(P_1 \mid Q) - \mathrm{TC}(P_2 \mid Q)$
$= \frac{1}{n} \left[\sum_{j=1}^{n} p(X_i \mid Y_j) + \sum_{j=1}^{n} p(X_k \mid Y_j) \right] - \frac{1}{n} \left[\sum_{j=1}^{n} p(X_i \cup X_k \mid Y_j) \right]$
$= \frac{1}{n} [p(X_i \mid Y_{j1}) + p(X_k \mid Y_{j2}) - p(X_i \cup X_k \mid Y_{j3})]$

式中, Y_{j1}, Y_{j2}, Y_{j3} 分别表示在式(5-1)的条件下 $X_i, X_k, X_i \cup X_k$ 包含于 Y_j 的集合。

若 $p(X_i \cup X_k | Y_{j3}) > 0$, 则根据定义 5.1, $X_i \cup X_k \subseteq Y_{j3}$, 因此 $X_i \subseteq Y_{j3}$ 且 $X_k \subseteq Y_{j3}$。对于任意 X_i 只能包含于唯一的 Y_j, 于是 $Y_{j1} = Y_{j2} = Y_{j3}$, 因而 $\mathrm{TC}(P_1|Q) - \mathrm{TC}(P_2|Q) = 0$。

若 $p(X_i \cup X_k | Y_{j3}) = 0$, 则根据定义 5.1, $X_i \cup X_k$ 不包含于任意 Y_j, 且 $Y_{j1} \neq Y_{j2}$。若 $Y_{j1} = Y_{j2}$, 则 $X_i \cup X_k \subseteq Y_{j1}$, 与 $X_i \cup X_k$ 不包含于任意 Y_j 矛盾, 因此 $Y_{j1} \neq Y_{j2}$。又因为 $p(X_i \mid Y_{j1}) \geqslant 0$ 且 $p(X_k \mid Y_{j2}) \geqslant 0$, 从而有 $\mathrm{TC}(P_1 \mid Q) - \mathrm{TC}(P_2 \mid Q) \geqslant 0$。

综上所述, 当 $X_i, X_k, X_i \cup X_k$ 都不包含于任意 Y_j 时, 或同时包含于同一 Y_j 时, $\mathrm{TC}(P_1|Q) - \mathrm{TC}(P_2|Q) = 0$; 其他情况下, $\mathrm{TC}(P_1|Q) - \mathrm{TC}(P_2|Q) > 0$, 所以 $\mathrm{TC}(P_1|Q) - \mathrm{TC}(P_2|Q) \geqslant 0$。

由定理 5.1 可知, 对于同一属性集 Q, 属性集 P 对 Q 的划分贴近度随 P 中属性的增加而呈非递减变化, 这说明增加属性会导致对论域 U 的细分, 导致划分的贴近度不变或增加。

定理 5.2 若 $S = (U, A, V, f)$ 是一个信息系统, 属性集 $B, P \subseteq A$, 若 $\mathrm{TC}(B|P) = 1$, 则 B 对 U 的划分等于或细于 P 对 U 的划分。

证明: 设属性集 B, P 对于论域 U 的划分分别为 $X = \{X_1, X_2, \cdots, X_m\}$ 和 $Y = \{Y_1, Y_2, \cdots, Y_n\}$, 于是有 $\mathrm{TC}(B \mid P) = \mathrm{TC}(X \mid Y) = \frac{1}{n} \sum_{i=1}^{m} \sum_{j=1}^{n} p(X_i \mid Y_j) = 1$, 因而

可得 $\sum_{i=1}^{m}\sum_{j=1}^{n}p(X_i|Y_j)=n$ 和 $\sum_{j=1}^{n}\sum_{i=1}^{m}p(X_i|Y_j)=n$。由定义 5.1 可知 $\sum_{i=1}^{m}p(X_i|Y_j)\leqslant 1$。因此，$\sum_{i=1}^{m}p(X_i|Y_j)=1$ 显然成立。于是对于任意 Y_j，$\exists X_i(i=1,2,\cdots,m)$ 使 $X_i\subseteq Y_j$，且 $\bigcup X_i=\bigcup Y_j=U(j=1,2,\cdots,n)$，所以对于任意 X_i，都存在一个 Y_j，使得 $X_i\subseteq Y_j$。所以属性集 B 对 U 的划分等于或细于 P 对 U 的划分。

定义 5.3 若 $S=(U,A,V,f)$ 是一个信息系统，属性集 $B,P\subseteq A$，当 $\mathrm{TC}(B|P)=1$ 时，称 B 完全贴近于 P；当 $\mathrm{TC}(B|P)=0$ 时，称 B 完全不贴近于 P；当 $0<\mathrm{TC}(B|P)<1$ 时，称 B 以贴近度 $\mathrm{TC}(B|P)$ 贴近于 P。

当 B 完全贴近于 P 时，B 对 U 的划分等于或细于 P 对 U 的划分；反之，不一定成立。

定理 5.3 若 $S=(U,A,V,f)$ 是一个信息系统，属性集 $B,P\subseteq A$，若 $\mathrm{TC}(B|P)=\mathrm{TC}(P|B)=1$，则 B 对 U 的划分等价于 P 对 U 的划分。

证明：设属性集 B,P 对于论域 U 的划分分别为 $X=\{X_1,X_2,\cdots,X_m\}$ 和 $Y=\{Y_1,Y_2,\cdots,Y_n\}$，于是有

$$\mathrm{TC}(B\mid P)=\mathrm{TC}(X\mid Y)=\frac{1}{n}\sum_{i=1}^{m}\sum_{j=1}^{n}p(X_i\mid Y_j)=1$$

$$\mathrm{TC}(P\mid B)=\mathrm{TC}(Y\mid X)=\frac{1}{n}\sum_{j=1}^{n}\sum_{i=1}^{m}p(Y_j\mid X_i)=1$$

由于

$$\mathrm{TC}(B\mid P)=\frac{1}{n}\sum_{i=1}^{m}\sum_{j=1}^{n}p(X_i\mid Y_j)=1$$

所以

$$\sum_{i=1}^{m}\sum_{j=1}^{n}p(X_i\mid Y_j)=n,\sum_{j=1}^{n}\sum_{i=1}^{m}p(X_i\mid Y_j)=n$$

由定义 5.1 可知 $\sum_{i=1}^{m}p(X_i|Y_j)\leqslant 1$。因此，$\sum_{i=1}^{m}p(X_i|Y_j)=1$ 显然成立。于是对于任意 Y_j，$\exists X_i$ 使得 $X_i\subseteq Y_j$。同理可证 $\sum_{j=1}^{n}p(Y_j|X_i)=1$，对于 X_i，$\exists Y_k$ 使得 $Y_k\subseteq X_i$，若 $Y_k\neq Y_j$，则 $Y_k\cap Y_j\neq\varnothing$，与 $Y_k\cap Y_j=\varnothing$ 矛盾，从而有 $X_i=Y_j=Y_k$。因此对于任意的 X_i 只能包含于唯一的 Y_j，同样对于任意的 Y_j 只能包含于唯一的 X_i，所以属性集 B 对 U 的划分等价于 P 对 U 的划分。

定义 5.4 若 $S=(U,A,V,f)$ 是一个信息系统，属性集 $P\subseteq A$，对属性集 P 中任意属性 $a\in P$，属性 a 在 P 中的重要性为

$$\mathrm{SGF}(a,P)=1-\mathrm{TC}(P-\{a\}\mid P) \tag{5-3}$$

当 SGF(a,P)>0 时,说明 a 是 P 中必要的;当 SGF(a,P)=0 时,说明 a 是 P 中不必要的。若每一个 $a \in P$ 都为 P 中必要的,则称 P 为独立的,否则称 P 为依赖的。

定理 5.4 若 $S=(U,A,V,f)$ 是一个信息系统,对于属性集 B 和 P,设 $B \subseteq P$,如果 B 是独立的且 TC($B|P$)=1,则 B 为 P 的一个约简。

证明:由定理 5.3 的证明可知,当 TC($B|P$)=1 时,$\sum_{i=1}^{m} p(X_i | Y_j) = 1$,因此对于任意 Y_j,$\exists X_i$ 使得 $X_i \subseteq Y_j$,又因为 $B \subseteq P$,所以 P 对 U 形成的划分应等于或细于 B 对 U 形成的划分。因此对于任意 Y_j,$\exists X_k$ 使得 $Y_j \subseteq X_k$,从而有 $X_i \subseteq Y_j \subseteq X_k$。若 $X_i \neq X_k$,则 $X_i \cap X_k \neq \varnothing$,与 $X_i \cap X_k = \varnothing$ 矛盾,从而有 $X_i = Y_j = X_k$,所以 B,P 对 U 形成的划分是相同的。又因为 B 是独立的,B 中每个属性都是必要的,所以 B 是 P 的一个约简。

2. 基于划分贴近度的信息系统启发式属性约简算法

根据上面的理论设计对信息系统进行属性约简的算法,即从属性集中依次去掉对划分没有影响的属性,最后得到属性集的一个约简。

由定理 5.4 的证明可知,对于一个信息系统 $S=(U,P,V,f)$,当属性集 $B_1 \subseteq P$,且 TC($B_1|P$)=1 时,B_1 与 P 对 U 形成的划分是相同的,所以采用 1−TC($B_1-\{a_i\}|P$) 作为启发信息,当 1−TC($B_1-\{a_i\}|P$)=0 时,说明从 B_1 中去掉属性 a_i,$B_1-\{a_i\}$ 与 P 对 U 形成的划分仍然是相同的;当 1−TC($B_1-\{a_i\}|P$)>0 时,说明从 B_1 中去掉属性 a_i,$B_1-\{a_i\}$ 对 U 形成的划分与 P 对 U 形成的划分不同。所以可以依次去掉 B_1 中不影响对论域划分的属性,最后得到 P 的一个约简。算法 5-1 给出了对信息系统进行属性约简的步骤。

算法 5-1 基于划分贴近度的信息系统启发式属性约简算法

输入:一个信息系统 $S=(U,A,V,f)$,U 为论域,$P=A=\{a_1,a_2,\cdots,a_m\}$。

输出:属性集 P 的一个约简 B。

Step1:令 $B_1=P=\{a_1,a_2,\cdots,a_m\}$,Att=$\varnothing$。

Step2:如果 B_1−Att=$\varnothing$,则 $B=B_1$,转 Step5;否则任选 B_1−Att 中一个属性 a_i,计算 1−TC($B_1-\{a_i\}|P$)。

Step3:若 1−TC($B_1-\{a_i\}|P$)=0,则 $B_1=B_1-\{a_i\}$,转 Step2。

Step4:若 1−TC($B_1-\{a_i\}|P$)>0,则 Att=Att$\cup \{a_i\}$,转 Step2。

Step5:结束。

算法时间复杂度分析:在此信息系统中,设 $|U|=n$,$|A|=m$,为了计算 TC($B_1-\{a_i\}|P$) 需要求 $U/\text{IND}(P)$ 和 $U/\text{IND}(B_1-\{a_i\})$,因为计算一个划分 $U/\text{IND}(\{a\})$ 的时间复杂度为 $O(|U|^2)$,所以求 $U/\text{IND}(P)$ 和 $U/\text{IND}(B_1-\{a_i\})$

需要计算$|P|-1$和$|B_1-\{a_i\}|-1$次交,所以 U/IND(P)和 U/IND($B_1-\{a_i\}$)的时间复杂度为$(|P|-1+|B_1-\{a_i\}|-1)\times O(|U|^2)=O(|P|\times |U|^2)=O(mn^2)$,TC($B_1-\{a_i\}|P$)的时间复杂度为$O(|U|^2)$。因此考察去掉一个属性后,划分贴近度是否变化的时间复杂度为$O(|P|\times|U|^2)$,则考察$|P|$个属性的时间复杂度为$|P|\times O(|P|\times|U|^2)=O(|P|^2|U|^2)$。该算法最坏的时间复杂度为$O(m^2n^2)$。从上面的分析可知,算法的时间复杂度主要是由计算属性对论域的划分所引起的。

3. 实例分析

例 5-1 为了考察算法 5-1 的有效性,下面采用文献[1]中的一个信息系统对算法进行测试。

表 5-1 为文献[1]中的一个信息系统,属性集 $P=\{a,b,c,d\}$,文献[1]中采用的是差别矩阵的方法,可以得到两个相对最小约简$\{a,b\}$和$\{b,d\}$。

表 5-1 信息系统

U	a	b	c	d
1	0	1	2	0
2	1	2	0	2
3	1	0	1	1
4	2	1	0	1
5	1	1	0	2

下面求属性集的约简。

初始化 $B_1=P=\{a,b,c,d\}$,Att$=\varnothing$,假设按照a,b,c,d的顺序,依次考察去掉各属性后划分贴近度是否发生变化,U/IND(P)$=\{\{1\},\{2\},\{3\},\{4\},\{5\}\}$。

(1) 考察属性a,因为 U/IND($B_1-\{a\}$)=U/IND($\{b,c,d\}$)$=\{\{1\},\{2\},\{3\},\{4\},\{5\}\}$,则 TC($B_1-\{a\}|P$)$=1$,所以$1-$TC($B_1-\{a\}|P$)$=0$,$a$可以去掉,此时$B_1=\{b,c,d\}$,Att$=\varnothing$。

(2) 考察属性b,因为 U/IND($B_1-\{b\}$)=U/IND($\{c,d\}$)$=\{\{1\},\{2,5\},\{3\},\{4\}\}$,则 TC($B_1-\{b\}|P$)$=3/5$,所以$1-$TC($B_1-\{b\}|P$)$>0$,$b$不可去掉,此时 Att$=\{b\}$,$B_1=\{b,c,d\}$。

(3) 考察属性c,因为 U/IND($B_1-\{c\}$)=U/IND($\{b,d\}$)$=\{\{1\},\{2\},\{3\},\{4\},\{5\}\}$,则 TC($B_1-\{c\}|P$)$=1$,所以$1-$TC($B_1-\{c\}|P$)$=0$,所以$c$可以去掉,此时$B_1=\{b,d\}$,Att$=\{b\}$。

(4) 考察属性 d,因为 $U/\mathrm{IND}(B_1-\{d\})=U/\mathrm{IND}(\{b\})=\{\{1,4,5\},\{2\},\{3\}\}$,则 $\mathrm{TC}(B_1-\{d\}|P)=2/5$,所以 $1-\mathrm{TC}(B_1-\{d\}|P)>0$,$d$ 不可去掉,此时 $\mathrm{Att}=\{b,d\}$,$B_1=\{b,d\}$。

当 $B_1-\mathrm{Att}=\varnothing$ 时,算法终止,$B=B_1=\{b,d\}$ 即为该信息系统的一个约简。

算法 5-1 按照选择属性的顺序不同,总可以得到信息系统属性的不同约简。对于表 5-1 中的信息系统,根据选择属性的顺序不同,总可以得到一个约简为 $\{a,b\}$ 或 $\{b,d\}$。

4. 小结

本节主要基于粗糙集理论中集合运算的思想,提出一个新的贴近度来度量两个集合间的贴近程度,并基于集合间的贴近度,提出了度量划分之间贴近程度的划分贴近度理论,研究了信息系统中划分贴近度的一些定理,并根据划分贴近度设计了对信息系统进行属性约简的启发式算法,通过实例验证,算法 5-1 可有效地对信息系统进行属性约简。

5.1.2 信息系统的粒度熵与基于粒度熵的属性约简算法

粗糙集理论认为知识就是一种分类能力,给定论域上的一个等价关系,可以得到论域的一个划分,根据该知识不可区分的元素被划分到一个等价类,每个等价类就是一个基本的信息粒。在粗糙集理论中,当在一个知识中逐渐增加属性时,会导致知识对论域的划分不变或变细,划分不变时,产生的信息粒也不变,划分变细时,产生的信息粒变小;反之,当在一个知识中逐渐减少属性时,会导致知识对论域的划分不变或变粗,划分不变时,产生的信息粒也不变,划分变粗时,产生的信息粒也变大。如何度量随着知识中属性的增加或减少导致知识分辨能力的不同,是值得研究的。

目前,很多学者对粗糙集理论中如何度量不同等价关系对论域划分的粗细已经进行了大量研究,提出了许多度量理论,如信息熵理论[2-3]和知识粒度[4]理论。本节主要针对一个知识中随着属性的逐渐增加或减少,从而导致该知识对论域产生不同粗细的划分,并得到不同大小的信息粒进行研究,给出了两个新的度量——粒度熵和粗糙熵,以度量知识随着属性的单调增加或减少对论域产生不同划分变化时的分辨能力,证明了粒度熵的一些定理,给出了基于粒度熵的属性重要度度量方法,并基于粒度熵设计了对信息系统进行属性约简的启发式算法。

1. 信息系统的粒度熵和粗糙熵

定义 5.5[5] 四元组 $S=(U,A,V,f)$ 称为一个信息系统,其中 U 表示对象的非空有限集合,称为论域;A 表示属性的非空有限集;$V=\bigcup\{V_a|a\in A\}$,V_a 表示

属性 a 的值域;f 表示 $U \times A \to V$ 的一个信息函数,它为每个对象在每个属性上赋予一个信息值,即 $\forall a \in A, x \in U, f(x,a) \in V_a$。通常 $S=(U,A,V,f)$ 也简记为 $S=(U,A)$。在信息系统中,每一个属性子集 $P \subseteq A$ 决定了一个等价关系 $IND(P)=\{(x,y) \in U \times U | \forall a \in P, f(x,a)=f(y,a)\}$,$U/IND(P)=\{X_1, X_2, \cdots, X_n\}$ 构成了论域 U 的一个划分,在不产生混淆的情况下可用 P 代替 $IND(P)$,称为知识 P,$X_i (i=1,2,\cdots,n)$ 是信息粒。

定义 5.6 设 $S=(U,A)$ 是一个信息系统,$P \subseteq A$,$U/P=\{X_1, X_2, \cdots, X_n\}$,知识 P 的粒度熵 $G(P)$ 定义为

$$G(P) = \frac{1}{|U|} \sum_{i=1}^{n} \frac{1}{|X_i|} \tag{5-4}$$

式中,$|X_i|$ 表示集合 X_i 的基数;$G(P)$ 表示知识 P 的分辨能力。当知识 P 中的属性逐渐增加,导致 P 对论域 U 的划分逐渐变细时,$G(P)$ 逐渐增大,知识 P 分辨能力逐渐增强,P 对论域划分产生的信息粒变小,分类更精确,知识更确定;反之,随着 P 中属性的逐渐减少,导致 P 对论域的划分逐渐变粗时,$G(P)$ 逐渐变小,知识 P 分辨能力也逐渐变弱,信息粒变大,知识较不确定。如果随着 P 中属性的增加或减少,P 对论域的划分不变,$G(P)$ 也不变。

当 P 为全域关系,即 $U/P=\{U\}$ 时,粒度熵 $G(P)$ 的值为 $1/|U|^2$;当 P 为相等关系,即 $U/P=\{\{x\}|x \in U\}$ 时,粒度熵 $G(P)$ 达到最大值 1。一般情况下,有 $1/|U|^2 \leq G(P) \leq 1$。$G(P)$ 主要用来度量知识 P 随着其属性的增加或减少对论域产生不同划分时的分辨能力。

定义 5.7 设 $S=(U,A)$ 是一个信息系统,$P \in A$,$U/P=\{X_1, X_2, \cdots, X_n\}$,知识 P 的粗糙熵 $K(P)$ 定义为

$$K(P) = 1 - \frac{1}{|U|} \sum_{i=1}^{n} \frac{1}{|X_i|} \tag{5-5}$$

知识的粗糙熵反映了知识随着属性的逐渐增加或减少对论域产生划分的粗糙程度。当知识中属性逐渐减少导致知识对论域的划分变粗时,粗糙熵变大,信息粒增大,分类变粗,知识的分辨能力变弱,知识变得更粗糙。同样,有 $0 \leq K(P) \leq 1 - 1/|U|^2$。

定理 5.5 设 $S=(U,A)$ 是一个信息系统,$P \subseteq A$,$U/P=\{X_1, X_2, \cdots, X_n\}$,则 $G(P)+K(P)=1$。

证明:根据粒度熵和粗糙熵的定义,显然有 $G(P)+K(P)=1$。

定理 5.6 若 $S=(U,A)$ 是一个信息系统,$P \subseteq A$,P 在 U 上形成的划分为 $B_1=\{X_1, X_2, \cdots, X_m\}$,在 P 中增加一个属性 a,得到新的属性集合 Q,则 $G(P) \leq G(Q)$。

证明:设属性集 Q 在 U 上形成的划分为 B_2,在 P 中增加一个属性 a,会导致

对论域分块的细化或不变。

若 $B_1=B_2$，即 P,Q 对论域的划分相同，根据粒度熵的定义有 $G(P)=G(Q)$。

若 $B_1\neq B_2$，即在发生分块分裂的情况下，设 Q 在 U 上形成的划分 $B_2=\{X_1,X_2,\cdots,X_{j-1},Y_1,Y_2,X_{j+1},\cdots,X_m\}$，即 B_2 是将划分 B_1 中的一个等价块 X_j 分裂为 Y_1 和 Y_2 后得到的新划分。则

$$G(P)=\frac{1}{|U|}\sum_{i=1}^{m}\frac{1}{|X_i|}$$

$$G(Q)=\frac{1}{|U|}\sum_{i=1}^{j-1}\frac{1}{|X_i|}+\frac{1}{|U|}\left[\frac{1}{|Y_1|}+\frac{1}{|Y_2|}\right]+\frac{1}{|U|}\sum_{i=j+1}^{m}\frac{1}{|X_i|}$$

于是

$$G(Q)-G(P)=\frac{1}{|U|}\left[\frac{1}{|Y_1|}+\frac{1}{|Y_2|}\right]-\frac{1}{|U|}\frac{1}{|X_j|}$$

$$=\frac{1}{|U|}\left[\frac{1}{|Y_1|}+\frac{1}{|Y_2|}-\frac{1}{|X_j|}\right]$$

又因为 $Y_1\cup Y_2=X_j$，则 $|Y_1|<|X_j|$，$|Y_2|<|X_j|$，$1/|Y_1|>1/|X_j|$，$1/|Y_2|>1/|X_j|$，所以 $G(Q)-G(P)>0$。综上可得 $G(P)\leq G(Q)$。

定理 5.6 说明随着知识中属性的增多，知识的粒度熵不变或增大。

定理 5.7 设 $S=(U,A)$ 是一个信息系统，$P,Q\subseteq A$，若 $U/\text{IND}(P)\subset U/\text{IND}(Q)$，则 $G(P)>G(Q)$；反之，若 $U/\text{IND}(P)\supset U/\text{IND}(Q)$，则 $G(P)<G(Q)$；若 $U/\text{IND}(P)=U/\text{IND}(Q)$，则 $G(P)=G(Q)$。

证明：设 $U/\text{IND}(P)=\{X_1,X_2,\cdots,X_m\}$，$U/\text{IND}(Q)=\{Y_1,Y_2,\cdots,Y_n\}$，当 $U/\text{IND}(P)\subset U/\text{IND}(Q)$ 时，即对于 $\forall X\in U/\text{IND}(P)$，$\exists Y\in U/\text{IND}(Q)$，使 $X\subset Y$ 成立且 $m>n$，也就是对于 $\forall Y\in U/\text{IND}(Q)$，$\exists X\in U/\text{IND}(P)$，使 $X\subset Y$ 成立，则 $|X|<|Y|$，$1/|X|>1/|Y|$，所以 $\frac{1}{|U|}\sum_{i=1}^{m}\frac{1}{|X_i|}>\frac{1}{|U|}\sum_{i=1}^{n}\frac{1}{|Y_i|}$，即 $G(P)>G(Q)$。

同理可证，当 $U/\text{IND}(P)\supset U/\text{IND}(Q)$ 时，$G(P)<G(Q)$；当 $U/\text{IND}(P)=U/\text{IND}(Q)$ 时，由粒度熵的定义可知 $G(P)=G(Q)$。

定义 5.8 设 $S=(U,A)$ 是一个信息系统，$P\subseteq A$，$a\in A-P$，属性 a 对 P 的重要度定义为

$$\text{SGF}_P(a)=G(P\cup\{a\})-G(P) \tag{5-6}$$

$\text{SGF}_P(a)$ 的值越大，说明在已知 P 的条件下，属性 a 关于知识 P 越重要。

定理 5.8 设 $S=(U,A)$ 是一个信息系统，$P,Q\subseteq A$，若 $U/P=U/Q$，则对于 $\forall a\in A$，有 $\text{SGF}_P(a)=\text{SGF}_Q(a)$。

证明：因为 $U/P=U/Q$，则对于 $\forall a\in A$，有 $U/\text{IND}(P\cup\{a\})=U/\text{IND}(Q\cup$

$\{a\}$),所以有 $G(P)=G(Q)$,$G(P\cup\{a\})=G(Q\cup\{a\})$,从而 $G(P\cup\{a\})-G(P)=G(Q\cup\{a\})-G(Q)$,即 $\text{SGF}_P(a)=\text{SGF}_Q(a)$。

定理 5.9 设 $S=(U,A)$ 是一个信息系统,$P\subseteq A$,$\text{RED}(P)$ 表示属性集 P 的约简,则对于 $\forall a\in\text{RED}(P)$,有 $\text{SGF}_{\text{RED}(P)-\{a\}}(a)>0$;若 $\text{RED}(P)\neq\varnothing$,则对于 $\forall a\in P-\text{RED}(P)$,有 $\text{SGF}_{\text{RED}(P)}(a)=0$。

证明:因为 $a\in\text{RED}(P)$,则由约简的定义知 $U/\text{IND}(\text{RED}(P))\subset U/\text{IND}(\text{RED}(P)-\{a\})$,所以 $G(\text{RED}(P))>G(\text{RED}(P-\{a\}))$,则 $\text{SGF}_{\text{RED}(P)-\{a\}}(a)=G(\text{RED}(P))-G(\text{RED}(P-\{a\}))>0$。

若 $\text{RED}(P)\neq\varnothing$,对于 $\forall a\in P-\text{RED}(P)$,由于 $U/P=U/\text{RED}(P)$,所以 $G(P)=G(\text{RED}(P)\cup\{a\})=G(\text{RED}(P))$,则 $\text{SGF}_{\text{RED}(P)}(a)=G(\text{RED}(P)\cup\{a\})-G(\text{RED}(P))=0$。即约简中的每个属性对于约简中的其余属性都是重要的,约简外的每个属性对于约简都是不重要的。

定义 5.9 若 $S=(U,A)$ 是一个信息系统,属性集 $P\subseteq A$,对于 $\forall a\in P$,属性 a 在 P 中的重要性为 $\text{SGF}_{P-\{a\}}(a)=G(P)-G(P-\{a\})$。当 $\text{SGF}_{P-\{a\}}(a)>0$ 时,说明 a 是 P 中必要的;当 $\text{SGF}_{P-\{a\}}(a)=0$ 时,说明 a 是 P 中不必要的。若每个 $a\in P$ 都为 P 中必要的,则称 P 为独立的,否则称 P 为依赖的。

定理 5.10 若 $S=(U,A)$ 是一个信息系统,对于属性集 B 和 P,设 $B\subseteq P$,如果 B 是独立的且 $G(P)=G(B)$,则 B 是 P 的一个约简。

证明:由 $B\subseteq P$ 知 $U/\text{IND}(P)\subseteq U/\text{IND}(B)$,因为 $G(P)=G(B)$,所以 $U/P=U/B$,即 B 和 P 对论域 U 的划分相同。又因为 B 是独立的,所以 B 是 P 的一个约简。

2. 基于粒度熵的信息系统启发式属性约简算法

根据上面的理论设计了对信息系统进行属性约简的算法,算法从属性集中依次去掉对划分没有影响的属性,最后得到属性集的一个约简。

由定理 5.10 的证明可知,对于一个信息系统 $S=(U,A)$,当属性集 $B_1\subseteq P\subseteq A$,且 $G(P)=G(B_1)$ 时,B_1 与 P 对 U 形成的划分是相同的,所以采用 $G(P)-G(B_1-\{a_i\})$ 作为启发信息。当 $G(P)-G(B_1-\{a_i\})=0$ 时,说明从 B_1 中去掉属性 a_i,$B_1-\{a_i\}$ 与 P 对 U 形成的划分仍然是相同的;当 $G(P)-G(B_1-\{a_i\})>0$ 时,说明从 B_1 中去掉属性 a_i,$B_1-\{a_i\}$ 对 U 形成的划分与 P 对 U 形成的划分不同。所以可以依次去掉 B_1 中不影响对论域划分的属性,最后得到 P 的一个约简。

算法 5-2 基于粒度熵的信息系统启发式属性约简算法

输入:一个信息系统 $S=(U,A)$,U 为论域,$P\subseteq A$ 为属性集,$P=\{a_1,a_2,\cdots,a_n\}$。

输出:属性集 P 的一个约简 B。

Step1:令 $B_1=P=\{a_1,a_2,\cdots,a_n\}$,Att$=\varnothing$。

Step2:如果 B_1-Att$=\varnothing$,则 $B=B_1$,转 Step5;否则任选 B_1-Att 中的一个属性 a_i,计算 $G(P)-G(B_1-\{a_i\})$。

Step3:若 $G(P)-G(B_1-\{a_i\})=0$,则 $B_1=B_1-\{a_i\}$,转 Step2。

Step4:若 $G(P)-G(B_1-\{a_i\})>0$,则 Att$=$Att$\cup\{a_i\}$,转 Step2。

Step5:结束。

算法时间复杂度分析:在信息系统 $S=(U,A)$ 中,因为计算 $G(P)$ 和 $G(B_1-\{a_i\})$ 需要先计算 $U/$IND(P) 和 $U/$IND$(B_1-\{a_i\})$,这里采用文献[6]中的算法 1 来计算划分,因为文献[6]中算法 1 的时间复杂度为 $O(|A\|U|)$,所以这里计算划分的时间复杂度为 $O(|A\|U|)$;计算出划分后,计算得到 $G(P)$ 和 $G(B_1-\{a_i\})$ 的时间复杂度为 $O(|U|)$,因此考察去掉一个属性后,粒度熵是否变化的时间复杂度为 $O(|A\|U|)$,则考察 $|A|$ 个属性的时间复杂度为 $|A|\times O(|A\|U|)=O(|A|^2|U|)$,所以该算法的时间复杂度为 $O(|A|^2|U|)$,由此可知,算法的时间复杂度主要由计算属性对论域的划分所引起。

3. 实例分析

例 5-2 为了考察算法 5-2 的有效性,下面采用表 5-1 对算法 5-2 进行测试。下面利用算法 5-2 求该信息表属性集的约简。

初始化 $B_1=P=\{a,b,c,d\}$,Att$=\varnothing$,假设按照 a,b,c,d 的顺序依次考察,看去掉各属性后划分粒度熵是否发生变化。$U/$IND$(P)=\{\{1\},\{2\},\{3\},\{4\},\{5\}\}$,$G(P)=1$。

(1) 考察属性 a,因为 $U/$IND$(B_1-\{a\})=U/$IND$(\{b,c,d\})=\{\{1\},\{2\},\{3\},\{4\},\{5\}\}$,则 $G(B_1-\{a\})=1$,$G(P)-G(B_1-\{a\})=0$,所以 a 可以去掉,此时 $B_1=\{b,c,d\}$,Att$=\varnothing$。

(2) 考察属性 b,因为 $U/$IND$(B_1-\{b\})=U/$IND$(\{c,d\})=\{\{1\},\{2,5\},\{3\},\{4\}\}$,则 $G(B_1-\{b\})=7/12$,$G(P)-G(B_1-\{b\})>0$,所以 b 不可去掉,此时 Att$=\{b\}$,$B_1=\{b,c,d\}$。

(3) 考察属性 c,因为 $U/$IND$(B_1-\{c\})=U/$IND$(\{b,d\})=\{\{1\},\{2\},\{3\},\{4\},\{5\}\}$,则 $G(B_1-\{c\})=1$,$G(P)-G(B_1-\{c\})=0$,所以 c 可以去掉,此时 $B_1=\{b,d\}$,Att$=\{b\}$。

(4) 考察属性 d,因为 $U/$IND$(B_1-\{d\})=U/$IND$(\{b\})=\{\{1,4,5\},\{2\},\{3\}\}$,则 $G(B_1-\{d\})=7/18$,$G(P)-G(B_1-\{d\})>0$,所以 d 不可去掉,此时 Att$=\{b,d\}$,$B_1=\{b,d\}$。

当 B_1-Att$=\varnothing$ 时,算法终止,$B=B_1=\{b,d\}$ 即为该信息系统的一个约简。

文献[1]中采用的是区分矩阵的方法,可以得到两个相对最小约简$\{a,b\}$和$\{b,d\}$,利用算法5-2,根据选择属性的顺序不同,总可以得到该信息表的一个约简$\{a,b\}$或$\{b,d\}$。

4. 小结

本节主要提出了粒度熵,用以度量一个知识随着属性的增加或减少对论域中对象的分辨能力,进而提出了基于粒度熵的启发式属性约简算法,使其能够对信息系统进行有效的约简,并通过实例验证了算法5-2的有效性。

5.1.3 基于知识距离的属性相关性度量及其属性约简算法

粗糙集理论作为一种新的处理模糊和不确定性知识的方法,在数据挖掘和知识发现领域得到了成功运用。在对知识粒度的度量和量化计算的研究中,人们一般着重于从对象之间的关系出发,刻画和定义论域的划分或覆盖中信息的平均度量。在这种情况下,当两个粒度相等时,它们所反映的信息含量也是相等的,但没有指出两个知识之间的差异及其量化。因此在不确定信息度量方面,其主要任务之一还在于寻找两个知识之间的重要关系或关联,即属性相关性度量,这些理论同样可以用于知识约简。

在信息系统属性相关性度量方面,目前有两种经典的方法:一种是在代数观点下借鉴粗糙集理论中属性依赖度的有关概念给出属性相关性的定义;另一种是在信息论观点下借鉴信息熵的有关概念给出互信息的概念,它们都可以度量属性间的相关性。

本节借鉴集合论中对称差的概念,从粒度计算的观点出发,给出了信息系统中知识距离的概念,分析了其相关性质,并指出利用知识距离也可以度量属性的相关性。同时,又给出了知识贴近度的概念,并分析了它与知识距离的关系。最后,对文献[4,7]中的算法存在的不完备性问题作了改进,提出了一种基于知识距离的属性约简算法,且该算法不需求核,对无核的特殊信息系统计算约简更加有效。该算法时间复杂度也较文献[4,7]中的算法时间复杂度有所降低。

1. 属性相关性度量的一些方法

定义 5.10[1] 设 P 和 Q 是论域 U 上的两个等价关系(属性集),Q 的 P 正域 $POS_P(Q)$定义为

$$POS_P(Q) = \bigcup_{x \in U/Q} P_{-}(X) \tag{5-7}$$

可以看出,Q 的 P 正域是 U 中所有根据分类 U/P 的信息可以准确地被划分到关系 Q 的等价类中的对象集合。

有时候知识的依赖性可能是部分的,这意味着知识 Q 仅有部分是由知识 P 导出的,部分导出可由知识的正域来定义。

定义 5.11[1]　知识 Q 和知识 P 之间的依赖性度量定义为

$$k = \gamma_p(Q) = \frac{\text{POS}_p(Q)}{|U|} \tag{5-8}$$

式中,$0 \leqslant k \leqslant 1$。

用 $P \Rightarrow_k Q$ 表示 Q 是 k 度依赖于 P 的:

(1) 当 $k=1$ 时,称 Q 完全依赖于 P;

(2) 当 $0<k<1$ 时,称 Q 部分依赖于 P;

(3) 当 $k=0$ 时,称 Q 完全独立于 P。

那么究竟如何度量属性相关性呢?借鉴粗糙集理论中属性依赖性的有关概念给出属性相关性的概念。

定义 5.12[8]　给定信息系统 $S=(U,A,V,f)$,$a,b \in A$ 间的属性相关性定义为

$$\gamma(a,b) = \frac{\text{Card}(\text{POS}_a(b) \cup \text{POS}_b(a))}{\text{Card}(U)} \tag{5-9}$$

式中,$\gamma(a,b)$ 关于属性 a 和 b 对称,$\gamma(a,b) \in [0,1]$。

$\gamma(a,b)$ 的值越大,则属性 a 和 b 之间的相关性越强,$\gamma(a,b)$ 值的大小从客观上反映了关于属性 a 和 b 划分的等价类之间的相互逼近程度。

定义 5.13[9]　设 $S=(U,A)$ 是一个信息系统,$P \subseteq A$,$U/\text{IND}(P) = \{X_1, X_2, \cdots, X_n\}$,记 $p(X_i) = |X_i|/|U|$,则知识 P 的信息熵 $H(P)$ 定义为

$$H(P) = -\sum_{i=1}^{n} p(X_i) \log_2(p(X_i)) \tag{5-10}$$

信息熵 $H(P)$ 是信源提供的平均不确定性大小。$H(P)$ 具有如下性质:

(1) 当 $H(P)=0$ 时,说明只存在一种可能性,不存在不确定性;

(2) 如果有 n 种等可能发生的事件,则 $H(P)$ 达到最大值 $\log_2 n$,系统的不确定性也最大;

(3) $p(X_i)$ 互相越接近,$H(P)$ 越大;$p(X_i)$ 相差越大,$H(P)$ 越小。

定义 5.14[10]　设 $S=(U,A)$ 是一个信息系统,$P,Q \subseteq A$,$U/\text{IND}(P) = \{X_1, X_2, \cdots, X_n\}$,$U/\text{IND}(Q) = \{Y_1, Y_2, \cdots, Y_n\}$,记 $p(X_i) = |X_i|/|U|$,$p(Y_j|X_i) = |X_i \cap Y_j|/|X_i|$,则知识 Q 相对于知识 P 的条件熵 $H(Q|P)$ 定义为

$$H(Q|P) = -\sum_{i=1}^{n} p(X_i) \sum_{i=1}^{n} p(Y_i|X_i) \log_2(p(Y_i|X_i)) \tag{5-11}$$

条件熵 $H(Q|P)$ 度量了在事件 P 发生的情况下,事件 Q 仍存在不确定性的

大小。如果在事件 P 发生的情况下,事件 Q 不存在不确定性,则 $H(Q|P)=0$。

定义 5.15[10] 设 $S=(U,A)$ 是一个信息系统,$P,Q\subseteq A$,知识 Q 与 P 的互信息为

$$I(P;Q)=H(Q)-H(Q|P) \tag{5-12}$$

互信息 $I(P;Q)$ 代表包含在事件 P 中关于事件 Q 的信息,即互信息用于度量一个信源从另一个信源获得的信息量的大小。$I(P;Q)$ 也称为 Q 和 P 之间的平均互信息。

条件熵和互信息可以作为度量属性关联的基本度量,通过组合和正则化,可以得到许多信息度量的方法,详见文献[10]。

2. 信息系统中知识距离与知识贴近度理论

借鉴集合论中对称差的概念,从粒度计算的观点出发来定义信息系统中的知识距离,并指出利用知识距离也可以度量属性的相关性。为了方便后面各章节的讨论,下面采用一种新的知识表达形式来表示知识中的等价类,这种知识的表达方法叫做知识的分类表达,具体定义如下。

定义 5.16 设 $S=(U,A)$ 是一个信息系统,$P\subseteq A$,则知识 P 的分类表达 $U/\text{IND}(P)=\{I_P(u_1),I_P(u_2),\cdots,I_P(u_n)\}$,其中 $I_P(u_i)=\{u_j\in U|(u_i,u_j)\in \text{IND}(P)\}$,$(1\leqslant i,j\leqslant n=|U|)$,即 $I_P(u_i)$ 表示相对于 P,所有与 u_i 不可分辨对象所构成的等价类。

知识 P 的分类表达简记为 $U/\text{IND}(P)=\{I_P(u_i)|u_i\in U\}$,则相等关系 ω 所对应的最细分类与全域关系 δ 所对应的最粗分类分别表示为

$$U/\omega=\{I_P(u_i)=\{u_i\}|u_i\in U\}=\{\{u_1\},\{u_2\},\cdots,\{u_i\},\cdots,\{u_n\}\}$$
$$U/\delta=\{I_P(u_i)=U|u_i\in U\}=\{\{u_1,u_2,\cdots,u_i,\cdots,u_n\},\cdots,\{u_1,u_2,\cdots,u_i,\cdots,u_n\}\}$$

性质 5.1 若 $u_j\in I_P(u_i)$,则 $I_P(u_i)=I_P(u_j)$。

性质 5.2 若 $P\subseteq Q\subseteq A$,则 $I_A(u)\subseteq I_Q(u)\subseteq I_P(u)$,其中 $u\in U$。

设 $S=(U,A)$ 是一个信息系统,令 $P,Q\subseteq A$,$U/\text{IND}(P)\preceq U/\text{IND}(Q)$(或简记为 $P\preceq Q$)表示对于 $\forall I_P(u_i)\in U/\text{IND}(P)$,$\exists I_Q(u_i)\in U/\text{IND}(Q)$,使得 $I_P(u_i)\subseteq I_Q(u_i)$,这意味着知识 P 比知识 Q 精细,或者说知识 Q 比知识 P 粗糙;而 $U/\text{IND}(P)\prec U/\text{IND}(Q)$(或简记为 $P\prec Q$)表示对于 $\forall I_P(u_i)\in U/\text{IND}(P)$,$\exists I_Q(u_i)\in U/\text{IND}(Q)$,使得 $I_P(u_i)\subseteq I_Q(u_i)$,且 $\exists I_P(u_j)\in U/\text{IND}(P)$,$I_Q(u_j)\in U/\text{IND}(Q)$,使得 $I_P(u_j)\subset I_Q(u_j)$,这将意味着知识 P 比知识 Q 严格精细,或者说知识 Q 比知识 P 严格粗糙。

定义 5.17 设 $S=(U,A)$ 是一个信息系统,$a\in A$,若对于 $\forall u_i\in U$,$I_{P-\{a\}}(u_i)=I_P(u_i)$,则称 a 在 A 中是不必要的或冗余的,否则称 a 在 A 中是必

要的;如果每个属性 $a \in A$ 在 A 中是必要的,则称属性集 A 是独立的,否则称 A 是依赖的。A 中所有必要的属性组成的集合称为属性集 A 的核,记为 $\text{core}(A)$。

定义 5.18 设 $S=(U,A)$ 是一个信息系统,$B \subseteq A$,如果对 $\forall u_i \in U$,$I_B(u_i) = I_A(u_i)$,且 B 是独立的,则称 B 是 A 的一个约简。

显然 A 可以有多个约简,这多个约简可形式化地表示为 $Q = \{B \subseteq \rho(A) \mid \forall u_i \in U, I_B(u_i) = I_A(u_i)\}$,其中 $\rho(A)$ 为属性集 A 的幂集。若约简 P 满足对于 $\forall B \subseteq Q$,$|P| \leqslant |B|$ 成立,则称 P 是 A 的一个相对最小约简。

定义 5.19[11] 设有任意两个集合 A 和 B,称属于 A 而不属于 B,或属于 B 而不属于 A 的全体元素组成的集合为 A 和 B 的对称差,记为 $A \oplus B$,符号化为 $A \oplus B = (A-B) \cup (B-A)$。

由集合论中的相关知识可以证明 $(A-B) \cup (B-A) = A \cup B - A \cap B$,因此,可得集合的对称差的便捷的计算公式为 $A \oplus B = A \cup B - A \cap B$。

由集合的对称差定义易得出下面的性质。

性质 5.3[11] $A \oplus B = B \oplus A$,$A \oplus A = \varnothing$,$A \oplus \varnothing = A$。

定义 5.20 设有任意两个集合 A 和 B,定义 A 和 B 的距离为

$$D(A,B) = \begin{cases} 1 & A=B=\varnothing \\ \dfrac{|A \oplus B|}{|A \cup B|} & \text{其他} \end{cases} \quad (5\text{-}13)$$

式中,$0 \leqslant D(A,B) \leqslant 1$,$|\cdot|$ 表示集合的基数。

特别地,若 $A=B$,则 $D(A,B)=0$,即 A 和 B 完全没有差别。若 $A \neq B$ 且 $A \cap B = \varnothing$,则 $D(A,B)=1$,即 A 和 B 完全不相同。集合的距离反映了集合之间的差异程度,即集合的距离越大,集合之间的差异程度也越大。

在粗糙集理论中,知识实质上是由属性子集决定的对象空间的划分或覆盖。信息系统中不同的属性集一般会诱导出论域中不同的划分或覆盖,因此,可以从集合的对称差和集合的距离角度定义信息系统中的知识距离,考察知识之间的距离也就考察了不同属性集之间对于论域划分或覆盖的差别,自然也就考察了知识之间的差异。

定义 5.21 设 $S=(U,A)$ 是一个信息系统,$P,Q \subseteq A$,$U/\text{IND}(P) = \{I_P(u_i) \mid u_i \in U\}$,$U/\text{IND}(Q) = \{I_Q(u_i) \mid u_i \in U\}$,定义知识 P 和 Q 之间的距离为

$$\text{KD}(P,Q) = \frac{1}{|U|} \sum_{i=1}^{|U|} \frac{|I_P(u_i) \oplus I_Q(u_i)|}{|I_P(u_i) \cup I_Q(u_i)|} \quad (5\text{-}14)$$

知识距离反映了在同一论域下不同关系所导致的知识之间的差异程度,即 KD 越大,知识之间的差异程度越大;KD 越小,知识之间的差异程度越小。

性质 5.4　$KD(P,Q)=KD(Q,P)$。

证明：根据定义 5.21 显然成立。

性质 5.5　$0 \leqslant KD(P,Q) \leqslant 1-1/|U|$。

证明：给定论域 U，存在两个特殊的知识：相等关系 ω 所对应的最细知识 U/ω 和全域关系 δ 所对应的最粗知识 U/δ。运用距离公式求两者之间的距离 $KD(\omega,\delta)$，对于 $\forall u_i \in U, |I_Q(u_i) \oplus I_P(u_i)| = |U-1|$，即 $KD(\omega,\delta)=1-1/|U|$ 取得最大值。

同理，给定论域 U，若存在两个相等知识 $U/IND(Q)=U/IND(P)$，则对于 $\forall u_i \in U, I_Q(u_i)=I_P(u_i)$，显然 $I_Q(u_i) \oplus I_P(u_i) = \varnothing, |I_Q(u_i) \oplus I_P(u_i)|=0$，即 $KD(P,Q)=0$ 取得最小值。

综上所述，依据定义 5.21 有 $0 \leqslant KD(P,Q) \leqslant 1-1/|U|$。

定义 5.22　设有任意两个集合 A 和 B，定义 A 和 B 的贴近度为

$$C(A,B)=1-D(A,B)=\begin{cases}0 & A=B=\varnothing \\ 1-\dfrac{|A \oplus B|}{|A \cup B|}=\dfrac{|A \cap B|}{|A \cup B|} & \text{其他}\end{cases} \tag{5-15}$$

式中，$0 \leqslant C(A,B) \leqslant 1$，$|\cdot|$ 表示集合的基数。

特别地，若 $A=B$，则 $C(A,B)=1$，即 A 和 B 完全相似；若 $A \neq B$ 且 $A \cap B = \varnothing$，则 $C(A,B)=0$，即 A 和 B 完全不相似。集合的贴近度反映了集合之间的相似程度，即集合的贴近度越大，集合之间的相似程度也越大。

定义 5.23　设 $S=(U,A)$ 是一个信息系统，$P,Q \subseteq A, U/IND(P)=\{I_P(u_i)|u_i \in U\}, U/IND(Q)=\{I_Q(u_i)|u_i \in U\}$，定义知识 P 和 Q 之间的贴近度为

$$KC(P,Q)=\frac{1}{|U|}\sum_{i=1}^{|U|}\frac{|I_P(u_i) \cap I_Q(u_i)|}{|I_P(u_i) \cup I_Q(u_i)|} \tag{5-16}$$

知识贴近度反映了在同一论域下不同关系所导致的知识之间的相似程度，即 KC 越大，知识之间的相似程度越大；KC 越小，知识之间的相似程度越小。

性质 5.6　$KC(P,Q)=KC(Q,P)$。

证明：根据定义 5.23 显然成立。

性质 5.7　$1/|U| \leqslant KC(P,Q) \leqslant 1$。

证明：给定论域 U，存在两个特殊的知识：相等关系 ω 所对应的最细知识 U/ω 和全域关系 δ 所对应的最粗知识 U/δ。运用贴近度公式求两者之间的贴近度 $KC(\omega,\delta)$，对于 $\forall u_i \in U, |I_Q(u_i) \cap I_P(u_i)|=1$，即 $KC(\omega,\delta)=1/|U|$ 取得最小值。

同理，给定论域 U，若存在两个相等知识 $U/IND(Q)=U/IND(P)$，则对于

$\forall u_i \in U, I_Q(u_i) = I_P(u_i)$,显然 $|I_Q(u_i) \cap I_P(u_i)| = |I_Q(u_i) \cup I_P(u_i)|$,即 $KC(P,Q)=1$ 取得最大值。

综上所述,依据定义 5.23 有 $1/|U| \leqslant KC(P,Q) \leqslant 1$。

知识贴近度的定义是在知识距离的基础上定义的,因此它们之间的联系是紧密的。

性质 5.8 设 $S=(U,A)$ 是一个信息系统,$P,Q \subseteq A$,$U/IND(P) = \{I_P(u_i) | u_i \in U\}$,$U/IND(Q) = \{I_Q(u_i) | u_i \in U\}$,则 $KD(P,Q) + KC(P,Q) = 1$。

证明:
$$KD(P,Q) = \frac{1}{|U|} \sum_{i=1}^{|U|} \frac{|I_P(u_i) \oplus I_Q(u_i)|}{|I_P(u_i) \cup I_Q(u_i)|}$$
$$= \frac{1}{|U|} \sum_{i=1}^{|U|} \frac{|I_P(u_i) \cup I_Q(u_i)| - |I_P(u_i) \cap I_Q(u_i)|}{|I_P(u_i) \cup I_Q(u_i)|}$$
$$= 1 - \frac{1}{|U|} \sum_{i=1}^{|U|} \frac{|I_P(u_i) \cap I_Q(u_i)|}{|I_P(u_i) \cup I_Q(u_i)|}$$
$$= 1 - KC(P,Q)$$

显然,$KD(P,Q) + KC(P,Q) = 1$。

性质 5.8 说明知识距离和知识贴近度满足严格的互补关系。

3. 基于知识距离的属性相关性度量

由于知识距离与知识贴近度有互补关系,这里仅给出基于知识距离的属性相关性度量理论,这些理论对于信息系统中的知识约简具有重要意义。对于知识的贴近度有类似定理,这里不再给出。

定理 5.11 设 $S=(U,A)$ 是一个信息系统,$P,Q \subseteq A$。若 $A \preceq Q \preceq P$,则有 $KD(Q,A) \leqslant KD(P,A)$。

证明:假定知识 P 到知识 A 的变化过程中,每次只改变知识中一个知识粒,即设 $U/IND(P) = \{T_1, L(k), T_2\}$,其中 T_1 和 T_2 分别是 $U/IND(P)$ 中等价块的一个子序列,$L(k)$ 表示该等价块 L 中有 k 个元素,$0 \leqslant k \leqslant |U|$;$U/IND(Q) = \{T_1, L(k-s), L(s), T_2\}$,其中块 $L(k)$ 细化为 $L(k-s)$ 和 $L(s)$ 两个等价块,T_1 和 T_2 不发生变化,$0 \leqslant s \leqslant k$;$U/IND(A) = \{T_1, L(k-s-t), L(t), L(s), T_2\}$,其中块 $L(k-s)$ 细化为 $L(k-s-t)$ 和 $L(t)$ 两个等价块,$L(s)$、T_1 和 T_2 不发生变化,$0 \leqslant t \leqslant k-s$。

依据知识的距离公式,有
$$KD(P,A) = (k-s-t)\left(1 - \frac{k-s-t}{k}\right) + t\left(1 - \frac{t}{k}\right) + s\left(1 - \frac{s}{k}\right)$$

$$KD(Q,A) = t\left(1 - \frac{t}{k-s}\right) + (k-s-t)\left(1 - \frac{k-s-t}{k-s}\right)$$

故
$$\mathrm{KD}(P,A) - \mathrm{KD}(Q,A) = 2s(k-s-t)k \geqslant 0$$
因此 $\mathrm{KD}(Q,A) \leqslant \mathrm{KD}(P,A)$。

这里仅讨论单一知识粒变化的情况,多个知识粒同时变化时则是这种情况的累加,证明过程仅是计算量的增大,分析方法类似,故上述不等式依然成立。

定理 5.11 说明在信息系统中随着知识划分的逐渐细化,该知识到信息系统的知识距离逐渐变小。

推论 5.1 设 $S=(U,A)$ 是一个信息系统, $A=\{r_1, r_2, \cdots, r_m\}$,则有 $\mathrm{KD}(\{r_i\},A) \geqslant \mathrm{KD}(\{r_i\} \cup \{r_j\},A) \geqslant \cdots \geqslant \mathrm{KD}(\{r_1\} \cup \{r_2\} \cup \cdots \cup \{r_m\},A) = 0$ $(1 \leqslant i,j \leqslant m)$。

推论 5.1 说明,在信息系统中,随着属性的增加,属性子集到全域属性集的知识距离的变化规律呈非严格单调递减。

定理 5.12 设 $S=(U,A)$ 是一个信息系统, $P \subseteq A$,则 $U/\mathrm{IND}(A) = U/\mathrm{IND}(P)$ 的充分必要条件是 $\mathrm{KD}(P,A) = 0$。

证明:(必要性)由 $U/\mathrm{IND}(P) = U/\mathrm{IND}(A)$ 知,对于 $\forall u_i \in U$, $I_P(u_i) = I_A(u_i)$,显然 $I_P(u_i) \oplus I_A(u_i) = \varnothing$, $|I_P(u_i) \oplus I_A(u_i)| = 0$,即 $\mathrm{KD}(P,A) = 0$。

(充分性)由 $\mathrm{KD}(P,A) = 0$ 知,对于 $\forall u_i \in U$, $|I_P(u_i) \oplus I_A(u_i)| = 0$,显然 $I_P(u_i) \oplus I_A(u_i) = \varnothing$。由性质 5.8 知 $\mathrm{KC}(P,Q) = \dfrac{1}{|U|} \sum_{i=1}^{|U|} \dfrac{|I_P(u_i) \cap I_Q(u_i)|}{|I_P(u_i) \cup I_Q(u_i)|} = 1$,进而由定义 5.23 可得 $I_P(u_i) = I_A(u_i)$,故 $U/\mathrm{IND}(A) = U/\mathrm{IND}(P)$。

推论 5.2 设 $S=(U,A)$ 是一个信息系统, $P \subseteq A$。若 $\mathrm{KD}(P,A) = 0$,则 P 为 A 的一个约简。

上述定理及推论实际上是从知识距离角度提出了一种属性约简的判断方法,并以此为基础,给出一种基于知识距离的属性约简算法。

4. 基于知识距离的属性约简算法

由定理 5.11 和推论 5.1 知,随着属性的增加,属性子集到全域属性集的知识距离越来越小;由定理 5.12 和推论 5.2 知,随着属性的增加,若最少属性子集到全域属性集的知识距离为 0 时,则该属性子集为信息系统的一个相对最小约简。

因此,在求属性约简的过程中,可采用贪心算法的思想,首先选取到全域属性集的知识距离最小的属性构成初始约简;然后对不属于已求的约简属性集的每一个属性,分别计算与初始约简合并后的属性集合到全域属性集的知识距离,从中选取知识距离最小的属性集合构成新的约简;若到全域属性集的知识距离最小的属性集合不止一个,则在不属于已求的约简属性集中,选取到全域属性集的知识距离最小的属性作为扩展属性来构成新的约简;反复执行这个过程,直至最终约简属性集到全域属性集的知识距离为 0 为止。

算法 5-3 基于知识距离的属性约简算法

输入：一个信息系统 $S=(U,A)$，其中 U 为论域，A 为属性集。

输出：信息系统 S 的一个（相对）最小约简 $RED(A)$。

Step1：对于 $\forall a \in A$，逐一计算 $KD(a,A)$。

Step2：选取使 $KD(a,A)$ 最小的属性 a 初始化到约简集中。

如果 $KD(a,A)$ 最小的属性不止一个，则选取属性顺序最靠前的属性 a，初始化到约简集中，执行

$$RED(A)=\{a \mid Min(KD(a,A)), a \in A\}$$

Step3：如果 $KD(RED(A),A)=0$，则转 Step6。

Step4：对于 $\forall a \in A - RED(A)$，逐一计算 $KD(RED(A) \cup \{a\}, A)$。

Step5：选取使 $KD(RED(A) \cup \{a\}, A)$ 最小的属性 a 作为扩展属性。

如果存在多个属性 a 使 $KD(RED(A) \cup \{a\}, A)$ 同时达到最小值，则在 $a \in A - RED(A)$ 集中选取 $KD(a,A)$ 最小的属性 a 作为扩展属性；如果在 $a \in A - RED(A)$ 集中 $KD(a,A)$ 最小的属性不止一个，则选取属性顺序最靠前的属性 a 作为扩展属性}。

执行 $RED(A) = RED(A) \cup \{a \mid Min(KD(RED(A) \cup \{a\}, A)), a \in A - RED(A)\}$，转 Step3。

Step6：输出信息系统 S 的一个（相对）最小约简 $RED(A)$。

Step7：结束。

需要指出的是，以上给出的算法是尽量找出信息系统的一个相对最小约简。而一般情况下，约简不是唯一的，相对最小约简也不是唯一的。

算法时间复杂度分析：计算 $KD(a,A)$ 之前需先计算 $U/IND(\{a\})$ 和 $U/IND(A)$，由文献[12]知，计算每个属性的划分的时间复杂性为 $O(|U|^2)$；对于每个 $a \in A$，为了计算 $U/IND(\{a\})$，需计算 $(|A|-1)$ 次交，于是计算这些交的时间复杂度为 $O(|A\|U|^2)$；计算约简 $RED(A)$ 最多需计算 $|A|+(|A|-1)+\cdots+1=(|A|+1)|A|/2=O(|A|^2)$ 次 $KD(a,A)$。综上，该算法的时间复杂度为 $|A|^2(|A\|U|^2)=O(|A|^3|U|^2)$，文献[4,7]中算法的时间复杂度为 $[|A|+|A|(|A|+1)/2]O(|A\|U|^2)=O(|A|^3|U|^2)$。虽然算法 5-3 与文献[4,7]中约简算法的时间复杂度相同，但后者在计算核上明显浪费了额外的时间，文献[4,7]中计算核的时间复杂度均为 $O(|A|^2|U|^2)$，而算法 5-3 不需求核，因此在实际计算过程中时间耗费有所减少。

5. 实例分析

例 5-3（有核的信息系统） 给定信息系统 $S_1=(U,A)$，其中 $U=\{u_1,u_2,\cdots,$

$u_5\}$, $A=\{a,b,c,d,e\}$,如表 5-2 所示。由文献[13]知,信息系统 S_1 有两个相对最小约简 $\{a,b,c\}$ 和 $\{a,b,e\}$。

表 5-2 信息系统 $S_1=(U,A)$

U	A				
	a	b	c	d	e
u_1	1	0	2	1	0
u_2	0	0	1	2	1
u_3	2	0	2	1	0
u_4	0	0	2	2	2
u_5	1	1	2	1	0

利用文献[4,7]中的算法首先计算出信息系统 S_1 的初始约简集 $\text{RED}(A)=\text{core}(A)=\{a,b\}$,但由于 $\max_{r\in A-\text{RED}(A)}\text{Sig}_{\text{RED}(A)}(r)=\text{Sig}_{\text{RED}(A)}(c)=\text{Sig}_{\text{RED}(A)}(e)$,而文献[4,7]中的算法均未明确指出应选择哪个属性作为扩展属性,若两个属性均作为扩展属性,则求出的最终约简 $\text{RED}(A)=\{a,b,c,e\}$ 不是相对最小约简,这是由约简算法的不完备性所造成的。而用算法 5-3 可以求得信息系统 S_1 的一个相对最小约简 $\text{RED}(A)=\{a,b,c,e\}$,这个约简结果与文献[13]中的约简结果是一致的,证明算法 5-3 是有效的。此外,算法 5-3 对文献[4,7]中所给出的信息表同样可得出与原文一样的约简结果,这里不再验证。

例 5-4(无核的信息系统) 给定信息系统 $S_2=(U,A)$,其中 $U=\{u_1,u_2,u_3,u_4\}$,$A=\{a,b,c,d,e\}$,如表 5-3 所示。容易得出,信息系统 S_2 的核 $\text{core}(A)=\varnothing$,约简为 $\{a,b\}$,$\{a,c\}$,$\{b,d,e\}$,$\{c,d,e\}$,其中前两个为相对最小约简。

表 5-3 信息系统 $S_2=(U,A)$

U	A				
	a	b	c	d	e
u_1	1	1	2	1	1
u_2	2	1	1	2	1
u_3	3	1	1	1	2
u_4	1	2	1	1	1

利用文献[4,7]中的属性约简算法计算约简时需要先求核,对于无核信息系统来说,计算核显然是不必要而且是浪费时间的;而通过算法 5-3 计算约简,不需求核,因此可节省求约简的时间,也可以很快求得信息系统 S_2 的一个相对最小约

简 RED(A) = {a, b},具体步骤不再给出。

6. 小结

本节借鉴集合论中对称差的概念,从粒度计算的观点出发,给出了信息系统中知识距离的概念,分析了其相关性质,并指出知识距离也可以度量属性的相关性。同时给出了知识贴近度的概念,并分析了它与知识距离的关系,经证明它们之间满足严格互补关系。这些结论极大地丰富和发展了不确定性信息处理及其度量理论。最后,提出了一种基于知识距离的属性约简算法。该算法不需求核,对无核的特殊信息系统计算约简更加有效,同时该算法的时间复杂度也较文献[4,7]中的算法时间复杂度有所降低。

5.1.4 不完备信息系统中 Rough 集的划分贴近度与属性约简算法

在现实生活中,获取方法的限制、数据测量的误差等使得在知识获取时面临的是不完备信息系统,即可能存在部分对象的一些属性值未知的情况。不完备信息系统的属性约简已引起人们的广泛关注。文献[14]和[15]分别基于知识粒度和信息量理论给出了对不完备系统进行属性约简的方法。

下面给出不完备信息系统中的划分贴近度理论,并研究它的一些性质和定理,根据划分贴近度理论设计了对不完备信息系统进行属性约简的算法。

1. 不完备信息系统中的划分贴近度理论

定义 5.24 不完备信息系统 $S = (U, A, V, f)$,$U = \{1, 2, \cdots, n\}$,属性集 B,$P \subseteq A$,且 B 和 P 在 U 上导出的分类分别为 $U/\mathrm{SIM}(B) = \{S_B(1), S_B(2), \cdots, S_B(n)\}$,$U/\mathrm{SIM}(P) = \{S_P(1), S_P(2), \cdots, S_P(n)\}$,对于 $\forall i \in U$,相容类 $S_P(i)$ 对 $S_B(i)$ 的贴近度 $p(S_P(i) | S_B(i))$ 定义为

$$p(S_p(i) \mid S_B(i)) = \begin{cases} \dfrac{|S_P(i)|}{|S_B(i)|} & S_P(i) \subseteq S_B(i) \\ 0 & \text{其他} \end{cases} \tag{5-17}$$

式中,$|\cdot|$ 表示集合的基数,$0 \leqslant p(S_P(i)|S_B(i)) \leqslant 1$,$p(S_P(i)|S_B(i))$ 越大,则集合 $S_P(i)$ 和 $S_B(i)$ 越接近。

定义 5.25 若不完备信息系统 $S = (U, A, V, f)$,$U = \{1, 2, \cdots, n\}$,属性集 B,$P \subseteq A$,且 B 和 P 在 U 上导出的分类分别为 $U/\mathrm{SIM}(B) = \{S_B(1), S_B(2), \cdots, S_B(n)\}$,$U/\mathrm{SIM}(P) = \{S_P(1), S_P(2), \cdots, S_P(n)\}$,属性集 P 对 B 的划分贴近度定义为

$$\mathrm{TG}(P \mid B) = \frac{1}{n} \sum_{i=1}^{n} p(S_P(i) \mid S_B(i)), \quad 0 \leqslant \mathrm{TG}(P \mid B) \leqslant 1 \tag{5-18}$$

性质 5.9 若 $S=(U,A,V,f)$ 是不完备信息系统，$B_1 \subseteq B_2 \subseteq A$，对于 $\forall i \in U$，$S_{B_1}(i)$，$S_{B_2}(i)$ 分别为 i 在属性集 B_1 和 B_2 下的相容类，则 $S_{B_2}(i) \subseteq S_{B_1}(i)$ 且 $|S_{B_2}(i)| \leq |S_{B_1}(i)|$。

定理 5.13 若 $S=(U,A,V,f)$ 是不完备信息系统，属性集 $B,P \subseteq A$，当 $\text{TG}(P|B)=1$ 时，B 和 P 对 U 的分类相同。

证明：因为 $\text{TG}(P|B)=\dfrac{1}{n}\sum\limits_{i=1}^{n}p(S_P(i)|S_B(i))=1$，则 $\sum\limits_{i=1}^{n}p(S_P(i)|S_B(i))=n$，又因为 $0 \leq p(S_P(i)|S_B(i)) \leq 1$，所以对于 $\forall i \in U$，$p(S_P(i)|S_B(i))=1$。由定义 5.24 可知，当 $S_P(i) \subseteq S_B(i)$ 时，$p(S_P(i)|S_B(i))=|S_P(i)|/|S_B(i)|$，所以对于 $\forall i \in U$，$S_B(i)=S_P(i)$，即当 $\text{TG}(P|B)=1$ 时，对于 $\forall i \in U$，i 在属性集 B 和 P 下的相容类相同，从而 B 和 P 对 U 的分类相同。

定理 5.14 若 $S=(U,A,V,f)$ 是不完备信息系统，$U=\{1,2,\cdots,n\}$，属性集 $B_1 \subseteq B_2 \subseteq P \subseteq A$，则 $\text{TG}(P|B_2) \geq \text{TG}(P|B_1)$。

证明：由定义 5.25 可得

$$\text{TG}(P|B_1)=\frac{1}{n}\sum_{i=1}^{n}p(S_P(i)|S_{B_1}(i))$$

$$\text{TG}(P|B_2)=\frac{1}{n}\sum_{i=1}^{n}p(S_P(i)|S_{B_2}(i))$$

则

$$\text{TG}(P|B_2)-\text{TG}(P|B_1)=\frac{1}{n}\sum_{i=1}^{n}p(S_P(i)|S_{B_2}(i))-\frac{1}{n}\sum_{i=1}^{n}p(S_P(i)|S_{B_1}(i))$$

$$=\frac{1}{n}\sum_{i=1}^{n}[p(S_P(i)|S_{B_2}(i))-p(S_P(i)|S_{B_1}(i))]$$

因为 $B_1 \subseteq B_2 \subseteq P$，由性质 5.9 知，对于 $\forall i \in U$，$S_P(i) \subseteq S_{B_2}(i) \subseteq S_{B_1}(i)$ 且 $|S_P(i)| \leq |S_{B_2}(i)| \leq |S_{B_1}(i)|$，则 $p(S_P(i)|S_{B_2}(i))-p(S_P(i)|S_{B_1}(i)) \geq 0$，即 $\text{TG}(P|B_2) \geq \text{TG}(P|B_1)$。

定义 5.26 若不完备信息系统 $S=(U,A,V,f)$，$U=\{1,2,\cdots,n\}$，属性集 $B,P \subseteq A$。当 $\text{TG}(P|B)=1$ 时，称 P 对 U 形成的分类完全贴近于 B 对 U 形成的分类；当 $\text{TG}(P|B)=0$ 时，称 P 对 U 形成的分类完全不贴近于 B 对 U 形成的分类；当 $0<\text{TG}(P|B)<1$ 时，称 P 对 U 形成的分类以贴近度 $\text{TG}(P|B)$ 贴近于 B 对 U 形成的分类。

定义 5.27 若不完备信息系统 $S=(U,A,V,f)$，$U=\{1,2,\cdots,n\}$，属性集 $P \subseteq A$，对于属性集 P 中 $\forall a \in P$，属性 a 在 P 中的重要性为

$$\text{SGF}(a,P)=1-\text{TG}(P|P-\{a\}) \tag{5-19}$$

当 $\text{SGF}(a,P)>0$ 时，说明 a 是 P 中必要的；当 $\text{SGF}(a,P)=0$ 时，说明 a 是 P

中不必要的；若每个 $a \in P$ 都为 P 中必要的，则称 P 为独立的，否则称 P 为依赖的。

定理 5.15 若不完备信息系统 $S=(U,A,V,f)$，$U=\{1,2,\cdots,n\}$，属性集 $B \subseteq P \subseteq A$，如果 B 是独立的且 $TG(P|B)=1$，则 B 为 P 的一个约简。

证明：由定理 5.13 的证明过程可知，当 $B \subseteq P$ 且 $TG(P|B)=1$ 时，对于 $\forall i \in U$，i 在属性集 B 和 P 下的相容类相同，又因为 B 是独立的，所以 B 为 P 的一个约简。

2. 基于划分贴近度的不完备信息系统启发式属性约简算法

由定理 5.15 的证明过程可知，对于一个不完备信息系统 $S=(U,A,V,f)$，当属性集 $B_1 \subseteq P \subseteq A$，且 $TG(P|B_1)=1$ 时，在属性集 B_1 与 P 下，U 中各对象的相容类是相同的，所以采用 $1-TG(P|B_1-\{a_j\})$ 作为启发信息。当 $1-TG(P|B_1-\{a_j\})=0$ 时，说明从 B_1 中去掉属性 a_j，在属性集 $B_1-\{a_j\}$ 与 P 下，U 中各对象的相容类仍然是相同的；当 $1-TG(P|B_1-\{a_j\})>0$ 时，说明从 B_1 中去掉属性 a_j，在属性集 $B_1-\{a_j\}$ 下，U 中各对象的相容类与在属性集 P 下 U 中各对象的相容类是不同的。因此可以依次去掉 B_1 中不影响各对象的相容类的属性，最后得到 P 的一个约简，具体算法见算法 5-4。

算法 5-4 基于划分贴近度的不完备信息系统启发式属性约简算法

输入：一个不完备信息系统 $S=(U,A,V,f)$，$U=\{1,2,\cdots,n\}$，$P \subseteq A$，$P=\{a_1,a_2,\cdots,a_m\}$。

输出：属性集 P 的一个约简 B。

Step1：令 $B_1=P=\{a_1,a_2,\cdots,a_m\}$，$Att=\varnothing$。

Step2：如果 $B_1-Att=\varnothing$，则 $B=B_1$，转 Step5；否则任选 B_1-Att 中的一个属性 a_j，计算 $1-TG(P|B_1-\{a_j\})$。

Step3：若 $1-TG(P|B_1-\{a_j\})=0$，则 $B_1=B_1-\{a_j\}$，转 Step2。

Step4：若 $1-TG(P|B_1-\{a_j\})>0$，则 $Att=Att \cup \{a_j\}$，转 Step2。

Step5：结束。

算法 5-4 的时间复杂度分析如下。

设在不完备信息系统中 $|U|=n$，$|A|=m$。

(1) 为了计算 $TG(P|B_1-\{a_j\})$，需要计算 $U/SIM(P)$ 和 $U/SIM(B_1-\{a_j\})$。因为根据一个属性 a_j 得到 U 中各对象的相容类 $U/SIM(\{a_j\})$ 的时间复杂度为 $O(n^2)$，所以求 $U/SIM(P)$ 和 $U/SIM(B_1-\{a_j\})$ 分别需要计算 $|P|-1$ 和 $|B_1-\{a_j\}|-1$ 次交，所以 $U/SIM(P)$ 和 $U/SIM(B_1-\{a_j\})$ 的时间复杂度为 $(|P|-1+|B_1-\{a_j\}|-1) \times O(n^2)=O(mn^2)$。

(2) 因为 $B_1 \subseteq P$，由性质 5.9 可知，对于 $\forall i \in U$，$S_P(i) \subseteq S_{B_1}(i)$，所以 $TG(P|B_1-\{a_j\})=\frac{1}{n}\sum_{i=1}^{n}p(S_P(i)|S_{B_1-\{a_j\}}(i))=\frac{1}{n}\sum_{i=1}^{n}\frac{|S_P(i)|}{|S_{B_1-\{a_j\}}(i)|}$，对于 $\forall i \in$

U,不需要再判断 $S_P(i)$ 是否包含在 $S_{B_1-\{a_j\}}(i)$ 中,只需计算出 i 在属性集 P 和 $B_1-\{a_j\}$ 下的相容类 $S_P(i)$ 和 $S_{B_1-\{a_j\}}(i)$ 中的元素个数。求 $U/SIM(P)$ 和 $U/SIM(B_1-\{a_j\})$ 中各对象相容类中元素个数的时间复杂度为 $O(n^2)$。

(3) 经计算,求 $TG(P|B_1-\{a_j\})$ 的时间复杂度为 $O(n)$。

(4) 综上,考察去掉一个属性后,划分贴近度是否变化的时间复杂度为 $O(mn^2)$,则考察 $|P|$ 个属性,其时间复杂度为 $O(m^2n^2)$。

从而可知,算法 5-4 的时间复杂度为 $O(m^2n^2)$。文献[14]和[15]中算法的时间复杂度均为 $O(m^3n^2)$,所以本节算法 5-4 的时间复杂度比文献[14]和[15]中算法时间复杂度低。

3. 实例分析

例 5-5 为验证算法 5-4 的有效性,下面采用文献[16]中给出的一个不完备信息表(表 5-4)对该算法进行测试。

表 5-4 不完备信息表

Car	Price	Mile-age	Size	Max-Speed
1	High	High	Full	Low
2	Low	*	Full	Low
3	*	*	Compact	High
4	High	*	Full	High
5	*	*	Full	High
6	Low	High	Full	*

下面给出根据算法 5-4 求不完备信息表属性约简的步骤。

初始化 $B_1 = P = \{$Price, Mile-age, Size, Max-Speed$\}$, Att $= \varnothing$,假设按照 Price, Mile-age, Size, Max-Speed 的顺序依次考察去掉各属性后划分贴近度是否发生变化。$U/SIM(P) = \{\{1\}, \{2,6\}, \{3\}, \{4,5\}, \{4,5,6\}, \{2,5,6\}\}$。

(1) 考察属性 Price,因为 $U/SIM(B_1-\{$Price$\}) = \{\{1,2,6\}, \{1,2,6\}, \{3\}, \{4,5,6\}, \{4,5,6\}, \{1,2,4,5,6\}\}$,则 $TG(P|B_1-\{$Price$\}) = 32/45$,所以 $1-TG(P|B_1-\{$Price$\}) > 0$,Price 不可以去掉,此时 $B_1 = \{$Price, Mile-age, Size, Max-Speed$\}$, Att $= \{$Price$\}$。

(2) 考察属性 Mile-age,因为 $U/SIM(B_1-\{$Mile-age$\}) = \{\{1\}, \{2,6\}, \{3\}, \{4,5\}, \{4,5,6\}, \{2,5,6\}\}$,则 $TG(P|B_1-\{$Mile-age$\}) = 1$,所以 $1-TG(P|B_1-\{$Mile-age$\}) = 0$,Mile-age 可以去掉,此时 Att $= \{$Price$\}$, $B_1 = \{$Price, Size, Max-Speed$\}$。

(3) 考察属性 Size,因为 $U/SIM(B_1-\{Size\})=\{\{1\},\{2,6\},\{3,4,5,6\},\{3,4,5\},\{3,4,5,6\},\{2,3,5,6\}\}$,则 $TG(P|B_1-\{Size\})=53/72$,所以 $1-TG(P|B_1-\{Size\})>0$,Size 不可以去掉,此时 $B_1=\{Price, Size, Max\text{-}Speed\}$,Att=$\{Price, Size\}$。

(4) 考察属性 Max-Speed,因为 $U/SIM(B_1-\{Max\text{-}Speed\})=\{\{1,4,5\},\{2,5,6\},\{3\},\{1,4,5\},\{1,2,4,5,6\},\{2,5,6\}\}$,$TG(P|B_1-\{Max\text{-}Speed\})=53/72$,所以 $1-TG(P|B_1-\{Max\text{-}Speed\})>0$,Max-Speed 不可以去掉,此时 Att=$\{Price, Size, Max\text{-}Speed\}$,$B_1=\{Price, Size, Max\text{-}Speed\}$。

当 $B_1-Att=\varnothing$ 时,算法终止,$B=B_1=\{Price, Size, Max\text{-}Speed\}$即为该不备信息系统的一个约简。

利用算法 5-4 对不完备信息系统求约简,约简的结果为$\{Price, Size, Max\text{-}Speed\}$,与文献[1,16]利用差别矩阵得到的结果是一致的,与文献[15]利用信息量理论、文献[14]利用知识粒度理论得到的结果也是一致的。可见,对于算法 5-4 提出的算法,根据选择属性的顺序不同,总可以得到不完备信息系统属性的一个约简。

4. 小结

本节主要基于集合间的贴近度理论,提出了不完备信息系统中的划分贴近度理论,研究了不完备信息系统中划分贴近度的一些性质和定理,基于划分贴近度给出了不完备信息系统中属性重要度的计算方法,并根据划分贴近度设计了对不完备信息系统进行属性约简的启发式算法,通过实例验证了算法 5-4 的有效性。

5.2 基于 Rough 集的决策系统属性约简

5.2.1 基于包含度的不一致决策表约简新方法

在粗糙集理论及其应用中,不一致决策表是现实决策分析问题中经常遇到的决策信息系统,也是决策信息系统约简处理研究的重点之一。目前,许多学者对知识约简作了深入的研究,并取得了大量的成果[17]。文献[18]给出了等价矩阵的定义,将粗糙集中的计算转化为矩阵计算,该方法直观有效,但没有全面考虑决策表的情形。文献[19]中求核属性集时用的区分矩阵对于不一致决策表来说是错误的[20],它不一定能正确地求出核属性集;而且其求出多个约简后,在实际应用中一般并不比较各个约简的优劣。文献[21]中的算法用区分矩阵求核属性集,对于不一致决策表来说也是错误的[20]。文献[22]给出了不一致决策表分布约简与分配约简两种定义,并讨论了它们的等价形式,但并没有对这两种知识约简方法作进一步的研究。文献[17]从理论上证明了文献[9]中条件信息熵约简与文献[23]中的分布约简是等价的,它们不仅能保证一致决策规则的决策能力不变,而且也能保证不一致决策规则的决策能力不变,其中分布约简可以求出决策表的所有约简。这些研究大多是在矩阵中进行的,其时间复杂度随决策表大小的增长而呈指数增长,并且在实际问题中也没有必要求出所有约简,因为人们通常关心的是寻找知识库中所含条件属性最少的约简,即最优或最小约简。

为了解决以上问题,本节在不一致决策表中,首先分析了现有矩阵方法的局限性,以知识的包含度为基础,将一致与不一致对象分开,给出分布约简的数学定义与判定定理,设计了求分布约简的新的启发式方法。由于该方法不用计算矩阵和与它对应的最小简化的析取范式,从而节省了空间和时间,提高了运行效率,克服了区分矩阵方法计算时间复杂度过高的缺陷。实例验证表明,该约简方法在效率上较现有的约简方法有一定的提高,有助于搜索最小或次优约简。

1. 现有矩阵方法的局限性

在经典知识约简方法中,采用区分矩阵方法求出核属性集,然后从区分矩阵中删除含有核属性的矩阵元素,将不含核属性且以析取形式表示的矩阵元素变成合取形式的表达式,最后对这个表达式进行化简,化简后转化为析取范式。合取范式转化为析取范式的过程是相当复杂的,往往会导致区分矩阵方法的时间复杂度随系统大小增加而呈指数增长。析取范式中的每一项加上核属性集是决策表的一个约简,这样就可以求出所有约简。然而在实际问题中没有必要求出所有约简,人们通常关心的是寻找最小约简。因此,经典粗糙集理论中的矩阵方法不能有效地搜索最小或次优约简。

2. 分布约简

文献[23]中基于包含度的分布约简可以求出决策表的所有约简,对于一致与不一致决策表,都可以使用区分矩阵法求出核属性集。由于核与约简是决策表知识约简中最重要的概念,而且区分矩阵的主要目标是计算核与约简,但现有基于区分矩阵的求核方法,时间与空间都不理想。为克服通过区分矩阵求核与约简方法的局限性,提高运行效率,需要寻求一种新的启发式方法。然而经典粗糙集理论中的基于正区域的属性重要性只对正区域基数进行定量描述,基于现有条件信息熵的属性重要性只描述了条件属性子集等价类中属于不同决策类的对象分离情况,而没有考虑其决策属性值相同的一致与不一致对象的分离。正因为如此,在不一致决策表中,由于不一致对象的存在,使用正区域与现有条件信息熵的方法,无法等价地表示知识约简。那么若将所有不一致对象从一致对象中分离出来,就有助于搜索最小或次优约简。因此,可以在知识包含度的基础上,将一致与不一致对象分开,来寻求一种新的启发式信息。

定义 5.28[23]　在决策表 $S=(U,C,D,V,f)$ 中，$B\subseteq C$，D 在 U 上导出的划分 $U/D=\{D_1,D_2,\cdots,D_m\}$，记 $D(D_i/[x]_B)=|D_i\cap[x]_B|/|[x]_B|$，其中 $i=1,2,\cdots,m$，$x\in U$，则称 $D(D_i/[x]_B)$ 是 U 的幂集 $P(U)=\{X|X\subseteq U\}$ 上的包含度。

在决策表 $S=(U,C,D,V,f)$ 中，令 $D_0=U-\mathrm{POS}_C(D)$，显然有 D_0 关于 C 的下近似集 $C\_D_0=D_0$。若 S 为一致决策表，则 $C\_D_0=\varnothing$。

为了将等价类逐步细化和分离，引入下面的定理与推论。

定理 5.16[24]　在决策表 $S=(U,C,D,V,f)$ 中，条件属性子集 $A,B\subseteq C$，则 $\mathrm{POS}_A(D)=\mathrm{POS}_B(D)$ 的充要条件是 $A\_D_i=B\_D_i$，其中 $i=1,2,\cdots,m$。

推论 5.3[24]　在决策表 $S=(U,C,D,V,f)$ 中，条件属性子集 $A\subseteq C$，则 $\mathrm{POS}_A(D)=\mathrm{POS}_C(D)$ 的充要条件是 $A\_D_i=C\_D_i$，其中 $i=1,2,\cdots,m$。

在决策表 $S=(U,C,D,V,f)$ 中，若集簇 $\{A\_D_0,A\_D_1,A\_D_2,\cdots,A\_D_m\}$ 中没有空集，则该集簇是 U 上的一个划分。若该集簇有空集，则去掉空集后仍是 U 上的一个划分。为叙述方便，若没有特殊说明，不妨假设该集簇中没有空集。如果条件属性子集 A 是 C 的一个约简，则 A 在 U 上导出的一个划分是 $\{A\_D_0,A\_D_1,A\_D_2,\cdots,A\_D_m\}$，它不仅把属于不同决策类的一致对象分离成不同的划分块，而且把所有不一致对象从一致对象中分离出来，作为一个单独的划分块。这样，在不一致决策表 S 中，条件属性集 C 在 U 上导出划分 $\{C\_D_0,C\_D_1,C\_D_2,\cdots,C\_D_m\}$，也就是把 U/D 中的等价类逐步细化和分离的过程，在这一过程中，可将所有不一致对象从一致对象中分离出来，由此划分得到的等价关系记为 R_C，即 $U/R_C=\{C\_D_0,C\_D_1,C\_D_2,\cdots,C\_D_m\}$。

在不一致决策表 $S=(U,C,D,V,f)$ 中，若记 $\mu_B(x)=((C\_D_0/[x]_B),(C\_D_1/[x]_B),(C\_D_2/[x]_B),\cdots,(C\_D_m/[x]_B))$，其中 $\varnothing\neq B\subseteq C$，$x\in U$，则称 $\mu_B(x)$ 为对象 x 关于 B 的决策分布函数。显然，$\mu_B(x)$ 是 U/R_C 上的条件概率分布。

这样，在不一致决策表 $S=(U,C,D,V,f)$ 中，就可以得到分布约简的数学定义。

定义 5.29　在不一致决策表 $S=(U,C,D,V,f)$ 中，条件属性子集 $B\subseteq C$。若 $\forall x\in U$，$\mu_B(x)=\mu_C(x)$，则称 B 是分布一致集。若 B 是分布一致集，且 B 的任何真子集不是分布一致集，则称 B 为分布约简。

若条件属性子集 B 为不一致决策表 S 的分布约简，则由 B 产生的规则与由 C 产生的规则有相同的可信度。因此，分布约简是保持原决策表中条件属性确定的等价类对决策属性等价类的隶属度（条件概率分布）不变的最小条件属性子集。

定义 5.30　在不一致决策表 $S=(U,C,D,V,f)$ 中，条件属性子集 $B\subseteq C$。若 $\forall x\in U$，有 $\mu_B(x)=\mu_{B-\{a\}}(x)$，则称属性 $a\in B$ 在 B 中是不必要的，否则称属性 $a\in B$ 在 B 中是必要的。

定义 5.31 在不一致决策表 $S=(U,C,D,V,f)$ 中,条件属性子集 $B\subseteq C$,任意属性 $a\in B$ 在 B 中的重要性定义为

$$\mathrm{SGF}_{B-\{a\}}(a)=|\{\forall x\in U\mid \mu_{B-\{a\}}(x)\neq \mu_B(x)\}|/|U| \qquad (5-20)$$

由定义 5.31 可以得到下面的性质。

性质 5.10 属性 $a\in B$ 在 B 中的重要性 $\mathrm{SGF}_{B-\{a\}}(a)$ 满足 $0\leqslant \mathrm{SGF}_{B-\{a\}}(a)\leqslant 1$。

性质 5.11 属性 $a\in B$ 在 B 中是必要的,当且仅当 $\mathrm{SGF}_{B-\{a\}}(a)>0$,特别地,属性 $a\in C$ 在 S 中是必要的,当且仅当 $\mathrm{SGF}_{C-\{a\}}(a)>0$。

性质 5.12 属性核 $\mathrm{core}_D(C)=\{a\in C\mid \mathrm{SGF}_{C-\{a\}}(a)>0\}$。

定义 5.32 在不一致决策表 $S=(U,C,D,V,f)$ 中,条件属性子集 $B\subset C$,任意属性 $a\in C-B$ 关于 B 的重要性定义为

$$\mathrm{SGF}_B(a)=|\{\forall x\in U\mid \mu_{B\cup\{a\}}(x)\neq \mu_B(x)\}|/|U| \qquad (5-21)$$

$\mathrm{SGF}_B(a)$ 的值越大,说明在已知 B 的条件下,属性 $a\in C-B$ 关于知识 B 就越重要。因此,可把 $\mathrm{SGF}_B(a)$ 作为搜索最小或次优属性约简的启发式信息。

由定义 5.32 与性质 5.11 可以得到分布约简的判定定理。

定理 5.17 在不一致决策表 $S=(U,C,D,V,f)$ 中,条件属性子集 $B\subseteq C$,那么 B 是 C 相对于决策 D 的一个分布约简的充要条件如下。

(1) 对于 $\forall x\in U$,有 $\mu_B(x)=\mu_C(x)$。

(2) 对于任意属性 $a\in B$,有 $\mathrm{SGF}_{B-\{a\}}(a)>0$。

3. 基于包含度的决策表约简算法

定理 5.17 从代数角度提供了分布约简的判定方法,这是求决策表知识约简的基础。根据性质 5.12 可以很容易地求出条件属性集 C 的核 $\mathrm{core}_D(C)$。由于核是唯一的,且是任何约简的子集,因此核可作为求相对最小约简的起点。依据定义 5.32 中定义的属性重要性,逐次选择最重要的属性添加到核中,直到其决策分布函数等于条件属性集 C 的决策分布函数。

根据上述分析可知,基于包含度的决策表约简新方法可以保持决策表的决策能力完全不变。以 $\mathrm{SGF}_B(a)$ 表示启发式信息的约简方法,必须计算 $\mu_B(x)$ 与 $\mu_{B\cup\{a\}}(x)$。为了降低该方法的时间复杂度,首先需要研究计算 $\mu_B(x)$ 与 $\mu_{B\cup\{a\}}(x)$ 的高效方法。用文献[6]中计算划分与文献[25]中计算正区域的方法,可得计算 $\mu_B(x)$ 与 $\mu_{B\cup\{a\}}(x)$ 的具体步骤如下。

算法 5-5 计算 $\mu_B(x)$ 与 $\mu_{B\cup\{a\}}(x)$ 的算法

输入:不一致决策表 $S=(U,C,D,V,f),B\subseteq C,x\in U$。

输出:$\mu_B(x)$ 和 $\mu_{B\cup\{a\}}(x)$。

Step1:用基数排序方法计算 $U/C, U/D, U/B$ 和 $U/(B\cup\{a\})$。

Step2:用渐增式方法计算 $POS_C(D)$,获得 U/R_C。

Step3:计算 $\mu_B(x)$ 和 $\mu_{B\cup\{a\}}(x)$。

Step4:输出 $\mu_B(x)$ 和 $\mu_{B\cup\{a\}}(x)$。

Step5:结束。

经分析计算可知,Step1 的最坏时间复杂度为 $O(|C\|U|)$,Step2 的最坏时间复杂度为 $O(|U|\log|U|)$,Step3 的最坏时间复杂度为 $O(|U|)$,那么算法 5-5 总的最坏时间复杂度为 $O(|C\|U|)$。

在算法 5-5 中,Step2 已将等价类逐步细化和离散,由此以属性核为起点,自底向上逐步增加属性,以获取最小或次优属性约简。

算法 5-6 基于包含度的决策表约简算法

输入:不一致决策表 $S=(U,C,D,V,f), x\in U$。

输出:一个相对最小分布约简。

Step1:计算 S 的属性核 $core_D(C)$ 和决策分布函数 $\mu_C(x)$。

Step2:初始化 $B=core_D(C)$,如果 $B=\varnothing$,那么选择 $U/\{a\}(a\in C)$ 不同等价类的决策分布函数非零值最多的属性 a。

Step3:如果 $\mu_B(x)=\mu_C(x)$,那么转 Step7。

Step4:对于属性 $a\in C-B$,计算 $SGF_B(a)$。

Step5:选择使 $SGF_B(a)$ 最大的属性 a,如果有多个属性同时使 $SGF_B(a)$ 达到最大值,那么从中选取一个属性 a,使其与 B 的等价类数 $|U/(B\cup\{a\})|$ 最大,且 $B=B\cup\{a\}$。

Step6:如果 $\mu_B(x)\neq\mu_C(x)$,那么转 Step4,

否则 $\{B=B-core_D(C)$;

$\quad t=|B|$;

$\quad for(i=1;i\leqslant t;i++)$

$\quad\quad\{a_i\in B$;

$\quad\quad B=B-\{a_i\}$;

$\quad\quad$ 如果 $\mu_{B^*}(x)\neq\mu_C(x)$,其中 $B^*=B\cup core_D(C)$,那么 $B=B\cup\{a_i\}$;

$\quad\quad\}$

$\quad B=B\cup core_D(C)$ 为相对最小分布约简;

$\}$

Step7:输出 B 为一个相对最小分布约简。

Step8:结束。

算法 5-6 中 Step6 保证了该决策表约简方法是完备的,即条件属性子集 B 不能再约简。但是很多算法是不完备的,不能保证一定能得到约简,文献[9]和[26]

提出的约简算法是不完备的[25]。由算法 5-5 与文献[25]中计算核的方法,经分析得到算法 5-6 总的最坏时间复杂度为 $O(|C\|U|)+O((|C|-1)|U|)+O((|C|-2)|U|)+\cdots+O(|U|)=O(|C|^2|U|)$,低于基于区分矩阵方法[18,19,21]的时间复杂度。

4. 实例分析

例 5-6 表 5-5 给出了一个不一致决策表 $S=(U,C,D,V,f)$,其中 $U=\{x_1, x_2,\cdots,x_{10}\}$,$C=\{a_1,a_2,\cdots,a_5\}$,$D=\{d\}$。

表 5-5 不一致决策表

U	a_1	a_2	a_3	a_4	a_5	d
x_1	1	1	1	1	0	1
x_2	1	0	0	0	1	0
x_3	0	0	1	0	0	0
x_4	1	0	0	0	1	1
x_5	1	1	0	1	0	1
x_6	0	0	1	0	1	0
x_7	1	0	0	0	0	0
x_8	0	1	0	0	0	0
x_9	0	0	1	0	0	1
x_{10}	1	0	0	0	0	1

根据算法 5-6 可求出不一致决策表 5-5 的属性约简结果为 $\{a_1,a_2,a_5\}$。

由上面的分析可以看出,本节从包含度的角度构造了一个新的属性重要性算子,而以代数观点[25]和信息论观点[9,26]定义的属性重要性没有区分一致与不一致对象,并且以它们为启发式信息的约简算法[9,25,26],均获取属性约简 $\{a_1,a_3,a_4,a_5\}$,而不是最小属性约简 $\{a_1,a_2,a_5\}$。所以,对于不一致决策表来说,本节提出的启发式约简新方法能有效地获取最小或次优相对约简。

5. 小结

现有基于区分矩阵方法的时间复杂度通常随系统大小增加而呈指数级增长,在一定程度上限制了粗糙集理论的广泛应用,因此寻求快速高效的粗糙集约简算法具有重要的实际意义。本节在深入研究知识包含度理论的基础上,给出了分布约简的数学定义与判定定理,从而设计了一种求分布约简的启发式新方法。理论分析与实例验证表明,该方法较现有的基于区分矩阵的方法,时间复杂度更低,为从不一致决策表中搜索最小分布约简提供了一种有效算法。

5.2.2 基于新的条件熵的决策表约简方法

在决策应用中,属性约简的目的是在保持决策表决策能力不变的前提下约简属性。本节针对现有属性约简算法存在的不足[20,24,27],充分考虑衡量决策表决策能力的两个重要指标:决策规则的可信度(对象的条件概率分布)与对象覆盖度。在此基础上把一致与不一致对象分开,对现有的信息论方法进行了改进,定义了一种新的条件熵;然后在文献[27]决策表属性约简思想的基础上,给出知识约简的判定定理,使其能够等价地表示知识约简;最后提出一种基于新的条件熵的启发式属性约简方法。实验比较与分析的结果表明,基于新的条件熵的属性重要性是一种更优的启发式信息,与现有的约简算法相比,该方法提高了运行效率,节省了搜索空间与时间。

1. 现有条件熵的局限性

在决策表 $S=(U,C,D,V,f)$ 中,属性约简的最终目标是在保持决策表 S "决策能力"不变的前提下,去除多余的条件属性。由文献[9]和[24]中基于条件信息熵的决策表约简算法分析可知,一个条件属性是否可以约简,取决于删除该条件属性后决策表 S 产生的条件熵是否改变。由于决策表 S 中一致对象集 $POS_C(D)$ 产生的条件熵为 0,所以决策表 S 的条件熵改变是由不一致对象集 $U-POS_C(D)$ 产生的,那么对于决策表 S,增加新的不一致对象,或原有不一致对象属于各个决策属性分类的条件概率分布改变均会引起条件熵发生变化。因而,文献[9]和[24]的决策表约简算法对决策表"决策能力"衡量的标准表现在以下两个方面。

(1) 产生的确定性决策规则数目不变。
(2) 产生的不确定性决策规则可信度不变。

若决策表产生的确定性决策规则数目不变,则意味着这些决策规则的可信度不变(可信度仍为1)。因此,在经典粗糙集理论中,文献[9]和[24]的约简算法只考虑所有决策规则在约简后的可信度是否发生变化。然而,在决策应用中,决策规则除了其可信度外,规则的对象覆盖度也是衡量其决策能力的重要指标[27]。因此,现有的基于条件信息熵的约简算法存在局限性,不能客观地反映决策能力的实质。

2. 新的条件熵与约简定理

为了客观有效地反映知识约简后决策表决策能力的真实变化情况,本节提出新的条件熵概念,以弥补现有条件熵的局限性。

定义 5.33[28] 设 U 是一个论域,属性集合 $P(U/P=\{X_1,X_2,\cdots,X_n\})$ 的信息熵 $H(P)$ 定义为

$$H(P) = \sum_{i=1}^{n} p(X_i)[1 - p(X_i)] \tag{5-22}$$

为了研究能够体现对象覆盖度的知识信息熵,引入下面的引理。

引理 5.1[12] 设 P 与 Q 为论域 U 上的两个等价关系集合,则有 $U/(P \cup Q) = U/P \cap U/Q$。

引理 5.1 的证明参考文献[12]。

这样,在决策表 $S = (U, C, D, V, f)$ 中,属性集合 $P \cup D (P \subseteq C)$ 的信息熵有如下定义。

定义 5.34 设 U 是一个论域,$P(U/P = \{X_1, X_2, \cdots, X_n\})$ 为一个条件属性集合,$D = \{d\}(U/D = \{Y_1, Y_2, \cdots, Y_m\})$ 为决策属性集,则属性集合 $P \cup D$ 的信息熵 $H(P \cup D)$ 定义为

$$H(P \cup D) = \sum_{i=1}^{n} \sum_{j=1}^{m} \frac{|X_i \cap Y_j|}{|U|} \left(1 - \frac{|X_i \cap Y_j|}{|U|}\right) \tag{5-23}$$

在 $P \cup D$ 的信息熵定义中,$|X_i \cap Y_j|/|U|$ 代表了该决策规则的对象覆盖程度,而在现有条件熵的定义中,$p(Y_j | X_i) = |X_i \cap Y_j|/|X_i|$ 代表了决策表产生某一决策规则的可信度。因而,条件熵 $H(D|P)$ 的定义与信息熵 $H(P \cup D)$ 的定义分别反映了决策表决策能力的变化情况。为了更好地研究知识的粗糙性,可以把两种熵的定义结合起来,使其客观地反映决策表决策能力的两个重要指标及其真实变化情况。

然而文献[6]和[25]中基于正区域的属性重要性只对正区域基数进行了定量描述[24],文献[2]和[9]中基于信息论的属性重要性,只描述了条件属性子集等价类中属于不同决策类的对象分离情况,而没有考虑决策表中决策属性值相同的一致与不一致对象的分离。因此,在不一致决策表中,由于不一致对象的存在,使用正区域与现有信息论的方法无法等价地表示知识约简。那么将所有不一致对象从一致对象中分离出来,就有助于搜索最小或次优知识约简。

定义 5.35 在决策表 $S = (U, C, D, V, f)$ 中,条件属性子集 $P \subseteq C$,决策属性集 D 的 P 正区域 $POS_P(D)$ 定义为

$$POS_P(D) = \bigcup \{P\_(X) \mid X \in U/D\} \tag{5-24}$$

在决策表 $S = (U, C, D, V, f)$ 中,令 $Y_0 = U - POS_C(D)$,显然 $C\_Y_0 = Y_0$。由定义 5.35 知,若 S 为一致决策表,则 $C\_Y_0 = \emptyset$。为了将等价类进一步细化和离散,根据定理 5.16 和推论 5.3,如果集簇 $\{A\_Y_0, A\_Y_1, A\_Y_2, \cdots, A\_Y_m\}$ 中没有空集,则该集簇是 U 上的一个划分。如果该集簇有空集,则去掉空集后仍是 U 上的一个划分。为叙述方便,若没有特殊说明,不妨假设该集簇中没有空集,也就是说本节是针对不一致决策表进行讨论的。

显然,如果条件属性子集 A 是 C 的一个约简,则 A 在 U 上导出的一个划分是

$\{A\_Y_0, A\_Y_1, A\_Y_2, \cdots, A\_Y_m\}$,它不仅把属于不同决策类的一致对象分离成不同的划分块,而且把所有不一致对象从一致对象中分离出来,把它作为一个单独划分块。这样,在不一致决策表 S 中,条件属性集 C 在 U 上导出划分 $\{C\_Y_0, C\_Y_1, C\_Y_2, \cdots, C\_Y_m\}$,也就是把 U/D 的等价类逐步细化和分离的过程,将这一过程中得到的等价关系记为 RD,即 $U/\text{RD} = \{C\_Y_0, C\_Y_1, C\_Y_2, \cdots, C\_Y_m\}$。

根据上述理论分析,不仅能够得到反映决策表决策能力变化情况的两种熵的定义,而且能找到有助于搜索最小或次优知识约简的方法。在此基础上定义一种新的条件熵概念。

定义 5.36(新的条件熵) 设 B 是论域 U 上的一个条件属性集合,$D=\{d\}$ 为决策属性集,则 B 关于等价关系 RD 的新的条件熵记为 $H(\text{RD};B)$,定义为

$$H(\text{RD};B) = H(\text{RD} \mid B) - H(B \cup \text{RD}) \tag{5-25}$$

有了知识的条件熵定义,就可以得到与其相应的属性重要性度量方式。

定义 5.37 在决策表 $S=(U,C,D,V,f)$ 中,条件属性子集 $B \subseteq C$,任意属性 $a \in C-B$ 的属性重要性定义为

$$\text{SGF}(a,B,D) = H(\text{RD};B) - H(\text{RD};B \cup \{a\}) \tag{5-26}$$

当 $B=\varnothing$ 时,$\text{SGF}(a,\varnothing,D) = -H(\text{RD};\{a\})$。

$\text{SGF}(a,B,D)$ 的值越大,说明在已知 B 的条件下,属性 $a \in C-B$ 关于知识 B 就越重要。

通过属性约简可从决策表中删除冗余属性,而且能保持决策表在约简前后的决策能力完全相同。而文献[27]决策表属性约简采用不等式条件,从符合条件的约简结果中选择最优解,同时约简过程中可能有意破坏整个决策表的一致性,增加新的不一致对象,使条件熵发生变化,从而使约简后的决策表决策能力增强。但当删除某一属性后,在条件熵不变的前提下,熵会变小或不变。所以满足现有信息论方法约简条件的情况,也一定满足文献[27]的属性约简条件。在此基础上引入文献[27]属性约简的思想,给出以不等式为条件的决策表约简判定定理。

定理 5.18 在决策表 $S=(U,C,D,V,f)$ 中,条件属性子集 $B \subseteq C$,则 B 是 C 相对于 D 的一个约简的充要条件如下。

(1) $H(\text{RD};B) \leqslant H(\text{RD};C)$。

(2) 对于任意属性 $a \in B$,有 $H(\text{RD};B-\{a\}) > H(\text{RD};C)$。

对于决策表 S,文献[9]和[24]的决策表约简算法要求条件属性子集与条件属性集 C 的条件熵相等时才可以约简,采用的是等式条件,约简结果没有优劣之分;而定理 5.18 要求条件属性子集的条件熵不大于条件属性集 C 的条件熵时就可以约简,采用的是不等式条件,这样有助于搜索最小或次优知识约简。

3. 基于新的条件熵的决策表约简算法

在以 $SGF(a,B,D)$ 为启发式信息的约简方法中,每次循环时条件属性子集 B 的 $H(RD;B)$ 均不变,这使得 $SGF(a,B,D)$ 最大的属性 a 就是 $H(RD;B\cup\{a\})$ 最小的属性。因此,在计算 $SGF(a,B,D)$ 的过程中,只需计算 $H(RD;B\cup\{a\})$,这样就可以避免计算 $H(RD;B)$,减小了计算量,进而减少了搜索时间,提高了运行效率。

根据上述分析,对于决策表 S,以 $SGF(a,B,D)$ 为启发式信息的约简方法,必须计算 $H(RD;B\cup\{a\})$。为降低该方法的时间复杂度,先来研究计算 B 关于决策 D 的 $H(D;B\cup\{a\})$ 的高效算法,由文献[9]中的定理 1 可得到算法 5-7 的具体步骤。

算法 5-7 计算 $H(D;B\cup\{a\})$ 的算法

输入:决策表 $S=(U,C,D,V,f)$ 和 $B\subseteq C$。

输出:划分 $U/(D\cup B\cup\{a\})$ 和 $H(D;B\cup\{a\})$。

Step1:计算划分 $U/(B\cup\{a\})$ 和 U/D,从而得到 $U/(D\cup B\cup\{a\})$。

Step2:计算 $H^*(B\cup\{a\})=-\sum_{i=1}^{n}p(X_i)\log(p(X_i))$ 和 $H(B\cup\{a\}\cup D)$,其中 $X_i\in U/(B\cup\{a\})$。

Step3:计算 $H(D;B\cup\{a\})=H^*(B\cup\{a\}\cup D)-H^*(B\cup\{a\})-H(B\cup\{a\}\cup D)$。

Step4:输出划分 $U/(D\cup B\cup\{a\})$ 和 $H(D;B\cup\{a\})$。

Step5:结束。

用文献[6]中的方法计算划分,Step1 的时间复杂度为 $O[(|B|+2)|U|]$,Step2 的时间复杂度为 $O(|U|)$,因而当 $|B|=|C|$ 时,算法 5-7 总的时间复杂度为 $O(|C\|U|)$。

在算法 5-7 的基础上,下面给出属性约简的具体算法步骤。首先将等价类逐步细化和离散;其次以属性核为起点,自底向上逐步选择最重要的属性添加到核中,直到获取最小属性约简。

算法 5-8 基于新的条件熵的决策表约简算法

输入:决策表 $S=(U,C,D,V,f)$。

输出:决策表 S 的一个相对约简 $B\subseteq C$。

Step1:计算决策表 S 的正区域 $POS_C(D)$ 和不一致对象集 $U-POS_C(D)$,由此得到划分 U/RD(其中 RD 为等价关系)。

Step2:计算条件属性集 C 相对于决策 D 的属性核 $core_D(C)$ 和新的条件熵 $H(RD;C)$。

Step3：初始化 $B=\text{core}_D(C)$，如果 $B=\varnothing$，那么转 Step5。

Step4：如果 $H(RD;B) \leqslant H(RD;C)$，那么转 Step8。

Step5：对于任意属性 $a \in C-B$，计算 $H(RD;B \cup \{a\})$。

Step6：选择使 $H(RD;B \cup \{a\})$ 最小的属性 a，如果有多个属性同时使 $H(RD;B \cup \{a\})$ 达到最小值，那么从中选取一个属性 a，使其与 B 的等价类数 $|U/(B \cup \{a\})|$ 最大，且 $B=B \cup \{a\}$。

Step7：如果 $H(RD;B) > H(RD;C)$，那么转 Step5，

否则 $\{B=B-\text{core}_D(C)$；

　　$s=|B|$；

　　for$(i=1;i \leqslant s;i++)$

　　$\{a_i \in B$；

　　$B=B-\{a_i\}$；

　　如果 $H(RD;B \cup \text{core}_D(C)) > H(RD;C)$，那么 $B=B \cup \{a_i\}$；

　　$\}$

　　$B=B \cup \text{core}_D(C)$；

$\}$

Step8：输出 B 为一个最小相对属性约简。

Step9：结束。

算法 5-8 中 Step7 保证了该约简算法是完备的，即 B 不能再约简。但是很多算法是不完备的，不能保证一定能得到约简，其中文献[24]、[25]和[29]提出的约简算法是完备的，文献[9]提出的约简算法是不完备的[25]。

用文献[25]中计算正区域和核的方法分析，算法 5-8 总的时间复杂度为 $O(|C\|U|)+O((|C|-1)|U|)+O((|C|-2)|U|)+\cdots+O(|U|)=O(|C|^2|U|)$，低于文献[9]、[27]和[29]中约简算法的时间复杂度。

4．实例与分析

例 5-7 表 5-6 给出一个不一致决策表 $S=(U,C,D,V,f)$，其中 $U=\{x_1, x_2, \cdots, x_{10}\}$，$C=\{a_1, a_2, \cdots, a_5\}$，$D=\{d\}$。

表 5-6　不一致决策表

U	a_1	a_2	a_3	a_4	a_5	d
x_1	0	0	1	0	1	0
x_2	1	0	0	0	0	1
x_3	1	0	0	0	1	1
x_4	1	0	0	0	0	0

续表

U	a_1	a_2	a_3	a_4	a_5	d
x_5	0	1	0	0	0	0
x_6	1	1	1	1	0	1
x_7	0	0	1	0	0	1
x_8	1	1	0	1	0	1
x_9	1	0	0	0	1	0
x_{10}	0	0	1	0	0	0

为了验证算法 5-8 的有效性，选用表 5-6 与 UCI 机器学习数据库[30]中 4 个离散数据集，分别用文献[27]的约简算法（简称算法 A）、文献[9]的 CEBARKCC 算法（简称算法 B）和算法 5-8 相比较，结果如表 5-7 所示。

表 5-7　约简算法比较

数据集	约简前 m	算法 A	算法 B	算法 5-8
		约简后 m		
表 5-6	5	4	4	3
Liver-disorders	6	3	3	3
Zoo	17	10	11	10
Vehicle	19	4	4	4
Mushroom	22	5	4	4
算法时间复杂度		$O(m^2 n\log(n))$	$O(mn^2)+O(n^3)$	$O(m^2 n)$

注：m 为条件属性基数，n 为对象基数

由表 5-7 可知，算法 5-8 的时间复杂度相对较低。对于表 5-7 的不一致决策表，根据算法 5-8 可求出属性约简结果为 $\{a_1,a_2,a_5\}$，而采用文献[9]和[25]的约简算法获取的属性约简均为 $\{a_1,a_3,a_4,a_5\}$。另文献[9]和[25]的属性重要性求得属性 a_2 相对核的重要性较小，而算法 5-8 对于表 5-7 求得 $SGF(a_2,\{a_5\},D)$ 最大。所以，本节基于新的条件熵的属性重要性能准确有效地描述属性 a_2 的重要性，以其为启发式信息的决策表约简方法能够有效地搜索最小或次优知识约简。这说明在不一致决策表中，本节提出的方法能够弥补基于正区域和现有信息论决策表约简算法的不足。

5. 小结

本节在决策表中引入文献[27]中决策表属性约简的思想，提出了一种基于新

的条件熵的决策表约简方法。该方法具有以下特点。

(1) 弥补了经典的知识约简方法反映决策表决策能力的局限性。
(2) 能够等价地表示知识约简。
(3) 时间复杂度较低。

实例分析结果表明,该方法弥补了文献[27]中属性约简算法时间复杂度比较高的缺陷,为从决策表中搜索最小或次优知识约简提供了一种简单有效的算法。虽然该方法具有这些优点,但它并没有考虑到在大型数据集分析中,由于人为测量误差或噪声可能导致某些数据被错误分类,进而导致抗噪声干扰能力较差,这在一定程度上制约了其处理复杂应用问题的有效性。

5.2.3 一种新的基于决策熵的决策表约简方法

本节在文献[20]、[24]和[27]分析现有知识约简算法存在不足的基础上,在不一致决策表中,把一致对象与不一致对象分开,定义了一种新的信息论形式——决策熵,并给出该约简的判定定理,由此提出一种基于决策熵的启发式属性约简方法。实验结果表明,该约简方法在效率上较现有的属性约简方法有一定提高。

在决策应用中,决策规则的可信度与对象覆盖度都是衡量决策能力的重要指标,但是经典粗糙集理论的知识约简方法并没有真实地反映决策表决策能力的变化情况。在此基础上对现有的熵与粗糙熵概念进行了改进,提出了决策熵的概念,使其能完全客观地反映决策表决策能力的两个重要指标;然后在文献[27]中决策表属性约简思想的基础上,给出了知识约简的判定定理,使其能够等价地表示知识约简,这样就节省了搜索空间与时间,提高了运行效率。

1. 知识的决策熵

定义 5.38[28] 设 U 是一个论域,属性集合 R 在 U 上导出的划分 $U/R = \{R_1, R_2, \cdots, R_m\}$,则 R 在 U 上导出划分 U/R 的熵记为 $E(R)$,定义为

$$E(R) = -\sum_{i=1}^{m} \frac{|R_i|}{|U|} \log\left(\frac{|R_i|}{|U|}\right) \tag{5-27}$$

式中,$|R_i|/|U|$ 表示 R_i 在论域 U 上的概率。

为了研究能够体现对象覆盖度的知识粗糙性,在决策表 $S = (U, C, D, V, f)$ 中,在引理 5.1 的基础上对属性集 $P \cup D (P \subseteq C)$ 的熵进行如下定义。

定义 5.39[31] 设 U 是一个论域,条件属性集 P 在 U 上导出的划分 $U/P = \{X_1, X_2, \cdots, X_n\}$,$D = \{d\}$($U/D = \{D_1, D_2, \cdots, D_t\}$)为决策概念集,则属性集 $P \cup D$ 的熵定义为

$$E(P \cup D) = -\sum_{i=1}^{n} \sum_{j=1}^{t} \frac{|X_i \cap D_j|}{|U|} \log\left(\frac{|X_i \cap D_j|}{|U|}\right) \tag{5-28}$$

在属性集 $P \cup D$ 熵的定义中，$|X_i \cap D_j|/|U|$ 代表了某一决策规则的对象覆盖度，所以该熵定义就反映了决策表决策能力变化的一个重要指标。

定义 5.40[32] 设 U 是一个论域，$P(U/P=\{X_1,X_2,\cdots,X_n\})$ 为一个条件属性集，$D=\{d\}(U/D=\{D_1,D_2,\cdots,D_t\})$ 为决策概念集，则决策概念集 D 关于属性子集 P 的粗糙熵记为 $E(D_P)$，定义为

$$E(D_P) = -\sum_{i=1}^{n}\sum_{j=1}^{t} \frac{|X_i|}{|U|} \log\left(\frac{|X_i \cap D_j|}{|X_i|}\right) \quad (5\text{-}29)$$

在定义 5.40 中，$U/P=\{X_1,X_2,\cdots,X_n\}$ 存在 $x \in X_i \subseteq D_j$ 与 $x \in X_i \not\subseteq D_j$ 两种情况，其中 $i=1,2,\cdots,n, j=1,2,\cdots,t$。前一种情况是完全可以确定的，因此，只需考虑 $x \in X_i \not\subseteq D_j$ 的情况，则决策概念集 D 关于属性子集 P 的粗糙熵可简化为

$$E(D_P) = -\sum_{i=1}^{n}\sum_{j=1}^{k} \frac{|X_i|}{|U|} \log\left(\frac{|X_{ij}|}{|X_i|}\right) \quad (5\text{-}30)$$

式中，$X_{i1},X_{i2},\cdots,X_{ik}(k \leqslant t)$ 是 X_i 与 $D_1,D_2,\cdots,D_t$ 的非空交集。

由定义 5.40 可知，$|X_i \cap D_j|/|X_i|$ 可以代表决策表产生某一决策规则的可信度。为了更好地研究知识的粗糙性，可以把两种熵的定义结合起来，使其完全客观地反映决策表决策能力的两个重要指标及其变化情况。

对基于正区域与现有信息熵的属性重要性分析可知，在不一致决策表中，使用现有知识约简方法将无法等价地表示知识约简。针对这种情况，在定理 5.16 和推论 5.3 基础上，下面设计一种新的启发式方法，使其能够等价地表示知识约简。在决策表 S 中，如果条件属性子集 A 是条件属性集 C 的一个约简，则 A 在 U 上导出的一个划分是 $\{A\_D_0, A\_D_1, A\_D_2, \cdots, A\_D_t\}$，它不仅把属于不同决策类的一致对象分离成不同的划分块，而且把所有不一致对象从一致对象中分离出来，作为一个单独划分块。这样，条件属性集 C 在 U 上导出划分 $\{C\_D_0, C\_D_1, C\_D_2, \cdots, C\_D_t\}$，也就是把 U/D 的等价类逐步细化和离散的过程，在这一过程中得到的等价关系记为 RD，则 $U/\text{RD}=\{C\_D_0, C\_D_1, C\_D_2, \cdots, C\_D_t\}$。在此基础上将一致与不一致对象分开，于是提出一种新的信息论定义形式——决策熵。

定义 5.41 设 U 是一个论域，P 是 U 上的一个条件属性集，$D=\{d\}$ 为决策概念集，则 P 关于等价关系 RD 的决策熵记为 $E(\text{RD}|P)$，定义为

$$E(\text{RD} \mid P) = E(\text{RD}_P) + E(P \cup \text{RD}) \quad (5\text{-}31)$$

有了知识的决策熵定义，就可以得到与其相应的属性重要性度量方式。

定义 5.42 在决策表 $S=(U,C,D,V,f)$ 中，条件属性子集 $B \subseteq C$，任意属性 $a \in C-B$ 的属性重要性定义为

$$\text{SGF}(a,B,D) = E(\text{RD} \mid B) - E(\text{RD} \mid (B \cup \{a\})) \quad (5\text{-}32)$$

特别地,当 $B=\varnothing$ 时,$SGF(a,\varnothing,D)=-E(RD|\{a\})$。

$SGF(a,B,D)$ 的值越大,说明在已知 B 的条件下,属性 $a\in C-B$ 关于知识 B 就越重要。

在计算 $SGF(a,B,D)$ 的过程中,每次循环时条件属性子集 B 的 $E(RD|B)$ 均不变,这使得 $SGF(a,B,D)$ 最大的属性 a 就是 $E(RD|(B\cup\{a\}))$ 最小的属性 a。因此,把 $SGF(a,B,D)$ 作为搜索最小或次优知识约简的启发式信息时,只需计算 $E(RD|(B\cup\{a\}))$,这样就可以避免计算 $E(RD|B)$,减小了计算量,进而提高了效率。

在决策表 $S=(U,C,D,V,f)$ 中,经典属性约简方法的最终目标是在保持决策表 S 决策能力不变的前提下,进行属性约简。由文献[27]中的决策表属性约简算法可知,采用不等式条件,给出决策表知识约简的判定定理,将会使约简结果更能客观地反映决策表决策能力的真实变化情况。

定理 5.19 在决策表 $S=(U,C,D,V,f)$ 中,条件属性子集 $B\subseteq C$,则 B 是 C 相对于决策 D 的一个约简的充要条件如下。

(1) $E(RD|B)\leqslant E(RD|C)$。

(2) 对于任意属性 $a\in B$,有 $E(RD|(B-\{a\}))>E(RD|C)$。

2. 基于决策熵的决策表约简算法

根据上述理论,首先将等价类逐步细化与离散;然后以属性核为起点,自底向上逐步选择最重要的属性添加到核中,直到获取相对最小约简为止。具体操作步骤如下。

算法 5-9 基于决策熵的决策表约简算法

输入:一个决策表 $S=(U,C,D,V,f)$。

输出:决策表 S 的一个相对约简 B。

Step1:计算 S 的正域 $POS_C(D)$ 与不一致对象集 $U-POS_C(D)$,从而得到 U/RD。

Step2:计算条件属性集 C 相对于决策 D 的属性核 $core_D(C)$ 和决策熵 $E(RD|C)$。

Step3:初始化 $B=core_D(C)$,如果 $B=\varnothing$,那么转 Step5。

Step4:如果 $E(RD|B)\leqslant E(RD|C)$,那么转 Step8。

Step5:对任意属性 $a\in C-B$,计算 $E(RD|(B\cup\{a\}))$。

Step6:选择使 $E(RD|(B\cup\{a\}))$ 最小的 a,如果有多个属性同时使 $E(RD|(B\cup\{a\}))$ 达到最小值,从中选取一个属性 a,使其与 B 的等价类数 $|U/(B\cup\{a\})|$ 最大,且 $B=B\cup\{a\}$。

Step7:如果 $E(RD|B)>E(RD|C)$,那么转 Step5,

否则{$B=B-\text{core}_D(C)$;
　　$l=|B|$;
　　for($i=1;i\leq l;i++$)
　　　{$a_i\in B$;
　　　$B=B-\{a_i\}$;
　　　如果 $E(\text{RD}|(B\cup\text{core}_D(C)))>E(\text{RD}|C)$,那么 $B=B\cup\{a_i\}$;
　　　}
　　$B=B\cup\text{core}_D(C)$;
}

Step8:输出 B 为一个最小相对属性约简。

Step9:结束。

算法 5-9 中 Step7 保证了该知识约简是完备的,即 B 不能再约简。使用文献[6]计算划分的方法与文献[25]计算正区域及核的方法,经分析得到算法 5-9 总的时间复杂度为 $O(|C|^2|U|)$,低于现有知识约简算法的时间复杂度[9,27,29]。

3. 实例与分析

例 5-8 表 5-8 给出一个不一致决策表 $S=(U,C,D,V,f)$,其中 $U=\{x_1, x_2,\cdots,x_{10}\}$,$C=\{a_1,a_2,\cdots,a_5\}$,$D=\{d\}$。

表 5-8 不一致决策表

U	a_1	a_2	a_3	a_4	a_5	d
x_1	0	1	1	1	1	0
x_2	1	1	0	1	0	1
x_3	1	1	0	1	1	1
x_4	1	0	1	1	1	1
x_5	1	1	0	1	1	0
x_6	0	1	1	1	0	1
x_7	0	1	1	1	1	1
x_8	0	1	1	1	0	0
x_9	0	0	1	0	1	0
x_{10}	0	0	0	0	0	0

为了验证算法 5-9 的有效性,对于表 5-8 的不一致决策表,表 5-9 依次给出了文献[25]中算法 4、文献[9]中算法 1、文献[24]中算法 2 与算法 5-9 求得的条件属性相对核的重要性与属性约简结果。

表 5-9　约简算法比较

$C-\{a_5\}$ 及约简	文献[25]算法 4	文献[9]算法 1	文献[24]算法 2	算法 5-9
1	0.100	0.165	0.565	2.595
a_2	0	0.014	0.689	3.144
a_3	0.100	0.089	0.365	1.195
a_4	0.200	0.204	0.604	2.473
约简	$\{a_1,a_3,a_4,a_5\}$	$\{a_1,a_3,a_4,a_5\}$	$\{a_1,a_2,a_5\}$	$\{a_1,a_2,a_5\}$

分析表 5-9 可知,用文献[25]中的算法 4 与文献[9]中的算法 1 的属性重要性分别求属性 a_1 与 a_2 的重要性相对较小,获取约简结果为 $\{a_1,a_3,a_4,a_5\}$,而不是相对最小约简结果 $\{a_1,a_2,a_5\}$;文献[24]中的算法 2 与算法 5-9 的搜索结果是相对最小约简 $\{a_1,a_2,a_5\}$,算法 5-9 对于表 5-8 求得 $SGF(a_2,\{a_5\},D)$ 最大,$SGF(a_1,\{a_5\},D)$ 次之。所以,本节基于决策熵的属性重要性能更准确地描述属性 a_1 与 a_2 的重要性,以其为启发式信息的决策表属性约简方法能够有效地搜索最小或次优知识约简。这说明在不一致决策表中,算法 5-9 能够弥补基于正区域与条件信息熵决策表约简算法的不足。

4. 小结

本节为弥补知识粗糙熵的局限性,提出了决策熵的概念,同时给出了一种相应的属性约简算法。实验结果表明,该方法为从决策表中搜索最小或次优约简提供了一种快捷有效的算法。

5.2.4　决策强度的决策表约简设计与比较

针对经典粗糙集知识约简方法仍存在的问题,在决策应用中,为简化计算,本节首先对现有平均决策强度概念进行改进,在把一致对象与不一致对象分开的基础上,定义了一种新的代数形式——决策强度,以便更好地获取最优或次优知识约简;然后证明了知识的决策强度与信息粒度之间的关系;在此基础上设计了一种基于决策强度的启发式属性约简方法。理论分析与实验比较的结果表明,基于决策强度的属性重要性是一种更准确、更有效的启发式信息,该方法比现有方法更容易搜索到最优或次优约简,节省了搜索时间与空间。

1. 现有基于正区域约简方法的局限性

在决策表中,经典属性约简的最终目标是在保持决策表"决策能力"不变的前提下,去除多余条件属性。由文献[25]中基于正区域的约简算法分析可知,在决策表 $S=(U,C,D,V,f)$ 中,一个条件属性是否可以约简,取决于删除该条件属性后,决策表 S 中对应决策集合的下近似集是否改变。也就是说,条件属性子集 $P\subseteq C$ 为条件属性集 C 的一个属性约简的充要条件是 $\gamma_P(D)=\gamma_C(D)$,且不存在 $P^*\subseteq P$,使得 $\gamma_{P^*}(D)=\gamma_C(D)$。因而,文献[25]的约简算法只考虑了决策表是否会产生新的不一致对象,而没有考虑原有不一致对象属于各个决策分类的概率分布是否发生变化。所以,文献[25]衡量决策表决策能力不变的标准是产生确定性决策规则的数目(一致对象的数目)不变;若产生的确定性决策规则数目不变,就意味着这些决策规则的可信度不变。由此可见,文献[25]只考虑确定性决策规则在约简后其可信度是否发生变化。然而,在决策应用中,规则的对象覆盖度也是衡量其决策能力的重要指标[27]。因此,文献[25]基于正区域的约简算法存在局限性,不能客观地反映决策能力的真实变化情况。

2. 知识的决策强度

定义 5.43[33]   在决策表 $S=(U,C,D,V,f)$ 中,属性集 C 与 D 在 U 上导出的划分分别为 $U/C=\{X_1,X_2,\cdots,X_n\}$,$U/D=\{Y_1,Y_2,\cdots,Y_m\}$,且 $U/(C\cup D)=\{Z_1,Z_2,\cdots,Z_k\}$,则

$$\sigma_S = \frac{1}{k}\sum_{i=1}^{n}\sum_{j=1}^{m}\left(\frac{|X_i\cap Y_j|}{|X_i|}\times\frac{|X_i\cap Y_j|}{|U|}\right) \tag{5-33}$$

式中,σ_S 为决策表 S 的平均决策强度,k 为等价划分 $\{Z_1,Z_2,\cdots,Z_k\}$ 中划分块的数目。

在平均决策强度的定义中,$|X_i\cap Y_j|/|X_i|$ 代表了决策表产生某一决策规则的可信度,$|X_i\cap Y_j|/|U|$ 代表了该决策规则的对象覆盖程度,k 为决策表化简前对应属性集下所产生的决策规则数目。而文献[33]根据决策表新增对象与原有最简规则集的关系,快速推出了新决策表满足平均决策强度条件的最简规则集。这样,平均决策强度条件在求最简规则集方面就有了显著效果,但在求决策表属性约简方面,比照经典约简算法,若不考虑原始决策规则集数目,则不仅减小了计算量,也不影响搜索最优或次优约简。基于正区域的属性重要性只对正区域基数进行定量的描述[6,25],而没有考虑决策表中决策属性值相同的一致与不一致对象的分离。由此可以得出,在不一致决策表中,由于不一致对象的存在,使用基于正区域与信息论的方法无法等价地表示知识约简[24]。所以,在不一致决策表中,将所有不一致对象从一致对象中分离出来,有助于搜索最优或次优约简。

在决策表 $S=(U,C,D,V,f)$ 中,令 $Y_0=U-\mathrm{POS}_C(D)$,显然有 $C\_Y_0=Y_0$。由定义 5.35 知,若 S 是一致决策表,则 $C\_Y_0=\varnothing$。这样,为了将等价类逐步细化和离散,在定理 5.16 和推论 5.3 的基础上引入下面的定理。

定理 5.20   在决策表 $S=(U,C,D,V,f)$ 中,条件属性子集 $P,Q\subseteq C$,则 $\mathrm{POS}_P(D)=\mathrm{POS}_Q(D)$ 的充要条件是 $P\_Y_i=Q\_Y_i$,其中 $Y_i\in U/D$,$i=1,2,\cdots,m$。

由定理 5.20 可以推出，在决策表 S 中，条件属性子集 $P \subseteq C$，则 $\mathrm{POS}_P(D) = \mathrm{POS}_C(D)$ 的充要条件是 $P\_Y_i = C\_Y_i$，其中 $Y_i \in U/D, i=1,2,\cdots,m$。

在决策表 $S=(U,C,D,V,f)$ 中，若集簇 $\{P\_Y_0, P\_Y_1, P\_Y_2, \cdots, P\_Y_m\}$ 中没有空集，则该集簇是 U 上的一个划分。若该集簇有空集，则去掉空集后仍是 U 上的一个划分。为叙述方便，若没有特殊说明，不妨假设该集簇中没有空集，也就是说主要针对不一致决策表进行研究和讨论。显然，若条件属性子集 P 是条件属性集 C 的一个约简，则 P 在 U 上导出的一个划分是 $\{P\_Y_0, P\_Y_1, P\_Y_2, \cdots, P\_Y_m\}$，它不仅把属于不同决策类的一致对象分离成不同的划分块，而且把所有不一致对象从一致对象中分离出来，并把它作为一个单独划分块。这样，条件属性集 C 在 U 上导出划分 $\{C\_Y_0, C\_Y_1, C\_Y_2, \cdots, C\_Y_m\}$ 也就是把决策表 S 中 U/D 的等价类逐步细化与离散的过程，由此得到的等价关系记为 RD，则 $U/\mathrm{RD} = \{C\_Y_0, C\_Y_1, C\_Y_2, \cdots, C\_Y_m\}$。

综上所述，在不影响约简的前提下，对平均决策强度进行改进可以简化计算，对一致对象与不一致对象的分离有助于搜索最优或次优约简，由此提出决策强度的代数定义。

定义 5.44 设 U 是一个论域，条件属性子集 $P \subseteq C$($U/P = \{X_1, X_2, \cdots, X_t\}$)，决策属性 $D = \{d\}$ ($U/D = \{Y_1, Y_2, \cdots, Y_m\}$)，且 $U/\mathrm{RD} = \{C\_Y_0, C\_Y_1, C\_Y_2, \cdots, C\_Y_m\}$，则等价关系 RD 关于知识 P 的决策强度记为 $S(\mathrm{RD};P)$，定义为

$$S(\mathrm{RD};P) = \sum_{i=1}^{t}\sum_{j=0}^{m}\left(\frac{|X_i \cap C\_Y_j|}{|X_i|} \times \frac{|X_i \cap C\_Y_j|}{|U|}\right)$$
$$= \sum_{i=1}^{t}\sum_{j=0}^{m}\left(\frac{|X_i \cap C\_Y_j|^2}{|X_i\|U|}\right) \tag{5-34}$$

定理 5.21 设 U 是一个论域，条件属性子集 $P \subseteq C$($U/P = \{X_1, X_2, \cdots, X_t\}$)，删除 P 中任意属性 a 后，可以通过将 U/P 中的部分划分块合并得到新划分 $U/(P-\{a\})$，故假设 $U/(P-\{a\}) = \{X_1, X_2, \cdots, X_{p-1}, X_{p+1}, \cdots, X_{q-1}, X_{q+1}, \cdots, X_t, X_p \cup X_q\}$ 是将 U/P 中的两个划分块 X_p 与 X_q 合并为 $X_p \cup X_q$ 得到的新划分，且 $U/\mathrm{RD} = \{C\_Y_0, C\_Y_1, C\_Y_2, \cdots, C\_Y_m\}$，则 $S(\mathrm{RD};P) \geqslant S(\mathrm{RD};P-\{a\})$。

证明：由式(5-34)可知

$$S(\mathrm{RD};P) = \sum_{i=1}^{t}\sum_{j=0}^{m}\left(\frac{|X_i \cap C\_Y_j|^2}{|X_i\|U|}\right)$$

$$S(\mathrm{RD};P-\{a\}) = S(\mathrm{RD};P) - \sum_{j=0}^{m}\left(\frac{|X_p \cap C\_Y_j|^2}{|X_p\|U|}\right)$$

$$-\sum_{j=0}^{m}\left(\frac{|X_q \cap C_-Y_j|^2}{|X_q||U|}\right) + \sum_{j=0}^{m}\left(\frac{|(X_p \cup X_q) \cap C_-Y_j|^2}{|X_p \cup X_q||U|}\right)$$

$$S_\Delta = S(RD;P) - S(RD;P-\{a\})$$

$$= \sum_{j=0}^{m}\left(\frac{|X_p \cap C_-Y_j|^2}{|X_p||U|}\right) + \sum_{j=0}^{m}\left(\frac{|X_q \cap C_-Y_j|^2}{|X_q||U|}\right)$$

$$-\sum_{j=0}^{m}\left(\frac{|(X_p \cap C_-Y_j) \cup (X_q \cap C_-Y_j)|^2}{|X_p \cup X_q||U|}\right)$$

令 $|X_p|=x$,$|X_q|=y$,$|X_p \cap C_-Y_j|=ax$,$|X_q \cap C_-Y_j|=by$。显然有 $x>0$,$y>0$,$0 \leqslant a \leqslant 1$,$0 \leqslant b \leqslant 1$,则

$$S_\Delta = \sum_{j=0}^{m}\frac{(ax)^2}{x|U|} + \sum_{j=0}^{m}\frac{(by)^2}{y|U|} - \sum_{j=0}^{m}\frac{(ax+by)^2}{(x+y)|U|}$$

$$= \sum_{j=0}^{m}\frac{xy(a-b)^2}{(x+y)|U|}$$

$$= \frac{1}{|U|}\sum_{j=0}^{m}f_j$$

$$= \frac{1}{|U|}\sum_{j=0}^{m}\frac{xy(a-b)^2}{x+y}$$

对于任意 $j(j=0,1,\cdots,m)$,有 $f_j = \frac{xy(a-b)^2}{x+y}$。显然,当 $a=b$ 时,函数 f_j 取最小值 0。因此,当决策表删除某一条件属性 a 后,有 $S_\Delta \geqslant 0$,即 $S(RD;P) \geqslant S(RD;P-\{a\})$。

由定理 5.21 知,当 P 删除任意属性 a 后合并的划分块可能不仅仅是 X_p 与 X_q,由于选择 X_p 与 X_q 具有任意性,对多个划分块的合并可以分解为两两划分块合并的过程。因此,删除条件属性 a 后,若有多个划分块合并,则等价关系 $P-\{a\}$ 在论域 U 上形成的新划分比划分 U/P 的粒度更大[34]。所以,知识的决策强度随着信息粒度变小(通过更精细的划分)而非单调递减。

定理 5.22 设 U 是一个论域,P 为 U 上的一个条件属性子集,对于任意属性 $a \in P$ 在 P 中是不必要的充要条件是 $S(RD;P) = S(RD;P-\{a\})$。

由定理 5.21 可知该定理显然成立,证明过程略。

定义 5.45 在决策表 $S=(U,C,D,V,f)$ 中,条件属性子集 $P \subseteq C$,任意属性 $a \in C-P$ 的属性重要性定义为

$$SGF(a,P,D) = S(RD;P \cup \{a\}) - S(RD;P) \quad (5-35)$$

特别地,当 $P = \varnothing$ 时,$SGF(a,\varnothing,D) = S(RD;\{a\})$。

$SGF(a,P,D)$ 的值越大,说明在已知 P 的条件下,属性 $a \in C-P$ 关于知识 P

就越重要。

根据定理 5.21 与定理 5.22,可以得到下面的属性约简判定定理。

定理 5.23　在决策表 $S=(U,C,D,V,f)$ 中,条件属性子集 $P \subseteq C$,若 $S(\text{RD}; P)=S(\text{RD};C)$,且 P 的任何真子集 P^* 满足 $S(\text{RD};P^*) < S(\text{RD};P)$,则 P 是 C 相对于决策 D 的一个属性约简。

3. 基于决策强度的决策表约简设计

由上述理论分析可知,若把 $\text{SGF}(a,P,D)$ 作为搜索最优或次优知识约简的启发式信息,每次循环计算条件属性子集 P 的 $S(\text{RD};P)$ 均不变,那么求 $\text{SGF}(a,P,D)$ 最大的属性 a 就是求 $S(\text{RD};P \cup \{a\})$ 最大的属性。所以,在计算 $\text{SGF}(a,P,D)$ 的过程中,就只需计算 $S(\text{RD};P \cup \{a\})$,于是就能避免计算 $S(\text{RD};P)$,不仅减小了计算量,而且也减小了搜索时间与空间,提高了算法的运行效率。具体的算法步骤是,首先将决策等价类进一步细化与离散,然后以属性核为起点,自底向上逐步选择最重要的属性添加到核中,直到获取最小属性约简。

算法 5-10　基于决策强度的决策表约简算法

输入:一个决策表 $S=(U,C,D,V,f)$。

输出:决策表 S 的一个相对约简 $P \subseteq C$。

Step1:计算决策表 S 的正区域 $\text{POS}_C(D)$ 和不一致对象集 $U-\text{POS}_C(D)$,并由此得到等价关系 RD。

Step2:计算条件属性集 C 相对于决策 D 的属性核 $\text{core}_D(C)$ 与决策强度 $S(\text{RD};C)$。

Step3:初始化 $P=\text{core}_D(C)$,如果 $P=\varnothing$,那么转 Step5。

Step4:如果 $S(\text{RD};P)=S(\text{RD};C)$,那么转 Step8.

Step5:对于任意属性 $a \in C-P$,计算 $S(\text{RD};P \cup \{a\})$;

Step6:选择使 $S(\text{RD};P \cup \{a\})$ 最大的属性 a,如果有多个属性同时使 $S(\text{RD};P \cup \{a\})$ 达到最大值,那么从中选取一个属性 a,使其与 P 的等价类基数 $|U/(P \cup \{a\})|$ 最大,且 $P=P \cup \{a\}$。

Step7:如果 $S(\text{RD};P) \neq S(\text{RD};C)$,那么转 Step5,

否则$\{P^* = P - \text{core}_D(C)$;

　　$r = |P^*|$;

　　$\text{for}(i=1; i \leqslant r; i++)$

　　$\{a_i \in P^*$;

　　　$P^* = P^* - \{a_i\}$;

　　　如果 $S(\text{RD}; P^* \cup \text{core}_D(C)) < S(\text{RD};P)$,那么 $P^* = P^* \cup \{a_i\}$;

　　$\}$

$$P = P^* \bigcup \text{core}_D(C);$$
}

Step8:输出 P 为一个最小相对属性约简。

Step9:结束。

算法 5-10 中 Step7 保证了该属性约简算法是完备的[25],即 P 不能再约简。使用文献[6]计算划分与文献[25]计算正区域及核的方法,经分析得到算法 5-10 总的时间复杂度为 $O(|C|^2|U|)$,低于文献[9,27]约简算法的时间复杂度。

4. 实例分析

例 5-9 表 5-10 给出一个不一致决策表 $S=(U,C,D,V,f)$,其中 $U=\{x_1, x_2, \cdots, x_{10}\}$,$C=\{a_1, a_2, \cdots, a_5\}$,$D=\{d\}$。

表 5-10 不一致决策表

U	a_1	a_2	a_3	a_4	a_5	d
x_1	0	0	0	1	0	0
x_2	0	0	1	0	1	0
x_3	1	0	0	0	0	0
x_4	0	0	1	0	1	1
x_5	1	0	0	0	1	0
x_6	1	1	1	1	0	1
x_7	0	0	1	0	0	0
x_8	0	1	1	1	0	1
x_9	1	0	0	0	0	1
x_{10}	0	0	1	0	0	1

对于表 5-10 的不一致决策表,表 5-11 依次给出了文献[25]的约简算法(简称算法 A)、文献[9]的 CEBARKCC 算法(简称算法 B)和算法 5-10 求得的条件属性相对核的重要性和属性约简结果。

表 5-11 应用实例的约简算法比较

约简算法	$C-\{a_5\}$ 相对核 $\{a_5\}$ 的重要性				约简结果	算法的时间复杂度
	a_1	a_2	a_3	a_4		
算法 A	0.100	0.200	0.100	0	$\{a_1, a_2, a_3, a_5\}$	$O(m^2 n \log(n))$
算法 B	0.089	0.204	0.165	0.014	$\{a_1, a_2, a_3, a_5\}$	$O(mn^2) + O(n^3)$
算法 5-10	0.200	0.240	0.200	0.267	$\{a_3, a_4, a_5\}$	$O(m^2 n)$

注:m 为条件属性集基数,n 为对象集基数

由表 5-11 可知,算法 A 与算法 B 分别求属性 a_4 相对核的重要性较小,均获取约简结果$\{a_1,a_2,a_3,a_5\}$,而不是相对最小约简结果$\{a_3,a_4,a_5\}$;算法 5-10 对于表 5-10 求得 SGF$(a_4,\{a_5\},D)$最大,搜索结果是相对最小约简$\{a_3,a_4,a_5\}$。所以基于决策强度的属性重要性更能准确地描述属性 a_4 的重要性,以其为启发式信息的约简方法更有可能获取最优或次优约简。与算法 A 和算法 B 相比,算法 5-10 不需要大量的运算,尤其是对数运算;文献[9]中采用试探法比较属性间的条件熵,而每个条件熵的计算复杂度是 $O(n^2)$,当决策表有 m 个属性时,就需要计算 2^m 次条件熵,如果 n 和 m 的值较大,算法 B 实现起来就比较困难,这说明在不一致决策表中,算法 5-10 能够弥补基于正区域与信息论的决策表约简算法的不足。

5. UCI 离散数据集的属性约简比较

为了进一步验证,从文献[19]和[24]用到的 UCI 机器学习数据库中选择 6 个离散数据集进行约简比较,上述 3 种算法都使用文献[6]计算划分与文献[25]计算正区域及核的方法,在 PC(P4 2.6G,256M RAM,Windows XP)上使用 Java 语言来实现,其运行结果如表 5-12(m 与 n 分别为约简前后条件属性集基数,t 为执行时间/s)所示。

表 5-12 UCI 离散数据集的约简结果与执行时间比较

数据集	是否一致	对象基数	m	算法 A		算法 B		算法 5-10	
				n	t	n	t	n	t
Balloon(1)	是	20	4	2	0.04	2	0.05	2	0.03
Zoo	否	101	17	10	0.13	11	0.31	10	0.12
Voting-records	是	435	16	9	0.25	9	0.52	9	0.27
Tic-tac-toe	是	958	9	8	0.46	8	1.40	8	0.62
Chess end-game	是	3196	36	29	4.61	29	24.10	29	5.56
Mushroom	是	8124	22	5	6.40	4	17.56	4	6.58

6. 小结

本节在决策表中,证明了知识的决策强度随着信息粒度变小而非单调递减的规律,设计了一种基于决策强度的启发式决策表约简方法,并用 UCI 属性离散数据集进行比较验证。该方法弥补了文献[25]中基于正区域的约简算法反映决策表"决策能力"的局限性,使搜索最优或次优知识约简的过程简单直观,且时间复杂度较低。实验分析的结果表明,该方法在效率上较现有知识约简算法有一定的提高,并且该研究在一定程度上扩展了粗糙集理论及其应用领域。

5.2.5 基于依赖度的决策系统属性约简算法

决策表是一类特殊而重要的知识表达系统,多数决策问题都可以用决策表的形式表达[1]。决策系统的属性约简不同于一般信息系统的属性约简,一些研究者对决策系统的属性约简进行了深入研究,提出了一些属性约简算法[9,26,35-37]。王国胤等给出了基于条件信息熵对决策表进行属性约简的两个算法 CEBARKCC 算法和 CEBARKNC 算法[9]。李明等指出王国胤等提出的 CEBARKNC 算法,对于某些不一致决策表仍然会存在冗余属性,并改进了 CEBARKNC 算法,主要是增加了正域的比较,基于相同的正域对属性进一步约简,去掉不必要的属性[35]。

在决策系统中,根据条件属性集和决策属性对论域进行划分,根据两个划分可以得到决策属性相对条件属性集的正域,决策系统的约简主要是基于正域相同的前提来判断一些条件属性是否必要,一些研究者给出了计算决策表中正域的一些方法[6,25,38],文献[25]给出了一个计算决策系统中决策属性相对条件属性集正域的算法,将计算正域的时间复杂度降为 $O(|C||U|\log|U|)$。

因为决策系统中正域是由根据条件属性集得到的对论域的划分中的等价类并起来的集合,而这些等价类中各对象的决策属性值都相同,针对决策系统的这个特点,人们研究了决策系统中决策属性相对条件属性集的正域和依赖度,提出了一种新的计算决策系统中决策属性相对条件属性集的正域和依赖度的方法,并提出了一个基于依赖度的决策系统启发式属性约简算法,使在进行决策系统属性约简时不需要比较正域是否相同,即可进行属性约简。

1. 依赖度的概念

定义 5.46[39] 设 $S=(U,A,V,f)$ 为一个信息系统,P 和 Q 为 U 上的等价关系,令

$$k = \frac{|POS_P(Q)|}{|U|} \tag{5-36}$$

式中,$|\cdot|$ 表示集合的基数;称知识 Q 是 $k(0 \leqslant k \leqslant 1)$ 度依赖于知识 P 的,记为 $P \Rightarrow_k Q$,k 可以看做 Q 和 P 间的依赖度,当 $k=1$ 时,称 Q 完全依赖于 P;当 $0<k<1$ 时,称 Q 部分依赖于 P;当 $k=0$ 时,称 Q 完全独立于 P。

当 $P \Rightarrow_k Q$ 时,由 Q 导出的分类 U/Q 的正域覆盖了知识库的 k 个元素;另一方面,只有属于分类正域的元素能被唯一分类,即对象的 $k \times 100\%$ 可以通过知识 P 划入分类 U/Q 的模块中[1]。

决策系统中属性约简的定义,是基于条件属性对论域的划分相对于决策属性对论域的划分所形成的正域的,若 P 是条件属性集,D 是决策属性集,$B \subseteq P$, $POS_B(D)=POS_P(D)$,且 B 是独立的,则 B 是 P 相对于 D 的约简。即属性 B 是

P 相对于决策属性 D 的约简时,B 对 U 形成的划分和 P 对 U 形成的划分相对于 D 的正域都是相同的,即 $|POS_B(D)|/|U|=|POS_P(D)|/|U|$,即 D 相对 B 和 P 的依赖度是相同的。所以可以根据依赖度相同设计启发式属性约简算法来计算决策系统的相对约简。

下面给出一种新的计算决策系统中正域和依赖度的方法,并根据依赖度设计了启发式属性约简算法计算决策系统中的相对约简。

2. 一种新的计算依赖度的方法

定义 5.47 设 $S=(U,A,V,f)$ 为一个决策信息系统,$U=\{x_1,x_2,\cdots,x_n\}$,$A=C\cup D$,$C\cap D=\varnothing$,C 为条件属性集,$D=\{d\}$ 为决策属性集。若 $B\subseteq C$,$U/B=\{X_1,X_2,\cdots,X_m\}$,定义 $D_B(X_i)=\{j|j=d(x),x\in X_i,X_i\in U/B\}$,$d(x)$ 为元素 x 在决策属性 d 上的取值,则 $D_B(X_i)$ 为等价类 X_i 中所有对象的不同决策属性值构成的决策属性集,称 $D_B(X_i)$ 为等价类 X_i 的决策集。令 $U/B_D=\{D_B(X_1),D_B(X_2),\cdots,D_B(X_m)\}$ 表示 U/B 中各等价类所对应的决策集构成的集合。记 $T_B(D)=\bigcup\{X_i|X_i\in U/B,|D_B(X_i)|=1\}$,$T_B(D)$ 即为划分 U/B 中等价类的决策集只包含一个元素的等价类并起来构成的集合。

定理 5.24 设 $S=(U,A,V,f)$ 为一个决策信息系统,$U=\{x_1,x_2,\cdots,x_n\}$,$A=C\cup D$,$C\cap D=\varnothing$,C 为条件属性集,$D=\{d\}$ 为决策属性集,对于任意的属性集 $B\subseteq C$,有 $POS_B(D)=T_B(D)$。

证明:设 $U/D=\{Y_1,Y_2,\cdots,Y_t\}$,$U/B=\{X_1,X_2,\cdots,X_m\}$,$U/B_D=\{D_B(X_1),D_B(X_2),\cdots,D_B(X_m)\}$。

对于 $\forall x\in U$,若 $x\in POS_B(D)$,则 $[x]_B\subseteq POS_B(D)$。即 $\exists Y_j\in U/D$,使得 $[x]_B\subseteq Y_j$,因为 $[x]_B$ 是根据 B 对 U 划分后 x 的等价类。即 $\exists X_i\in U/B$,$X_i=[x]_B$,所以 $X_i\subseteq Y_j$,$X_i\subseteq POS_B(D)$。因为 U/D 是按照决策属性值将论域 U 中的对象进行划分,所以 U/D 中的每一个等价类所含对象的决策属性值都相同,即 Y_j 中各对象的决策属性值都相同,而 $X_i\subseteq Y_j$,所以 X_i 中各对象的决策属性值都相同,即 X_i 的决策集中只含一个值,则 $|D_B(X_i)|=1$,从而 $X_i\subseteq T_B(D)$,$x\in T_B(D)$。

对于 $\forall x\in U$,若 $x\in T_B(D)$,则 $\exists X_i\in U/B$,X_i 是根据 B 对 U 划分后 x 的等价类,且 $|D_B(X_i)|=1$,即等价类 X_i 的决策集中只含一个值,则等价类 X_i 中各对象决策属性值都相同,因为 U/D 按照决策属性值将论域 U 中的对象进行划分,所以决策属性值相同的对象根据决策属性 D 划分后,必在一个等价类中,则必有 $\exists Y_j\in U/D$,使得 $X_i\subseteq Y_j$,从而 $X_i\subseteq POS_B(D)$,$x\in POS_B(D)$。

综上可得 $POS_B(D)=T_B(D)$。

通过定理 5.24 的证明,可以获得一种新的在决策系统中求决策属性相对条件属性集的正域的方法,即只需求出根据条件属性集对论域 U 划分后各等价类的决策集,然后判断各决策集包含元素的个数,若只包含一个元素,则将该决策集对应的等价类包含在正域中。

例 5-10 表 5-13 为文献[35]中的一个不一致决策表,$U=\{u_1,u_2,\cdots,u_{10}\}$,条件属性集 $C=\{a,b,c\}$,决策属性集 $D=\{d\}$,设属性集 $B=\{b,c\}$。

表 5-13 不一致决策表

U	a	b	c	D
u_1	1	0	2	-1
u_2	1	1	0	-1
u_3	1	1	0	0
u_4	1	0	2	-1
u_5	1	1	2	0
u_6	1	1	0	-1
u_7	0	1	1	1
u_8	0	1	0	1
u_9	0	1	0	0
u_{10}	0	1	1	1

$U/B=\{X_1,X_2,X_3,X_4\}$,其中 $X_1=\{u_1,u_4\}$,$X_2=\{u_2,u_3,u_6,u_8,u_9\}$,$X_3=\{u_5\}$,$X_4=\{u_7,u_{10}\}$。

$U/D=\{Y_1,Y_2,Y_3\}$,其中 $Y_1=\{u_1,u_2,u_4,u_6\}$,$Y_2=\{u_3,u_5,u_9\}$,$Y_3=\{u_7,u_8,u_{10}\}$。

$\mathrm{POS}_B(D)=X_1\bigcup X_3\bigcup X_4=\{u_1,u_4,u_5,u_7,u_{10}\}$。

$U/B_D=\{D_B(X_1),D_B(X_2),D_B(X_3),D_B(X_4)\}$,其中 $D_B(X_1)=\{-1\}$,$D_B(X_2)=\{-1,0,1\}$,$D_B(X_3)=\{0\}$,$D_B(X_4)=\{1\}$。

因为 $|D_B(X_1)|=1$,$|D_B(X_3)|=1$,$|D_B(X_4)|=1$,所以将 U/B 中等价类的决策集只含一个元素的等价类并起来,即得 $T_B(D)=X_1\bigcup X_3\bigcup X_4=\{u_1,u_4,u_5,u_7,u_{10}\}$,所以 $\mathrm{POS}_B(D)=T_B(D)$。

由定理 5.24 可知,$\mathrm{POS}_B(D)=T_B(D)$,则 $|\mathrm{POS}_B(D)|/|U|=|T_B(D)|/|U|$,所以可以给出决策表中决策属性和条件属性集间依赖度的一种新的计算方法。

设 $S=(U,A,V,f)$ 为一个决策信息系统,$U=\{x_1,x_2,\cdots,x_n\}$,$A=C\bigcup D$,$C\bigcap D=\varnothing$,C 为条件属性集,$D=\{d\}$ 为决策属性集。若 $B\subseteq C$,记 $\mathrm{DH}(B|D)=|T_B(D)|/|U|$,由定理 5.24 知 $\mathrm{DH}(B|D)=|\mathrm{POS}_B(D)|/|U|$,则 $\mathrm{DH}(B|D)$ 称为决策表中决策属性对条件属性集的依赖度。

前面的理论提供了一种新的在决策表中求决策属性相对条件属性集的正域和依赖度的方法,即只需求出根据条件属性集对 U 的划分中各等价类的决策集,然后判断各决策集包含元素的个数,若只包含一个元素,则将该决策集对应的等价类包含在正域中。由此可以得到决策属性相对条件属性集的正域,计算出正域中包含元素的个数,除以 $|U|$,即可得到决策属性和条件属性集的依赖度,具体步骤见算法 5-11。

算法 5-11 计算正域和依赖度的算法

输入:一个决策信息系统 $S=(U,C\cup D,V,f)$,U 为论域,C 为条件属性集,$D=\{d\}$ 为决策属性集,$C=\{a_1,a_2,\cdots,a_m\}$,$B\subseteq C$,$T_B(D)=\varnothing$,$t=0$。

输出:D 的 B 正域 $T_B(D)$ 和 D 相对于条件属性集 B 的依赖度 $DH(B|D)$。

Step1:采用文献[6]中的算法 1 计算出 B 对 U 的划分 $U/B=\{X_1,X_2,\cdots,X_s\}$。

Step2:计算出各等价类对应的决策集 $U/B_D=\{D_B(X_1),D_B(X_2),\cdots,D_B(X_s)\}$。

Step3:计算各等价类的决策集 $D_B(X_i)$ 中不同值的个数,分别保存在变量 $k_1,k_2,\cdots,k_s$ 中

   for $i=1$ to s do
   {如果 $k_i=1$,则 $T_B(D)=T_B(D)\cup X_i$}

Step4:$t=|T_B(D)|$,$DH(B|D)=t/|U|$。

Step5:结束。

算法时间复杂度分析:对算法 5-11 分析可知,算法中 Step1 的时间复杂度由文献[6]中的算法 1 知为 $O(|C\|U|)$,Step2 的时间复杂度为 $O(|U|)$,Step3 和 Step4 的算法时间复杂度也为 $O(|U|)$,所以计算决策属性对条件属性集的依赖度,时间复杂度主要由 Step1 计算等价类产生,从而算法 1 的时间复杂度为 $O(|C\|U|)$。

3. 基于依赖度的决策系统属性约简理论

定理 5.25 若 $S=(U,A,V,f)$ 是一个决策信息系统,$A=C\cup D$,C 为条件属性集,$D=\{d\}$ 为决策属性集,$U/D=\{Y_1,Y_2,\cdots,Y_t\}$,$B_2\subseteq C$,$B_2$ 在 U 上形成的划分为 $U/B_2=\{X_1,X_2,\cdots,X_m\}$,若将 B_2 中某个属性 r 去掉,得到属性集 B_1,则 $DH(B_2|D)\geqslant DH(B_1|D)$。

证明:因为从 B_2 中去掉一个属性 r 得到属性集 B_1,会导致对论域分块的合并或不变。

若 B_2 和 B_1 对论域的划分不变,即 $U/B_1=U/B_2$,则 $U/B_{1D}=U/B_{2D}$,所以

$$DH(B_1|D)=DH(B_2|D)$$

在发生分块合并的情况下,设 B_1 在 U 上形成的划分 $U/B_1=\{X_1,X_2,\cdots,X_{i-1},X_{i+1},\cdots,X_{k-1},X_{k+1},\cdots,X_m,X_i\bigcup X_k\}$,即 U/B_1 是将划分 U/B_2 中的某两个等价块 X_i 和 X_k 合并后得到的新划分,则

$$\mathrm{DH}(B_2|D)=|T_{B_2}(D)|/|U|=|\mathrm{POS}_{B_2}(D)|/|U|$$

$$\mathrm{DH}(B_1|D)=|T_{B_1}(D)|/|U|=|\mathrm{POS}_{B_1}(D)|/|U|$$

$$\mathrm{DH}(B_2|D)-\mathrm{DH}(B_1|D)$$
$$=|\mathrm{POS}_{B_2}(D)|/|U|-|\mathrm{POS}_{B_1}(D)|/|U|$$
$$=(|\mathrm{POS}_{B_2}(D)|-|\mathrm{POS}_{B_1}(D)|)/|U|$$

因为 U/B_2 和 U/B_1 中只有 X_i,X_k 及 $X_i\bigcup X_k$ 不同,所以只需考虑 X_i,X_k, $X_i\bigcup X_k$ 是否包含在 $\mathrm{POS}_{B_2}(D)$ 和 $\mathrm{POS}_{B_1}(D)$ 中。

若 $X_i\bigcup X_k$ 包含在某一 Y_i 中,即 $X_i\bigcup X_k\subseteq\mathrm{POS}_{B_1}(D)$,则必有 $X_i\subseteq Y_i,X_k\subseteq Y_i$,从而 $X_i\subseteq\mathrm{POS}_{B_2}(D)$ 且 $X_k\subseteq\mathrm{POS}_{B_2}(D)$,所以有 $\mathrm{POS}_{B_1}(D)=\mathrm{POS}_{B_2}(D)$。

若 $X_i\bigcup X_k$ 不包含在任意的 Y_i 中,则 $X_i\bigcup X_k$ 不包含在 $\mathrm{POS}_{B_1}(D)$ 中。若 $X_i\subseteq Y_{s1},X_k\subseteq Y_{s2}$,且 $Y_{s1}\neq Y_{s2}$,则 $X_i\subseteq\mathrm{POS}_{B_2}(D)$ 且 $X_k\subseteq\mathrm{POS}_{B_2}(D)$,从而 $\mathrm{POS}_{B_1}(D)\subset\mathrm{POS}_{B_2}(D)$;若 X_i,X_k 都不包含在任意的 Y_i 中,则 X_i 和 X_k 都不包含在 $\mathrm{POS}_{B_2}(D)$ 中,则 $\mathrm{POS}_{B_1}(D)=\mathrm{POS}_{B_2}(D)$;若 X_i,X_k 中其中一个包含在某一 Y_i 中,则 X_i 和 X_k 其中之一必包含在 $\mathrm{POS}_{B_2}(D)$ 中,$\mathrm{POS}_{B_1}(D)\subset\mathrm{POS}_{B_2}(D)$。

所以当 $X_i,X_k,X_i\bigcup X_k$ 都不包含于任意的 Y_i 时,或同时包含于同一个 Y_i 时,有 $\mathrm{POS}_{B_1}(D)=\mathrm{POS}_{B_2}(D)$,$|\mathrm{POS}_{B_2}(D)|=|\mathrm{POS}_{B_1}(D)|$,从而 $\mathrm{DH}(B_2|D)=\mathrm{DH}(B_1|D)$;其他情况下,$\mathrm{POS}_{B_1}(D)\subset\mathrm{POS}_{B_2}(D)$,$|\mathrm{POS}_{B_2}(D)|>|\mathrm{POS}_{B_1}(D)|$,从而 $\mathrm{DH}(B_2|D)>\mathrm{DH}(B_1|D)$。

综上可得,$\mathrm{DH}(B_2|D)\geqslant\mathrm{DH}(B_1|D)$。

由定理 5.25 可知,决策属性和条件属性集的依赖度随条件属性集中属性的增加而呈非递减变化,这说明增加属性会导致对论域 U 的细分,导致决策属性对条件属性集的依赖度不变或增加。

定义 5.48 若 $S=(U,A,V,f)$ 是一个决策信息系统,$A=C\bigcup D$,C 为条件属性集,D 为决策属性集,属性集 $B\subseteq C$ 中任意属性 $a\in B$,属性 a 在 B 中的重要性为

$$\mathrm{SGF}(a,B,D)=\mathrm{DH}(B|D)-\mathrm{DH}(B-\{a\}|D) \qquad(5\text{-}37)$$

当 $\mathrm{SGF}(a,B,D)>0$ 时,说明 a 是 B 中相对于 D 必要的;当 $\mathrm{SGF}(a,B,D)=0$ 时,说明 a 是 B 中相对于 D 不必要的。如果 B 中每个属性都为 D 必要的,则 B 为 D 独立的。

定理 5.26 若 $S=(U,A,V,f)$ 是一个决策信息系统,$A=C\bigcup D$,C 为条件属性集,D 为决策属性集,如果 B 是 D 独立的且 $B\subseteq P\subseteq C$,则 B 为 P 相对于决策属

性集 D 的约简的充分必要条件为 $\mathrm{DH}(B|D)=\mathrm{DH}(P|D)$。

证明：由定理 5.25 的证明可知，当 $B\subseteq P$，$\mathrm{DH}(B|D)=\mathrm{DH}(P|D)$ 时，即有 $\mathrm{POS}_B(D)=\mathrm{POS}_P(D)$，又因为 B 是相对于 D 独立的，所以 B 是 P 相对决策属性 D 的约简。

根据上面的理论，人们设计了一个基于决策属性和条件属性集间的依赖度对决策系统进行属性约简的算法。由定理 5.26 的证明可知，对于决策信息系统 $S=(U,C\cup D,V,f)$，当属性集 $B_1\subseteq C$，且 $\mathrm{DH}(C|D)=\mathrm{DH}(B_1|D)$ 时，$\mathrm{POS}_{B_1-\{a_i\}}(D)=\mathrm{POS}_C(D)$，此时 B_1 与 C 对 U 的划分可能不同，但 D 相对 B_1 与 C 的正域是相同的，所以采用 $\mathrm{DH}(C|D)-\mathrm{DH}(B_1-\{a_i\}|D)$ 作为启发信息，当 $\mathrm{DH}(C|D)-\mathrm{DH}(B_1-\{a_i\}|D)=0$ 时，说明从 B_1 中去掉 a_i，$\mathrm{POS}_{B_1-\{a_i\}}(D)=\mathrm{POS}_C(D)$；当 $\mathrm{DH}(C|D)-\mathrm{DH}(B_1-\{a_i\}|D)>0$ 时，说明从 B_1 中去掉 a_i，$\mathrm{POS}_{B_1-\{a_i\}}(D)\neq\mathrm{POS}_C(D)$。所以可以依次去掉 B_1 中不使决策属性和条件属性集间依赖度发生变化的属性，即不使正域发生变化的属性，最后得到 C 相对 D 的一个约简，算法 5-12 给出了基于依赖度的决策系统启发式属性约简算法。

算法 5-12 基于依赖度的决策信息系统启发式属性约简算法

输入：一个决策信息系统 $S=(U,C\cup D,V,f)$，U 为论域，C 为条件属性集，$D=\{d\}$ 为决策属性集，$C=\{a_1,a_2,\cdots,a_m\}$。

输出：属性集 C 的一个相对约简 B。

Step1：令 $B_1=C$，$\mathrm{Att}=\varnothing$。

Step2：如果 $B_1-\mathrm{Att}=\varnothing$，则 $B=B_1$，转 Step5；否则任选 $B_1-\mathrm{Att}$ 中的一个属性 a_i，计算 $\mathrm{DH}(C|D)-\mathrm{DH}(B_1-\{a_i\}|D)$。

Step3：若 $\mathrm{DH}(C|D)-\mathrm{DH}(B_1-\{a_i\}|D)=0$，则 $B_1=B_1-\{a_i\}$，转 Step2。

Step4：若 $\mathrm{DH}(C|D)-\mathrm{DH}(B_1-\{a_i\}|D)>0$，则 $\mathrm{Att}=\mathrm{Att}\cup\{a_i\}$，转 Step2。

Step5：结束。

算法 5-12 的时间复杂度主要由计算属性间的依赖度产生，这里对依赖度的计算通过算法 5-11 实现，经过分析可知，算法 5-12 的时间复杂度为 $O(|C|^2|U|)$。

4. 实例分析

例 5-11 为了考察算法 5-12 的有效性，下面以表 5-13 为例对算法进行测试。表 5-13 为文献[35]中的一个不一致决策表，条件属性集 $C=\{a,b,c\}$，决策属性集 $D=\{d\}$。文献[35]指出采用文献[9]中的 CEBARKNC 算法，得出的任何属性均不可约简，根据文献[35]中的改进算法可得约简 $\{b,c\}$，根据算法 5-12 也可得到该不一致决策表的约简为 $\{b,c\}$。

初始化 $B_1=C=\{a,b,c\}$，$\mathrm{Att}=\varnothing$，假设按照 a,b,c 的顺序依次考察去掉各

属性后决策划分贴近度是否发生变化。

$U/\text{IND}(C) = \{\{u_1, u_4\}, \{u_2, u_3, u_6\}, \{u_5\}, \{u_7, u_{10}\}, \{u_8, u_9\}\}$

$U/\text{IND}(D) = \{\{u_1, u_2, u_4, u_6\}, \{u_3, u_5, u_9\}, \{u_7, u_8, u_{10}\}\}$

所以 $\text{DH}(C|D) = 1/3(1/2+1/3+2/3) = 1/2$。

(1) 考察属性 a，因为 $U/\text{IND}(B_1-\{a\}) = U/\text{IND}(\{b,c\}) = \{\{u_1,u_4\}, \{u_2, u_3, u_6, u_8, u_9\}, \{u_5\}, \{u_7, u_{10}\}\}$，则 $\text{DH}(B_1-\{a\}|D) = 1/2$，所以 $\text{DH}(C|D) - H(B_1-\{a\}|D) = 0, a$ 可以去掉，此时 $B_1 = \{b, c\}$，$\text{Att} = \varnothing$。

(2) 考察属性 b，因为 $U/\text{IND}(B_1-\{b\}) = U/\text{IND}(\{c\}) = \{\{u_1, u_4, u_5\}, \{u_2, u_3, u_6, u_8, u_9\}, \{u_7, u_{10}\}\}$，所以 $\text{DH}(B_1-\{b\}|D) = 1/5$，所以 $\text{DH}(C|D) - \text{DH}(B_1-\{b\}|D) > 0, b$ 不可去掉，此时 $\text{Att} = \{b\}, B_1 = \{b, c\}$。

(3) 考察属性 c，因为 $U/\text{IND}(B_1-\{c\}) = U/\text{IND}(\{b\}) = \{\{u_1, u_4\}, \{u_2, u_3, u_5, u_6, u_7, u_8, u_9, u_{10}\}\}$，所以 $\text{DH}(B_1-\{c\}|D) = 1/5$，$\text{DH}(C|D) - \text{DH}(B_1-\{c\}|D) > 0, c$ 不可去掉，此时 $\text{Att} = \{b, c\}, B_1 = \{b, c\}$。

(4) 当 $B_1 - \text{Att} = \varnothing$ 时，算法终止，$B = B_1 = \{b, c\}$ 即为该决策系统的一个相对约简。

算法 5-12 不仅可以对一致决策表进行属性约简，还可以对不一致决策表进行有效的约简，算法从条件属性集中依次去掉不使依赖度发生变化的属性，最后得到条件属性集相对于决策属性的一个相对约简。

本节所给的基于依赖度对决策表进行属性约简的算法时间复杂度为 $O(|C|^2|U|)$，文献[9]中所给出的对决策表进行属性约简的 CEBARKNC 算法和文献[35]中所给出的算法时间复杂度相同，都为 $O(|C|^2|U|) + O(|C\|U|^3)$，文献[6]中给出的对决策表进行属性约简算法的时间复杂度为 $\max(O(|C\|U|), O(|C|^2|U/C|))$，所以本节所给出的算法时间复杂度较文献[9]和[35]低，比文献[6]中算法的时间复杂度稍高。

5. 小结

本节针对决策系统的特点，研究了决策系统中决策属性相对条件属性集的正域和依赖度，分析了正域和依赖度之间的关系，将决策系统属性约简时判断正域是否相同转化为判断依赖度是否相同。算法 5-11 给出了一种新的计算决策系统中决策属性相对于条件属性集的正域和依赖度的方法，算法 5-12 给出了一个基于依赖度的决策系统启发式属性约简算法，使在进行决策系统属性约简时，不需要比较正域是否相同即可进行属性约简，算法对一致和不一致决策系统都能进行有效的约简，算法的时间复杂度为 $O(|C|^2|U|)$，并通过实例验证了算法的有效性。

5.2.6 不完备决策系统中 Rough 集的划分贴近度与属性约简算法

本节主要提出不完备决策系统中的划分贴近度理论,研究了不完备决策系统中划分贴近度的一些性质和定理,并根据划分贴近度设计了对不完备决策系统进行属性约简的算法。

1. 不完备决策系统中的划分贴近度理论

定义 5.49 不完备决策系统 $S=(U,C\cup D,V,f)$,$P\subseteq C$,$D=\{d\}$,对于 $\forall i\in U$,定义 $D_P(i)=\{k|k=d(j),j\in S_P(i)\}$,$d(j)$ 表示对象 j 在决策属性 d 上的取值,$D_P(i)$ 为 i 在条件属性集 P 下形成的相容类中各对象的不同决策属性值构成的集合,称 $D_P(i)$ 为 i 在条件属性集 P 下相容类的决策集。若 $U=\{1,2,\cdots,n\}$,令 $U/\mathrm{SIM}(P|D)=\{D_P(1),D_P(2),\cdots,D_P(n)\}$ 表示属性集 P 相对于决策属性 D 对 U 的决策分类。

定义 5.50 若不完备决策系统 $S=(U,C\cup D,V,f)$,$U=\{1,2,\cdots,n\}$,C 为条件属性集,$D=\{d\}$ 为决策属性集,属性集 $B,P\subseteq C$,且 B,P 在 U 上导出的决策分类分别为 $U/\mathrm{SIM}(B|D)=\{D_B(1),D_B(2),\cdots,D_B(n)\}$,$U/\mathrm{SIM}(P|D)=\{D_P(1),D_P(2),\cdots,D_P(n)\}$,对于 $\forall i\in U$,定义

$$p(D_P(i)|D_B(i))=\begin{cases}\dfrac{|D_P(i)|}{|D_B(i)|} & D_P(i)\subseteq D_B(i)\\ 0 & \text{其他}\end{cases} \tag{5-38}$$

称 $p(D_P(i)|D_B(i))$ 为 i 在属性集 P 和 B 下相容类的决策集 $D_P(i)$ 对 $D_B(i)$ 的贴近度。式中,$|\cdot|$ 表示集合的基数,$0\leqslant p(D_P(i)|D_B(i))\leqslant 1$,$p(D_P(i)|D_B(i))$ 越大,则集合 $D_P(i)$ 和 $D_B(i)$ 越接近。

定义 5.51 若不完备决策系统 $S=(U,C\cup D,V,f)$,$U=\{1,2,\cdots,n\}$,C 为条件属性集,$D=\{d\}$ 为决策属性集,属性集 $B,P\subseteq C$,且 B,P 在 U 上导出的决策分类分别为 $U/\mathrm{SIM}(B|D)=\{D_B(1),D_B(2),\cdots,D_B(n)\}$,$U/\mathrm{SIM}(P|D)=\{D_P(1),D_P(2),\cdots,D_P(n)\}$,属性集 P 对 B 的决策划分贴近度定义为

$$H_D(P|B)=\frac{1}{n}\sum_{i=1}^{n}p(D_P(i)|D_B(i)) \tag{5-39}$$

式中,$0\leqslant H_D(P|B)\leqslant 1$。

性质 5.13 若 $S=(U,A,V,f)$ 是一个不完备决策系统,$B_1\subseteq B_2\subseteq A$,对于 $\forall i\in U$,$S_{B_1}(i)$ 和 $S_{B_2}(i)$ 分别为 i 在属性集 B_1 和 B_2 下的相容类,则 $S_{B_2}(i)\subseteq S_{B_1}(i)$ 且 $|S_{B_2}(i)|\leqslant|S_{B_1}(i)|$。

定理 5.27 若 $S=(U,C\cup D,V,f)$ 是一个不完备决策系统,$B_1\subseteq B_2\subseteq C$,对

于 $\forall i \in U, D_{B_1}(i)$ 和 $D_{B_2}(i)$ 分别为 i 在属性集 B_1 和 B_2 下相容类的决策集,则 $D_{B_2}(i) \subseteq D_{B_1}(i)$ 且 $|D_{B_2}(i)| \leqslant |D_{B_1}(i)|$。

证明:因为 $B_1 \subseteq B_2 \subseteq C$,由性质 5.13 可知,对于 $\forall i \in U, S_{B_2}(i) \subseteq S_{B_1}(i)$,又因为 $D_{B_1}(i)$ 和 $D_{B_2}(i)$ 分别为 i 在属性集 B_1 和 B_2 下的相容类 $S_{B_1}(i)$ 和 $S_{B_2}(i)$ 的决策集,所以 $D_{B_2}(i) \subseteq D_{B_1}(i)$,从而 $|D_{B_2}(i)| \leqslant |D_{B_1}(i)|$。

定理 5.28 若 $S=(U, C \cup D, V, f)$ 是一个不完备决策系统,属性集 $B, P \subseteq C$,当 $H_D(P|B)=1$ 时,B 和 P 对 U 的决策分类相同。

证明:因为 $H_D(P|B) = \frac{1}{n} \sum_{i=1}^{n} p(D_P(i) | D_B(i)) = 1$,则 $\sum_{i=1}^{n} p(D_P(i) | D_B(i)) = n$,因为 $0 \leqslant p(D_P(i)|D_B(i)) \leqslant 1$,所以对于 $\forall i \in U, p(D_P(i)|D_B(i)) = 1$,由定义 5.50 知,当 $D_P(i) \subseteq D_B(i)$ 时,$p(D_P(i)|D_B(i)) = |D_P(i)|/|D_B(i)|$,所以对于 $\forall i \in U, D_B(i) = D_P(i)$,即对于 $\forall i \in U, i$ 在属性集 B 和 P 下相容类的决策集相同,所以 B 和 P 对 U 的决策分类相同。

定理 5.29 若 $S=(U, C \cup D, V, f)$ 是一个不完备决策系统,$U = \{1, 2, \cdots, n\}$,属性集 $B_1 \subseteq B_2 \subseteq P \subseteq C$,则 $H_D(P|B_2) \geqslant H_D(P|B_1)$。

证明:由定义 5.51 可得

$$H_D(P | B_1) = \frac{1}{n} \sum_{i=1}^{n} p(D_P(i) | D_{B_1}(i))$$

$$H_D(P | B_2) = \frac{1}{n} \sum_{i=1}^{n} p(D_P(i) | D_{B_2}(i))$$

则

$$H_D(P|B_2) - H_D(P|B_1) = \frac{1}{n} \sum_{i=1}^{n} p(D_P(i) | D_{B_2}(i)) - \frac{1}{n} \sum_{i=1}^{n} p(D_P(i) | D_{B_1}(i))$$

$$= \frac{1}{n} \sum_{i=1}^{n} [p(D_P(i) | D_{B_2}(i)) - p(D_P(i) | D_{B_1}(i))]$$

因为 $B_1 \subseteq B_2 \subseteq P$,所以 $D_P(i) \subseteq D_{B_2}(i) \subseteq D_{B_1}(i)$ 且 $|D_P(i)| \leqslant |D_{B_2}(i)| \leqslant |D_{B_1}(i)|$,则 $p(D_P(i)|D_{B_2}(i)) - p(D_P(i)|D_{B_1}(i)) \geqslant 0$,即 $H_D(P|B_2) \geqslant H_D(P|B_1)$。

定义 5.52 若不完备决策系统 $S = (U, C \cup D, V, f), U = \{1, 2, \cdots, n\}$,属性集 $B, P \subseteq C$,当 $H_D(P|B) = 1$ 时,称 P 对 U 形成的决策分类完全贴近于 B 对 U 形成的决策分类。当 $H_D(P|B) = 0$ 时,称 P 对 U 形成的决策分类完全不贴近于 B 对 U 形成的决策分类。当 $0 < H_D(P|B) < 1$ 时,称 P 对 U 形成的决策分类以贴近度 $H_D(P|B)$ 贴近于 B 对 U 形成的决策分类。

定义 5.53 若不完备决策系统 $S = (U, C \cup D, V, f), U = \{1, 2, \cdots, n\}, C$ 为条件属性集,D 为决策属性,$P \subseteq C$,在属性集 P 中对于 $\forall a \in P$,属性 a 在 P 中相

对于决策属性 D 的重要性为

$$\mathrm{SGF}(a,P,D) = 1 - H_D(P \mid P - \{a\}) \tag{5-40}$$

当 $\mathrm{SGF}(a,P,D)>0$ 时,说明 a 是 P 中相对于决策属性 D 必要的;当 $\mathrm{SGF}(a,P,D)=0$ 时,说明 a 是 P 中相对于决策属性 D 不必要的;如果 P 中每个属性 a 都为 D 必要的,则称 P 为相对决策属性 D 独立的。

定理 5.30 若不完备决策系统 $S=(U,C\cup D,V,f)$,$U=\{1,2,\cdots,n\}$,C 为条件属性集,D 为决策属性集,$B\subseteq P\subseteq C$,如果 B 是相对决策属性集 D 独立的且 $H_D(P\mid B)=1$,则 B 为 P 相对于决策属性 D 的相对约简。

证明:由定理 5.28 的证明可知,当 $B\subseteq P$ 且 $H_D(P\mid B)=1$ 时,对于 $\forall i\in U$,i 在属性集 B 和 P 下相容类的决策集相同。又因为 B 是相对 D 独立的,所以 B 为 P 相对于决策属性 D 的相对约简。

2. 基于划分贴近度的不完备决策系统启发式属性约简算法

由定理 5.30 的证明可知,对于不完备决策系统 $S=(U,C\cup D,V,f)$,当属性集 $B_1\subseteq P\subseteq C$,且 $H_D(P\mid B_1)=1$ 时,B_1 与 P 对 U 形成的决策分类是相同的,所以采用 $1-H_D(P\mid B_1-\{a_j\})$ 作为启发信息。当 $1-H_D(P\mid B_1-\{a_j\})=0$ 时,说明从 B_1 中去掉属性 a_j,$B_1-\{a_j\}$ 与 P 对 U 形成的决策分类仍然是相同的;当 $1-H_D(P\mid B_1-\{a_j\})>0$ 时,说明从 B_1 中去掉属性 a_j,$B_1-\{a_j\}$ 对 U 形成的决策分类与 P 对 U 形成的决策分类不同。因此可以依次去掉 B_1 中不影响决策分类的属性,最后得到 P 的一个相对约简,其算法见算法 5-13。

算法 5-13 基于划分贴近度的不完备决策系统启发式属性约简算法

输入:一个不完备决策系统 $S=(U,C\cup D,V,f)$,U 为论域,C 为条件属性集,$D=\{d\}$ 为决策属性集,$P\subseteq C$,$P=\{a_1,a_2,\cdots,a_m\}$。

输出:属性集 P 的一个相对约简 B。

Step1:令 $B_1=P$,$\mathrm{Att}=\varnothing$。

Step2:如果 $B_1-\mathrm{Att}=\varnothing$,则 $B=B_1$,转 Step5;否则任选 $B_1-\mathrm{Att}$ 中的一个属性 a_j,计算 $1-H_D(P\mid B_1-\{a_j\})$。

Step3:若 $1-H_D(P\mid B_1-\{a_j\})=0$,则 $B_1=B_1-\{a_j\}$,转 Step2。

Step4:若 $1-H_D(P\mid B_1-\{a_j\})>0$,则 $\mathrm{Att}=\mathrm{Att}\cup\{a_j\}$,转 Step2。

Step5:结束。

算法时间复杂度分析:该算法的时间复杂度分析类同于算法 5-12,由于算法 5-13 的最大循环次数为 $|C|$,则该算法的时间复杂度也为 $O(|C|^2|U|)$。

3. 实例分析

例 5-12 为了验证算法 5-13 的有效性,下面采用文献[16]中给出的一个不完备决策表(表 5-14)对该算法进行测试。

表 5-14 不完备决策表

Car	Price	Mile-age	Size	Max-Speed	d
1	High	High	Full	Low	Good
2	Low	*	Full	Low	Good
3	*	*	compact	High	Poor
4	High	*	Full	High	Good
5	*	*	Full	High	Excel
6	Low	High	Full	*	Good

下面利用算法 5-13 求该不完备决策表中属性集的相对约简。

初始化 $B_1 = P = \{\text{Price, Mile-age, Size, Max-Speed}\}$，$\text{Att} = \varnothing$，假设按照 Price, Mile-age, Size, Max-Speed 的顺序，依次考察去掉各属性后决策划分贴近度是否发生变化。因为 $U/\text{SIM}(P) = \{\{1\}, \{2,6\}, \{3\}, \{4,5\}, \{4,5,6\}, \{2,5,6\}\}$，所以 $U/\text{SIM}(P|D) = \{\{\text{Good}\}, \{\text{Good}\}, \{\text{Poor}\}, \{\text{Good, Excel}\}, \{\text{Good, Excel}\}, \{\text{Good, Excel}\}\}$。

(1) 考察属性 Price，因为 $U/\text{SIM}(B_1 - \{\text{Price}\}) = \{\{1,2,6\}, \{1,2,6\}, \{3\}, \{4,5,6\}, \{4,5,6\}, \{1,2,4,5,6\}\}$，所以 $U/\text{SIM}(B_1 - \{\text{Price}\}|D) = \{\{\text{Good}\}, \{\text{Good}\}, \{\text{Poor}\}, \{\text{Good, Excel}\}, \{\text{Good, Excel}\}, \{\text{Good, Excel}\}\}$，则 $H_D(P|B_1 - \{\text{Price}\}) = 1$，所以 $1 - H(P|B_1 - \{\text{Price}\}) = 0$，于是 Price 可以去掉，此时 $B_1 = \{\text{Mile-age, Size, Max-Speed}\}$，$\text{Att} = \varnothing$。

(2) 考察属性 Mile-age，因为 $U/\text{SIM}(B_1 - \{\text{Mile-age}\}) = \{\{1,2,6\}, \{1,2,6\}, \{3\}, \{4,5,6\}, \{4,5,6\}, \{4,5,6\}\}$，所以 $U/\text{SIM}(B_1 - \{\text{Mile-age}\}|D) = \{\{\text{Good}\}, \{\text{Good}\}, \{\text{Poor}\}, \{\text{Good, Excel}\}, \{\text{Good, Excel}\}, \{\text{Good, Excel}\}\}$，则 $H_D(P|B_1 - \{\text{Mile-age}\}) = 1$，于是 Mile-age 可以去掉，此时 $\text{Att} = \varnothing$，$B_1 = \{\text{Size, Max-Speed}\}$。

(3) 考察属性 Size，因为 $U/\text{SIM}(B_1 - \{\text{Size}\}) = \{\{1,2,6\}, \{1,2,6\}, \{3,4,5,6\}, \{3,4,5,6\}, \{3,4,5,6\}, \{3,4,5,6\}\}$，则 $U/\text{SIM}(B_1 - \{\text{Size}\}|D) = \{\{\text{Good}\}, \{\text{Good}\}, \{\text{Poor, Good, Excel}\}, \{\text{Poor, Good, Excel}\}, \{\text{Poor, Good, Excel}\}, \{\text{Poor, Good, Excel}\}\}$，则 $H_D(P|B_1 - \{\text{Size}\}) = 13/18$，所以 $1 - H_D(P|B_1 - \{\text{Size}\}) > 0$，于是 Size 不可以去掉，此时 $B_1 = \{\text{Size, Max-Speed}\}$，$\text{Att} = \{\text{Size}\}$。

(4) 考察属性 Max-Speed，因为 $U/\text{SIM}(B_1 - \{\text{Max-Speed}\}) = \{\{1,2,4,5,6\}, \{1,2,4,5,6\}, \{3\}, \{1,2,4,5,6\}, \{1,2,4,5,6\}, \{1,2,4,5,6\}\}$，则

$U/\text{SIM}(B_1 - \{\text{Max-Speed}\} \mid D) = \{\{\text{Good}, \text{Excel}\}, \{\text{Good}, \text{Excel}\}, \{\text{Poor}\}, \{\text{Good}, \text{Excel}\}, \{\text{Good}, \text{Excel}\}, \{\text{Good}, \text{Excel}\}\}$, $H_D(P \mid B_1 - \{\text{Max-Speed}\}) = 5/6$,所以 $1 - H_D(P \mid B_1 - \{\text{Max-Speed}\}) > 0$,于是 Max-Speed 不可去掉,此时 Att $= \{\text{Size}, \text{Max-Speed}\}$,$B_1 = \{\text{Size}, \text{Max-Speed}\}$。

当 $B_1 - \text{Att} = \varnothing$ 时,算法终止,$B = B_1 = \{\text{Size}, \text{Max-Speed}\}$ 即为该不完备决策系统的一个相对约简,与文献[1,15,16]中该决策系统的约简结果一致。

通过例 5-12 可以看出,用算法 5-13 的基于划分贴近度的不完备决策表进行属性约简的算法,能找到不完备决策系统的相对约简。

文献[15]中所给出的对不完备决策系统进行属性约简的算法时间复杂度为 $O(m^3 n^2)$,所以算法 5-13 的时间复杂度比文献[15]中对不完备决策系统进行属性约简的算法时间复杂度低。

4. 小结

本节主要提出了不完备决策系统中的划分贴近度理论,研究了不完备决策系统中划分贴近度的一些性质和定理,并根据划分贴近度设计了对不完备决策系统进行属性约简的启发式算法。

5.3 基于粒计算的属性约简

5.3.1 基于知识粒度的属性约简算法

本节从知识粗糙性的粒度原理、经典的知识粒度及信息熵理论出发,对经典的知识粒度及信息熵理论进行推广,研究了信息系统中知识的粒度原理,给出了一种基于知识粒度的属性约简算法,该算法以知识粒度最小的属性为启发信息,且该算法不需求核,对无核的特殊信息系统计算约简更加有效。

1. 信息系统中知识粒度与粒度熵理论研究

定义 5.54[4] 设 $S = (U, A)$ 是一个信息系统,$U/\text{IND}(A) = \{X_1, X_2, \cdots, X_n\}$,则 A 的知识粒度记为 $\text{GK}(A)$,定义为

$$\text{GK}(A) = \frac{\sum_{i=1}^{n} |X_i|^2}{|U|^2} \tag{5-41}$$

式中,$\sum_{i=1}^{n} |X_i|^2$ 是由 $\bigcup_{i=1}^{n} X_i \times X_i$ 决定的等价关系的基数。当 A 为相等关系时,即 $U/\text{IND}(A) = \{\{x\} \mid x \in A\}$ 为最小划分时,A 的知识粒度达到最小值 $|U|/|U|^2 = 1/|U|$;

当 A 为全域关系时,即 $U/\text{IND}(A)=\{U\}$ 为最大划分时,A 的知识粒度达到最大值 $|U|^2/|U|^2=1$。一般情况下,$1/|U| \leqslant \text{GK}(A) \leqslant 1$。

定义 5.55[4] 设 $S=(U,A)$ 是一个信息系统,知识的分辨度记为 $\text{Dis}(A)$,定义为

$$\text{Dis}(A) = 1 - \text{GK}(A) \tag{5-42}$$

同样有 $0 \leqslant \text{Dis}(A) \leqslant 1-1/|U|$。

分辨度的大小直接反映了知识的分辨能力,即分辨度越大,知识的分辨能力越强。由此,知识粒度也可以描述知识的分辨能力,知识粒度越小,它的分辨能力越强。

定义 5.56(广义的知识粒度) 设 $S=(U,A)$ 是一个信息系统,若对于 $\forall P \subseteq A$ 有数 $\text{WG}(P)$ 对应且满足如下性质。

(1) 非负性:$\text{WG}(P) \geqslant 0$。

(2) 不变性:对于 $\forall P,Q \subseteq A$,且 $P \simeq Q$ 时,有 $\text{WG}(P)=\text{WG}(Q)$。

(3) 单调性:对于 $\forall P,Q \subseteq A$,且 $P \prec Q$ 时,有 $\text{WG}(P) < \text{WG}(Q)$。

(4) 有界性:当 U/P 为最小划分时,$\text{WG}(P)$ 取得最小值;当 U/P 为最大划分时,$\text{WG}(P)$ 取得最大值。

则称 $\text{WG}(P)$ 为信息系统 $S=(U,A)$ 上的广义的知识粒度。

由粒度原理可知,知识的粒度越小,该知识对对象划分得越细,其分辨能力就越强;知识的粒度越大,它对对象的划分越粗糙,其分辨能力就越弱。

定义 5.57(基本粒度函数) 设 $S=(U,A)$ 是一个信息系统,其上有概率分布 $p(X_i)=|X_i|/|U|$,若对于 $\forall P \subseteq A$,知识 P 的基本粒度函数 $\text{FG}(P) = \sum_{i=1}^{n} p(X_i) G(p(X_i))$ 是指满足下列条件的函数。

(1) 若 $1 \geqslant p(X) \geqslant 0$,则 $\text{FG}(P) > 0$。

(2) 若 $p(X_1) > p(X_2)$,则 $\text{WG}(p(X_1)) > \text{WG}(p(X_2))$,即 $\text{FG}_1(P) > \text{FG}_2(P)$。

(3) 若 $p(X)=\max\{p(X_1),p(X_2),\cdots,p(X_n)\}$,则 $\text{WG}(p(X))=\max\{\text{WG}(p(X_1)),\text{WG}(p(X_2)),\cdots,\text{WG}(p(X_n))\}$,即 $\text{FG}(P)=\max\{\text{FG}_1(P),\text{FG}_2(P),\cdots,\text{FG}_n(P)\}$。

可以构造各种函数来满足定义 5.57 的 3 个条件,证明下面的函数

$$\text{FG}_1(P) = \sum_{i=1}^{n} p(X_i) G_1(p(X_i)) = \sum_{i=1}^{n} p(X_i) p(X_i) = \sum_{i=1}^{n} \frac{|X_i|^2}{|U|^2}$$

(经典的知识粒度[4])

$$\text{FG}_2(P) = \sum_{i=1}^{n} p(X_i) G_2(p(X_i)) = \sum_{i=1}^{n} p(X_i) \log_2 p(X_i) |U|$$

$$= \sum_{i=1}^{n} \frac{|X_i|}{|U|} \log_2 |X_i|$$

(知识粗糙[28]与此等价)

$$FG_3(P) = \sum_{i=1}^{n} p(X_i) G_3(p(X_i)) = \sum_{i=1}^{n} \frac{|X_i|}{|U|} \frac{C^2_{|X_i|}}{C^2_{|U|}}$$

(组合粒度[40])

均满足定义 5.57 的条件,它们都为广义知识粒度下的特例。

定义 5.58(广义的知识粒度熵) 设 $S=(U,A)$ 是一个信息系统,若对于 $\forall P \subseteq A$ 有数 $WE(P)$ 对应且满足如下性质。

(1) 非负性:$WE(P) \geqslant 0$。

(2) 不变性:对于 $\forall P, Q \subseteq A$,且 $P \simeq Q$,有 $WE(P) = WE(Q)$。

(3) 单调性:对于 $\forall P, Q \subseteq A$,且 $P \prec Q$,有 $WE(P) > WE(Q)$。

(4) 有界性:当 U/P 为最小划分时,$WE(P)$ 取得最大值;当 U/P 为最大划分时,$WE(P)$ 取得最小值。

则称 $WE(P)$ 为信息系统 $S=(U,A)$ 上的广义知识粒度熵。

由粒度熵原理可知,知识的粒度熵越大,它对对象的划分越细,其分辨能力越强;知识的粒度熵越小,它对对象的划分越粗糙,其分辨能力越弱。

定义 5.59(基本粒度熵函数) 设 $S=(U,A)$ 是一个信息系统,若对于 $\forall P \subseteq A$,知识的粒度熵函数 $FE(P) = \sum_{i=1}^{n} p(X_i) E(1-p(X_i))$ 是指满足下列条件的函数。

(1) 若 $1 \geqslant p(X) \geqslant 0$,则 $FE(P) > 0$。

(2) 若 $p(X_1) > p(X_2)$,则 $WE(1-p(X_1)) < WE(1-p(X_2))$,即 $FE_1(P) < FE_2(P)$。

(3) 若 $p(X) = \min\{p(X_1), p(X_2), \cdots, p(X_n)\}$,则 $WE(p(X)) = \max\{WE(1-p(X_1)), WE(1-p(X_2)), \cdots, WE(1-p(X_n))\}$,即 $FE(P) = \max\{FE_1(P), FE_2(P), \cdots, FE_n(P)\}$。

下面构造各种函数来满足定义 5.59 的 3 个条件,可以证明下面的函数

$$FE_1(P) = \sum_{i=1}^{n} p(X_i) E_1(1-p(X_i)) = \sum_{i=1}^{n} p(X_i)(1-p(X_i))$$

$$= \sum_{i=1}^{n} \frac{|X_i|}{|U|} \left(1 - \frac{|X_i|}{|U|}\right)$$

(信息量[7]或互补熵[41])

$$\mathrm{FE}_2(P) = \sum_{i=1}^{n} p(X_i) E_2(1-p(X_i)) = \sum_{i=1}^{n} \frac{|X_i|}{|U|} (\log_2 |U| - \log_2 |X_i|)$$

(Shannon 信息熵[9] 与此等价)

$$\mathrm{FE}_3(P) = \sum_{i=1}^{n} p(X_i) E_3(1-p(X_i)) = \sum_{i=1}^{n} \frac{|X_i|}{|U|} (1 - \frac{C^2_{|X_i|}}{C^2_{|U|}})$$

(组合熵[40])

均满足定义 5.59 的条件,它们都为广义知识粒度熵下的特例。

知识粒度和粒度熵其实都是对知识细化的不同层次的平均度量,其本质都是等价关系对论域划分结果的度量。由知识的粗糙度、粒度、粒度熵原理可知,知识粒度越小,则其知识粒度熵越大;知识粒度越大,其知识粒度熵越小。由此可知,知识粒度和粒度熵之间存在某种意义上的互补关系。表 5-15 为现有一些知识粒度与粒度熵之间的关系。

表 5-15 一些知识粒度与粒度熵之间的关系

A	相等关系	全域关系	一般的 A 关系	互补关系
$\mathrm{FG}_1(A)$	$1/|U|$	1	$1/|U| \leqslant \mathrm{FG}_1(A) \leqslant 1$	
$\mathrm{FG}_2(A)$	0	$\log_2 |U|$	$0 \leqslant \mathrm{FG}_2(A) \leqslant \log_2 |U|$	$\mathrm{FG}_1(A) + \mathrm{FE}_1(A) = 1$
$\mathrm{FG}_3(A)$	0	1	$0 \leqslant \mathrm{FG}_3(A) \leqslant 1$	$\mathrm{FG}_2(A) + \mathrm{FE}_2(A) = \log_2 |U|$
$\mathrm{FE}_1(A)$	$1-1/|U|$	0	$0 \leqslant \mathrm{FG}_1(A) \leqslant 1-1/|U|$	$\mathrm{FG}_3(A) + \mathrm{FE}_3(A) = 1$
$\mathrm{FE}_2(A)$	$\log_2 |U|$	0	$0 \leqslant \mathrm{FG}_2(A) \leqslant \log_2 |U|$	
$\mathrm{FE}_3(A)$	1	0	$0 \leqslant \mathrm{FG}_3(A) \leqslant 1$	

推论 5.4 知识粒度和粒度熵呈互补关系,即 $\mathrm{FG}(A) + \mathrm{FE}(A) = C$($C$ 为常数)。

由推论 5.4 可知,如果存在某种度量上的知识粒度 $\mathrm{FG}(A)$,那么一定能够找到一个相应的粒度熵 $\mathrm{FE}(A) = C - \mathrm{FG}(A)$($C$ 为常数);反之如果存在某种度量上的粒度熵 $\mathrm{FE}(A)$,那么一定能够找到一个相应的知识粒度 $\mathrm{FG}(A) = C - \mathrm{FE}(A)$,$C$ 为常数。

这里以广义的知识粒度下的一个特例——经典的知识粒度为基础,给出了基于知识粒度的属性重要性度量理论。

定理 5.31 设 $S = (U, A)$ 是一个信息系统,$P \subseteq A$。若 $U/\mathrm{IND}(A) \preceq U/\mathrm{IND}(P)$,则有 $\mathrm{GK}(A) \leqslant \mathrm{GK}(P)$。

证明:由 $U/\mathrm{IND}(A) \preceq U/\mathrm{IND}(P)$ 知,$\mathrm{IND}(A) \subseteq \mathrm{IND}(P)$,$|\mathrm{IND}(A)| \leqslant |\mathrm{IND}(P)|$,而 $\mathrm{GK}(A) = \mathrm{GK}(\mathrm{IND}(A)) = |\mathrm{IND}(A)|/|U|^2$,$\mathrm{GK}(P) = \mathrm{GK}(\mathrm{IND}(P)) = |\mathrm{IND}(P)|/|U|^2$,从而有 $\mathrm{GK}(A) \leqslant \mathrm{GK}(P)$。

定理 5.31 说明,在信息系统中,知识的划分越细,则知识的粒度越小,分辨能力就越强。

推论 5.5 设 $S=(U,A)$ 是一个信息系统,$A=\{a_1,a_2,\cdots,a_n\}$,则有 $GK(\{a_i\})\geqslant GK(\{a_i\}\cup\{a_j\})\geqslant GK(\{a_1\}\cup\{a_2\}\cup\cdots\cup\{a_n\})=GK(A)(1\leqslant i,j\leqslant n)$。

推论 5.5 说明,在信息系统中,随着属性的增加,知识的粒度的变化呈非严格单调性。

定理 5.32 设 $S=(U,A)$ 是一个信息系统,$P\subseteq A$,则 $U/IND(A)=U/IND(P)$ 的充分必要条件是 $GK(A)=GK(P)$。

证明:(必要性) 证明过程与定理 5.31 证明过程相似,此处不给出。

(充分性) 当 $GK(A)=GK(P)$ 时,有 $U/IND(A)\neq U/IND(P)$,因为 $P\subseteq A$,则有 $U/IND(A)\subset U/IND(P)$。由定理 5.31 知 $GK(A)<GK(P)$,这同假设矛盾。

综上,定理 5.32 得证。

推论 5.6 设 $S=(U,A)$ 是一个信息系统,$P\subseteq A$。若 $GK(P)=GK(A)$,则 P 为 A 的一个约简。

由定理 5.32 和推论 5.6 知,随着属性的增加,若最少属性子集的知识粒度与全域属性集的知识粒度相等时,则该属性子集为信息系统的一个相对最小约简。

2. 基于知识粒度的属性约简算法

在求属性约简的过程中,可采用贪心算法的思想,以知识粒度最小的属性构成初始约简;然后对不属于已求的约简属性集的每一个属性,分别计算其与初始约简合并后的集合的知识粒度,从中选取知识粒度最小的集合构成新的约简;若知识粒度最小的集合不止一个,则在不属于已求的约简属性集中,选取知识粒度最小的属性作为扩展属性来构成新的约简;反复执行这个过程,直至最终约简属性集的知识粒度等于全域属性集的知识粒度。

算法 5-14 基于知识粒度的属性约简算法

输入:一个信息系统 $S=(U,A)$,其中 U 为论域,A 为属性集。

输出:信息系统 S 的一个相对最小约简 $RED(A)$。

Step1:计算 A 的知识粒度 $GK(A)$。

Step2:对于 $\forall r\in A$,逐一计算 $GK(r)$。

Step3:初始化 $RED(A)=\{r|\min(GK(r)),r\in A\}$,如果 $GK(r)$ 最小的属性不止一个,则选取属性顺序最靠前的属性 r 初始化到约简集中。

Step4:如果 $GK(RED(A))\leqslant GK(A)$,则转 Step7。

Step5:对于 $\forall r\in A-RED(A)$,逐一计算 $GK(RED(A)\cup\{r\})$。

Step6:选择使 $GK(RED(A)\cup\{r\})$ 最小的属性 r 作为扩展属性,如果存在多个属性 r 使 $GK(RED(A)\cup\{r\})$ 同时达到最小值,则在 $r\in A-RED(A)$ 集中选取

GK(r)最小的属性 r 作为扩展属性；如果在 $r \in A - \text{RED}(A)$ 集中 GK(r)最小的属性不止一个，则选取属性顺序最靠前的属性 r 作为扩展属性。令 RED(A) = {RED(A)∪{r}|min(GK(RED(A)∪{r})),$r \in A - \text{RED}(A)$}，转 Step4。

Step7：输出信息系统 S 的一个相对最小约简 RED(A)。

Step8：结束。

需要指出的是，算法 5-14 是尽量找出信息系统的一个相对最小约简。而一般情况下，约简不是唯一的，相对最小约简也不是唯一的。

算法的时间复杂度分析：由于寻找最小知识约简是 NP 困难问题，其复杂性主要是由信息系统中属性组合和数据量引起的[12]。计算约简 RED(A)最多需计算($|A|-1$)+…+1=($|A|-1$)$|A|/2=O(|A|^2)$次 GK(a)。计算 GK(a)之前需先计算 $U/\text{IND}(\{a\})$，由文献[12]知，计算每个属性划分的时间复杂度为 $O(|U|^2)$；对于每一个 $a \in A$，为了计算 $U/\text{IND}(\{a\})$，需计算($|A|-1$)次交。计算一次交的时间复杂度为 $O(|U|^2)$，因此计算这些交的时间复杂度为 $O(|A\|U|^2)$；计算 GK(A)的时间复杂度为 $O(|U|)$。综上，该算法的时间复杂度为 $O(|A\|U|^2 + |A|^2(|A\|U|^2))=O(|A|^3|U|^2)$，而文献[42]中算法的时间复杂度为 $[|A|+|A|(|A|+1)/2]O(|A|\times|U|^2)=O(|A|^3|U|^2)$，虽然两者的时间复杂度相同，但文献[42]的算法在计算核上明显浪费了额外的时间，文献[42]的算法计算核的时间复杂度为 $O(|A|^2|U|^2)$，而算法 5-14 不需求核，因此在实际计算过程中时间耗费有所减少。

3. 实例分析

例 5-13（有核的信息系统） 给定信息系统 $S_1=(U,A)$，其中 $U=\{u_1,u_2,\cdots,u_5\}$，$A=\{a,b,c,d,e\}$，如表 5-16 所示。由文献[13]知，信息系统 S_1 有两个相对最小约简 $\{a,b,c\}$ 和 $\{a,b,e\}$。

表 5-16　信息系统 $S_1=(U,A)$

U	A				
	a	b	c	d	e
u_1	1	1	2	1	0
u_2	0	1	1	2	1
u_3	2	1	2	1	0
u_4	0	1	2	2	2
u_5	1	0	2	1	0

利用文献[42]中的算法,首先计算出信息系统 S_1 的初始约简集 $\text{RED}(A) = \text{core}(A) = \{a,b\}$,由于 $\max\limits_{r \in A-\text{RED}(A)} \text{Sig}_{\text{RED}(A)}(A) = \text{Sig}_{\text{RED}(A)}(c) = \text{Sig}_{\text{RED}(A)}(e) = 2/25$,而文献[42]中的算法并未明确指出应选择哪个属性作为扩展属性,若两个属性均作为扩展属性,则求出的最终约简 $\text{RED}(A) = \{a,b,c,e\}$ 不是相对最小约简,这是由约简算法的不完备性造成的。而利用算法 5-14 求约简,可以明确地给出每一步的扩展属性,最终可以求得信息系统 S_1 的一个相对最小约简 $\text{RED}(A) = \{a,b,e\}$,与文献[13]所得的约简结果相同,所以算法 5-14 是有效的。

例 5-14(无核的信息系统) 给定信息系统 $S_2 = (U,A)$,其中 $U = \{u_1, u_2, u_3, u_4\}$,$A = \{a,b,c,d,e\}$,如表 5-17 所示。容易得知,信息系统 S_2 的约简为 $\{a,b\}$,$\{a,c\}$,$\{b,d,e\}$,$\{c,d,e\}$,其中前两个为相对最小约简。

表 5-17 信息系统 $S_2 = (U,A)$

U	A				
	a	b	c	d	e
u_1	1	2	2	1	1
u_2	2	2	1	2	1
u_3	3	2	1	1	2
u_4	1	1	1	1	1

求信息系统 S_2 的相对最小约简的具体步骤如下。

Step1:由于 $U/\text{RED}(A) = \{\{u_1\}, \{u_2\}, \{u_3\}, \{u_4\}\}$,所以 $\text{GK}(A) = 1/4$。
Step2:经计算 $\text{GK}(a) = 3/8$,$\text{GK}(b) = \text{GK}(c) = \text{GK}(d) = \text{GK}(e) = 5/8$。
Step3:初始化 $\text{RED}(A) = \{r \in A \mid \min(\text{GK}(r))\} = \{a\}$。
Step4:由于 $\text{GK}(\text{RED}(A)) = 3/8 > \text{GK}(A)$,转 Step5。
Step5:对于 $\forall r \in A - \text{RED}(A)$,计算 $\text{GK}(\text{RED}(A) \cup \{r\})$,可得 $\text{GK}(a,b) = \text{GK}(a,c) = 1/4$,$\text{GK}(a,d) = \text{GK}(a,e) = 3/8$。
Step6:由于 $\min(\text{GK}(r)) = \text{GK}(a,b) = \text{GK}(a,c)$,而且 $\text{GK}(b)$ 和 $\text{GK}(c)$ 在属性集 $A - \text{RED}(A)$ 中都最小,故选择属性顺序靠前的 b 作为扩展属性,因此 $\text{RED}(A) = \{\text{RED}(A) \cup \{b\} \mid \min(\text{GK}(\text{RED}(A) \cup \{b\}))\} = \{a,b\}$。
Step7:由于 $\text{GK}(\text{RED}(A)) = 1/4 = \text{GK}(A)$,转 Step8。
Step8:输出信息系统 S_2 的一个相对最小约简 $\text{RED}(A) = \{a,b\}$。
Step9:结束。

4. 小结

本节从知识粗糙性的原理、经典的知识粒度及信息熵理论出发,定义了广义的知识的粒度度量和粒度熵,并给出了粒度和粒度熵函数,揭示了知识粒度的量化计算方法的本质,为进一步研究知识粒度计算以及知识的不确定性度量提供了可行的方法。这些结论将有助于读者理解粒度的本质,对于建立信息系统中的粒度计算有重要意义。最后根据知识粗糙性和知识粒度本质上的一致性,提出了一种基于知识粒度的最小属性约简算法,该算法以知识粒度最小的属性为启发信息,且该算法不需求核,对无核的特殊信息系统计算约简更加有效,经实例分析验证,该算法是有效的。

5.3.2 基于相对粒度的决策表属性约简方法

本节基于知识粒度的定义 5.54,对决策表中知识的不确定性及分辨能力进行了深入研究,给出了决策属性集关于条件属性集的相对粒度概念,以度量决策表中决策属性集相对于条件属性集的分辨能力大小,基于相对粒度给出了属性重要性度量的定义,并针对相对粒度单调递增的特点设计了一种基于相对粒度的启发式属性约简算法。最后通过实例验证了该算法能有效地处理不一致决策表。

1. 知识的相对粒度及其属性重要性度量

定义 5.60 设 U 为一个论域,P,Q 为定义在 U 上的两个等价关系簇,则知识 Q 关于知识 P 的相对粒度定义为

$$\mathrm{GK}(Q \mid P) = \mathrm{GK}(P) - \mathrm{GK}(P \cup Q) \tag{5-43}$$

式中,$\mathrm{GK}(P)$ 表示属性集 P 的知识粒度。

相对粒度 $\mathrm{GK}(Q|P)$ 反映了知识 Q 相对于知识 P 在论域 U 上的分辨能力,即 $\mathrm{GK}(Q|P)$ 越小,表明 Q 相对于 P 对 U 中对象的分辨能力越弱;$\mathrm{GK}(Q|P)$ 越大,表明 Q 相对于 P 对 U 中对象的分辨能力越强。

定理 5.33 设 P_1,P_2 和 Q 均为论域 U 上的等价关系簇,且 $U/P_1 = \{X_1, X_2, \cdots, X_n\}$,$U/P_2 = \{X_1, X_2, \cdots, X_{i-1}, X_{i+1}, \cdots, X_{j-1}, X_{j+1}, \cdots, X_n, X_i \cup X_j\}$,$U/Q = \{Y_1, Y_2, \cdots, Y_m\}$,其中 U/P_2 是将 U/P_1 中的任意两个等价块(X_i 和 X_j)合并而得到的划分,则有

$$\mathrm{GK}(Q \mid P_1) \leqslant \mathrm{GK}(Q \mid P_2) \tag{5-44}$$

证明:由相对粒度的定义和性质可知

$$\mathrm{GK}(Q \mid P_1) = \mathrm{GK}(P_1) - \mathrm{GK}(P_1 \cup Q) = \sum_{k=1}^{n} \frac{|X_k|^2}{|U|^2} - \sum_{k=1}^{n} \sum_{l=1}^{m} \frac{|X_k \cap Y_l|^2}{|U|^2}$$

同理

$$\mathrm{GK}(Q \mid P_2) = \mathrm{GK}(P_2) - \mathrm{GK}(P_2 \cup Q)$$

$$= \sum_{k=1}^{i-1} \frac{|X_k|^2}{|U|^2} + \sum_{k=i+1}^{j-1} \frac{|X_k|^2}{|U|^2} + \sum_{k=j+1}^{n} \frac{|X_k|^2}{|U|^2}$$

$$+\frac{|X_k \cup Y_l|^2}{|U|^2} - \sum_{k=1}^{i-1}\sum_{l=1}^{m}\frac{|X_k \cap Y_l|^2}{|U|^2}$$

$$-\sum_{k=i+1}^{j-1}\sum_{l=1}^{m}\frac{|X_k \cap Y_l|^2}{|U|^2} - \sum_{k=j+1}^{n}\sum_{l=1}^{m}\frac{|X_k \cap Y_l|^2}{|U|^2}$$

$$-\sum_{l=1}^{m}\frac{|(X_i \cup X_j) \cap Y_l|^2}{|U|^2}$$

于是有

$$\text{GK}(Q|P_1) - \text{GK}(Q|P_2)$$

$$= \frac{|X_i|^2}{|U|^2} + \frac{|X_j|^2}{|U|^2} - \frac{|X_i \cup X_j|^2}{|U|^2} - \left\{\sum_{l=1}^{m}\frac{|X_i \cap Y_l|^2}{|U|^2}\right.$$

$$\left.+ \sum_{l=1}^{m}\frac{|X_j \cap Y_l|^2}{|U|^2} - \sum_{l=1}^{m}\frac{|(X_i \cup X_j) \cap Y_l|^2}{|U|^2}\right\}$$

由于 $X_i \cap X_j = \varnothing$,且集合的交运算对并运算满足分配律,则有

$$|X_i \cup X_j|^2 = (|X_i| + |X_j|)^2$$

$$|(X_i \cup X_j) \cap Y_l|^2 = |(X_i \cap Y_l) \cup (X_j \cap Y_l)|^2$$

$$= (|X_i \cap Y_l| + |X_j \cap Y_l|)^2$$

故

$$\text{GK}(Q|P_1) - \text{GK}(Q|P_2) = -\frac{2|X_i||X_j|}{|U|^2} + \sum_{l=1}^{m}\frac{2|X_i \cap Y_l||X_j \cap Y_l|}{|U|^2}。$$

令 $|X_i| = x, |X_j| = y, |X_i \cap Y_l| = a_l x, |X_j \cap Y_l| = b_l y, l = 1, 2, \cdots, m$,其中,$x \geq 0, y \geq 0, 0 \leq a_l \leq 1, 0 \leq b_l \leq 1$。则

$$\text{GK}(Q|P_1) - \text{GK}(Q|P_2) = -\frac{xy}{|U|^2} + \sum_{l=1}^{m}\frac{2a_l b_l xy}{|U|^2} = -\frac{xy}{|U|^2}(1 - \sum_{l=1}^{m}a_l b_l)$$

由等价块及划分的性质得 $\sum_{l=1}^{m}a_l = 1, \sum_{l=1}^{m}b_l = 1$,故 $\sum_{l=1}^{m}a_l + b_l = 2$,则有

$$0 \leq \sum_{l=1}^{m}2\sqrt{a_l b_l} \leq \sum_{l=1}^{m}(a_l + b_l) = 2$$

$$\Rightarrow 0 \leq \sum_{l=1}^{m}\sqrt{a_l b_l} \leq 1$$

$$\Rightarrow 0 \leq (\sum_{l=1}^{m}\sqrt{a_l b_l})^2 \leq 1$$

$$\Rightarrow 0 \leq \sum_{l=1}^{m}a_l b_l \leq (\sum_{l=1}^{m}\sqrt{a_l b_l})^2 \leq 1$$

$$\Rightarrow (1 - \sum_{l=1}^{m}a_l b_l) \geq 0$$

从而有 GK$(Q|P_1)$−GK$(Q|P_2)$≤0,故 GK$(Q|P_1)$≤GK$(Q|P_2)$。

定理 5.33 表明,在将 P_1 中任意两个等价块合并后,相对粒度单调增加。特别地,当 $X_i \cup X_j \subseteq Y_l$ 时,有 GK$(Q|P_1)$=GK$(Q|P_2)$。由此,可以得到下面的推论。

推论 5.7 在决策表 $S=(U,C\cup D,V,f)$ 中,对于 $\forall a_i \in C, i=1,2,\cdots,m$ ($m=|C|$),则有 GK$(D|\{a_1\})$≥GK$(D|\{a_1\}\cup\{a_2\})$≥⋯≥GK$(D|\{a_1\}\cup\{a_2\}\cup\cdots\cup\{a_m\})$=GK$(D|C)$。

定理 5.34 在决策表 $S=(U,C\cup D,V,f)$ 中,对于 $\forall a \in C$,若 GK$(D|C)$=GK$(D|C-\{a\})$,则称 a 是 C 相对于决策属性集 D 不必要的,否则称 a 是必要的。

定义 5.61(属性重要度 1) 在决策表 $S=(U,C\cup D,V,f)$ 中,对于 $\forall a \in C$,定义属性 a 在 C 中相对于决策属性集 D 的重要性为

$$\text{Sig}(a,C,D)=\text{GK}(D|C-\{a\})-\text{GK}(D|C) \tag{5-45}$$

性质 5.14 属性 a 为 C 中相对于 D 所必要的属性,当且仅当 Sig(a,C,D)>0。

性质 5.15 core$_C(D)=\{a\in C|\text{Sig}(a,C,D)>0\}$。

定义 5.62 设属性集 $P\subseteq C$,若 $\forall a \in P$,有 Sig(a,P,D)>0,则称 P 为独立的。

定理 5.35 在决策表 $S=(U,C\cup D,V,f)$ 中,$P\subseteq C$,若 GK$(D|P)$=GK$(D|C)$,且 P 独立,则称 P 为 C 的 D 相对约简。

定理 5.36 若决策表 $S=(U,C\cup D,V,f)$ 是一致的,则 POS$_C(D)=U$。若 $P\subseteq C$,则有

$$\text{POS}_P(D)=\text{POS}_C(D)\Leftrightarrow \text{GK}(D|C)=\text{GK}(D|P) \tag{5-46}$$

证明:由定理 5.33 容易得证。

定理 5.36 表明,在一致决策表中,约简的相对粒度描述方法等价于约简的正域描述方法。然而,在不一致决策表中,即 POS$_C(D)\neq U$ 时,定理 5.36 的结论不成立,这时可以用约简的相对粒度描述方法弥补约简的正域描述方法的局限性。

例 5-15 下面以表 5-18 的不一致决策表为例来说明上述问题,其中条件属性集 $C=\{a,b,c\}$,决策属性集 $D=\{d\}$。

表 5-18 不一致决策表

U	a	b	c	d
x_1	0	3	3	1
x_2	1	3	3	2
x_3	1	3	3	3
x_4	1	3	0	2
x_5	1	3	0	3

根据文献[25]中基于正域的约简方法求得表 5-18 的约简结果为 $\{a\}$，相对粒度 $GK(D|C) \neq GK(D|\{a\})$。

文献[25]中基于正域的约简方法仅考虑决策表中是否产生新的不一致对象，而没有考虑决策表中原有不一致对象属于各决策类的隶属度是否发生变化，即文献[25]中基于正域的约简方法仅考虑决策表中确定性规则的可信度是否发生变化，然而在实际决策应用中，决策规则的对象覆盖度也是衡量决策表分类能力的重要指标[27]。因此，文献[25]中基于正域的约简方法在处理不一致决策表时存在一定的不足。然而，基于相对粒度的约简方法考虑约简后决策表的相对粒度是否发生变化，由定理 5.33 可知，引起相对粒度变化的因素有决策表是否出现新的不一致对象，以及原有不确定规则的可信度和对象覆盖度是否发生变化，因此提出的基于相对粒度的约简方法可以弥补基于正域的约简方法的不足，有助于从决策表中获取最优或次优属性约简。

由于在以核为起点的属性约简过程中，人们往往通过一种度量方法不断地向属性核中增加属性来求取约简。为此，下面给出属性重要性的另一种定义形式。

定义 5.63（属性重要度 2） 在决策表 $S=(U,C\cup D,V,f)$ 中，令 $C_0 \subseteq C$，则定义 $\forall a \in C-C_0$ 关于属性集 C_0 对 D 的重要性为

$$Sig(a,C_0,D) = GK(D|C_0) - GK(D|C_0 \cup \{a\}) \tag{5-47}$$

定义 5.63 表明属性 a 关于属性集 C_0 对 D 的重要性，是由 C_0 中添加属性 a 后所引起的相对粒度变化的大小来度量的，即 $GK(D|C_0 \cup \{a\})$ 越小，则 $Sig(a,C_0,D)$ 的值就越大，表明属性 $a \in C-C_0$ 关于属性集 C_0 对 D 就越重要。

由于核是任何约简的交集，核是唯一的，并且容易求出决策表的相对核，因此可以把核作为求相对最小约简的起点，令 $C_0 = core$，通过不断地选取 $Sig(a,C_0,D)$ 最大的属性 a，即将 $GK(D|C_0 \cup \{a\})$ 最小的属性 a 添加到 C_0 中，直到相对粒度 $GK(D|C_0) = GK(D|C)$。

2. 基于相对粒度的决策表约简算法

由上述理论可知，以相对粒度为启发式知识的属性约简算法可能需要反复计算 $GK(D|C_0 \cup \{a\})$，因此为了降低该算法的时间复杂度，本节算法利用文献[6]中计算划分的方法，以渐增式的方法计算相对粒度 $GK(D|C_0 \cup \{a\})$，从而减少了许多不必要的计算。下面给出以核为起点，基于相对粒度的启发式属性约简算法。

算法 5-15 基于相对粒度的属性约简算法
输入：决策表 $S=(U,C\cup D,V,f)$，C 为条件属性集，D 为决策属性集。
输出：决策表的一个最小相对属性约简。
Step1：计算 C 相对于 D 的核 core，令 $C_0 = core$。
Step2：如果 $(GK(D|C) = GK(D|C_0))$，则转 Step8。

Step3：对于每个 $a_i \in C-C_0$，执行 Step4～Step5。

Step4：根据划分 U/C_0 计算 $U/(C_0 \cup \{a\})$，$U/(C_0 \cup \{a\} \cup D)$。

Step5：计算 $GK(D|C_0 \cup \{a\})$。

Step6：选择使 $GK(D|C_0 \cup a_i)$ 最小的属性 a_i（若满足条件的属性有多个，则选择使 $GK(C_0 \cup a_i)$ 最小的属性 a_i，若使 $GK(C_0 \cup a_i)$ 最小的属性不止一个，则从中任选一个属性）作为扩展属性，令 $C_0 = C_0 \cup a_i$。

Step7：如果 $(GK(D|C) \neq GK(D|C_0))$，则转 Step3。

Step8：输出 C_0 为最小相对约简。

Step9：结束。

由于计算划分 U/C 的时间复杂度为 $O(|C\|U|)$，分析算法 5-15 可知，该算法总的时间复杂度为 $O(|C|^2|U|)+O((|C|+|C-1|+\cdots+1)(|D|+1+1)|U|)$。由于在通常情况下，决策系统中决策属性集仅包含一个属性，所以算法 5-15 总的时间复杂度为 $O(|C|^2|U|)$，与文献[43]中算法的时间复杂度相同。

3. 实例分析

例 5-16 表 5-19 给出了一个不一致决策表[43]，其中 $U=\{x_1,x_2,\cdots,x_{10}\}$，条件属性集 $C=\{a_1,a_2,\cdots,a_5\}$，决策属性集 $D=\{d\}$。

表 5-19 不一致决策表

U	a_1	a_2	a_3	a_4	a_5	d
x_1	1	1	1	1	0	1
x_2	1	0	0	0	1	0
x_3	0	0	1	0	0	0
x_4	1	0	0	0	1	1
x_5	1	1	0	1	0	1
x_6	0	0	1	0	1	0
x_7	1	0	0	0	0	0
x_8	0	1	0	0	0	0
x_9	0	0	1	0	0	1
x_{10}	1	0	0	0	0	1

利用算法 5-15 求出表 5-19 的属性约简结果为 $\{a_1,a_2,a_5\}$，与文献[43]中基于包含度的不一致决策表约简算法得到的约简结果一致。而利用文献[25]中基于正域的约简算法获取的属性约简为 $\{a_1,a_3,a_4,a_5\}$，不是相对最小约简 $\{a_1,a_2,a_5\}$[43]。比较可知，算法 5-15 从知识粒度的角度出发，以相对粒度为启发式信息，

提出的属性约简算法能有效地获取最优或次优相对约简。

4. 小结

本节从知识粒度和知识粗糙性理论出发,并基于知识粒度的定义,在决策表中提出了知识的相对粒度和相对重要度概念,证明了知识的相对粒度随着知识粒度的增大而单调增加的变化规律。为克服基于正域的约简方法在处理不一致决策表时存在的不足,提出了一种基于相对粒度的启发式属性约简算法。理论分析和实例验证表明,该算法的时间复杂度相对较低,为从决策表中求取最小相对约简提供了一种有效方法。

5.4 基于粒计算的决策规则提取

5.4.1 基于粒计算的决策表中规则的提取方法

本节基于文献[44]中粒计算的基本理论,主要研究了信息系统中的粒计算,粒层的表示及转换,并基于粒计算设计了一种新的决策规则提取算法。

1. 知识粒的表示与粒计算

定义 5.64(基本粒) 在信息系统 $S=(U,A,V,f)$ 中,令 $a \in A, v \in V$,设 (a, v) 或 a_v 为信息系统上的原子公式,令 $m(a_v)$ 表示 U 上所有满足 $f(x,a)=v$ 的个体的集合,其中 m 为意义函数符,则称二元对 $(a_v, m(a_v))$ 为信息系统 S 上的基本粒。

定义 5.65(粒的定义) 在信息系统 $S=(U,A,V,f)$ 中,令 $a \in A, v \in V$,设 φ 是由 S 上有限个原子公式通过合取连接词"∧"组成的公式,$m(\varphi)=\{x \in U | x | \approx \varphi\}$ 被称为信息系统 S 上公式 φ 的意义集,其中符号"$|\approx$"为满足符,则 $m(\varphi)$ 表示论域 U 上所有满足 φ 的对象的集合。下面给出信息系统中粒(知识粒)的定义。

(1) 基本粒$((a,v),m(a,v))$ 或 $(a_v,m(a_v))$ 是 S 上的粒。

(2) 如果 φ_1 和 φ_2 均是由 S 上有限个原子公式使用合取连接词"∧"得到的合式公式,则称二元对 $(\varphi_1 \wedge \varphi_2, m(\varphi_1 \wedge \varphi_2))$ 为粒,其中 $m(\varphi_1 \wedge \varphi_2) = m(\varphi_1) \wedge m(\varphi_2)$。

(3) 经有限次引用(1)和(2)所得到的二元对是粒。

由定义 5.65 可知,信息系统上的任意粒均可由公式 φ 及其意义集 $m(\varphi)$ 构成,$G=(\varphi, m(\varphi))$ 表示信息系统中的知识粒。

定义 5.66(粒运算) 设 $G_1=(\varphi_1, m(\varphi_1))$ 和 $G_2=(\varphi_2, m(\varphi_2))$ 是两个粒,则它们关于合取连接词"∧"的运算被定义为 $G_1 \wedge G_2 = (\varphi_1, m(\varphi_1)) \wedge (\varphi_2, m(\varphi_2))$

$=(\varphi_1 \wedge \varphi_2, m(\varphi_1) \wedge m(\varphi_2))$。

定理 5.37 在信息系统 $S=(U,A,V,f)$ 中,设粒 $G_1=(\varphi_1, m(\varphi_1))$,粒 $G_2=(\varphi_2, m(\varphi_2))$,若 $\varphi_1 \wedge \varphi_2 = \varphi_1$,则有 $m(\varphi_1) \subseteq m(\varphi_2)$。

证明:设 a_i 和 b_j 为 S 上的原子公式,令 $\varphi_1 = a_i \wedge b_j \wedge \varphi$(其中,$\varphi$ 是由 S 上的一个或多个原子公式合取得到的公式),$\varphi_2 = a_i \wedge b_j$。对于 $\forall x \in U$,若 $x \in m(\varphi_1)$,则有 $x|\approx a_i \wedge b_j \wedge \varphi$,由定义 5.65 可知,$x$ 满足 $f(x,a)=i, f(x,b)=j$,$x|\approx \varphi$,显然 x 满足 $f(x,a)=i$ 且 $f(x,b)=j$,即 $x|\approx a_i \wedge b_j$,因此 $x \in m(a_i \wedge b_j) = m(\varphi_2)$。由于对象 x 具有任意性,可得 $m(\varphi_1) \subseteq m(\varphi_2)$,故结论成立。

根据定理 5.37 可定义子粒的概念如下。

定义 5.67 设 $G_1 = (\varphi_1, m(\varphi_1))$ 和 $G_2 = (\varphi_2, m(\varphi_2))$ 为信息系统 S 上的两个粒,若 $\varphi_1 \wedge \varphi_2 = \varphi_1$,则称粒 G_1 为粒 G_2 的子粒。

定义 5.68 设 $G=(\varphi, m(\varphi))$ 为信息系统 S 上的任意粒,令 λ 表示公式 φ 的阶数,记 $\lambda = \text{Num}(\varphi)$(其中,$\text{Num}(\varphi)$ 表示公式 φ 所包含的合取项的个数),则称粒 G 为 λ 阶粒。信息系统 S 上所有阶数为 λ 的粒组成的集合称为 λ 阶粒库。特别地,称所有由一阶粒(基本粒)组成的粒库为基本粒库。

例 5-17 设 $S=(U,A,V,f)$ 是一个信息系统,其中 $U=\{x_1,x_2,x_3,x_4\}$,$A=\{a,b,c\}$,如表 5-20 所示。

表 5-20 信息系统

U	a	b	c
x_1	1	2	0
x_2	0	1	1
x_3	1	2	1
x_4	0	2	2

由表 5-20 可知,粒 $(a_1, \{x_1, x_3\})$ 为基本粒,粒 $(a_1 c_0, \{x_1\})$ 为二阶粒,粒 $(a_1 b_2 c_1, \{x_3\})$ 为三阶粒。由粒库的定义可知,属性集 A 对应的基本粒库 $GA = \{(a_1, \{x_1, x_3\}), (a_0, \{x_2, x_4\}), (b_1, \{x_2\}), (b_2, \{x_1, x_3, x_4\}), (c_0, \{x_1\}), (c_1, \{x_2, x_3\}), (c_2, \{x_4\})\}$。

由于在决策系统中,知识粒之间关系的刻画通常表示成决策规则的形式,即用式子 $\varphi \rightarrow \Psi$ 来描述,若对象 $x \in U$ 满足公式 φ,则有 x 满足公式 Ψ。下面给出决策规则的度量方法。

定义 5.69 设 $G_1 = (\varphi, m(\varphi))$ 和 $G_2 = (\Psi, m(\Psi))$ 为决策系统 S 上的两个粒,$|m(\varphi)|$ 表示意义集 $m(\varphi)$ 中对象的个数,则定义粒 G_1 和 G_2 所对应规则 $\varphi \rightarrow \Psi$ 的覆盖度与置信度分别为

$$\text{Cov}(\varphi \to \Psi) = \frac{|m(\varphi) \cap m(\psi)|}{|U|} \tag{5-48}$$

$$\text{AC}(\varphi \to \Psi) = \frac{|m(\varphi) \cap m(\psi)|}{|m(\varphi)|} \tag{5-49}$$

性质 5.16 设 $\varphi \to \Psi$ 为信息系统 S 中任意两个粒所对应的决策规则,则有

$$0 \leqslant \text{Cov}(\varphi \to \Psi) \leqslant 1 \tag{5-50}$$

$$0 \leqslant \text{AC}(\varphi \to \Psi) \leqslant 1 \tag{5-51}$$

由上面理论可知,覆盖度 $\text{Cov}(\varphi \to \Psi)$ 的大小反映了粒 G_1 和 G_2 之间对应的规则对论域 U 中对象覆盖程度的高低,而置信度 $\text{AC}(\varphi \to \Psi)$ 的大小则反映了规则确定性程度的高低。因此,运用这两个度量指标指导规则的发现,能够更客观地从决策表中获取符合用户期望的反映决策表决策能力的规则。

2. 基于粒计算的决策规则提取算法

首先运用算法 5-15 对决策表进行属性约简,删除其冗余属性,以利于提高算法的效率;然后在得到的约简决策表中分别生成条件属性集对应的基本粒库 GK 和决策属性集对应的基本粒库 GD,依次从每个决策粒 $GD_l = (\Psi_l, m(\Psi_l)) \in GD$ 出发,在条件粒库 GK 中以规则覆盖度与置信度为启发式信息,搜索所有规则后件为 Ψ_l 的决策规则。具体步骤为:首先,计算潜在规则前件粒库 GR,即粒库 GK 中所有与粒 GD_l 满足最小规则覆盖度 Cov_0 的粒 G_r 组成的粒库;然后,对 $\forall G_r \in \text{GR}$ 进行判断,若其与粒 GD_l 满足用户期望的最低规则置信度 AC_0,则输出它们对应的决策规则,并从粒库 GR 中删除粒 G_r。此时若提取的满足条件的所有规则不能覆盖粒 GD_l 的意义集中的所有对象,运用粒计算的方法由一阶粒库 GR 生成二阶粒库,从生成的二阶粒库中搜索所有满足条件的规则,以此类推,通过不断增加粒库的阶数,逐步从生成的高阶粒库中获取最简决策规则,直到每个决策粒 GD_l 的意义集 $m(\Psi_l)$ 中所有对象对应的规则均被提取。

算法 5-16 基于粒计算的决策规则提取算法

假设运用算法 5-15 已得到一个决策表的约简,算法 5-16 直接运行在约简决策表上。

输入:约简决策表 $S = (U, C \cup D, V, f)$,C 为条件属性集,D 为决策属性集。

输出:决策表 S 的最简决策规则。

Step1:分别计算决策表 S 上条件属性集 C 和决策属性集 D 对应的基本粒库,分别记为 GK 和 GD,令 $M = \varnothing, \text{GA} = \varnothing, \text{GR} = \varnothing, \text{GR}' = \varnothing, \lambda = 1$(其中,$M$ 表示对象的集合,GA,GR,GR' 表示知识粒的集合)。

Step2:如果 $(\text{GD} = \varnothing)$,则转 Step7。

Step3:对 $\forall GD_l = (\Psi_l, m(\Psi_l)) \in \text{GD}$,执行 Step4~Step6。

Step4：令 GR={∀$G_r=(\varphi_r,m(\varphi_r))\in$GK$|Cov(\varphi_r\to\Psi_l)>Cov_0$}。
Step5：for 每个 $G_r=(\varphi_r,m(\varphi_r))\in$GR
  {如果(AC$(\varphi_r\to\Psi_l)>$AC$_0$)则
   {输出最简决策规则 Rule：$\varphi_r\to\Psi_l$，将规则 Rule 覆盖的对象并入集合
   M 中，GA=GA$\cup G_r$，GR=GR$-G_r$；
   }
  }
Step6：如果($M\neq m(\Psi_l)$，GR$\neq\varnothing$)
  {在粒库 GR 中，对满足 Num$(\varphi_i\wedge\varphi_j)=\lambda+1$ 且$|m(\varphi_i)\wedge m(\varphi_j)\wedge m$
  $(\Psi_l)|/|U|>$Cov$_0$ 的任意粒 $G_i=(\varphi_i,m(\varphi_i))$ 和 $G_j=(\varphi_j,m(\varphi_j))$ 进
  行以下操作
   {令 $G'=G_i\wedge G_j$，
   若粒 G' 不是粒库 GA 中任一粒的子粒，则令 GR$'=$GR$'\cup G'$；
   }
  如果(GR$'\neq\varnothing$)
   {令 GR=GR$'$，GR$'=\varnothing$，$\lambda=\lambda+1$，转 Step5；
   }
  }
  GD=GD$-$GD$_l$，$M=\varnothing$，GA$=\varnothing$，GR$=\varnothing$，转 Step2；
Step7：结束。

由 Step6 可知，在由 λ 阶粒库生成 $\lambda+1$ 阶粒库的过程中，动态地排除了对冗余粒的计算与冗余规则前件的产生，使得到的 $\lambda+1$ 阶粒库中粒的个数相对较少，且其中隐含了更多潜在的规则信息。

3. 实例分析

例 5-18 表 5-21 给出了一个约简决策表[45]，其中 $U=\{x_1,x_2,\cdots,x_{12}\}$，条件属性集 $C=\{a,b,c\}$，决策属性集 $D=\{d\}$。为说明算法的运行过程，假设规则的覆盖度 Cov$_0=1/6$，置信度 AC$_0=0.8$。

表 5-21 约简决策表

U	a	b	c	d
x_1	Sunny	High	False	N
x_2	Sunny	High	True	N
x_3	Overcast	High	False	P

续表

U	a	b	c	d
x_4	Rain	High	False	P
x_5	Rain	Normal	False	P
x_6	Rain	Normal	True	N
x_7	Overcast	Normal	True	P
x_8	Sunny	Normal	False	P
x_9	Sunny	Normal	True	P
x_{10}	Overcast	High	True	P
x_{11}	Overcast	Normal	False	P
x_{12}	Rain	High	True	N

利用算法 5-16 对表 5-21 提取规则的步骤如下。

Step1：计算条件属性集 C 对应的基本粒库：$GK = \{(a_{Sunny}, \{x_1, x_2, x_8, x_9\}),$ $(a_{Overcast}, \{x_3, x_7, x_{10}, x_{11}\}), (a_{Rain}, \{x_4, x_5, x_6, x_{12}\}), (b_{High}, \{x_1, x_2, x_3, x_4, x_{10}, x_{12}\}), (b_{Normal}, \{x_5, x_6, x_7, x_8, x_9, x_{11}\}), (c_{False}, \{x_1, x_3, x_4, x_5, x_8, x_{11}\}),$ $(c_{True}, \{x_2, x_6, x_7, x_9, x_{10}, x_{12}\})\}$，决策属性集 D 对应的基本粒库 $GD = \{(d_N, \{x_1, x_2, x_6, x_{12}\}), (d_P, \{x_3, x_4, x_5, x_7, x_8, x_9, x_{10}, x_{11}\})\}, M = \varnothing, GA = \varnothing, GR = \varnothing, GR' = \varnothing, \lambda = 1$。

Step2：由于 $GD \neq \varnothing$，转 Step3。

Step3：对决策粒库中的每个粒循环挖掘其对应的决策规则，下面仅以粒 $(d_N, \{x_1, x_2, x_6, x_{12}\})$ 为例来说明，执行 Step4~Step6。

Step4：计算 $GR = \{(a_{Sunny}, \{x_1, x_2, x_8, x_9\}), (a_{Rain}, \{x_4, x_5, x_6, x_{12}\}),$ $(b_{High}, \{x_1, x_2, x_3, x_4, x_{10}, x_{12}\}), (c_{True}, \{x_2, x_6, x_7, x_9, x_{10}, x_{12}\})\}$。

Step5：经分析得，GR 中任意条件粒与决策粒均不满足最小规则置信度，转 Step6。

Step6：生成二阶粒库，由于 $Num(a_{Sunny} \wedge b_{High}) = \lambda + 1 = 2$ 且 $|m(a_{Sunny}) \wedge m(b_{High}) \wedge m(d_N)|/|U| > 1/6$，故由粒合取运算得到二阶粒 $(a_{Sunny}b_{High}, \{1, 2\})$，经判断得该粒不为粒集 GA 中任一粒的子粒，将其加入二阶粒库中。同理，对满足条件的任意粒进行上述操作，最终得到二阶粒库 $GR' = \{(a_{Sunny}b_{High}, \{x_1, x_2\}), (a_{Rain}c_{True}, \{x_6, x_{12}\})\}$，此时 $GR' \neq \varnothing$，故 $GR = GR', GR' = \varnothing, \lambda = 2$，转 Step5，从 GR 中提取满足最小置信度的最简决策规则为

$(a, Sunny) \wedge (b, High) \rightarrow (d, N); [Cov = 1/6, AC = 1]$

$(a, Rain) \wedge (c, True) \rightarrow (d, N); [Cov = 1/6, AC = 1]$

$M=\{x_1,x_2,x_6,x_{12}\}$,将规则前件对应的粒加入粒集 GA 中,从粒库 GR 中删除这些粒,最后得到 GR 为空集,而且此时 $M=m(\Psi)$(其中 $\Psi=d_N$),说明算法对该决策粒的规则提取结束,$GD=GD-d_N$,$M=\varnothing$,$GA=\varnothing$,$GR=\varnothing$,转 Step2。

Step7:对决策粒库中的每个决策粒提取满足条件的所有决策规则后,算法结束。

根据算法 5-16,求得表 5-21 的最简决策规则如下。

$$(a,\text{Overcast})\rightarrow(d,\text{P})\ [\text{Cov}=1/3,\text{AC}=1]$$
$$(b,\text{Normal})\rightarrow(d,\text{P})\ [\text{Cov}=5/12,\text{AC}=5/6]$$
$$(c,\text{False})\rightarrow(d,\text{P})\ [\text{Cov}=5/12,\text{AC}=5/6]$$
$$(a,\text{Sunny})\wedge(b,\text{High})\rightarrow(d,\text{N})\ [\text{Cov}=1/6,\text{AC}=1]$$
$$(a,\text{Rain})\wedge(c,\text{True})\rightarrow(d,\text{N})\ [\text{Cov}=1/6,\text{AC}=1]$$

算法 5-16 不同于经典的粗糙集方法,它是通过不断增加粒库的阶数,即减小粒度层次的方法,逐步从决策表中提取所有符合用户期望阈值的决策规则。由实例分析可知,运用算法 5-16 提取的决策规则较简洁且具有一定的实际意义。

5.4.2 基于粒计算的序决策表中序规则的提取方法

本节主要研究序决策表中对象间的序关系,给出了有序矩阵的定义,通过将序决策表转化为有序矩阵,并运用粒计算的方法设计了一种新的序规则提取算法。

1. 有序矩阵的表示与粒计算

定义 5.70 在序信息系统 $S=(U,A,V,f)$ 中,令 $C_a(x_i,x_j)$ 表示对象 x_i 和 x_j 关于属性 a 的序关系,若 $f(x_i,a)\geqslant f(x_j,a)$,令 $C_a(x_i,x_j)=(a,1)$ 或 a_1,即 $(a,1)$ 表示对象 x_i 在属性 a 上至少和对象 x_j 一样好,或称 x_i 优于 x_j;反之,当 $f(x_i,a)<f(x_j,a)$ 时,令 $C_a(x_i,x_j)=(a,0)$ 或 a_0,即 $(a,0)$ 表示对象 x_i 在属性 a 上反优于 x_j,或称 x_j 优于 x_i。

性质 5.17 在序信息系统 S 中,$R\subseteq A,a\in R,v\in\{0,1\}$,则任意的 $x_i,x_j\in U$ 关于属性集 R 的序关系为 $C_R(x_i,x_j)=\{\bigwedge_{\forall a\in R}a_v|C_a(x_i,x_j)=a_v\}$(其中 $\wedge$ 为合取连接词)。

由于在序信息系统中,考虑的是对象之间的序关系,而不考虑对象本身之间的关系,即仅考虑对象对 $(x_i,x_j)\in U'=U\times U-\{(x_i,x_i)|x_i\in U\}$,所以可以将序信息系统 S 转化为论域 U' 上的有序矩阵形式,下面给出有序矩阵的定义。

定义 5.71 在序信息系统 $S=(U,A,V,f)$ 中,设 $U=\{x_1,x_2,\cdots,x_n\}$。对于 $\forall a\in A$,令 $C_a(x_i,x_j)$ 表示对象 x_i 和 x_j 关于属性 a 的序关系,则序信息系统中对象对关于属性集 A 的有序矩阵 $OM(A)=(m_{ij})_{n\times n}$,其中矩阵元素 m_{ij} 定义为

$$m_{ij} = \begin{cases} \bigcup \{C_a(x_i, x_j) \mid \forall a \in A\} & i \neq j \\ \varnothing & i = j \end{cases} \qquad (5\text{-}52)$$

由定义 5.71 可知,有序矩阵保持了序信息系统 S 上的序关系,而且在有序矩阵上所作的任何不改变属性 A 的知识粒度大小的处理,都不会破坏原序信息系统中对象之间的序关系。

定义 5.72 在有序矩阵 OM(A)中,令 $a \in A, v \in \{0, 1\}$,设(a, v)或 a_v 为有序矩阵中属性 a 对应的一个原子公式,$m(a_v) = \{(x_i, x_j) \in U' \mid C_a(x_i, x_j) = a_v\}$ 表示原子公式 a_v 所对应的对象对(x_i, x_j)的集合,即原子公式 a_v 的意义集,则称二元对$(a_v, m(a_v))$为有序矩阵上的一个基本粒。

由定义 5.72 可知,有序矩阵 OM(A)上的任意元素 $m_{ij}(i \neq j)$ 均是由有序矩阵上的原子公式组成的集合,而 m_{ij} 中任意的原子公式 a_v 在矩阵上所对应的对象对(x_i, x_j)的集合为 a_v 的意义集。

定义 5.73 在有序矩阵 OM(A)中,$R \subseteq A$,设 φ 是由 m_{ij} 中有限个原子公式通过合取连接词"$\wedge$"组成的公式,R 表示这些原子公式分别对应的属性所组成的集合,令 $m(\varphi) = \{(x_i, x_j) \in U' \mid C_R(x_i, x_j) = \varphi\}$,则 $m(\varphi)$ 表示有序矩阵 OM(A)中所有满足公式 φ 的对象对的集合称$(\varphi, m(\varphi))$为有序矩阵上的一个知识粒。特别地,基本粒是有序矩阵上的知识粒。

设 $G_r = (\varphi, m(\varphi))$ 为有序矩阵 OM(A)上的任意粒,$gu(G_r)$ 表示从知识粒到对象对集合的映射,则对于任意粒 $G_r = (\varphi, m(\varphi))$,有 $gu(G_r) = m(\varphi)$。

定理 5.38 在有序矩阵 OM(A)中,设粒 $G_1 = (\varphi_1, m(\varphi_1))$,粒 $G_2 = (\varphi_2, m(\varphi_2))$,若 $\varphi_1 \wedge \varphi_2 = \varphi_1$,则有 $m(\varphi_1) \subseteq m(\varphi_2)$。

证明:设 a_l 和 b_k 为有序矩阵 OM(A)上的原子公式,令 $\varphi_1 = a_l \wedge b_k \wedge \varphi$(其中,$\varphi$ 是由 m_{ij} 中的一个或多个原子公式合取得到的公式),$\varphi_2 = a_l \wedge b_k$。对于任意对象对$(x_r, x_s) \in U'$,若$(x_r, x_s) \in m(\varphi_1)$,则有$(x_r, x_s) \mid\approx a_l \wedge b_k \wedge \varphi$(其中"$\mid\approx$"为满足符),由定义 5.73 可知,$(x_r, x_s)$满足 $C_a(x_r, x_s) = a_l, C_b(x_r, x_s) = b_k$ 且$(x_r, x_s) \mid\approx \varphi$,故$(x_r, x_s)$满足 $C_a(x_r, x_s) = a_l$ 且 $C_b(x_r, x_s) = b_k$,即$(x_r, x_s) \mid\approx a_l \wedge b_k$,因此有$(x_r, x_s) \in m(a_l \wedge b_k) = m(\varphi_2)$。由于对象对$(x_r, x_s)$具有任意性,可得 $m(\varphi_1) \subseteq m(\varphi_2)$,故结论成立。

根据定理 5.38 可定义子粒的概念如下。

定义 5.74 设 $G_1 = (\varphi_1, m(\varphi_1))$ 和 $G_2 = (\varphi_2, m(\varphi_2))$ 为有序矩阵 OM(A)上的两个粒,若 $\varphi_1 \wedge \varphi_2 = \varphi_1$,则称粒 G_1 为粒 G_2 的子粒。

定义 5.75 设 $G_r = (\varphi, m(\varphi))$ 为有序矩阵 OM(A)上的任意粒,令 λ 表示公式 φ 所包含的合取项的个数,则记 λ 为粒 G_r 的阶数,称粒 G_r 为 λ 阶粒。有序矩阵 OM(A)上所有阶数为 λ 的粒组成的集合称为 λ 阶粒库。特别地,称一阶粒库为基本粒库。

由定义 5.75 可知,在有序矩阵 OM(A) 中,对于任意粒 $G_r=(\varphi,m(\varphi))$,有 $1\leqslant\lambda\leqslant|A|$,其中 $|A|$ 表示属性集合 A 的基数。当 $\lambda=1$ 时,表示粒 G_r 为最低阶粒,即 1 阶粒;当 $\lambda=|A|$ 时,表示粒 G_r 为最高阶粒,即 $|A|$ 阶粒。

例 5-19 设 $S=(U,A,V,f)$ 是一个序信息系统,其中 $U=\{x_1,x_2,x_3,x_4\}$,$A=\{a,b,c\}$,如表 5-22 所示。

表 5-22 序信息系统

U	a	b	c
x_1	1	2	1
x_2	1	1	2
x_3	2	1	3
x_4	3	2	2

根据定义 5.75 将表 5-22 转化为有序矩阵,如表 5-23 所示。根据定义 5.75 可知,在表 5-23 中,粒 $(a_0,\{(x_1,x_3),(x_1,x_4),(x_2,x_3),(x_2,x_4),(x_3,x_4)\})$ 为基本粒,粒 $(a_0b_1,\{(x_1,x_3),(x_1,x_4),(x_2,x_3)\})$ 为二阶粒,粒 $(a_0b_0c_1,\{(x_2,x_4),(x_3,x_4)\})$ 为三阶粒。由于在有序矩阵 OM(A) 中,$R\subseteq A$,设 GK(R) 为有序矩阵 OM(A) 上的 $\lambda=|R|$ 阶粒库,对于任意 $G_r\in$ GK(R),则 $gu(G_r)$ 为论域 U' 上关于属性集 R 的序关系相同的对象对组成的集合,即这些对象对在属性集 R 下的序关系不可分辨,因此 $gu(G_r)$ 可以看做属性集 R 的序关系下的一个等价类,而 GK(R) 中所有知识粒 G_r 对应的 $gu(G_r)$ 所组成的集合构成了知识 R 在论域 U' 上的一个划分。设 $|U'|$ 表示 U' 中对象对的个数,则有序矩阵中属性集 R 的知识粒度 $KG(R)=\sum_{G_r\in GK(R)}\dfrac{|gu(G_r)|^2}{|U|^2}$。

表 5-23 有序矩阵

	x_1	x_2	x_3	x_4
x_1	$\varnothing$	$\{a_1,b_1,c_0\}$	$\{a_0,b_1,c_0\}$	$\{a_0,b_1,c_0\}$
x_2	$\{a_1,b_0,c_1\}$	$\varnothing$	$\{a_0,b_1,c_0\}$	$\{a_0,b_0,c_1\}$
x_3	$\{a_1,b_0,c_1\}$	$\{a_1,b_1,c_1\}$	$\varnothing$	$\{a_0,b_0,c_1\}$
x_4	$\{a_1,b_1,c_1\}$	$\{a_1,b_1,c_1\}$	$\{a_1,b_1,c_0\}$	$\varnothing$

性质 5.18 在有序矩阵 OM(A) 中,设 $R\subseteq A$,则 $\dfrac{1}{|U'|}\leqslant KG(R)\leqslant 1$。

定义 5.76 在有序矩阵 OM(A) 中,$P,Q\subseteq A$,定义知识 Q 关于知识 P 的相对知识粒度为

$$RG(Q \mid P) = KG(P) - KG(P \cup Q) \tag{5-53}$$

相对知识粒度 $RG(Q|P)$ 反映了知识 Q 相对于知识 P 在论域 U' 上的分辨能力,即 $RG(Q|P)$ 越小,表明 Q 相对于 P 对 U' 中对象对的分辨能力就越弱;反之, $RG(Q|P)$ 越大,则表明 Q 相对于 P 对 U' 中对象对的分辨能力就越强。

性质 5.19 在有序矩阵 $OM(A)$ 中, $P,Q \subseteq A$,设 $RG(Q|P)$ 为知识 Q 关于知识 P 的相对知识粒度,则 $0 \leqslant RG(Q|P) \leqslant 1 - \dfrac{1}{|U'|}$。

定理 5.39 在有序矩阵 $OM(A)$ 中, $A = C \cup D, P \subseteq C$,若 $RG(D|P) = RG(D|C)$,且对于任意 $B \subseteq P$,有 $RG(D|B) \neq RG(D|C)$,则称 P 为 C 的 D 相对约简。

2. 基于粒计算的序决策表中序规则提取算法

由上面理论可知,有序矩阵能够清晰地反映原序决策表中对象之间的序关系,因此在对序决策表进行规则提取时,首先将序决策表转化为有序矩阵,并对有序矩阵进行属性约简,删除属性集中的冗余属性;然后从不同的粒度层次出发,对有序矩阵所生成的粒库进行分析研究,逐步从粒库中提取满足最低规则覆盖度 Cov_0 和置信度 AC_0 的决策规则;最后将规则集中的决策规则转化为反映序决策表决策能力的序规则形式。

算法 5-17 基于粒计算的序规则提取算法

输入:序决策系统 $S = (U, C \cup D, V, f)$, C 为条件属性集, D 为决策属性集。

输出:序决策系统 S 的最简序规则。

Step1:根据定义 5.71,将序决策系统分别转化为关于条件属性集 C 的有序矩阵 $OM(C)$ 和关于决策属性 D 的有序矩阵 $OM(D)$。

Step2:用定理 5.39 中约简的定义计算有序矩阵 $OM(C)$ 中属性集 C 相对于有序矩阵 $OM(D)$ 中属性集 D 的约简,删除有序矩阵 $OM(C)$ 中冗余条件属性对应的原子公式。

Step3:经过约简后得到新的有序矩阵 $OM(C')$,并计算有序矩阵 $G(C')$ 的基本粒库 GK,令 $M = \varnothing, GR = \varnothing, GA = \varnothing, GR' = \varnothing, \lambda = 1$(其中 M 表示对象对的集合,GR,GA 和 GR' 表示粒库)。

Step4:若有序矩阵 $OM(D)$ 的基本粒库 $GD = \varnothing$,则转 Step10;否则,在粒库 GD 中,对于任意的粒 $GD_j = (\Psi_j, m(\Psi_j)) \in GD$,执行 Step5~Step9。

Step5:对于任意的 $G_r = (\varphi_r, m(\varphi_r)) \in GK$,若 $Cov(\varphi_r \rightarrow \Psi_j) \geqslant Cov_0$,则令 $GR = GR \cup G_r$。

Step6:对于任意的 $G_s = (\varphi_s, m(\varphi_s)) \in GR$,如果 $AC(\varphi_s \rightarrow \Psi_j) \geqslant AC_0$,则将 $r: \varphi_s \rightarrow \Psi_j$ 并入规则集 Rule 中,把规则 r 覆盖的对象对并入集合 M 中,将规则前

件对应的粒加入粒库 GA,对于 $\forall m_{ij} \in \mathrm{OM}(C')$,若 φ_s 所合取的原子公式同时属于 m_{ij},则在 m_{ij} 中删除这些原子公式。

Step7:如果 $M \neq m(\Psi_j)$,则转 Step8;否则,令 $\mathrm{GD}=\mathrm{GD}\backslash \mathrm{GD}_j$,$\mathrm{GR}=\varnothing$,$\mathrm{GA}=\varnothing$,$M=\varnothing$,转 Step4。

Step8:令 $\lambda=\lambda+1$,如果 $\lambda \leqslant |C'|$,则计算有序矩阵 $\mathrm{OM}(C')$ 的 λ 阶粒库,在得到的 λ 阶粒库 GR' 中,对任意粒 $G_l \in \mathrm{GR}'$ 进行判断:若粒 G_l 是粒库 GA 中某个粒的子粒,则在粒库 GR' 中删除粒 G_l。

Step9:如果 $\mathrm{GR}' \neq \varnothing$,则令 $\mathrm{GR}=\mathrm{GR}'$,$\mathrm{GR}'=\varnothing$,转 Step5;否则,令 $\mathrm{GD}=\mathrm{GD}\backslash \mathrm{GD}_j$,$\mathrm{GR}=\varnothing$,$\mathrm{GA}=\varnothing$,$M=\varnothing$,转 Step4。

Step10:若规则集 Rule 不为空集,将规则集 Rule 中规则转化为序信息系统中的序规则:对于属性 $a \in C \cup D$,如果 $a_v=a_1$,则用 $(a,\geqslant)$ 表示 a_1;反之,如果 $a_v=a_0$,则用 $(a,<)$ 表示 a_0。

Step11:结束。

由算法 5-17 可知,为从序决策表中提出最简规则,可以从对象间的序关系出发,把序决策表转化为有序矩阵,基于粒计算理论讨论了有序矩阵中不同阶的粒库,然后给出了基于粒计算的决策规则提取方法,最后根据对象间的序关系将规则转化为序规则形式,从而明确地反映了序决策表中的序关系。

3. 实例分析

例 5-20 表 5-24 给出了一个序决策表,其中 $U=\{x_1,x_2,\cdots,x_5\}$,条件属性集 $C=\{a,b,c,d\}$,决策属性集 $D=\{e\}$。为说明算法的运行过程,这里假设用户期望的最低规则覆盖度 $\mathrm{Cov}_0=0.2$,置信度 $\mathrm{AC}_0=0.8$。

表 5-24 序决策表

U	a	b	c	d	e
x_1	2	1	1	1	1
x_2	1	1	1	2	1
x_3	0	0	1	0	0
x_4	1	0	0	1	1
x_5	2	0	0	1	1

利用算法 5-17,对表 5-24 提取序规则的步骤如下。

Step1:计算条件属性集 C 的有序矩阵 $\mathrm{OM}(C)$(限于篇幅,没有给出有序矩阵 $\mathrm{OM}(C)$),计算决策属性 D 的有序矩阵 $\mathrm{OM}(D)$(表 5-25)。

表 5-25 有序矩阵 OM(D)

	x_1	x_2	x_3	x_4	x_5
x_1	$\varnothing$	$\{e_1\}$	$\{e_1\}$	$\{e_1\}$	$\{e_1\}$
x_2	$\{e_1\}$	$\varnothing$	$\{e_1\}$	$\{e_1\}$	$\{e_1\}$
x_3	$\{e_0\}$	$\{e_0\}$	$\varnothing$	$\{e_0\}$	$\{e_0\}$
x_4	$\{e_1\}$	$\{e_1\}$	$\{e_1\}$	$\varnothing$	$\{e_1\}$
x_5	$\{e_1\}$	$\{e_1\}$	$\{e_1\}$	$\{e_1\}$	$\varnothing$

Step2：根据约简的定义对有序矩阵 OM(C) 进行属性约简。

Step3：经过约简后得到新的属性集 C' 和有序矩阵 OM(C')（表 5-26），计算有序矩阵 OM(C') 的基本粒库 GK＝$\{(a_0,m(a_0)),(a_1,m(a_1)),(d_0,m(d_0)),(d_1,m(d_1))\}$，令 $M=\varnothing$，GR$=\varnothing$，GR$'=\varnothing$，GA$=\varnothing$，$\lambda=1$。

表 5-26 有序矩阵 OM(C')

	x_1	x_2	x_3	x_4	x_5
x_1	$\varnothing$	$\{a_1,d_0\}$	$\{a_1,d_1\}$	$\{a_1,d_1\}$	$\{a_1,d_1\}$
x_2	$\{a_0,d_1\}$	$\varnothing$	$\{a_1,d_1\}$	$\{a_1,d_1\}$	$\{a_0,d_1\}$
x_3	$\{a_0,d_0\}$	$\{a_0,d_0\}$	$\varnothing$	$\{a_0,d_0\}$	$\{a_0,d_0\}$
x_4	$\{a_0,d_1\}$	$\{a_1,d_0\}$	$\{a_1,d_1\}$	$\varnothing$	$\{a_0,d_1\}$
x_5	$\{a_1,d_1\}$	$\{a_1,d_0\}$	$\{a_1,d_1\}$	$\{a_1,d_1\}$	$\varnothing$

Step4：由于有序矩阵 OM(D) 对应的粒库 GD＝$\{(e_0,m(e_0)),(e_1,m(e_1))\}\neq\varnothing$，所以在决策粒库 GD 中，对每个粒循环挖掘其对应的决策规则，下面仅以粒 GD$_j=(e_0,\{(x_3,x_1),(x_3,x_2),(x_3,x_4),(x_3,x_5)\})$ 为例来说明，执行 Step5～Step9。

Step5：计算粒库 GR＝$\{(a_0,\{(x_2,x_1),(x_2,x_5),(x_3,x_1),(x_3,x_2),(x_3,x_4),(x_3,x_5),(x_4,x_1),(x_4,x_5)\}),(d_0,\{(x_1,x_2),(x_3,x_1),(x_3,x_2),(x_3,x_4),(x_3,x_5),(x_4,x_2),(x_5,x_2)\})\}$。

Step6：经分析得，GR 中任意条件粒与决策粒 GD$_j$ 均不满足规则置信度，转 Step7。

Step7：由于 $M\neq m(\Psi_j)$，转 Step8。

Step8：$\lambda=\lambda+1=2$，由于 $\lambda\leqslant 2$，故得到二阶粒库 GR$'=\{(a_0d_0,\{(x_3,x_1),(x_3,x_2),(x_3,x_4),(x_3,x_5)\})$。

Step9：由于 GR$'\neq\varnothing$，转 Step5，从 GR 中提取满足置信度要求的最简决策规则为

$$a_0d_0 \to e_0; [\text{Cov}=0.2, AC=1]$$

此时 $M=\{(x_3,x_1),(x_3,x_2),(x_3,x_4),(x_3,x_5)\}$,将规则前件对应的粒加入粒集 GA 中,在满足条件的 $m_{ij} \in \text{OM}(C')$ 中删除 a_0 和 d_0,此时 $M=m(e_0)$,说明算法对该决策粒的规则提取结束,从 GD 中删除粒(e_0, $\{(x_3,x_1),(x_3,x_2),(x_3,x_4),(x_3,x_5)\}$),令 $M=\varnothing$,GR$=\varnothing$,GA$=\varnothing$,转 Step4。

Step10:对粒库 GD 中任意粒提取其对应的决策规则后,将规则集 Rule 中的规则转化为序规则。

Step11:结束。

根据算法 5-17 求得表 5-24 的最简序规则如下

$$(a, \geqslant) \to (e, \geqslant)[\text{Cov}=0.6, AC=1]$$
$$(d, \geqslant) \to (e, \geqslant)[\text{Cov}=0.65, AC=1]$$
$$(a, <) \wedge (d, <) \to (e, <)[\text{Cov}=0.2, AC=1]$$

由例 5-20 可知,从表 5-24 中提取的决策规则均是满足置信度为 1.0,最低覆盖度为 0.2 的序规则,即这些规则都是确定的决策规则。然而,在实际中可以根据用户期望的阈值,适当地调节规则的覆盖度与置信度,客观地从序决策表中提取满足用户期望的、对噪声数据有一定适应能力的决策规则。

5.4.3 基于粒计算的不完备序决策表中序规则的提取方法

由于在不完备序信息系统中对象存在空缺属性值,设对象 $x \in U$ 关于属性 $a \in A$ 的函数值 $f(x,a)$ 为空,则无法比较对象 x 与论域中其他对象在属性 a 下函数值的大小,即无法区分它们的序关系,因此将严格序关系的条件放宽,给出了扩展序关系的定义,定义了扩展序值信息表,并讨论了扩展序值信息表中粒的表示与粒计算,最后设计了一种新的基于粒计算的不完备序决策表的序规则提取算法。

1. 扩展序值信息表的表示与粒计算

定义 5.77 在不完备序信息系统 $S=(U,A,V,f)$ 中,定义 $C_a(x_i,x_j)$ 为对象 x_i 和 x_j 关于属性 a 的扩展序关系,若 $f(x_i,a) \geqslant f(x_j,a)$,$f(x_i,a)=*$ 或 $f(x_j,a)=*$,则 $C_a(x_i,x_j)$ 用符号"$\geqslant$"表示,称对象 x_i 扩展优于对象 x_j;反之,若 $f(x_i,a) < f(x_j,a)$,则 $C_a(x_i,x_j)$ 用符号"$<$"表示,称对象 x_i 在属性 a 上反扩展优于对象 x_j,或称对象 x_j 扩展优于对象 x_i。

由于在不完备序信息系统中,考虑的是对象之间的扩展序关系,而不考虑本身对象之间的关系,即仅考虑对象对 $(x_i,x_j) \in U''=U \times U - \{(x_i,x_i) | x_i \in U\}$,因此,根据扩展序关系的定义,可以将不完备序信息系统 S 转化为论域 U'' 上的扩展序值信息表形式,下面给出扩展序值信息表的定义。

定义 5.78 在不完备序信息系统 $S=(U,A,V,f)$ 中,令 $U''=U \times U - \{(x_i,$

$x_i) | x_i \in U\}$。定义扩展序值信息表 $CS = (U'', A, V'', g)$，其中 $V'' = \bigcup \{C_a(x_i, x_j) | a \in A$ 且 $(x_i, x_j) \in U''\}$，$C_a(x_i, x_j)$ 表示对象 x_i 和对象 x_j 关于属性 a 的扩展序关系；$g: U'' \times A \to V''$ 是一个序值函数，它为每个对象对的每个属性赋予一个序值，即对于 $\forall a \in A, (x_i, x_j) \in U''$，有 $g[(x_i, x_j), a] = C_a(x_i, x_j)$。

由定义 5.78 可知，$V'' = \{\geqslant, <\}$，扩展序值信息表反映了原不完备序信息系统 S 上的序关系。下面给出不完备序决策系统对应的扩展序值信息表中关于条件属性集 C 的粒表示及粒计算形式。

定义 5.79 设 $CS = (U'', C \cup D, V'', g)$ 是不完备序决策系统 $S = (U, C \cup D, V, f)$ 对应的扩展序值信息表，令 $a \in C, \gamma \in V''$，(a, γ) 或 a_γ 表示扩展序值信息表中属性 a 对应的一个原子公式，也称 (a, γ) 或 a_γ 为关于条件属性集 C 的一个原子公式。$m(a_\gamma) = \{(x_i, x_j) \in U'' | C_a(x_i, x_j) = a_\gamma\}$ 表示原子公式 a_γ 所对应的对象对 (x_i, x_j) 组成的集合，即原子公式 a_γ 的意义集，则称二元对 $(a_\gamma, m(a_\gamma))$ 为扩展序值信息表中关于条件属性集 C 的一个基本粒。

定义 5.80 在扩展序值信息表 $CS = (U'', C \cup D, V'', g)$ 中，令 $a \in C, \gamma \in V''$，设 φ 是由关于条件属性集 C 的有限个原子公式通过合取连接词"$\wedge$"组成的公式，令 $m(\varphi) = \{(x_i, x_j) \in U'' | (x_i, x_j) |\approx_{CS} \varphi\}$ 被称为扩展序值信息表 CS 上公式 φ 的意义集，其中符号"$|\approx_{CS}$"为满足符，则 $m(\varphi)$ 表示 U'' 上所有满足 φ 的对象对的集合。下面给出扩展序值信息表中关于条件属性集 C 的粒的定义。

(1) 基本粒 (a, γ) 或 a_γ 是 CS 上关于条件属性集 C 的粒。

(2) 如果 φ_1 和 φ_2 均是由 CS 上关于条件属性集 C 的有限个原子公式使用合取连接词"$\wedge$"得到的合式公式，则称二元对 $(\varphi_1 \wedge \varphi_2, m(\varphi_1 \wedge \varphi_2))$ 为关于条件属性集 C 的粒，其中 $m(\varphi_1 \wedge \varphi_2) = m(\varphi_1) \wedge m(\varphi_2)$。

(3) 经有限次引用 (1) 和 (2) 所得到的二元对是关于条件属性集 C 的粒。

由定义 5.80 可知，扩展序值信息表中关于条件属性集 C 的任意粒均可由公式 φ 及其意义集 $m(\varphi)$ 构成，因此，令 $G = (\varphi, m(\varphi))$ 表示扩展序值信息表中关于条件属性集 C 的知识粒。

定义 5.81 设 $G_r = (\varphi, m(\varphi))$ 为扩展序值信息表 $CS = (U'', C \cup D, V'', g)$ 上关于条件属性集 C 的任意粒，若令 λ 表示公式 φ 所包含的合取项的个数，则称 λ 为粒 G_r 的阶数，记粒 G_r 为 λ 阶粒。扩展序值信息表 CS 上所有阶数为 λ 的关于条件属性集 C 的粒组成的集合称为 λ 阶粒库。特别地，称一阶粒库为基本粒库。

性质 5.20 在扩展序值信息表 $CS = (U'', C \cup D, V'', g)$ 中，设 $G_r = (\varphi, m(\varphi))$ 是关于条件属性集 C 的任意粒，λ 表示粒的阶数，若令 $|C|$ 表示属性集 C 中属性的个数，则有 $1 \leqslant \lambda \leqslant |C|$。

定义 5.82 设 φ_1 和 φ_2 均为扩展序值信息表 $CS = (U'', C \cup D, V'', g)$ 中关于条件属性集 C 的公式，$\varphi_1 \wedge \varphi_2 = \varphi_1$ 且 φ_1 和 φ_2 分别对应粒 $G_1 = (\varphi_1, m(\varphi_1))$ 和

$G_2=(\varphi_2,m(\varphi_2))$,则称粒 G_1 在条件属性集 C 下为粒 G_2 的子粒。

例 5-21 设 $S=(U,A,V,f)$ 是一个不完备序信息系统,其中 $U=\{x_1,x_2,x_3,x_4\}$,$A=\{a,b,c\}$ 为条件属性集,如表 5-27 所示。

表 5-27 不完备序信息系统

U	a	b	c
x_1	1	2	*
x_2	1	3	1
x_3	0	*	1
x_4	*	1	0

由定义 5.78 可得,表 5-27 对应的扩展序值信息表(表 5-28),在表 5-27 中,由定义 5.81 可知,粒 $(b_<,\{(x_1,x_2),(x_4,x_1),(x_4,x_2)\})$ 为扩展序值信息表中关于条件属性集 A 的一个基本粒,而粒 $(b_{<c\geqslant},\{(x_1,x_2),(x_4,x_1)\})$ 为一个二阶粒,粒 $(a_\geqslant b_{<c\geqslant},\{(x_1,x_2),(x_4,x_1)\})$ 为三阶粒。由定义 5.82 可知,三阶粒 $(a_\geqslant b_{<c\geqslant},\{(x_1,x_2),(x_4,x_1)\})$ 为二阶粒 $(b_{<c\geqslant},\{(x_1,x_2),(x_4,x_1)\})$ 的子粒,同理二阶粒 $(b_{<c\geqslant},\{(x_1,x_2),(x_4,x_1)\})$ 为一阶粒 $(b_<,\{(x_1,x_2),(x_4,x_1),(x_4,x_2)\})$ 的子粒。

表 5-28 扩展序值信息表

U''	a	b	c	U''	a	b	c
(x_1,x_2)	$\geqslant$	$<$	$\geqslant$	(x_3,x_1)	$<$	$\geqslant$	$\geqslant$
(x_1,x_3)	$\geqslant$	$\geqslant$	$\geqslant$	(x_3,x_2)	$<$	$\geqslant$	$\geqslant$
(x_1,x_4)	$\geqslant$	$\geqslant$	$\geqslant$	(x_3,x_4)	$\geqslant$	$\geqslant$	$\geqslant$
(x_2,x_1)	$\geqslant$	$\geqslant$	$\geqslant$	(x_4,x_1)	$\geqslant$	$<$	$\geqslant$
(x_2,x_3)	$\geqslant$	$\geqslant$	$\geqslant$	(x_4,x_2)	$\geqslant$	$<$	$<$
(x_2,x_4)	$\geqslant$	$\geqslant$	$\geqslant$	(x_4,x_3)	$\geqslant$	$\geqslant$	$<$

在扩展序值信息表 $CS=(U'',C\cup D,V'',g)$ 中,设 $GK(C)$ 为扩展序值信息表中关于条件属性集 C 的 $\lambda=|C|$ 阶粒库,对于任意的 $G_r=(\varphi,m(\varphi))\in GK(C)$,则 $m(\varphi)$ 为论域 U'' 上关于条件属性集 C 的扩展序关系相同的对象对组成的集合,即这些对象对在关于条件属性集 C 的扩展序关系下不可分辨,因此,$m(\varphi)$ 可以看做在关于条件属性集 C 的扩展序关系下的一个等价类,而 $GK(C)$ 中所有知识粒 G_r 对应的 $m(\varphi)$ 组成的集合构成了知识 C 在论域 U'' 上的一个划分。由此,可定义扩展序值信息表中关于条件属性集 C 的扩展序粒度为

$$GO(C) = \sum_{Gr \in GK(C)} \frac{|m(\varphi)|^2}{|U|^2} \qquad (5\text{-}54)$$

同样,可以定义扩展序值信息表 CS 中,决策属性集 D 对应的粒表示与粒计算理论,这里不再详述。

下面给出扩展序值信息表 CS$=(U'',C\cup D,V'',g)$ 中决策属性集 D 关于条件属性集 C 的相对粒度的定义。

定义 5.83 在扩展序值信息表 CS$=(U'',C\cup D,V'',g)$ 中,$P\subseteq C$ 且 $Q\subseteq D$,定义知识 Q 关于知识 P 的相对粒度为

$$GO(Q\mid P) = GO(P) - GO(P\cup Q) \qquad (5\text{-}55)$$

相对粒度 $GO(Q\mid P)$ 反映了知识 Q 相对于知识 P 在论域 U'' 上的分辨能力,即 $GO(Q\mid P)$ 越小,表明 Q 相对于 P 对 U'' 中对象对的分辨能力越弱,则知识 Q 相对于知识 P 对论域 U'' 的划分就越粗糙;反之,$GO(Q\mid P)$ 越大,表明 Q 相对于 P 对 U'' 中对象对的分辨能力就越强,则知识 Q 相对于知识 P 对论域 U'' 的划分就越细。

性质 5.21 在扩展序值信息表 CS$=(U'',C\cup D,V'',g)$ 中,$P\subseteq C$,且 $Q\subseteq D$,设 $GO(Q\mid P)$ 为知识 Q 关于知识 P 的相对粒度,则

$$0 \leqslant GO(Q\mid P) \leqslant 1 - \frac{1}{|U'|} \qquad (5\text{-}56)$$

定理 5.40 在扩展序值信息表 CS$=(U'',C\cup D,V'',g)$ 中,$P\subseteq C$,若 $GO(D\mid P) = GO(D\mid C)$,且对任意 $B\subset P$ 有 $GO(D\mid B)\neq GO(D\mid C)$,则称 P 为 C 的 D 相对约简。

根据定理 5.40,可以对扩展序值信息表进行属性约简,删除冗余的属性,从而获取简化且反映决策表决策能力的有用规则。

2. 基于粒计算的不完备序决策表中序规则提取算法

由于扩展序值信息表能够明确地反映原不完备序决策表中对象之间的序关系,因此在对不完备序决策表进行规则提取时,首先将不完备序决策表转化为扩展序值信息表,并对扩展序值信息表进行属性约简,删除属性集中的冗余属性;然后,从不同的粒度层次出发,对由扩展序值信息表所生成的粒库进行分析研究,逐步从粒库中提取满足最低规则覆盖度 Cov_0 和置信度 AC_0 的决策规则;最后将规则集中的决策规则转化为反映原不完备序决策表决策能力的序规则形式。

算法 5-18 基于粒计算的序规则提取算法

输入:不完备序决策系统 $S=(U,C\cup D,V,f)$,C 为条件属性集,D 为决策属性集。

输出:不完备序决策系统 S 的最简序规则。

Step1:根据定义 5.78 将不完备序决策系统 S 转换为扩展序值信息表 CS。

Step2:根据定理 5.40 中约简的定义对扩展序值信息表进行约简,删除扩展序值信息表中的冗余属性。

Step3:分别计算约简后的扩展序值信息表所对应的基本条件粒库 GK 和决策粒库 GD,令对象对集合 $M=\varnothing$,粒库 $GA=\varnothing$,粒库 $GR=\varnothing$,$\lambda=1$,粒库 $GS=\varnothing$。

Step4:若决策粒库 $GD=\varnothing$,则转 Step9;否则,在粒库 GD 中,对任意的粒 $GD_j=(\Psi_j,m(\Psi_j))\in GD$,执行 Step5~Step8。

Step5:对任意的 $G_r=(\varphi_r,m(\varphi_r))\in GK$,若 $\text{Cov}(\varphi_r\rightarrow\Psi_j)\geqslant\text{Cov}_0$,则令 $GR=GR\cup G_r$。

Step6:对任意的 $G_s=(\varphi_s,m(\varphi_s))\in GR$,如果 $\text{AC}(\varphi_s\rightarrow\Psi_j)\geqslant\text{AC}_0$,则将规则 $r:\varphi_s\rightarrow\Psi_j$ 并入规则集 Rule 中,把规则 r 覆盖的对象对并入集合 M 中,令 $GA=GA\cup G_r$,$GR=GR\backslash G_r$。

Step7:如果 $M\neq m(\Psi_j)$ 且 $GR\neq\varnothing$,则

{对任意粒 $G_l=(\varphi_l,m(\varphi_l))$ 和 $G_k=(\varphi_k,m(\varphi_k))\in GR$ 进行判断,若粒 $(G_l\wedge G_k)$ 的阶数为 $\lambda+1$ 且 $|m(\varphi_l)\wedge m(\varphi_k)\wedge m(\Psi_j)|/|U|>\text{Cov}_0$,则有

 {令 $G=G_l\wedge G_k$,

  若粒 G 不是粒库 GA 中任一粒的子粒,则令 $GS=GS\cup G$,

  如果 $GS\neq\varnothing$,则

  {令 $GR=GS$,$GS=\varnothing$,$\lambda=\lambda+1$,转 Step6;

  }

 }

}

Step8:$GD=GD\backslash GD_j$,$M=\varnothing$,$GA=\varnothing$,$GR=\varnothing$,转 Step4。

Step9:若规则集 Rule 不为空集,将规则集 Rule 中规则转化为不完备序决策系统中的序规则。对于属性 $a\in C\cup D$,如果 $a_\gamma=a_\geqslant$,则用 $(a,\geqslant)$ 表示 $a_\geqslant$;如果 $a_\gamma=a_<$,则用 $(a,<)$ 表示 $a_<$。

Step10:结束。

3. 实例分析

例 5-22 表 5-29 给出了一个不完备序决策表,其中 $U=\{x_1,x_2,\cdots,x_5\}$,条件属性集 $C=\{a,b,c,d\}$,决策属性集 $D=\{e\}$。为说明算法的运行过程,这里假设用户期望的最低规则覆盖度 $\text{Cov}_0=0.1$,置信度 $\text{AC}_0=0.8$。

表 5-29 不完备序决策表

U	a	b	c	d	e
x_1	2	1	*	1	1
x_2	*	0	0	1	0
x_3	2	2	2	1	1
x_4	0	*	2	0	0
x_5	0	1	0	0	0

根据算法 5-18,首先将表 5-29 转化为扩展序值信息表(限于篇幅所限,这里没有给出扩展序值信息表);然后计算扩展序值信息表中决策属性集 D 关于条件属性集 C 的相对粒度,并根据定理 5.40 对扩展序值信息表进行属性约简,得到的约简结果为 $\{a,b,c\}$;接着,令覆盖度 $\text{Cov}_0 = 0.1$,置信度 $\text{AC}_0 = 0.8$ 为用户最低期望值,利于粒计算的方法对约简过的扩展序值信息表进行规则提取,最后求得表 5-29 的最简序规则如下

$$(a, \geqslant) \to (e, \geqslant)[\text{Cov}=0.7, \text{AC}=7/8]$$
$$(b, \geqslant) \to (e, \geqslant)[\text{Cov}=0.6, \text{AC}=0.8]$$
$$(a, <) \to (e, <)[\text{Cov}=0.2, \text{AC}=1]$$
$$(b, <) \wedge (c, <) \to (e, <)[\text{Cov}=0.1, \text{AC}=1]$$

通过实例分析可知,利用算法 5-18 对不完备序决策表 5-29 进行规则提取时,首先,将不完备序决策表转化为扩展序值信息表,以有效地处理含有空缺属性值的对象;然后,删除扩展序值信息表中的冗余属性,得到简化的扩展序值信息表;最后,直接在属性约简过的扩展序值信息表中,运用粒计算的方法从不同的粒度层次出发,尝试从较低阶的粒库中提取出较多的序规则,使所提取的规则较简洁且满足一定的规则覆盖度与置信度,提高了规则对噪声数据的适应能力。

5.4.4 基于粒格的决策规则提取

决策规则提取是粗糙集理论研究中最重要的环节之一。目前研究中进行规则提取的主要步骤是把决策表最简化后对每条记录进行分析,删除冗余的属性值,即属性值约简,最后在值约简后的决策表中求出决策规则。而粒计算是一种新的基于问题概念空间划分的智能计算方法。本节在粗糙集与粒计算理论方法的基础上,研究了概念粒与规则的对应关系,提出一种基于粒格的决策规则提取算法。

1. 相关的基础知识

定义 5.84 设 U 为有限对象集,P 为有限原子公式集,原子公式 $a_v \in P$,X,$X_1, X_2 \subseteq U$,$B, B_1, B_2 \subseteq P$,$f: G(P) \to G(U)$ 为公式集到对象集的映射算子;

$g:G(U) \to G(P)$ 表示从对象集到公式集上的映射算子。若 f 满足 $f(\varnothing)=U$, $f(B_1 \cup B_2)=f(B_1) \cap f(B_2)$，且 g 满足 $g(\varnothing)=P$, $g(X_1 \cup X_2)=g(X_1) \cap g(X_2)$，则称 $\mathrm{GCs}=(U,P,f,g)$ 为概念粒空间。

定义 5.85 在概念粒空间 $\mathrm{GCs}=(U,P,f,g)$ 中，$\mathrm{GC}_1=(B_1,f(B_1))$，$\mathrm{GC}_2=(B_2,f(B_2))$ 为两个概念粒，则定义 GC_1 与 GC_2 的距离为

$$\mathrm{DG}(\mathrm{GC}_1,\mathrm{GC}_2)=|f(B_1 \wedge B_2)-f(B_1 \vee B_2)|/|U| \qquad (5\text{-}57)$$

式中，$|\cdot|$ 表示集合的基数。

定理 5.41 在概念粒空间 $\mathrm{GCs}=(U,P,f,g)$ 中，对于任意两个概念粒 $\mathrm{GC}_1=(B_1,f(B_1))$，$\mathrm{GC}_2=(B_2,f(B_2))$，则必有 $\mathrm{DG}(\mathrm{GC}_1,\mathrm{GC}_2)=\mathrm{DG}(\mathrm{GC}_2,\mathrm{GC}_1)$。

证明：显然成立。

一般来说，把一个智能系统用概念粒空间 $\mathrm{GCs}=(U,P,f,g)$ 表示，把智能系统的知识概念用概念粒来形式化时，则概念粒空间所对应的这个概念粒层次结构图，即偏序集 $(\mathrm{GCs},<)$ 所形成的数据结构称为粒格。在粒格结构中，严格定义了概念粒之间的运算规则。

定义 5.86 在概念粒空间 $\mathrm{GCs}=(U,P,f,g)$ 中，对于概念粒 $\mathrm{GC}=(B,f(B))$，如果 $B=g(f(B))$，则称 GC 为完备概念粒，记为 $\widetilde{\mathrm{GC}}$。

定义 5.87 概念粒空间 $\mathrm{GCs}=(U,P,f,g)$ 中，设 $G=\{(B,f(B))|B \in P, B=g(f(B))\}$，则存在唯一偏序集 $(G,<)$ 与之对应，且该偏序集存在唯一的下确界和唯一的上确界，这个偏序集产生的格结构称为粒格，记为 $\widetilde{G}(U,P,f,g)$。

根据定义 5.87，对于每个非空的完备概念粒，总是存在唯一的最大子粒概念（下确界）和唯一的最小父粒概念（上确界）。由此，在粒格中定义了两个运算，取上界运算（$\vee$）和取下界运算（$\wedge$）。

定义 5.88 在概念粒空间 $\mathrm{GCs}=(U,P,f,g)$ 中，对于任意两个完备概念粒 $\widetilde{\mathrm{GC}}_1=(B_1,f(B_1))$，$\widetilde{\mathrm{GC}}_2=(B_2,f(B_2))$，其 "$\wedge$" 运算和 "$\vee$" 运算分别定义为

$$\widetilde{\mathrm{GC}}_1 \wedge \widetilde{\mathrm{GC}}_2=(g(f(B_1 \cup B_2)),f(B_1) \cap f(B_2)) \qquad (5\text{-}58)$$

$$\widetilde{\mathrm{GC}}_1 \vee \widetilde{\mathrm{GC}}_2=(B_1 \cap B_2,f(g(f(B_1) \cup f(B_2)))) \qquad (5\text{-}59)$$

定理 5.42（闭包运算） 设概念粒空间 $\mathrm{GCs}=(U,P,f,g)$ 对应的粒格为 $\widetilde{G}(U,P,f,g)$，$\widetilde{\mathrm{GC}}_1=(B_1,f(B_1))$，$\widetilde{\mathrm{GC}}_2=(B_2,f(B_2))$ 为粒格中任意两个完备概念粒，则其满足下列条件。

(1) $\widetilde{\mathrm{GC}}_1 \in \widetilde{G}$，$\widetilde{\mathrm{GC}}_2 \in \widetilde{G}$。

(2) $\widetilde{\mathrm{GC}}_1 \wedge \widetilde{\mathrm{GC}}_2 \in \widetilde{G}$，$\widetilde{\mathrm{GC}}_1 \vee \widetilde{\mathrm{GC}}_2 \in \widetilde{G}$。

(3) 完备概念粒之间使用连接词"$\vee$"和"$\wedge$"进行有限次运算所得概念粒属于粒格。

证明：根据粒格的定义，(1)显然成立。

由完备概念粒的定义可得 $B_1=g(f(B_1))$，$B_2=g(f(B_2))$，所以

$$\widetilde{GC}_1 \wedge \widetilde{GC}_2 = (g(f(B_1 \bigcup B_2))) f(B_1) \bigcap f(B_2))$$
$$= (g(f(B_1 \bigcup B_2)), f(B_1 \bigcup B_2))$$

则 $B_1 \bigcup B_2 = g(f(B_1 \bigcup B_2))$。

由定义 5.86 和定义 5.88 可得 $\widetilde{GC}_1 \wedge \widetilde{GC}_2 \in \widetilde{G}$，同理 $\widetilde{GC}_1 \vee \widetilde{GC}_2 \in \widetilde{G}$。

同理可证明(3)也成立。

定理 5.43（粒格的存在定理） 设概念粒空间 $GCs=(U,P,f,g)$ 对应的粒格为 $\widetilde{G}(U,P,f,g)$，对于任一给定概念粒 $GC=(B_{n-1}, X_{n-1})$，经以下有限次迭代运算：

(1) $X_n = X_{n-1} \bigcup f(B_{n-1})$；

(2) $B_n = g(X_n)$；

(3) $B_{n+1} = B_n \bigcup g(X_n)$；

(4) $X_{n+1} = f(B_{n+1})$。

则存在一个完备概念粒 $(B_{n'}, f(B_{n'}))$ 使得 $(B_{n'}, f(B_{n'})) \in \widetilde{G}(U,P,f,g)$。

证明：显然运算中 X_n 是单调增加的，又因为论域 U 是有限集，必然存在 $X_{n'} = X_{n'+1} \subseteq U$。

运算(1)使得

$$X_{n'} = X_{n'+1} = X_{n'} \bigcup f(B_{n'})$$

根据运算(2)有

$$B_{n'} = g(X_{n'})$$

根据运算(3)有

$$B_{n'} = B_{n'} \bigcup g(X_{n'}) = g(X_{n'})$$

又因为 $X_{n'} = X_{n'+1}$，所以 $B_{n'} = g(X_{n'+1})$，由运算(4)可得

$$X_{n'+1} = f(B_{n'+1})$$

于是 $(B_{n'}, f(B_{n'}))$ 为一个完备概念粒，即 $(B_{n'}, f(B_{n'})) \in \widetilde{G}(U,P,f,g)$。

定义 5.89 概念粒空间 $GCs=(U,P,f,g)$ 中，设 $G=\{(B,f(B))|B\in P, B=g(f(B))\}$，对于任意原子公式 $b \in P$，若满足只存在唯一原子公式 e，使得 $f(b) \bigcup f(e) = U$ 且 $f(b) \bigcap f(e) = \emptyset$，设

$$R_{\{b,e\}}(x) = \begin{cases} 0 & x \in f(b) \\ 1 & x \in f(e) \end{cases} \quad (R_{\{b,e\}} \text{ 表示内涵} \{b,e\} \text{ 构成新属性 } R_{\{b,e\}})$$

则概念粒空间 GCs 退化为形式背景，对应的粒格 $\widetilde{G}(U,P,f,g)$ 退化为概念格。

由定义 5.89 可知，粒格是概念格的推广，概念格是粒格的一种特殊形式，同时

用粒表示概念,概念表示粒。概念与粒融为一体这种理论方法,扩展了概念格的应用范围。

2. 基于粒格的决策规则表示方法

在决策系统中,知识粒之间关系的刻画通常表示成决策规则的形式,即表示成 $\alpha \to \beta$ 的形式。下面用概念粒的形式化方法给出决策规则的度量方法覆盖度与置信度的定义。

定义 5.90 在决策系统 $S=(U,C \cup D,V,f)$ 中,$GC_1=(B_1,f(B_1))$,$GC_2=(B_2,f(B_2))$ 为两个概念粒,则 GC_1,GC_2 对应的规则 $\wedge B_1 \to \wedge B_2$ 的覆盖度与置信度分别为

$$\text{Cov}(\wedge B_1 \to \wedge B_2) = \frac{|f(B_1) \wedge f(B_2)|}{|U|} = \frac{|f(B_1 \vee B_2)|}{|U|} \quad (5-60)$$

$$\text{AC}(\wedge B_1 \to \wedge B_2) = \frac{|f(B_1) \wedge f(B_2)|}{|f(B_1)|} = \frac{|f(B_1 \vee B_2)|}{|f(B_1)|} \quad (5-61)$$

式中,$|\cdot|$ 表示对象集中对象的个数。

定义 5.90 用两个概念粒来生成规则,同时也可以看做由概念粒 $(B_1 \vee B_2, f(B_1 \vee B_2))$ 生成的规则,显然,找出所有类似概念粒 $(B_1 \vee B_2, f(B_1 \vee B_2))$(其中 B_2 属于决策属性的概念粒),则可以用以上两个指标(覆盖度与置信度)来指导从决策系统中获取满足用户期望并反映决策表决策能力的规则。

定理 5.44 在决策系统 $S=(U,C \cup D,V,f)$ 中,设概念粒 $GC_1=(B_{11} \vee B_{12}, f(B_{11} \vee B_{12}))$ 对应的规则为 $\wedge B_{11} \to \wedge B_{12}$,其任意子粒 $GC_2=(B_{21} \vee B_{22}, f(B_{21} \vee B_{22}))$ 对应的规则 $\wedge B_{21} \to \wedge B_{22}$,则必然满足 $\text{Cov}(\wedge B_{11} \to \wedge B_{12}) \geqslant \text{Cov}(\wedge B_{21} \to \wedge B_{22})$。

证明:由于 GC_2 是 GC_1 的子粒,由定义 5.87 可知 $GC_2 \leqslant GC_1$,于是可得 $B_{11} \vee B_{12} \subseteq B_{21} \vee B_{22}$,所以 $f(B_{21} \vee B_{22}) \subseteq f(B_{11} \vee B_{12})$,则有 $|f(B_{21} \vee B_{22})| \leqslant |f(B_{11} \vee B_{12})|$。由定义 5.90 可知,$\text{Cov}(\wedge B_{21} \to \wedge B_{22}) = |f(B_{21} \vee B_{22})|/|U|$,则 $|f(B_{21} \vee B_{22})|/|U| \leqslant |f(B_{11} \vee B_{12})|/|U|$,又 $|f(B_{11} \vee B_{12})|/|U| = \text{Cov}(\wedge B_{11} \to \wedge B_{12})$,所以 $\text{Cov}(\wedge B_{21} \to \wedge B_{22}) \leqslant \text{Cov}(\wedge B_{11} \to \wedge B_{12})$,即 $\text{Cov}(\wedge B_{11} \to \wedge B_{12}) \geqslant \text{Cov}(\wedge B_{21} \to \wedge B_{22})$。

3. 基于粒格的决策规则提取算法

首先对决策表 $S=(U,C \cup D,V,f)$ 进行属性约简,删除其冗余属性,以利于提高算法的效率;然后在得到的约简决策表 S 中,计算出完备概念粒集 $G=\{(B_1 \vee B_2, f(B_1 \vee B_2)) | B_1 \subseteq \{a_v | a \in C, v \in V_a\}, B_2 \subseteq \{a_v | a \in D, v \in V_a\}, B_1 \vee B_2 =$

$g(f(B_1 \vee B_2))\}$,从粗到细依次考察每个概念粒 $G_i \in G$,例如,概念粒 $G_1 = (B_1 \vee B_2, f(B_1 \vee B_2))$,则首先计算是否满足 $|f(B_1 \vee B_2)|/|U| \geqslant \min\_Cov$(最小覆盖度),如果满足,则将 G_i 存入集合 GR 中,并继续考察其子粒,否则根据定理 5.44,可以不再考察其任何子粒。对于每个 $(B_1 \vee B_2, f(B_1 \vee B_2)) \in G_i$,计算是否满足 $|f(B_1 \vee B_2)|/|f(B_1)| \geqslant \min\_AC$(最小置信度),如果满足,则可生成概念粒 $(B_1 \vee B_2, f(B_1 \vee B_2))$ 对应规则 $\wedge B_1 \to \wedge B_2$,其中 $|f(B_1)| = \max(|f(B_1 \vee B)|)$,且 $B = C \vee D$ 满足 $B_1 \vee B = g(f(B_1 \vee B))$。即要计算 $|f(B_1)|$,只需在完备概念粒集 G 中搜索满足上述条件的概念粒,求出其对象集的个数即可。以下给出具体算法。

算法 5-19 基于粒格的决策规则提取算法

输入:约简后决策表 $S = (U, C \cup D, V, f)$,C 为条件属性集,D 为决策属性集。

输出:决策表 S 中满足 min_Cov 和 min_AC 的最简决策规则。

Step1:计算出完备概念粒集 $G = \{(B_1 \vee B_2, f(B_1 \vee B_2)) | B_1 \subseteq \{a_v | a \in C, v \in V_a\}, B_2 \subseteq \{a_v | a \in D, v \in V_a\}, B_1 \vee B_2 = g(f(B_1 \vee B_2))\}$,并初始化 GR $= \varnothing$。

Step2:如果 $G = \varnothing$,则转 Step6。

Step3:对于每个 $G_i \in G$,令 GR = GR $\cup \{(B_1 \vee B_2, |f(B_1 \vee B_2)|) \| f(B_1 \vee B_2)|/|U| \geqslant \min\_Cov, B_2 \neq \varnothing\}$($B_1$ 为条件属性对应的原子公式,B_2 为决策属性对应的原子公式,即 $B_1 \subseteq \{a_v | a \in C, v \in V_a\}, B_2 \subseteq \{a_v | a \in D, v \in V_a\}$)。

Step4:对于每个 $GR_i \in GR$,生成对应的决策规则,并执行 Step5。

Step5:计算 $|f(B_1)|$,如果 $|f(B_1 \vee B_2)|/|f(B_1)| \geqslant \min\_AC$,则输出决策规则 $\wedge B_1 \to \wedge B_2$。

Step6:结束。

因为完备概念粒的每一个对象都能在对应的子粒中找到,也就意味着通过搜索所有完备概念粒就能提取出决策概念粒的意义集中所有对象对应的规则,即保证了提取的规则的完备性。同时,因为子完备概念粒的意义集对象的个数总是小于父粒意义集对象的个数,所以如果父粒对应规则不满足最小覆盖度,则子粒也一定不满足,从而能够排除对冗余概念粒的计算。

4. 实例分析

例 5-23 表 5-30 给出一个约简后的决策表,$U = \{x_1, x_2, \cdots, x_5\}$,条件属性集 $C = \{a, b, c\}$,决策属性集 $D = \{e\}$。假设最小覆盖度 $\min\_Cov = 0.25$,最小置信度 $\min\_AC = 0.8$。

表 5-30 决策表

U	a	b	c	e
x_1	1	0	1	1
x_2	1	0	2	1
x_3	1	1	2	2
x_4	2	1	2	2
x_5	2	2	2	2

利用算法 5-19 对表 5-30 提取规则的步骤如下。

Step1:分别计算出决策表 S 的完备概念粒集 $G=\{(\{a_1\},\{x_1,x_2,x_3\})$, $(\{c_2\},\{x_2,x_3,x_4,x_5\})$, $(\{a_1,b_0\},\{x_1,x_2\})$, $(\{c_2,e_2\},\{x_3,x_4,x_5\})$, $(\{a_1,c_2\},\{x_2,x_3\})$, $(\{b_1,c_2,e_2\},\{x_3,x_4\})$, $(\{a_2,c_2,e_2\},\{x_4,x_5\})$, $(\{a_1,b_0,c_1,e_1\},\{x_1\})$, $(\{a_1,b_0,c_2,e_1\},\{x_2\})$, $(\{a_1,b_1,c_2,e_2\},\{x_3\})$, $(\{a_2,b_1,c_2,e_2\},\{x_4\})$, $(\{a_2,b_2,c_2,e_2\},\{x_5\})\}$, $GR=\varnothing$。

Step2:由于 $G\neq\varnothing$,转 Step3。

Step3:在完备概念粒集 G 中搜索满足内涵包含决策属性,且外延对象个数大于 $5\times(1/4)$ 的概念粒,存入 GR 中,得 $GR=\{(\{a_1,b_0,e_1\},\{x_1,x_2\})$, $(\{c_2,e_2\},\{x_3,x_4,x_5\})$, $(\{b_1,c_2,e_2\},\{x_3,x_4\})$, $(\{a_2,c_2,e_2\},\{x_4,x_5\})\}$。

Step4:对 GR 中概念粒分别生成对应的规则,并计算其置信度,挖掘其对应的规则,下面仅以概念粒 $(\{c_2,e_2\},\{x_3,x_4,x_5\})$ 为例说明,生成规则 $c_2\rightarrow e_2$,执行 Step5。

Step5:$\mathrm{Cov}(c_2\rightarrow e_2)=|f(\{c_2,e_2\})|/|f(\{c_2\})|=|\{x_3,x_4,x_5\}|/|\{x_2,x_3,x_4,x_5\}|=3/4<\min\_\mathrm{AC}$,所以该规则不符合用户要求,则返回 Step4 计算下一个概念粒。

Step6:对 G 中所有概念粒提取满足条件的规则后,算法结束。

根据该算法,对表 5-30 的决策表 S 提取的最简决策规则如下

$$a_1\wedge b_0\rightarrow e_1[\mathrm{Cov}=2/5,\mathrm{AC}=1]$$
$$b_1\wedge c_2\rightarrow e_2[\mathrm{Cov}=2/5,\mathrm{AC}=1]$$
$$a_2\wedge c_2\rightarrow e_2[\mathrm{Cov}=2/5,\mathrm{AC}=1]$$

该算法不同于经典的粗糙集方法,而是采用概念粒的方法,概念粒的外延和内涵都是一个确定集合,当内涵变化引起外延的变化时,会导致概念层次的变化,当用概念粒来描述规则时,通过找到决策粒对应的概念层逐步从中提取出所有满足用户期望阈值的决策规则,由实例分析可知,该算法提取的规则最简洁且具有一定的实际意义。

5.5 基于 Rough 集的决策树规则提取

5.5.1 基于新的条件熵的决策树规则提取方法

经典的知识信息熵并没有完全客观地反映决策表决策能力的真实变化情况。在此基础上,本节定义了一种新的条件熵概念;然后从优化决策树方面考虑,对传统启发式方法中选择属性的标准进行改进,由此定义新的属性重要性,并以新的属性重要性为启发式信息构造决策树;最后设计一个规则约简过程,简化所提取的决策规则。该方法的优点是在构造决策树与提取决策规则前不进行属性约简,计算简单直观,时间复杂度较低[37]。实验分析结果表明,该方法能提取更为简洁有效的决策规则。

1. 现有信息熵的局限性

在一个信息系统 $S=(U,A)$ 中,$P,Q \subseteq A$,$U/\text{IND}(P)=\{X_1,X_2,\cdots,X_n\}$,$U/\text{IND}(Q)=\{Y_1,Y_2,\cdots,Y_n\}$,则知识 Q 相对于 P 的条件熵表示为

$$H(Q\mid P)=-\sum_{i=1}^{n}p(X_i)\sum_{i=1}^{n}p(Y_i\mid X_i)\log_2(p(Y_i\mid X_i)) \tag{5-62}$$

式中,$p(X_i)=|X_i|/|U|$,$p(Y_j|X_i)=|X_i \cap Y_j|/|X_i|$。

定义 5.91[27] 设 P 为一个条件属性集合,d 为决策属性,则 $Q \subseteq P$ 是 P 相对于决策属性 d 的一个约简的充分必要条件如下:

(1) $H(\{d\}|Q)=H(\{d\}|P)$;

(2) 对于 Q 中任意一个属性 r,都有 $H(\{d\}|Q) \neq H(\{d\}|Q-\{r\})$。

由文献[9]的基于条件信息熵的决策表约简算法分析可知,一个条件属性是否可以约简,取决于删除该条件属性后决策表 S 产生的条件熵是否改变。由于决策表 S 中一致对象集 $\text{POS}_C(D)$ 产生的条件熵为 0,所以决策表 S 的条件熵改变是由不一致对象集 $U-\text{POS}_C(D)$ 产生的,而决策表 S 删除某一条件属性后,产生新的不一致对象集属于各决策属性分类的概率分布改变,就会引起条件熵发生变化。因而,现有基于条件信息熵的约简算法不仅考虑到产生的确定性决策规则数目不变,而且考虑到产生的不确定性决策规则的可信度不变。若决策表 S 产生确定性决策规则的数目不变,就意味着这些决策规则的可信度不变(可信度仍为 1)。但是,在决策应用中,决策规则除了其可信度外,规则对样本(对象)的覆盖度也是衡量其"决策能力"的重要指标。因此,文献[46]的约简算法存在局限性,未能真实客观地反映决策能力变化的实质。

2. 新的条件熵

定义 5.92[28] 设 U 是一个论域,属性集合 $R(U/R=\{R_1,R_2,\cdots,R_m\})$ 的信息熵定义为

$$E_r(R) = \sum_{i=1}^{m} \frac{|R_i|}{|U|}(1-\frac{|R_i|}{|U|}) \tag{5-63}$$

式中,$|R_i|/|U|$ 表示 R_i 在论域 U 上的概率。

定义 5.93 在决策表 $S=(U,C,D,V,f)$ 中,条件属性集 $P\subseteq C$,$U/P=\{X_1,X_2,\cdots,X_n\}$,决策属性集 $D=\{d\}$,$U/D=\{Y_1,Y_2,\cdots,Y_m\}$,则属性集 $P\cup D$ 的信息熵定义为

$$E_r(P\cup D) = \sum_{i=1}^{n}\sum_{j=1}^{m} \frac{|X_i\cap Y_j|}{|U|}(1-\frac{|X_i\cap Y_j|}{|U|}) \tag{5-64}$$

在现有条件信息熵的定义中,$p(Y_j|X_i)=|X_i\cap Y_j|/|X_i|$ 可以代表决策表产生某一规则的可信度,而在 $P\cup D$ 的信息熵定义中,$|X_i\cap Y_j|/|U|$ 可以代表该决策规则的对象覆盖程度。这样就可以把两种信息熵的定义结合起来,使其更能客观地反映决策表 S"决策能力"的实质。在此基础上,人们提出了一种信息论定义形式——新的条件熵。

定义 5.94(新的条件熵) 在决策表 $S=(U,C,D,V,f)$ 中,$P\subseteq C$ 是 U 上的一个条件属性集,决策属性集 $D=\{d\}$,则 P 关于决策属性 d 的新的条件熵记为 $H(D;P)$,定义为

$$H(D;P) = H(D|P) - E_r(P\cup D) \tag{5-65}$$

3. 基于新的条件熵的决策树规则提取

在各种构造决策树方法中,比较有影响的是 ID3 算法[47]。它用信息增益作为在各级非叶节点上选择属性的标准,来获得对象集最大的类别信息。但这种方法并不是最优的,即决策树的节点不是最少的。这种启发式方法往往偏向于选择属性取值较多的属性,而属性值较多的属性却不总是最优的属性,并且 ID3 学习简单的逻辑表达式能力较差[48]。本节针对这些问题提出如下改进方案:在构造决策树的过程中,改进各级非叶节点属性的选择标准,重点考虑决策树中不同分支节点上属性重要性的计算,避免 ID3 算法中子树重复和某些属性被多次选择的缺点,便于得到更优的决策树。

定义 5.95(新的属性重要性) 设 U^* 为论域 U 上与决策树某分支节点相关的对象集(若 U^* 为决策树根节点相关的对象集,那么 $U^*=U$),C 为条件属性集,$D=\{d\}$ 为决策属性集,$B\subseteq C$,则任意属性 $a\in C-B$ 关于 U^* 的属性重要性定

义为

$$\text{SGF}(a,B,U^*,D) = H(D;B) - H(D;B \cup \{a\}) \tag{5-66}$$

特别地,当 $B=\varnothing$ 时,$\text{SGF}(a,\varnothing,U^*,D) = -H(D;\{a\})$。

$\text{SGF}(a,B,U^*,D)$ 的值越大,说明在已知 B 的条件下,属性 $a \in C-B$ 关于知识 B 就越重要。在计算 $\text{SGF}(a,B,U^*,D)$ 的过程中,每次循环时条件属性子集 B 的 $H(D;B)$ 均不变,这使得 $\text{SGF}(a,B,U^*,D)$ 最大的属性 a 就是 $H(D;B \cup \{a\})$ 最小的属性。因此,把 $\text{SGF}(a,B,U^*,D)$ 作为搜索最小或次优知识约简的启发式信息时,只需计算 $H(D;B \cup \{a\})$,就可以省去计算 $H(D;B)$,减小了计算量,进而减少了搜索空间与时间。由此可见,以 $\text{SGF}(a,B,U^*,D)$ 为启发式信息的约简算法,必须计算 $H(D;B \cup \{a\})$。为降低该方法的时间复杂度,就需要研究计算 $H(D;B \cup \{a\})$ 的高效算法,由文献[9]中的定理 1 可得到算法 5-20。

算法 5-20 计算 $H(D;B \cup \{a\})$ 的算法

输入:决策表 $S=(U^*,C,D,V,f)$ 和 $B \subseteq C$。

输出:划分 $U^*/(D \cup B \cup \{a\})$ 和 $H(D;B \cup \{a\})$。

Step1:计算划分 $U^*/(B \cup \{a\})$ 和 $U^*/(D \cup B \cup \{a\})$。

Step2:计算 $H(B \cup \{a\})$,$H(D \cup B \cup \{a\})$ 和 $E_r(D \cup B \cup \{a\})$。

Step3:计算 $H(D;B \cup \{a\}) = H(D \cup B \cup \{a\}) - H(B \cup \{a\}) - E_r(D \cup B \cup \{a\})$。

Step4:输出 $H(D;B \cup \{a\})$ 和划分 $U^*/(D \cup B \cup \{a\})$。

Step5:结束。

采用文献[6]中计算划分的方法,Step1 的时间复杂度为 $O((|B|+2)|U|)$,Step2 的时间复杂度为 $O(|U|)$,因而当 $|B|=|C|$ 时,则算法 5-20 总的时间复杂度为 $O(|C\|U|)$。

在算法 5-20 的基础上,从空树 T 开始,以 $\text{SGF}(a,B,U^*,D)$ 最大的属性 a 为分支节点(包括根节点),也就是选择 $H(D;B \cup \{a\})$ 最小的属性 a 为分支节点,自顶向下递归构造决策树。在选择一个新的属性时,不仅要考虑它基于所有对象集是最重要的,而且要考虑它在相关对象集上也是最重要的,这样就能有效地改进选择新属性的启发式函数,达到更好的分类效果,弥补 ID3 算法容易导致决策树中子树重复与某些属性在同一决策树中被多次选择的不足,得到更优的决策树。具体操作步骤见算法 5-21。

算法 5-21 构造决策树的算法

输入:对象集 U^*,条件属性集 C,决策属性集 $D=\{d\}$。

输出:最简决策树 T。

Step1:合并 U^* 中的相同对象。

Step2:初始化 $B=\varnothing$,T 为空树。

Step3：对任意属性 $a \in C-B$，计算 $H(D;B \cup \{a\})$。

Step4：选择使 $H(D;B \cup \{a\})$ 最小的属性 a 为决策树 T 的根节点（或分支节点）。

(1) 如果有多个属性同时使 $H(D;B \cup \{a\})$ 达到最小值，那么从中选取使 $U^*/(D \cup B \cup \{a\})$ 构成等价类最少的属性 a，即 $D \cup \{a\}$ 构成的等价类能够覆盖更多的对象。

(2) 如果仍有多个属性使 $|U^*/(D \cup B \cup \{a\})|$ 达到最小值，那么选择顺序靠前的属性。

Step5：用选择的属性 a 对 U^* 进行分类，即计算 $U^*/\{a\} = \{U_1^*, U_2^*, \cdots, U_t^*\}$，开始建立子决策表（决策树的分支）$S_i = (U_i^*, C, D, V, f)$，其中 $i=1,2,\cdots,t$。

Step6：如果分支 $S_i(i=1,2,\cdots,t)$ 中 U_i^* 的所有对象具有相同的决策属性值，那么在分支 S_i 下生成一个叶子节点，标识其决策属性值，否则 $B = B \cup \{a\}$。

Step7：如果 $B=C$ 或 U^* 被决策树分支完全分类，那么输出决策树 T，算法结束，否则转 Step3。

Step8：结束。

用算法 5-20 的方法，可得 Step3～Step7 总的最坏时间复杂度为 $O(|C||U|)$ $+O((|C|-1)|U|)+O((|C|-2)|U|)+\cdots+O(|U|)=O(|C|^2|U|)$，因而算法 5-21 的最坏时间复杂度为 $O(|C|^2|U|)$。

在决策树中，每个叶子节点就是一个分类，从根到叶子节点对应一条分类规则。下面在算法 5-21 的基础上，设计一个规则约简过程，用来简化所提取的决策规则。

算法 5-22 规则提取算法

输入：对象集 U^* 对应的最简决策树。

输出：最小决策规则集。

Step1：遍历决策树每个分支中根到叶子节点的所有路径，生成决策规则集。

Step2：简化决策树分支中的每一条决策规则，如果该决策规则中的任一非叶节点被去掉后，在所属分支中仍能唯一表示，那么继续去掉第 2，3，… 个非叶节点，直到不能在所属分支中唯一表示。

Step3：输出最小决策规则集。

Step4：结束。

分析可得算法 5-22 的最坏时间复杂度为 $O(|C||U|)$。

算法 5-22 中 Step2 对循环提取的原始决策规则进行简化，删除所有不影响规则表达的冗余条件属性及其属性值，简化决策规则，这就能保证所提取的决策规则最小，即规则所含的属性及其属性值最少，且在约简表中唯一表示。

4. 实例分析

例 5-24 表 5-31 给出了一致决策表 $S=(U,C,D,V,f)$,其中 $U=\{1,2,\cdots,14\}$, $C=\{a_1,a_2,a_3,a_4\}$, $D=\{d\}$。

用一致决策表 5-31 来验证算法 5-21 和算法 5-22 的有效性,可以得到一棵与最小确定性决策规则集(表 5-32)对应的最小决策树(图 5-1)。

表 5-31 一致决策表

论域 U	条件属性集 C				决策属性 d
	a_1	a_2	a_3	a_4	
1	1	1	1	0	0
2	1	1	1	1	0
3	2	1	1	0	1
4	3	2	1	0	1
5	3	3	0	0	1
6	3	3	0	1	0
7	2	3	0	1	1
8	1	2	1	0	0
9	1	3	0	0	0
10	3	2	0	0	1
11	1	2	0	1	1
12	2	2	1	1	1
13	2	1	0	0	1
14	3	2	1	1	0

表 5-32 最小确定性决策规则集

序号	决策规则
1	$(a_1,1) \wedge (a_3,1) \rightarrow (d,0)$
2	$(a_1,1) \wedge (a_3,0) \rightarrow (d,1)$
3	$(a_1,2) \rightarrow (d,1)$
4	$(a_1,3) \wedge (a_4,0) \rightarrow (d,1)$
5	$(a_1,3) \wedge (a_4,1) \rightarrow (d,0)$

由图 5-1 可知,算法 5-21 可得到与文献[47]相同的单变量决策树。对于表 5-31 的一致决策表,文献[49]中的 RITIO 算法得到的规则集共有 7 条规则,其

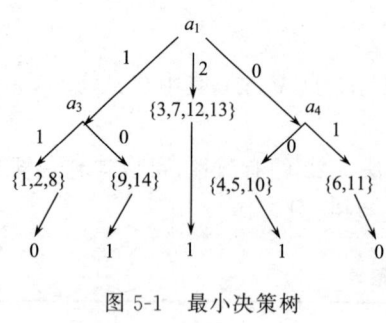

图 5-1 最小决策树

中有一条规则是不一致的,它与表 5-31 的第 6 个对象矛盾,文献[50]中 LEM2 算法对于表 5-31 得到的规则集也是 7 条规则,以上两种算法得到的规则集均比算法 5-22 得到的规则集数目多;对于不一致决策表,在算法 5-21 得到的决策树中,不一致对象对应的决策属性值为两个,算法 5-22 得到的不一致对象对应简化后的不确定性决策规则的可信度均小于 1。

5. 小结

本节提出一种决策树规则提取方法,它以新的条件熵来度量属性重要性。该方法具有如下特点。

(1) 弥补了现有信息熵反映决策表"决策能力"的局限性。
(2) 改进了传统启发式方法中选择属性的标准。
(3) 不需要在构造决策树阶段前进行属性约简。
(4) 设计了一个规则约简过程来简化决策规则,增强规则的泛化能力。

实例分析的结果表明,该方法不仅有助于进一步加深对粗糙集理论中规则提取算法的认识,也有助于时效性更优算法的推广使用。

需要指出的是,该方法没有考虑到在大型数据集分析中,数据测量的误差、数据获取能力的不足、噪声干扰等因素,在一定程度上可能制约其处理复杂应用问题的有效性。

5.5.2 基于决策粗糙熵的决策树规则提取方法

在决策应用中,规则可信度与对象覆盖度都是衡量决策能力的重要指标,但是粗糙集理论中,知识粗糙熵并没有完全客观地反映决策表决策能力的变化情况。在此基础上,本节针对现有规则获取方法中存在的问题,分析了知识粗糙熵的局限性,提出一种新的粗糙熵定义——决策粗糙熵,并定义其属性重要性;然后以条件属性子集的决策粗糙熵来度量其对决策分类的重要性,选择决策粗糙熵最小且涵盖最多决策分类对象的属性为分支节点,自顶向下递归构造决策树;最后遍历决策树,简化所获得的决策规则。该方法计算直观,时间复杂度较低。理论分析和实例比较结果表明该方法是有效的。

1. 决策粗糙熵概念

定义 5.96[28] 设 U 是一个论域,属性集合 R 在 U 上导出的划分 $U/R = \{R_1,$

$R_2,\cdots,R_m\}$,则 R 在 U 上导出划分 U/R 的粗糙熵定义为

$$E(R) = \sum_{i=1}^{m} \frac{|R_i|}{|U|}\log |R_i| \tag{5-67}$$

式中,$|R_i|/|U|$ 表示 R_i 在论域 U 上的概率。

为了研究能够体现对象覆盖度的知识粗糙熵,根据引理 5.1,在决策表 S 中,属性集合 $P\cup D(P\subseteq C)$ 的粗糙熵可定义如下。

定义 5.97 设 U 是一个论域,条件属性集 P 在 U 上导出划分 $U/P=\{X_1, X_2,\cdots,X_n\}$,决策概念集 $D=\{d\}$,$U/D=\{D_1,D_2,\cdots,D_t\}$,则属性集 $P\cup D$ 的粗糙熵定义为

$$E(P\cup D) = \sum_{i=1}^{n}\sum_{j=1}^{t} \frac{|X_i\cap D_j|}{|U|}\log |X_i\cap D_j| \tag{5-68}$$

式中,$|X_i\cap D_j|/|U|$ 代表某一决策规则的对象覆盖度,所以该粗糙熵定义就反映了决策表"决策能力"变化的一个重要指标。

在决策概念集的粗糙熵定义 5.40 基础上,可以把上述两种粗糙熵的定义结合起来设计一种新的粗糙熵信息论定义形式——决策粗糙熵。

定义 5.98 设 U 是一个论域,P 是 U 上的一个条件属性集,$D=\{d\}$ 为决策概念集,则 P 关于决策 D 的决策粗糙熵记为 $E(D|P)$,定义为

$$E(D|P) = E(D_P) + E(P\cup D) \tag{5-69}$$

定义 5.99 在决策表 $S=(U,C,D,V,f)$ 中,条件属性子集 $B\subseteq C$,任意属性 $a\in C-B$ 的属性重要性定义为

$$\text{SGF}(a,B,D) = E(D|B) - E(D|B\cup\{a\}) \tag{5-70}$$

特别地,当 $B=\varnothing$ 时,$\text{SGF}(a,\varnothing,D) = -E(D|\{a\})$。

$\text{SGF}(a,B,D)$ 的值越大,说明在已知 B 的条件下,属性 $a\in C-B$ 关于知识 B 就越重要。在计算 $\text{SGF}(a,B,D)$ 的过程中,每次循环时 B 的 $E(D|B)$ 均不变,那么求 $\text{SGF}(a,B,D)$ 最大的属性 a 就是求 $E(D|B\cup\{a\})$ 最小的属性 a。所以,若把 $\text{SGF}(a,B,D)$ 作为搜索最小或次优知识约简的启发信息时,只需计算 $E(D|B\cup\{a\})$,减小计算量,缩小搜索空间。

2. 基于决策粗糙熵的决策树规则提取

决策树用树形结构来表示决策集合,这些决策集合通过对数据集的分类产生决策规则。下面以知识决策粗糙熵的属性重要性为启发式信息来设计值约简方法。首先从空树 T 开始,逐步加入条件属性,选择最小的知识粗糙熵,以涵盖最多决策分类对象的属性为分支节点,自顶向下递归构造决策树;然后根据分块处理的思想,尽量以少的属性提取隐含在决策表中有用的决策规则;最后删除所有不影响

规则表达的冗余条件属性及其属性值,简化决策规则。该方法的具体操作步骤描述见算法 5-23。

算法 5-23 基于决策粗糙熵的决策树规则提取算法

输入:决策表 $S=(U,C,D,V,f)$。

输出:最简决策树 T 和决策规则集。

Step1:合并决策表 S 中的相同对象。

Step2:初始化 $B=\varnothing$,T 为空树。

Step3:对于任意属性 $a \in C-B$,计算 $E(D|B\cup\{a\})$。

Step4:选择使 $E(D|B\cup\{a\})$ 最小的属性 a 为决策树 T 的根节点(或分支节点)。

(1) 如果有多个属性同时使 $E(D|B\cup\{a\})$ 达到最小值,那么从中选取一个属性 a 使其与 B 的依赖性 $\gamma_{B\cup\{a\}}(D)$ 最大。

(2) 如果仍有多个属性使 $\gamma_{B\cup\{a\}}(D)$ 达到最大值,那么选顺序靠前的属性。

Step5:用选择的属性 a 对 U 进行分类,即计算 $U/\{a\}=\{U_1,U_2,\cdots,U_t\}$,开始建立子决策表(决策树的分支)$S_i=(U_i,C,D,V,f)$,其中 $i=1,2,\cdots,t$。

Step6:如果分支 $S_i(i=1,2,\cdots,t)$ 中的所有对象 U_i 具有相同的决策属性值,那么在分支 S_i 下生成一个叶子节点,标识其决策属性值,遍历根到该叶子节点的一条路径,产生相应的决策规则,如果该决策规则中的任一非叶节点被去掉后,在 S_i 中仍能唯一表示,那么继续去掉第 2,3,… 个非叶节点,直到不能在 S_i 中唯一表示,否则 $B=B\cup\{a\}$。

Step7:如果 $B=C$ 或 U 被决策树分支完全分类,那么输出决策树 T 与决策规则集,算法结束,否则转 Step3。

Step8:结束。

采用文献[6]中计算划分与正区域的方法,分析可得 Step3~Step7 的最坏时间复杂度为 $O(|C|^2|U|)$,因而算法 5-23 总的时间复杂度为 $O(|C|^2|U|)$。

与文献[47]多变量决策树构造方法相比,算法 5-23 得到的是单变量决策树。其中 Step4 考虑了属性之间的依赖关系,易于消除冗余属性;Step5 采用分块处理的方法,弥补了 ID3 算法容易导致决策树中子树重复与某些属性在同一决策树中被多次选择的不足;Step6 对循环提取的原始决策规则进行化简,删除所有不影响规则表达的冗余条件属性及其属性值,这就保证了所提取的决策规则最小,即包含条件属性及其属性值最少,且在约简表中唯一表示。

3. 实例分析

例 5-25 表 5-33 给出了一致决策表 $S=(U,C,D,V,f)$,其中 $U=\{1,2,\cdots,14\}$,$C=\{a_1,a_2,a_3,a_4\}$,$D=\{d\}$。

表 5-33 一致决策表

U	1	2	3	4	5	6	7	8	9	10	11	12	13	14
a_1	1	1	2	0	0	0	2	0	1	1	0	2	2	1
a_2	1	1	1	2	0	0	0	2	0	2	2	2	1	2
a_3	1	1	1	1	0	0	0	0	1	1	1	0	0	0
a_4	0	1	0	0	0	1	1	0	0	0	1	1	0	1
d	0	0	1	1	1	0	1	1	1	0	0	1	1	1

用一致决策表 5-33 来验证算法 5-23 的有效性,可得到一棵与最小确定性决策规则集(表 5-34)对应的最小决策树(图 5-2)。

表 5-34 最小确定性决策规则集

序号	决策规则集	可信度	覆盖度
1	$(a_1,1) \wedge (a_3,1) \rightarrow (d,0)$	1	3/14
2	$(a_1,1) \wedge (a_3,0) \rightarrow (d,1)$	1	2/14
3	$(a_1,2) \rightarrow (d,1)$	1	4/14
4	$(a_1,0) \wedge (a_4,0) \rightarrow (d,1)$	1	3/14
5	$(a_1,0) \wedge (a_4,1) \rightarrow (d,0)$	1	2/14

对于表 5-33 的一致决策表,文献[49]中 RITIO 算法共得到 7 条规则,其中有一条规则是不一致的,它与表 5-33 的第 6 个对象矛盾,利用文献[50]中 LEM2 算法也可得到 7 条规则,但以上两种算法得到的规则集数目均比表 5-34 所示规则集多。对于不一致决策表而言,由算法 5-23 得到的决策树中,不一致对象对应的决策属性值有两个。

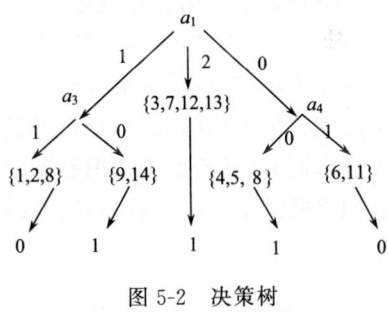

图 5-2 决策树

4. 小结

在决策表中,本节以知识的决策粗糙熵的属性重要性为启发信息,自顶向下递归构造决策树,然后遍历决策树,并简化所获得的决策规则。实例分析的结果表明,该算法为从决策表中搜索最小决策规则提供了一种有效的方法。

5.6 本章小结

粒计算作为一种新的智能信息处理方法,目前受到越来越多学者的广泛关注,现已成为人工智能领域研究的一个主要分支。本章以粒计算和粗糙集理论为基础,指出粗糙集方法在对决策表进行属性约简和规则提取时存在的不足,对粗糙集理论和粒计算中的一些基础理论问题、不确定信息的处理及其度量、规则提取等问题进行了分析,并从基于粒计算的知识约简、Rough集的决策系统属性约简、粒计算属性约简、粒计算的决策规则提取和Rough集的决策树规则提取5个方面对基于粒计算的知识约简方法进行了研究,获得了一些新的研究方法和理论结果。

1. 基于粒计算的知识约简方法

(1) 对粗糙集理论中的度量理论作了进一步的系统研究,给出了一个统一的度量集合间贴近度的方法。并根据各系统中的划分贴近度理论定义了信息表和不完备信息系统的属性重要性,根据属性重要性设计了对信息表和不完备信息系统进行属性约简的启发式算法。

(2) 针对信息系统中,由于知识中属性的增加或减少,导致知识对论域产生的不同粗细的划分和不同大小的信息粒,给出了两个新的度量方法——粒度熵和粗糙熵,以度量知识随着属性的增加或减少对论域产生不同划分时的分辨能力,并基于粒度熵设计了对信息系统进行属性约简的启发式算法。

(3) 在信息系统中属性相关性的度量方面,讨论了信息系统中的相关性、互信息等度量方法,然后借鉴集合论中对称差的概念,从粒计算的观点出发,给出了信息系统中知识距离的概念,分析了其相关性质,并指出知识距离也可以度量属性的相关性。同时,又给出了知识贴近度的概念,并分析了它与知识距离的关系,经证明它们之间满足严格互补关系。这些结论丰富和发展了不确定信息处理及其度量理论。

2. 基于Rough集的决策系统属性约简

(1) 为克服区分矩阵方法时间复杂度随系统大小增加而呈指数增长的缺陷,定义一种新的属性重要性,给出分布约简的数学判定定理。

(2) 提出了新的条件熵和决策熵定义,给出以不等式为条件的约简判定定理,以弥补现有信息论约简算法的局限性。

(3) 给出决策强度的代数定义,以弥补正区域方法的不足,证明知识的决策强度随着信息粒度变小而非单调递减的规律。

(4) 针对决策系统的特点,对决策系统中决策属性相对条件属性集的正域和依赖度进行研究,给出了一个新的计算决策系统中决策属性相对条件属性集的正域和依赖度方法,设计了基于依赖度的决策系统启发式属性约简算法,使在进行属性约简时不用比较正域是否相同即可进行属性约简。

(5) 给出了一个统一的度量集合间贴近度的方法。根据该方法,得到了一般决策系统和不完备决策系统中度量划分之间贴近度的方法。在此基础上,定义了决策表和不完备决策系统中的属性重要性,设计了对决策表和不完备决策系统进行属性约简的启发式算法。

3. 基于粒计算的属性约简

(1) 从知识粗糙性的原理和经典的知识粒度及信息熵理论出发,定义了广义的知识粒度度量和粒度熵,并给出了粒度和粒度熵函数,揭示了知识粒度的量化计算方法的本质,根据知识粗糙性和知识粒度本质上的一致性,提出了一种基于知识粒度的最小属性约简算法,该算法以知识粒度最小的属性为启发信息,且该算法不需求核,对无核的特殊信息系统计算约简更加有效。

(2) 研究了决策表中知识的度量理论,讨论了决策属性集相对于条件属性集对论域中对象的划分粒度,给出了一个新的度量方法,即决策属性集关于条件属性集的相对粒度,定义了决策表中属性的重要性度量,并基于属性的重要性度量,提出了一种新的启发式属性约简算法,弥补了基于正域的属性约简算法的不足,能有效地从决策表中获取最优或次优约简。

4. 基于粒计算的决策规则提取

在分析粒计算国内外现状及其应用研究的基础上,指出经典粗糙集方法在对决策表进行属性约简和规则提取时存在不足。针对如何有效地对决策表进行属性约简,从决策表、序决策表及不完备序决策表中获取简洁有用的决策规则,基于粒计算理论深入研究了知识的不确定性度量、知识约简与规则提取方法。

5. 基于 Rough 集的决策树规则提取

针对现有值约简算法存在属性冗余与规则冗余的不足,采用归纳学习中效率高且实用性强的决策树分类规则学习方法,在属性选择中,采用更优的启发式函数来构造决策树,提取决策规则;为弥补现有信息熵的不足,定义一种新的条件熵概念,对传统启发式方法中选择属性的标准进行改进,在新的属性重要性基础上设计了决策树规则提取方法;分析了现有知识粗糙熵的局限性,提出了知识决策粗糙熵的概念,并以条件属性子集的决策熵来度量其对决策分类的重要性,选择决策熵最小且涵盖最多决策分类对象的属性为分支节点,自顶向下递归构造决策树,遍历决策树,简化所获取的决策规则。

参 考 文 献

[1] 张文修,吴伟志,梁吉业,等. 粗糙集理论与方法[M]. 北京:科学出版社,2001.
[2] 苗夺谦,王珏. 粗糙集理论中知识粗糙性与信息熵关系的讨论[J]. 模式识别与人工智能,1998,11(3):34-40.
[3] 苗夺谦,王珏. 粗糙集理论中概念与运算的信息表示[J]. 软件学报,1999,10(2):113-116.
[4] 苗夺谦,范世栋. 知识的粒度计算及其应用[J]. 系统工程理论与实践,2002,1:48-56.
[5] Pawlak Z. Rough Sets, Theoretical Aspects of Reasoning about Data[M]. Boston, MA: Kluwer Academic Publishers,1991.
[6] 徐章艳,刘作鹏,杨炳儒,等. 一个复杂度为 $\max(O(|C\|U|),O(|C|^2|U/C|))$ 的快速属性约简算法[J]. 计算机学报,2006,29(3):391-399.
[7] 梁吉业,曲开社,徐宗本. 信息系统的属性约简[J]. 系统工程理论与实践,2001,12:76-80.
[8] 张静,王建民,何华灿. 基于属性相关性的属性约简新方法[J]. 计算机工程与应用,2005,28:55-57.
[9] 王国胤,于洪,杨大春. 基于条件信息熵的决策表约简[J]. 计算机学报,2002,25(7):759-766.
[10] 梁吉业,孟晓伟. 信息熵在粗糙集理论中的应用[J]. 山西大学学报,2002,25(3):281-284.
[11] 耿素元,屈婉玲. 集合论导引[M]. 北京:北京大学出版社,1990:1-82.
[12] Guan J W, Bell D. Rough computational methods for information systems[J]. Artificial Intellinence,1998,105:77-103.
[13] 刘清. Rough 集及 Rough 推理[M]. 北京:科学出版社,2001.
[14] 李秀红,史开泉. 一种基于知识粒度的不完备信息系统的属性约简算法[J]. 计算机科学,2006,33(11):169-170.
[15] 黄兵,周献中,张蓉蓉. 基于信息量的不完备信息系统属性约简[J]. 系统工程理论与实践,2005,25(4):55-60.
[16] Kryszkwicz M. Rough set approach to incomplete information systems[J]. Information Sciences,1998,112:39-49.
[17] Qin K Y, Pei Z, Du W F. The relationship among several knowledge reduction approaches[C]//Lecture Notes in Computer Science 3613,2005:1232-1241.
[18] Guan J W, Bell D A, Guan Z. Matrix computation for information systems[J]. International Journal of Information Sciences,2001,131:129-156.
[19] 李侃,刘玉树,王蕾. 一种粗糙集属性约简算法[J]. 计算机工程与应用,2002,38(5):15-16.
[20] 王国胤. 决策表核属性的计算方法[J]. 计算机学报,2003,26(5):611-615.
[21] 唐彬,李龙澍. 关于基于分明矩阵的属性约简算法的探讨[J]. 计算机工程与应用,2004,40(14):184-186.
[22] Kryszkiewicz M. Comparative studies of alternative type of knowledge reduction in inconsistent systems[J]. International Journal of Intelligent Systems,2001,16(1):105-120.
[23] 张文修,梁怡,吴伟志. 信息系统与知识发现[M]. 北京:科学出版社,2003:42-55,90-95.
[24] 刘启和,李凡,闵帆,等. 一种基于新的条件信息熵的高效知识约简算法[J]. 控制与决策,2005,20(8):878-882.
[25] 刘少辉,盛秋戬,吴斌,等. Rough 集高效算法的研究[J]. 计算机学报,2003,26(5):524-529.
[26] 苗夺谦,胡桂荣. 知识约简的一种启发式算法[J]. 计算研究与发展,1999,36(6):681-684.

[27] 蒋思宇,卢炎生. 两种新的决策表属性约简概念[J]. 小型微型计算机系统,2006,27(3):512-515.
[28] Liang J Y, Shi Z Z. The information entropy, rough entropy and knowledge granulation in rough set theory[J]. International Journal of Uncertainty, Fuzziness and Knowledge-Based Systems, 2004, 12(1): 37-46.
[29] Wang Jue, Wang Ju. Reduction algorithms based on discernibility matrix: the ordered attributes method [J]. Journal of Computer Science and Technology, 2001, 16(6): 489-504.
[30] Blake C L, Merz C J. UCI repository of machine learning databases[DB/OL]. 2003. http://www.ics.uci.edu/~mlearn/MLRepository.htm.
[31] 孙林,徐久成,马媛媛. 一种新的基于决策熵的决策表约简方法[C]//河南省计算机学会:计算机研究新进展,北京,2006:105-109.
[32] 郑芳,吴云志,杭小树. 粗糙集理论中知识的粗糙性研究[J]. 计算机工程与应用,2002,38(4):98-101.
[33] 蒋思宇. 新的决策表约简模型下的一种增量算法[J]. 计算机工程与应用,2005,28:21-25.
[34] Xu J C, Shen J Y, Wang G Y. Rough set theory analysis on decision subdivision[C]//Fourth International Conference on Rough Sets and Current Trends in Computing, Lecture Notes in Computer Science 3066, 2004: 340-345.
[35] 李明,黄文涛,刘智云. 关于决策表约简的CEBARKNC算法改进[J]. 计算机应用,2006,26(4):864-866.
[36] 陈杰,蒋祖华,赵云松. 基于扩展的信息熵的决策表属性约简算法[J]. 计算机工程与应用,2007,43(7):167-169.
[37] 孙林,徐久成,马媛媛. 基于新的条件熵的决策树规则提取方法[J]. 计算机应用,2007,27(4):884-887.
[38] 秦克云,高岩. 决策表的正域约简及核的计算[J]. 西南交通大学学报,2007,42(1):125-128.
[39] Pawlak Z. Rough sets[J]. International Journal of Computer and Information Sciences, 1982, 11: 341-356.
[40] Qian Y H, Liang J Y. Combination entropy and combination granulation in incomplete information system[C]//Lecture Notes in Artificial Intelligence 4062, 2006: 184-190.
[41] Liang J Y, Chin K S, Dang C Y, et al. A new method for measuring uncertainty and fuzziness in rough set theory[J]. International Journal of General Systems, 2002, 31(4): 331-342.
[42] 李秀红,史开泉. 一种基于知识粒度的属性约简算法[J]. 计算机应用,2006,26(6):76-77.
[43] 孙林,徐久成,马媛媛. 基于包含度的不一致决策表约简新方法[J]. 计算机工程与应用,2007,43(24):166-168.
[44] 刘清,刘群. 粒及粒计算在逻辑推理中的应用[J]. 计算机研究与发展,2004,41(4):546-551.
[45] 王国胤. Rough集理论与知识获取[M]. 西安:西安交通大学出版社,2001.
[46] Jelonek J, Krawiec K, Slowinski R. Rough set reduction of attributes and their domains for neural networks[J]. International Journal of Computational Intelligence, 1995, 11(2): 339-347.
[47] 苗夺谦,王珏. 基于粗糙集的多变量决策树构造方法[J]. 软件学报,1997,8(6):425-431.
[48] Tu P L, Chung J Y. A new decision-tree classification algorithm for machine learning[C]//Proceedings of the 1992 IEEE International Conference on Tools for Artificial Inelligence Arlington, Virginia, 1992: 370-377.
[49] Wu X D, Urpani D. Induction by attribute elimination[J]. IEEE Trans on Knowledge and Data Engineering, 1999, 11(5): 803-812.
[50] Grzymala-Bausse D M, Grzymala-Busse J W. The usefulness of a machine learning approach to knowledge acquisition[J]. International Journal of Computational Intelligence, 1995, 11(2): 268-279.

第6章 基于粒计算的基因表达谱数据挖掘研究

在微阵列实验的组织样本中，基因的数量往往成千上万，但与疾病有关的特征基因却只有几十或上百条，且包含大量冗余基因。因此，特征基因选择是分析基因表达谱数据的首要任务。如何选择对样本分类至关重要的基因组，是建立分类模型的关键步骤。粗糙集理论是一种有效的知识获取工具，可支持知识获取的多个步骤，如数据预处理、属性约简、规则提取[1-3]等。因此，近年来粗糙集理论越来越多地被应用于基因表达谱数据的知识获取上，并取得了一定的研究成果。

基因表达谱数据具有高维度、小样本、不完备和数值型等特点，为了克服高维度小样本造成的"维数灾难"问题，将基因评估策略作为基因选择的初选，能大大提高效率；在属性约简上的优势使粗糙集理论逐渐被应用到生物信息学领域，并且在肿瘤分类特征基因的选择方面取得了一定成效[4-7]。但是粗糙集只能直接处理离散的符号型数据，而基因表达谱数据往往是不完备的混合型数据。在对基因表达谱数据进行离散化[8]的过程中，一些重要的信息可能会丢失。基于邻域关系的扩展粗糙集模型可直接处理基因数据。在基因表达谱数据产生过程中存在一些因素导致获得的数据中包含大量的缺失值，为后续的数据分析带来极大的困难，甚至使分析结果出现严重错误。因此，基因表达谱缺失数据的填补是基因数据挖掘的重要预处理步骤。然而，对填补后的数据进行约简易造成误差，基于相容关系的扩展粗糙集模型可直接处理不完备的基因数据。基于此，将基于扩展粗糙集模型的属性约简算法应用于特征基因选择上，具有重要的应用价值。

6.1 基因表达谱数据的特征基因选择

6.1.1 特征基因选择的意义

特征选择是模式识别、机器学习、数据挖掘等领域中至关重要的过程。从降低计算复杂度的角度讲，减少特征数目可以有效地降低解决问题所付出的代价；从提高分类器性能的角度来讲，特征与分类器之间一般表现出非线性关系，当特征数量超过某个阈值时，分类器的性能可能会变坏。因此，在海量、高维、小样本、分布不平衡、大噪声、冗余度高的基因表达谱数据下，如何进行快速有效的特征基因选择就成为非常重要的研究课题。目前，外国学者已经在特征选择方面作了大量的研究,提出了许多行之有效的方法。而国内在该领域的研究还很不充分,一般情况下通过实验来选取特征。在生物信息学中,特征选择主要针对高维微阵列数据,从成千上万个基因中选择出适合于目标问题的优化特征组合。因此,快速有效的特征选择算法逐渐成为国际研究的热点问题。

6.1.2 基因初选评估策略

基因表达谱数据的特点是样本小、维数高。每个样本都记录了组织细胞中所有可测基因的表达水平。然而,只有少数基因才包含了样本具体的类别信息,大部分基因与样本类别并不相关。与分类无关的基因称为"无关基因"或"噪声基因"。因此,一般可以先对基因表达数据进行初选。本节介绍两种过滤式特征选择方法作为基因初选的评估策略,它们分别是 T-检验和 Relief 算法。

1. T-检验

T-检验主要用于小样本(样本容量小于30)、总体标准差 σ 未知的正态分布数据,是一种检验两个平均值差异程度的方法。它用 T 分布理论来推断差异发生的概率,从而判定两个平均数的差异是否显著。

定义 6.1[9] 给定基因 a,T-检验定义为

$$T(a) = \frac{\mu_1 - \mu_2}{\sqrt{\sigma_1^2/n_1 + \sigma_2^2/n_2}} \tag{6-1}$$

式中,n_i,μ_i 和 σ_i 分别为第 $i(i=1,2)$ 类的样本数、基因 a 的均值和标准方差。

2. Relief 算法

Relief 算法根据特征对近距离样本的区分能力来评估特征,好的特征应该使同类的样本接近,而使不同类的样本之间远离。算法从训练集 D 中随机选择一个样本 R,然后从和其同类的样本中寻找最近邻样本 H,从和其不同类的样本中寻找最近邻样本 M,然后对于每维特征,如果 R 和 H 在其上的距离小于 R 和 M 上的距离,则说明此维特征对区分同类和不同类的最近邻是有益的,则增加该特征权值;反之,如果 R 和 H 在其上的距离大于 R 和 M 上的距离,说明此特征对区分同类和不同类的最近邻起反作用,则降低该特征权值。重复以上过程 m 次,最后得到各特征的平均权值。特征的权值越大,表示该特征的分类能力越强,反之,表示该特征的分类能力越弱。

定义 6.2[10] 给定基因 a,其权值定义为

$$W(a) = W(a) - \text{diff}(a,R,H)/m + \text{diff}(a,R,M)/m \tag{6-2}$$

T-检验和 Relief 评估策略与很多其他特征评估算法一样,不能去除冗余特征,

算法会赋予所有和类别相关性高的特征较高的权值,而不管该特征是否和其余特征冗余,因此需要一种去除冗余基因的方法。下面将结合扩展粗糙集模型,构造属性约简算法作为去除冗余基因的算法。

6.1.3 特征基因选择方法

目前对粗糙集扩展模型的研究大多基于以下两类表:不完备的符号型决策系统,数值和符号型混合决策系统。针对不完备的混合决策系统构建一种新的广义邻域粗糙集模型,对等价关系和相容关系进行广义化表示,不仅克服了经典粗糙集只能处理符号型属性的缺点,还可直接处理不完备决策系统。结合邻域关系和相容关系的特点,对相对邻域关系和相容关系进行广义化表示,提出一种新的广义邻域关系。

定义 6.3 给定不完备混合决策系统 $IMT=<U,C\cup D,V,f>,a\in C\cup D$,$\forall x_i,x_j\in U(i,j=1,2,\cdots,n,i\neq j),x_i$ 和 x_j 在属性 a 上的相异度定义为

$$d(x_i(a),x_j(a))=\frac{|x_i(a)-x_j(a)|}{\max_{1\leqslant k\leqslant n}\{x_k(a)\}-\min_{1\leqslant k\leqslant n}\{x_k(a)\}} \tag{6-3}$$

定义 6.4 给定不完备混合决策系统 $IMT=<U,C\cup D,V,f>,B\subseteq C$,$\forall x_i,x_j\in U(i,j=1,2,\cdots,n,i\neq j),x_i$ 和 x_j 在属性子集 B 上的相异度定义为

$$d_B(x_i,x_j)=\frac{\sum_{a\in B}d(x_i(a),x_j(a))}{|B|} \tag{6-4}$$

定义 6.5 给定不完备混合决策系统 $IMT=<U,C\cup D,V,f>,B_1$ 是不完备的符号型属性,B_2 是不完备的数值型属性,$B_1,B_2\subseteq C\cup D$,样本 x_i 在不同属性集上的广义邻域分别定义为

$$\omega_{B_1}(x_i)=\{x_j|x_j\in U,d_{B_1}(x_i,x_j)=\frac{1}{H}\cup(\exists a\in B_1,x_j(a)=*)\} \tag{6-5}$$

$$\omega_{B_2}(x_i)=\{x_j|x_j\in U,d_{B_2}(x_i,x_j)<\frac{1}{H}\cup(\exists a\in B_2,x_j(a)=*)\} \tag{6-6}$$

式中,H 为量化级数。

定义 6.6 给定不完备混合决策系统 $IMT=<U,C\cup D,V,f>,B\subseteq C\cup D$,$\forall x_i\in U$,样本 x_i 在属性子集 B 上的广义邻域定义为

$$\omega_B(x_i)=\{x_j|x_j\in U,d_B(x_i,x_j)\leqslant\frac{1}{H}\cup x_j(a)=*,0\leqslant\delta<1\} \tag{6-7}$$

性质 6.1 给定不完备混合决策系统 $IMT=<U,C\cup D,V,f>,B\subseteq C\cup D$,

对于$\forall x_i \in U$,样本x_i在属性子集B上的广义邻域满足:

(1) $\omega_B(x_i) \neq \varnothing$;

(2) $\bigcup_{i=1}^{|U|} \omega_B(x_i) = U$;

(3) 如果$\exists a \in B, x_i(a) = *$,则$\omega_B(x_i) = U$。

定义 6.7 给定不完备混合决策系统 IMT$=<U,C\cup D,V,f>$,$D=\{d\}$,属性子集B确定U上一个广义邻域关系定义为

$$\text{TN}_B = \{(x_i, x_j) \in U^2 | x_j \in \omega_B(x_i)\} \tag{6-8}$$

式中,$\omega_B(x_i)$称为广义邻域粒。

广义邻域关系是相对邻域关系和相容关系的扩展,既可以处理完备的混合型属性,又可以处理不完备混合型属性。当$1/H=0$时,广义邻域关系变为相容关系;当不存在$x_j(a)=*$时,广义邻域关系变为邻域关系;当同时满足以上两条时,广义邻域关系变为等价关系。

信息熵利用等价关系对论域的划分进行定义。如果将等价关系放宽为广义邻域关系,邻域类对论域的划分变成了覆盖,则利用分块大小衡量信息量大小就不再恰当。将每一个样本单独看待,其所在的等价类则可以看做它的邻域,那么可以用一个样本在所有样本的邻域中出现的次数来定义信息熵。而广义邻域关系是对称的,一个样本的邻域中有哪些样本,它就在相应的那些样本的邻域中出现,那么在广义邻域关系下,可以利用样本的邻域大小来定义信息熵。决策系统可以看做信息表的特殊情况,因此可以在信息熵的基础上,通过属性的并来构造决策系统的条件熵。

定义 6.8 给定不完备混合决策系统 IMT$=<U,C\cup D,V,f>$,$B\subseteq C$,$\omega_B(x_i)$表示在B下样本x_i生成的广义邻域,则在广义邻域关系下B的信息熵定义为

$$H(B) = -\sum_{i=1}^{|U|} \frac{1}{|U|} \log_2 \frac{|\omega_B(x_i)|}{|U|} \tag{6-9}$$

性质 6.2 给定不完备混合决策系统 IMT$=<U,C\cup D,V,f>$,$P,Q\subseteq C\cup D$,$U/\text{TN}_P=\{\omega_P(x_1),\omega_P(x_2),\cdots,\omega_P(x_{|U|})\}$和$U/\text{TN}_Q=\{\omega_Q(x_1),\omega_Q(x_2),\cdots,\omega_Q(x_{|U|})\}$分别表示$P$和$Q$对论域构成的两个分类,则这两个分类的交运算满足

$$U/\text{TN}_P \cap U/\text{TN}_Q = U/\text{TN}_{P\cup Q}$$

性质 6.2 中分类U/TN_P和U/TN_Q可分别简记为U/P和U/Q,$U/\text{TN}_P \cap /\text{TN}_Q = U/\text{TN}_{P\cup Q}$可简记为$U/P \cap U/Q = U/(P\cup Q)$。

定义 6.9 给定不完备混合决策系统 IMT$=<U,C\cup D,V,f>$,$P,Q\subseteq C\cup D$,U/P和U/Q分别表示P和Q对论域构成的两个分类,则分类$U/(P\cup Q)$的条件熵定义为

$$H(P \cup Q) = -\sum_{i=1}^{|U|}\sum_{j=1}^{|U|} \frac{1}{|U|} \log_2 \frac{|\omega_P(x_i) \cap \omega_Q(x_j)|}{|U|}$$

$$= \sum_{i=1}^{|U|} \frac{1}{|U|} \log_2 \frac{|\omega_P(x_i) \cap \omega_Q(x_i)|}{|U|} \tag{6-10}$$

定义 6.10 给定不完备混合决策系统 IMT$=<U,C \cup D,V,f>$，$B \subseteq C$，则 U/B 和 U/D 分别表示 B 和 D 对论域构成的两个分类，则分类 $U/(D \cup B)$ 的条件熵定义为

$$H(D \cup B) = -\sum_{i=1}^{|U|}\sum_{j=1}^{|U|} \frac{1}{|U|} \log_2 \frac{|\omega_D(x_i) \cap \omega_B(x_j)|}{|U|}$$

$$= \sum_{i=1}^{|U|} \frac{1}{|U|} \log_2 \frac{|\omega_D(x_i) \cap \omega_B(x_i)|}{|U|} \tag{6-11}$$

定义 6.11 给定不完备混合决策系统 IMT$=<U,C \cup D,V,f>$，$P,Q \subseteq C \cup D$，如果 $\forall \omega_P(x_i) \in U/P \Rightarrow \exists \omega_Q(x_i) \in U/Q$，满足 $\delta_P(x_i) \subseteq \delta_Q(x_i)$，那么称 U/P 比 U/Q 分类细，记为 $U/P < U/Q$。

定理 6.1 给定不完备混合决策系统 IMT$=<U,C \cup D,V,f>$，$M,N \subseteq C$。如果 $U/M < U/N$，则 $H(D \cup N) < H(D \cup M)$。

证明：假设 $U/M = \{\omega_M(x_1),\omega_M(x_2),\cdots,\omega_M(x_{|U|})\}$，$U/N = \{\omega_N(x_1),\omega_N(x_2),\cdots,\omega_N(x_{|U|})\}$，$U/D = \{\omega_D(x_1),\omega_D(x_2),\cdots,\omega_D(x_{|U|})\}$。如果 $U/M < U/N$，则 $\forall x_i (x_i \in U)$ 满足 $\omega_M(x_i) \subset \omega_N(x_i)$ 且 $\omega_D(x_i) \cap \omega_M(x_i) \subset \omega_D(x_i) \cap \omega_N(x_i)$，即 $1 \leqslant |\omega_M(x_i)| \leqslant |\omega_N(x_i)|$ 且 $1 \leqslant |\omega_D(x_i) \cap \omega_M(x_i)| \leqslant |\omega_D(x_i) \cap \omega_N(x_i)|$。因此可以进行如下推导，即

$$H(D \cup N) - H(D \cup M) = -\sum_{i=1}^{|U|} \frac{1}{|U|} \log_2 \frac{|\omega_D(x_i) \cap \omega_N(x_i)|}{|U|}$$

$$+ \sum_{i=1}^{|U|} \frac{1}{|U|} \log_2 \frac{|\omega_D(x_i) \cap \omega_M(x_i)|}{|U|}$$

$$= \sum_{i=1}^{|U|} \frac{1}{|U|} \log_2 \frac{|\omega_D(x_i) \cap \omega_M(x_i)|}{|\omega_D(x_i) \cap \omega_N(x_i)|} < 0_\circ$$

推论 6.1 给定不完备混合决策系统 IMT$=<U,C \cup D,V,f>$，$B \subseteq C$，$a \subseteq C-B$，则 $H(D \cup B) < H(D \cup B \cup \{a\})$。

定义 6.12 给定不完备混合决策系统 IMT$=<U,C \cup D,V,f>$，$B \subseteq C$，则任意属性 $a \in C-B$ 相对于决策属性 D 的重要性定义为

$$SGF_H(a,B,D) = H(D \cup B \cup \{a\}) - H(D \cup B) \tag{6-12}$$

当 $SGF_H(a,B,D) = 0$ 时，说明 a 是 B 相对于 D 必要的，将属性 a 加入约简

集合;当 $SGF_H(a,B,D)>0$ 时,说明 a 是 B 相对于 D 不必要的。若 $\forall a\in C-B$ 都为 B 中必要的,则称 B 为独立的,否则称 B 为依赖的。

6.2 基于扩展粗糙集模型的特征基因选择

6.2.1 基因表达谱数据表的建立

利用基因芯片来测量基因的表达水平,每张芯片上有成千上万个点 $g_i(i=1,2,\cdots,N)$,每个点代表一个基因,一张芯片测出的是某个样本的基因集合 $\{g_i\}$ 中基因的表达值。第 i 张芯片上的第 j 个点得到的值用 $\omega_{i,j}$ 表示,即第 i 个样本的第 j 个基因的表达值,将多个基因芯片的数据值合并在一起便得到一个矩阵。

设 $G=\{g_1,g_2,\cdots,g_N\}$ 表示一个样本中所有基因组成的一个基因集合,其中 $g_i(1\leqslant i\leqslant N)$ 表示一个基因,$|G|=N$ 表示全部基因的个数。设 $S=\{s_1,s_2,\cdots,s_M\}$ 表示由全部实验样本所构成的样本集合,其中 $|S|=M$ 表示样本数量,每一个样本 $s_i(1\leqslant i\leqslant M)$ 表示在某种条件下所有基因的表达值,即 s_i 是一个 N 维空间向量,且 $s_i\in \mathbf{R}^N$。由所有的样本所组成的基因表达矩阵 GEP 可表示为(这里 gene 表示基因,sample 表示样本)

$$\text{GEP} = \begin{bmatrix} \omega_{1,1} & \omega_{1,2} & \cdots & \omega_{1,N} \\ \omega_{2,1} & \omega_{2,2} & \cdots & \omega_{2,N} \\ \cdots & \cdots & \cdots & \cdots \\ \omega_{M,1} & \omega_{M,2} & \cdots & \omega_{M,N} \end{bmatrix} \begin{matrix} \text{基因 } g_j\ (j=1,2,\cdots,N) \\ \\ \text{样本 } s_i \\ (i=1,2,\cdots,M) \end{matrix}$$

在图 6-1 中,$\omega_{i,j}$ 表示基因 g_j 在样本 s_i 中的基因表达值,通常情况下 $M\ll N$。矩阵 GEP 的每行表示同一条件下所有基因的基因表达谱,构成 N 维空间的一个点,而每列表示一个基因在不同条件下的表达情况。在左侧的基因表达谱矩阵中,每一列表示一个基因,为了以后论述方便,也把每个基因称为样本空间中的一维,或者是数据的一个变量。而每一行对应于一张基因芯片,表示一个样本,称为一个数据点或者是一个样本。样本大小指的是实验中芯片的多少,也就是参加检测的样本的个数。因此基因表达谱数据的典型特点可以表述为小样本、高维度,也称为基因表达谱数据的"维数灾难"。为了分析基因在不同条件下的表达值的差异,一般把样本分为几类,有两类典型情况,即样本的状态是正常的或是疾病的,设前 m_1 个为正常样本,后 m_2 个为疾病样本,其中 $m_1+m_2=M$,这样样本分为包含 m_1 个样本的正常样本集合和包含 m_2 个样本的疾病样本集合。基因挖掘的任务就是发现那些在正常样本集合和疾病样本集合中表达差异显著的基因。给出一个假设:变化越显著的基因与样本的状态越有关系,可以表述为某个基因变化差异越大,则该基因与样本的状态越相关;如果没有表现出差异,则表示该基因与样本的状态无关,即与疾病无关。

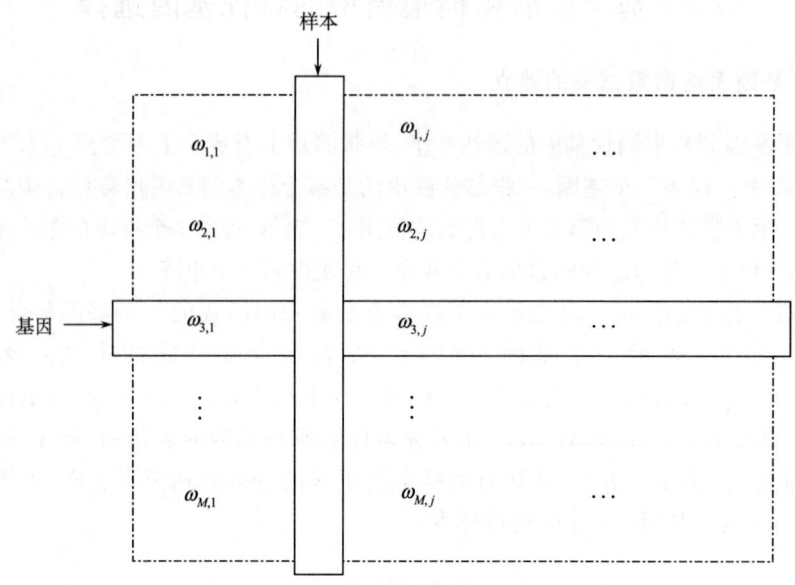

图 6-1　基因表达谱数据的数学描述

6.2.2　基于扩展粗糙集模型的特征基因选择算法

基因表达谱数据集中每个样本都记录了组织细胞中所有可测基因的表达水平,然而只有很少一部分基因包含了样本具体的类别信息,因此数据集中存在大量的无关基因和噪声基因。特征基因选择方法分为两个部分:第一部分是基因初选阶段,利用 T-检验、Relief 等基因评估方法对分布差异较大的若干基因进行排序,并从中选出靠前的 N(由用户指定)个基因组成条件属性子集;第二部分是去除冗余基因阶段,利用扩展的粗糙集理论对基因初选的子集进行属性约简。

算法 6-1　特征基因选择算法

输入:$S=\{s_1,s_2,\cdots,s_M\}$,$G=\{g_1,g_2,\cdots,g_{|G|}\}$,$D=\{d\}$。

输出:特征基因子集 B。

Step 1:利用基因评估方法对基因表达谱数据进行基因初选,选出评分靠前的 N 个基因,组成条件属性子集 $C=\{c_1,c_2,\cdots,c_N\}$。

Step 2:计算每个样本 $s_i \in S$ 的 $\omega_G(s_i)$ 和 $\text{TN}_D(s_i)$,利用快速排序求出 $H(D \cup C)$。

Step 3:按条件熵 $H(D \cup \{c_i\})$ 的值从大到小对 $c_i \in C$ 进行排序,组成新的序列 $A=\{a_1,a_2,\cdots,a_{|C|}\}$。

Step 4:令 $B=\varnothing$。

Step 5:对于任意 $a_i \in A-B$,计算 $SGF(a_i,B,D)=H(D\cup B\cup\{a_i\})-H(D\cup B)$。

Step 6:求 $\max(SGF(a_i,B,D))$,实际上是求 $H=\{a_i\in S-B|\max(H(D\cup B\cup\{a_i\}))\}$;如果 $H\neq 1$,则选择 $a_i\in H$ 满足 $\min(|U/TN(B\cup\{a_i\})|)$。

Step 7:$B=B\cup\{a_i\}$。

Step 8:如果 $H(D\cup B)\neq H(D\cup G)$,转 Step 5;否则令 $B=A\cap B=\{a_1,a_2,\cdots,a_{|B|}\}$(此处考虑算法的完备性)

```
for(i=1;i≤|B|;i++)
{a_i ∈ B;
B = B - {a_i};
如果 H(D∪B) ≠ H(D∪C)
B = B ∪ {a_i};
}
```

Step 9:返回特征基因子集 B。

Step 10:结束。

6.2.3 仿真实验对比分析

基因表达谱数据是不完备混合型数据,为了验证算法 6-1 数据的有效性,选用公开的基因表达谱数据集进行测试。在每个数据集上,运行特征基因选择算法,记录下特征选择后的特征子集的大小,然后在各特征选择算法处理后的训练数据集上训练得到 SVM 分类器,接着得到 SVM 分类器在测试集上的分类错误率,并记录下来。每个实验重复 5 次,每次均对数据集进行随机打乱,以得到独立训练集和测试集。采用训练集上的 10 倍交叉验证法得到分类器性能,实验结果对比见表 6-1[①]。

表 6-1 实验对比表

序号	基因选择或特征提取方法	分类器	样本集	信息基因数量	分类精度/%	参考文献
1	RFSC+粗糙集属性约简	SVM	Leukemia Colon	3 4	97.22 87.10	文献[1]
2	模糊逻辑与遗传算法	SVM	Leukemia Colon	25 10	100 99.41	文献[11]

---

① RFSC(revised feature score criterion)是修订的特征记分准则。

续表

序号	基因选择或特征提取方法	分类器	样本集	信息基因数量	分类精度/%	参考文献
3	相容关系属性约简	SVM	Leukemia Colon	6 7	98.45 92.78	文献[12]
4	邻域粗糙集属性约简	SVM	Leukemia Colon	6 7	98.22 93.23	文献[13]
5	广义邻域覆盖粗糙集属性约简	SVM	Leukemia Colon	4 5	92.87 93.67	算法 6-1

实验结果比较了两个方面:特征基因选择个数和分类能力。对比结果表明,这几种方法都能有效地降低特征基因的数量。基于粗糙集的特征基因选择算法的基因数目最少,但分类精度最低。遗传算法的分类精度最高,但基因数目最多。基于邻域粗糙集属性约简算法保留的特征基因数量较少,但分类精度比遗传算法略低。而基于邻域粗糙集的特征选择算法和基于相容关系的特征选择算法,选择出的特征基因数目相同,但前者分类精度较高。相比之下,基于广义邻域粗糙集的特征基因选择算法在保留特征基因数量最少的情况下,分类精度最高。

6.3 基于邻域互信息的肿瘤基因选择方法

自 1999 年 Golub 等利用肿瘤基因表达谱分类肿瘤亚型[8]以来,大量肿瘤信息基因选择方法相继被提出[9-10,14-16],基于基因表达谱的肿瘤分类研究已经成为生物信息学的一个新的研究热点。肿瘤基因表达谱的显著特点是样本的维数高而样本很小、噪声冗余多而信息基因少。因此,如何从实验数据中提取出信息基因,是肿瘤识别研究的关键内容之一[15]。

Guyon 等引入了加权特征度量基因,并构建了基于支持向量机的基因选择算法[16],但是这种算法不能发现冗余基因。Chris 和 Peng 提出了最小冗余度和最大相关度基因选择算法[17],给出了候选基因的入选准则。王树林等采用因子分析法从信息基因子集抽取潜在因子,设计了启发式宽度优先搜索算法[12]。Au 等[18]构造了一个属性聚类算法,依据信息熵作为相关度,将属性分成不同的簇,得到了不错的结果。然而,多数聚类算法不能直接处理连续型属性。当需要处理连续型属性时,通常的做法是将连续数据离散化,而离散化会导致信息丢失[13]。胡清华等提出邻域互信息,结合最小冗余、最大相关方法[13]选择最小特征子集,但是该算法样本邻域的计算量过大,并且目标函数中阈值的设定也相当困难。另外,基因表达谱高维度、小样本的数据特点,很可能导致不相关模式的发现。人们试图将邻域互信息用于属性聚类,得到各个簇的模式,以用于基因选择。

6.3.1 基于邻域互信息的肿瘤基因聚类算法

定义 6.13[13]　给定实数空间上的非空有限集合 $U=\{x_1,x_2,\cdots,x_n\}$,$\delta \geqslant 0$,对于 U 上的任意对象 x_i,定义其 δ 邻域为

$$\delta(x_i)=\{x \mid x \in U, \Delta(x,x_i) \leqslant \delta\} \tag{6-13}$$

定义 6.14[13]　给定实数空间上的非空有限集合 $U=\{x_1,x_2,\cdots,x_n\}$,F 是 U 上的属性集,$R,S \subseteq F$,则 R 与 S 的邻域互信息定义为

$$\text{NMI}_\delta(R;S) = -\frac{1}{n}\sum_{i=1}^{n}\log\frac{|\delta_R(x_i)| \cdot |\delta_S(x_i)|}{n|\delta_{R \cup S}(x_i)|} \tag{6-14}$$

式中,$\delta_R(x_i)$,$\delta_S(x_i)$ 分别是 x_i 在属性集合 R 与 S 上的 δ 邻域,$\delta_{R \cup S}(x_i)$ 是 x_i 在属性集合 $R \cup S$ 上的邻域。

R 与 S 的联合领域信息 x 熵定义为

$$\text{NH}_\delta(R;S) = -\frac{1}{n}\sum_{i=1}^{n}\log\frac{|\delta_{\text{SUR}}(x_i)|}{n} \tag{6-15}$$

定义 6.15　设有属性 A_i 与 A_j,$i,j \in \{1,2,\cdots,p\}$,$i \neq j$,则 A_i 与 A_j 相关度为

$$\text{NR}_\delta(A_i;A_j)=\frac{\text{NMI}_\delta(A_i;A_j)}{\text{NH}_\delta(A_i,A_j)} \tag{6-16}$$

式中,$\text{NMI}_\delta(A_i;A_j)$ 为属性 A_i 与 A_j 的邻域互信息,$\text{NH}_\delta(A_i,A_j)$ 为属性 A_i 与 A_j 的联合邻域信息熵。

$\text{NMI}_\delta(A_i;A_j)$ 度量了已知 A_j 对于了解 A_i 不确定性的平均减少量。如果 $\text{NMI}_\delta(A_i;A_j) > \text{NMI}_\delta(A_i;A_h)$,$h \in \{1,2,\cdots,p\}$,$h \neq i \neq j$,则 A_i 与 A_j 的相关度大于 A_i 与 A_h 的相关度。当 $\text{NR}_\delta(A_i;A_j)=1$ 时,A_i 与 A_j 严格相关;当 $\text{NR}_\delta(A_i;A_j)=0$ 时,则 A_i 与 A_j 在统计上独立;而当 $0 < \text{NR}_\delta(A_i;A_j) < 1$ 时,则 A_i 与 A_j 部分相关。

定义 6.16　设属性 A_i 在簇 $C=\{A_j|1,2,\cdots,p\}$ 中,则 A_i 对于簇 C 的显著多元相关度定义为

$$\text{MNR}_\delta(A_i)=\sum_{j=1}^{p}\text{NR}_\delta(A_i;A_j) \tag{6-17}$$

式中,$\text{NR}_\delta(A_i;A_j)$ 为属性 A_i 与 A_j 的相关度。

定义 6.17　设属性 A_i 在簇 $C=\{A_j|1,2,\cdots,p\}$ 中,如果 $\text{MNR}_\delta(A_i) \geqslant \text{MNR}_\delta(A_j)$,$j \in \{1,2,\cdots,p\}$,则簇 C 的模式 $\eta(C)$ 为 A_i。

可见,簇 C 的模式 $\eta(C)$ 是簇中显著多元相关度最大的属性。基于邻域互信息的肿瘤基因聚类算法就是利用邻域互信息作为相关性度量,结合 K 均值算法,

将各属性聚类成簇,选择出簇的模式,用于进一步基因选择。具体算法描述见算法 6-2。

算法 6-2 基于邻域互信息的肿瘤基因聚类算法(GCMACA)

输入:数据集合 $S=\{A_1,A_2,\cdots,A_p\}$。

输出:k 个模式 $C=\{A_i|1,2,\cdots,k\}$。

Step1:对于 p 个属性,随机地选择 k 个模式 $\eta_r, r\in\{1,2,\cdots,k\}$。形式上令 $\eta_r=A_i, r\in\{1,2,\cdots,k\}, i\in\{1,2,\cdots,p\}$,并且 $\eta_r\neq\eta_s$,对于所有的 $s\in\{1,2,\cdots,k\}-\{r\}$。

Step2:对于每个属性 $A_i, i\in\{1,2,\cdots,p\}$,以及每个模式 $\eta_r, r\in\{1,2,\cdots,k\}$,计算 $NR_\delta(A_i;\eta_r)$。当 $NR_\delta(A_i;\eta_r)\geqslant NR_\delta(A_i;\eta_s), s\in\{1,2,\cdots,k\}-\{r\}$ 时,把 A_i 归为簇 C_r。

Step3:对于每一个簇 $p, r\in\{1,2,\cdots,k\}$,当 $MNR_\delta(A_i)\geqslant MNR_\delta(A_j), A_i, A_j\in C_r, i\neq j$ 时,设定 $\eta_r=A_i$。

Step4:直到每个簇的模式 η_r 不再变化,停止执行 Step 2 和 Step 3。

Step5:结束。

需要指出的是,这里簇的数量 k 是提前指定的。为了选择最优的 k,计算显著多元相关度量的和 $\sum_{r=1}^{k}\sum_{A_i\in C_r}NR_\delta(A_i;\eta_r)$,以此评估聚类的整体效果。也就是说,选择出的 k 要使得显著多元相关度量的和最大,即 $k=\arg\max_{k\in\{2,3,\cdots,p\}}\sum_{r=1}^{k}\sum_{A_i\in C_r}NR_\delta(A_i;\eta_r)$。

对算法稍加分析不难看出,设基因数据表有 n 个样本和 p 个基因,则算法时间复杂度为

$$O(GCMACA)=O(k(np+np^2)t)$$
$$=O(knp^2t)$$

6.3.2 基于邻域互信息与粒子群优化的肿瘤基因选择算法

现有特征选择的算法大体可分为两类:过滤法和缠绕法。二者各有优缺点,为了将二者相结合,优势互补,可以将特征选择的过程分为两个阶段:第一阶段采用过滤法,用邻域互信息计算每个属性与分类的相关度;第二阶段采用缠绕法,用粒子群优化[11,19]检测已经标识的相关属性子集,选择出最优或者次优属性子集。随后,这些子集由支持向量机与留一法交叉验证。

粒子群优化算法(PSO)初始化为一群随机粒子(随机解),然后通过迭代找到最优解,在每一次迭代中,粒子通过两个极值来更新自己。第一个是粒子本身所找到的最优解,这个解叫做个体极值 pbest,另一个极值是整个种群目前找到的最优解,这个极值是全局极值 gbest。在找到这两个最优值时,粒子根据如下公式来更

新自己的速度和新的位置。

$$v_{id}(t+1) = \omega \cdot v_{id}(t) + c_1 \cdot r_{1d}(t)[p_{id}(t) - x_{id}(t)] \\ + c_2 \cdot r_{2d}(t)[p_{gd}(t) - x_{id}(t)] \quad (6\text{-}18)$$

$$x_{id}(t+1) = x_{id}(t) + v_{id}(t+1) \quad (6\text{-}19)$$

式中,ω 为惯性权重,它是时间变换恒为正的线性函数,c_1 和 c_2 是加速常数,r_{1d} 和 r_{2d} 是两个值域为[0,1]的随机函数。

定义 6.18[11] 适应度函数定义为

$$\text{Fitness} = \alpha \cdot \varphi_S + \beta \cdot \frac{|N| - |S|}{|N|} \quad (6\text{-}20)$$

式中,φ_S 为属性子集 S 的分类能力,$|N|$ 为特征的总数,$|S|$ 为特征子集的长度,$\alpha \in [0,1]$,$\beta = 1 - \alpha$。这里,假定分类质量更加重要,于是设 $\alpha = 0.75$,$\beta = 0.25$。

基于邻域互信息与粒子群优化算法的肿瘤基因选择算法,先用邻域互信息计算每个属性与分类的相关度,过滤出无关基因,再用粒子群优化检测已经标识的相关属性子集,选择出最优或者次优属性子集。具体算法见算法 6-3。

算法 6-3 基于邻域互信息与粒子群优化的肿瘤基因选择算法

输入:$S = \{s_1, s_2, \cdots, s_M\}$,$G = \{g_1, g_2, \cdots, g_{|G|}\}$,$D = \{d\}$。

输出:特征基因子集 B。

Step1:计算每个属性与分类的相关度,选择一定数目的相关度最大的属性子集。

Step2:在搜索空间中,生成一群随机位置的粒子对应 Step 1 中已经标识的属性子集。

Step3:使用式(6-20)评估每一个粒子。

Step4:每次迭代重新计算 pbest 与 gbest。

Step5:如果通过一个粒子的解决方案的质量比先前的 pbest 要好,则这个方案称为该粒子的新的 pbest,而所有粒子中最好的 pbest 被选择为 gbest。

Step6:直到获得最优子集或算法执行到某一指定次数时,过程结束并且输出最优子集。

Step7:如果 Step 6 的条件不满足,则粒子的速度与位置依照式(6-18)和式(6-19)更新。

Step8:结束。

将算法 6-3 与几种常用方法对比,应用于 6 个公开数据集上,所得结果如表 6-2 所示。可以看出,本书的方法选择的属性平均减少 99.82%,保留下来的都是对分类有正相关的属性。图 6-2 显示对这 6 个数据集 10 次测试所得的分类精度的范围。根据实验结果可以看出,算法 6-3 是有效的。

表 6-2　各方法所选基因个数及相应比例

数据集	原始个数	IBPSO/KNN 选择	比例/%	CFS/KNN 选择	比例/%	NMICFS-PSO 选择	比例/%
Breast	9216	1280	13.89	47	0.51	15	0.16
DLBCL	4026	1042	25.88	84	2.09	9	0.22
Leukemia1	7129	1034	14.50	93	1.30	16	0.22
Leukemia2	12582	12582	1292	138	1.10	15	0.12
Lung	7129	1897	26.61	550	7.71	9	0.13
SRBCT	2308	431	18.67	112	4.85	14	0.61
Average			16.46		2.42	13	0.18

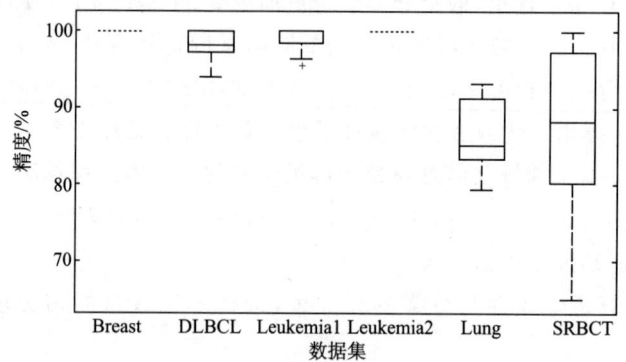

图 6-2　6 个数据集精度箱线图

6.4　本章小结

本章首先基于广义邻域关系的粗糙集模型应用于基因表达谱数据的特征基因选择,结合基因初选策略和基于广义邻域粗糙集模型的属性约简算法,对基因初选中存在的冗余属性进行约简;其次,将邻域互信息用于属性聚类,得到肿瘤基因聚类算法;最后,将特征选择过程分成封装与缠绕两个阶段,结合邻域互信息与粒子群优化选择特征基因。可以预见,粒计算理论不仅能够给决策问题以理论指导,而且能在实际应用和实践中发挥越来越重要的作用。

参 考 文 献

[1] Xu J C, Shen J Y, Wang G Y. Rough set theory analysis on decision subdivision[C]// Lecture Notes in Artificial Intelligence 3066, 2004: 340-345.

[2] Xu J C, Sun L. A new knowledge reduction algorithm based on decision power in rough set[J]. Transactions on Rough Sets, 2010, 12: 76-89.

[3] Qian Y H, Liang J Y, Li D Y. Approximation reduction inconsistent incomplete decision tables[J]. Knowledge-Based Systems, 2010, 23: 427-433.

[4] Wang L P, Feng C, Xie X. Accurate cancer classification using expressions of very few genes[J]. IEEE/ACM Transactions on Computational Biology and Bioinformatics, 2007, 4: 40-53.

[5] Zhang Y, Chris D, Tao L. Gene selection algorithm by combining reliefF and mRMR[J]. BMC Genomics, 2008, 9: 27-41.

[6] Wilson D R, Marinez T R. Improved heterogeneous distance functions[J]. Journal of Artificial Intelligence Research, 1997,(6): 1-34.

[7] 苗夺谦. 粗糙集理论中连续属性的离散化方法[J]. 自动化学报, 2001, 27(3): 296-302.

[8] Golub T R, Slonim D K, Tamayo P, et al. Molecular classification of cancer: class discovery and class prediction by gene expression monitoring[J]. Science, 1999, 286(5439): 531-537.

[9] Zhou N N, Wang L P. A Modified T-test feature selection method and its application on the Hapmap genotype data[J]. Genomics Proteomics Bioinformatics, 2007, 5(3): 242-251.

[10] Marko R S, Lgor K. Theoretical and empirical analysis of relief and reliefF[J]. Machine Learning Journal, 2003, 53: 23-69.

[11] Kennedy J, Eberhart R. Particle swarm optimization[C]// Proceedings of IEEE International Conference on Neural Networks, Perth, 1995: 1942-1947.

[12] Wang S L, Zhu Y H, Jia W, et al. Robust classification method of tumor subtype by using correlation filters[J]. IEEE/ACM Transactions on Computational Biology and Bioinformatics, 2012, 9(2): 580-591.

[13] Hu Q H, Pan W, An S, et al. An efficient gene selection technique for cancer recognition based on neighborhood mutual information[J]. International Journal of Machine Learning and Cybernetics, 2010, 1: 63-74.

[14] 陈乐,王年,苏亮亮,等. 基于邻接矩阵分解的肿瘤亚型特征提取方法[J]. 生物学杂志, 2011, 28(2): 87-89.

[15] 秦传东,刘三阳,张市芳. 一种肿瘤基因的支持向量机提取方法[J]. 西安电子科技大学学报(自然科学版), 2012, 1(39): 191-196.

[16] Guyon I, Weston J, Stephen B M D, et al. Gene selection for cancer classification using support vector machine[J]. Machine Learning, 2002, 46: 389-422.

[17] Chris D, Peng H C. Minimum redundancy feature selection from microarray gene expression data[C]// Proceedings of the IEEE Computer Society Conference on Bioinformatics, Berkeley, 2003: 523-528.

[18] Au W H, Keith C C, Andrew K C, et al. Attribute clustering for grouping, selection and classification of gene expression data[J]. IEEE/ACM Transactions on Computational Biology and Bioinformatics, 2005, 2(2): 83-101.

[19] Kennedy J, Eberhart R. A new optimizer using particle swarm theory[C]//Proceedings of the Sixth International Symposium on Micro Machine and Human Science, 1995: 39-43.

第7章 基于粒计算的图像检索

随着 Internet 和多媒体技术的迅速发展,大规模图像信息资源不断涌现,图像已成为信息的一种重要来源,其所包含的信息量远远超过文字。许多大型网站采用人工方式来对图像进行分类检索,这样不仅会影响索引的页面数量,而且使得系统效率低下[1]。如何从大规模图像资源中检索到自己所需的图像,成为国内外研究的热点。

图像的检索技术主要有两种,一种是基于内容的图像检索(content-based image retrieval,CBIR),另一种是基于语义的图像检索(semantic-based image retrieval,SBIR)。基于内容的图像检索是指通过利用图像本身包含的颜色、纹理、形状、空间关系等视觉特征进行检索;基于语义的图像检索是用户将自己看到的图像进行描述,并在头脑中形成一定概念,对形成的概念进行检索的技术[2,3]。本章将对图像的检索技术进行详细探讨。

7.1 基于概率粗糙集模型的图像语义检索

7.1.1 概率粗糙集模型理论

粗糙集理论是由 Pawlak 于 1982 年提出的一种处理模糊和不精确问题的新型数学工具,这一理论引入代数学中的等价关系来讨论知识,把知识看做关于论域的划分[4-6]。虽然粗糙集理论易于分析数据,但是不能确切反映实际应用中元素间的关系。与基于划分的经典粗糙集理论相比,基于论域覆盖的模型更具现实意义,因为在实际应用中,数据对象间的关系不一定严格满足对称性和传递性[7,8]。本节应用了与实际更相符的概率粗糙集模型来解决现实生活中大量图像检索困难的问题。

定义 7.1[8] U 为一非空有限论域,一个条件概率关系是一个映射 $R:U \times U \rightarrow [0,1]$,$R$ 对 $\forall x,y \in U$,满足

$$R(x,y) = P(x/y) = P(y \rightarrow x) = \frac{|[x]_R \cap [y]_R|}{|[y]_R|} \tag{7-1}$$

式中,$|\cdot|$ 为集合的势,$[\cdot]_R$ 为映射 R 中包含元素的集合。

定义 7.2[8] 对于 $\forall x,y \in U$,μ_x 和 μ_y 分别为 x 和 y 关于属性集 At 的模糊集,一个模糊条件概率关系是一个映射 $RL:U \times U \rightarrow [0,1]$,RL 对 $\forall x,y \in U$ 满足

$$\mathrm{RL}(x,y) = \frac{\sum_{\alpha \in At} \min\{\mu_x(\alpha), \mu_y(\alpha)\}}{\sum_{\alpha \in At} \mu_y(\alpha)} \tag{7-2}$$

式中，$\mu_x(\alpha)$ 为 x 关于属性 α 的隶属函数。

条件概率关系和模糊条件概率关系均用来表示对象间的相似关系，但模糊条件概率关系描述了更一般的情况。

定义 7.3[8] U 为一非空有限论域，R 为 U 上一条件概率关系，对于 $\forall x \in U$，R 的分别定义为 α-支持集与 α-被支持集

$$\mathrm{RS}^\alpha(x) = \{y \mid y \in U \wedge R(x,y) \geqslant \alpha\} \tag{7-3}$$

$$\mathrm{RP}^\alpha(x) = \{y \mid y \in U \wedge R(y,x) \geqslant \alpha\} \tag{7-4}$$

式中，$\alpha \in [0,1]$，$\mathrm{RS}^\alpha(x)$ 为支持 x 的对象集，$\mathrm{RP}^\alpha(x)$ 为被 x 支持的对象集。

条件概率关系满足自反性，因此 $\{\mathrm{RS}^\alpha(x) \mid x \in U\}$ 与 $\{\mathrm{RP}^\alpha(x) \mid x \in U\}$ 均构成论域 U 上的一个覆盖。以下仅讨论 $\mathrm{RS}^\alpha(x)$，关于 $\mathrm{RP}^\alpha(x)$ 通过类似方法推导可得。

定义 7.4[8] U 为一非空有限论域，R 为 U 上一条件概率关系。对于论域 U 的任意子集 $X \subset U$，其下近似集与上近似集分别定义为

$$\underline{\mathrm{RS}^\alpha}(X) = \bigcup \{\mathrm{RS}^\alpha(x) \mid x \in U \wedge \mathrm{RS}^\alpha(x) \subseteq X\} \tag{7-5}$$

$$\overline{\mathrm{RS}^\alpha}(X) = \bigcup \{\mathrm{RS}^\alpha(x) \mid x \in U \wedge \mathrm{RS}^\alpha(x) \cap X \neq \varnothing\} \tag{7-6}$$

下近似集 $\underline{\mathrm{RS}^\alpha}(X)$ 由所有为 X 子集的 $\mathrm{RS}^\alpha(x)$ 构成，上近似集 $\overline{\mathrm{RS}^\alpha}(X)$ 由所有与 X 相交不为空的 $\mathrm{RS}^\alpha(x)$ 构成。

7.1.2 基于朴素贝叶斯理论的图像标注方法

图像语义标注的方法[9,10]就是给定一幅图像 g，从语义词汇表 $L = \{k_1, k_2, \cdots, k_n \mid k_i \cap k_j = \varnothing\}$ 中抽取标注词（概念）集 $K \subset L$ 来更好地描述图像 g。

首先对每一幅图像 g 进行区域分割[11]，可以分割为 m 个区域，用 $R = \{r_1, r_2, \cdots, r_m\}$ 来表示，根据贝叶斯理论可以推出每一个标注词 k_i 的后验概率为

$$p(k_i/R) \approx p(k_i/r_1, r_2, \cdots, r_m) = \frac{f_R(r_1, r_2, \cdots, r_m/k_i) p(k_i)}{f_R(r_1, r_2, \cdots, r_m)} \tag{7-7}$$

式中，$p(\cdot)$ 为条件概率函数，$f_R(\cdot)$ 为区域 R 的边缘概率密度函数。

由于 $f_R(r_1, r_2, \cdots, r_m)$ 对于所有标注词为常数，所以只需要 $f_R(r_1, r_2, \cdots, r_m/k_i) p(k_i)$ 最大即可。假定这些标注词是等概率的，即 $p(k_1) = p(k_2) = \cdots = p(k_n)$，并据此对 $f_R(r_1, r_2, \cdots, r_m/k_i)$ 最大化。为了估计边缘概率密度函数 $f_R(r_1, r_2, \cdots, r_m/k_i)$，假设聚类区域之间是相互独立的，标注词的条件密度函数公式可以等价于

$$f_R(r_1,r_2,\cdots,r_m/k_i) = \prod_{j=1}^{m} f_R(r_j/k_i) = f_R(r_1/k_i) \times f_R(r_2/k_i) \times \cdots \times f_R(r_m/k_i)$$

(7-8)

从而可以容易地估计出后验概率 $p(k_i/R)$ 的值。根据计算出的后验概率的值,可以选择后验概率较大的语义概念进行标注。对于模糊标注的图像,本节将后验概率值加入标注词进行搜索,构造了标注词和概率值相结合的图像检索方法,使图像检索技术更一般化和准确化。

7.1.3 基于概率粗糙集的图像信息检索模型

设 $G = \{g_1, g_2, \cdots, g_m\}$ 为 m 张图像的集合,$L = \{k_1, k_2, \cdots, k_n\}$ 为 n 个标注词的集合。根据概率粗糙集模型,有以下定义。

定义 7.5 标注词空间 $L = \{k_1, k_2, \cdots, k_n\}$ 上的条件概率关系是一个映射 $R: L \times L \to [0,1]$,使得 $\forall k_i, k_j \in L$ 满足

$$R(k_i, k_j) = \frac{|S(k_i) \cap S(k_j)|}{|S(k_j)|} \tag{7-9}$$

式中,$S(k_i) = \{g_j \mid k_i \in L \wedge k_i \subset g_j\}(j = 1, 2, \cdots, m)$ 表示含有标注词 k_i 的图像集。

定义 7.6 标注词空间 $L = \{k_1, k_2, \cdots, k_n\}$ 上的一个模糊条件概率关系 $\text{RL}: L \times L \to [0,1]$,使得 $\forall k_i, k_j \in L$ 满足

$$\text{RL}(k_i, k_j) = \frac{\sum \min\{\mu(k_i), \mu(k_j)\}}{\sum \mu(k_j)} \tag{7-10}$$

式中,$\mu(k_i)$ 是标注词 k_i 对于模糊标注图像的后验概率。

在这里将后验概率用做模糊标注图像的隶属度 $\mu(k_i)$,更科学、更准确、更符合一般化的情形。因此,后面提到的 $\mu(k_i)$ 可直接看做标注词 k_i 的后验概率。

定理 7.1 在标注词空间 $L = \{k_1, k_2, \cdots, k_n\}$ 中,$\forall k_i, k_j \in L$ 满足如下条件。

(1) $R(k_i, k_j) \neq R(k_j, k_i)$,$\text{RL}(k_i, k_j) \neq \text{RL}(k_j, k_i)$。

(2) $R(k_i, k_i) = 1$,$\text{RL}(k_i, k_i) = 1$。

证明:根据式(7-9)和式(7-10),显然成立。

定义 7.7 对于每个标注词 $k_i \in L (i = 1, 2, \cdots, n)$,$R$ 为 L 上的一个条件概率关系,对 $k_i \in L$,R 的分别定义为 α-被支持集与 α-支持集

$$\text{RS}^{\alpha}(k_i) = \{k_j \mid k_j \in L \wedge R(k_i, k_j) \geq \alpha\} \tag{7-11}$$

$$\text{RP}^{\alpha}(k_i) = \{k_j \mid k_j \in L \wedge R(k_j, k_i) \geq \alpha\} \tag{7-12}$$

式中,$RS^\alpha(k_i)$ 为支持标注词 k_i 的图像集合,$RP^\alpha(k_i)$ 为被标注词 k_i 支持的图像集合。

定义 7.8 设 R 为标注词集 L 上一条件概率关系,则对于词集 L 的任一子集 $K \subset L$,其下近似集与上近似集分别定义为

$$\underline{RS^\alpha}(K) = \bigcup \{RS^\alpha(k_i) \mid k_i \in L \wedge RS^\alpha(k_i) \subseteq K\} \tag{7-13}$$

$$\overline{RS^\alpha}(K) = \bigcup \{RS^\alpha(k_i) \mid k_i \in L \wedge RS^\alpha(k_i) \cap K \neq \varnothing\} \tag{7-14}$$

定义 7.9 对于图像库中的任一图像 g_j 与所要查询的图像 Q,它们的语义相似度定义为

$$\text{Sim}(Q, g_j) = \beta \underline{\text{Sim}}(Q, g_j) + (1-\beta) \overline{\text{Sim}}(Q, g_j) \tag{7-15}$$

式中

$$\overline{\text{Sim}}(Q, g_j) = |\overline{RS^\alpha}(Q) \cap \overline{RS^\alpha}(g_j)| / |\overline{RS^\alpha}(Q) \cup \overline{RS^\alpha}(g_j)|$$

$$\underline{\text{Sim}}(Q, g_j) = |\underline{RS^\alpha}(Q) \cap \underline{RS^\alpha}(g_j)| / |\underline{RS^\alpha}(Q) \cup \underline{RS^\alpha}(g_j)|, 0 \leqslant \beta \leqslant 1$$

一般来说,在信息检索中下近似对检索的贡献很小,而上近似对检索的贡献相对较大。因此,本节取 $\beta = 0.3$。

性质 7.1 对于 $\forall g_i, g_j \in G(i, j = 1, 2, \cdots, m)$ 有:

(1) $\text{Sim}(g_i, g_j) = \text{Sim}(g_j, g_i)$;

(2) $\text{Sim}(g_i, g_i) = 1$;

(3) $0 \leqslant \text{Sim}(g_i, g_j) \leqslant 1$。

证明:根据式(7-15),以上性质显然成立。

由上述性质可知,同一幅图像之间的相似度一定为 1,而无论图像的顺序排列如何,均不影响相似度计算的取值。因此,在图像信息检索中,同一幅图像不用比较其相似度,在对图像进行处理的过程中不必考虑图像的排列顺序。

7.1.4 精确标注图像与模糊标注图像的检索

1. 精确标注图像的检索

本节在 Corel 图像库[12]中选择 6 幅图像作为本节讨论的图像库,如图 7-1 所示。首先对该图像库中的图像进行分割,利用式(7-7)朴素贝叶斯理论进行图像的区域标注。假设该图像空间(图像库)表示为 $G = \{g_1, g_2, \cdots, g_6\}$(其中 $g_1, g_2, \cdots, g_6$ 分别表示图 7-1 对应的图像),标注词空间为 $K = \{小孩,灌木林,沙滩,大海,蓝天,大树,岩石,黄昏,建筑物\} = \{k_1, k_2, \cdots, k_9\}$,则

图 7-1 中的(a)可以标注为$\{小孩,沙滩,大海,蓝天\} = \{k_1, k_3, k_4, k_5\}$;

图 7-1 中的(b)可以标注为$\{沙滩,大海,蓝天,大树\} = \{k_3, k_4, k_5, k_6\}$;

图 7-1 中的(c)可以标注为$\{小孩,大海,岩石,黄昏\} = \{k_1, k_4, k_7, k_8\}$;

图 7-1 中的(d)可以标注为$\{蓝天,建筑物\} = \{k_5, k_9\}$;

图 7-1 中的(e)可以标注为{黄昏,建筑物} = $\{k_8, k_9\}$；

图 7-1 中的(f)可以标注为{小孩,灌木林} = $\{k_1, k_2\}$。

图 7-1 Corel 图像库中所选图像

然后根据式(7-9),可以计算出标注词之间的条件概率关系,即

$$R(k_1,k_2) = \frac{|S(k_1) \cap S(k_2)|}{|S(k_2)|} = \frac{|\{g_1,g_3,g_6\} \cap \{g_6\}|}{|\{g_6\}|} = 1$$

$$R(k_1,k_3) = 1/2$$

$$R(k_2,k_3) = 0$$

⋮

$$R(k_2,k_1) = 1/3$$

$$R(k_3,k_1) = 1/3$$

$$R(k_3,k_2) = 0$$

⋮

取阈值 $\alpha = 0.6$,由式(7-11)和式(7-12)分别得到标注词条的支持集和被支持集:$RS^{0.6}(k_1) = \{k_1,k_2,k_4,k_7\}$,$RS^{0.6}(k_2) = \{k_2\}$,$RS^{0.6}(k_3) = \{k_3,k_4,k_5,k_6\}$ 等,$RP^{0.6}(k_1) = \{k_1,k_4\}$,$RP^{0.6}(k_2) = \{k_1,k_2\}$,$RP^{0.6}(k_3) = \{k_3,k_4,k_5\}$ 等。

如果要查询包含小孩、灌木林、沙滩、蓝天的图片,可用 $Q = \{k_1,k_2,k_3,k_5\}$ 来表示,则由式(7-13)和式(7-14)可计算出图像的上、下近似,如表 7-1 所示。

表 7-1 精确标注图像查询的上、下近似

图像	标注词	图像的下近似	图像的上近似
Q	k_1,k_2,k_3,k_5	k_2	$k_1,k_2,k_3,k_4,k_5,k_6,k_7$
g_1	k_1,k_3,k_4,k_5	$\varnothing$	$k_1,k_2,k_3,k_4,k_5,k_6,k_7$
g_2	k_3,k_4,k_5,k_6	k_3,k_4,k_5,k_6	k_1,k_3,k_4,k_5,k_6,k_7
g_3	k_1,k_4,k_7,k_8	k_7,k_8	$k_1,k_2,k_3,k_4,k_5,k_6,k_7,k_8$

续表

图像	标注词	图像的下近似	图像的上近似
g_4	k_5, k_9	k_9	k_3, k_4, k_5, k_6, k_9
g_5	k_8, k_9	k_9	k_7, k_8, k_9
g_6	k_1, k_2	k_2	k_1, k_2, k_4, k_7

根据式(7-15)图像与语义查询图像的相似度定义,可计算出所查询图像 Q 与图像库中图像之间的相似度,如表 7-2 所示。

表 7-2 精确标注图像查询的相似度

	(Q, g_1)	(Q, g_2)	(Q, g_3)	(Q, g_4)	(Q, g_5)	(Q, g_6)
$\underline{Sim}$	0	0	0	0	0	1
$\overline{Sim}$	1	6/7	7/8	1/2	1/9	4/7
Sim	0.7	0.6	0.6125	0.35	0.0778	0.7

根据所计算的相似度,把与所要查询的图像 Q 较相似的图像按相似程度大小依次排序为 $g_6, g_1, g_3, g_2, g_4, g_5$,其中,图 7-1(f)和图 7-1(a)所计算的相似度相等,且与所要查询的内容最相似,图 7-1(e)与所要查询的内容最不相似,实验结果与实际情况相符。

2. 模糊标注图像的检索

在精确标注词空间的基础上,建立模糊标注图像的标注词空间 $S = \bigcup (\mu(k_i)/k_i)(i = 1, 2, \cdots, n)$,$\mu(k_i)$ 表示标注词 k_i 关于图像库中任一图像 g_j 的后验概率。

利用上述图像库(集)$G = \{g_1, g_2, \cdots, g_6\}$,标注词集 $K = \{k_1, k_2, \cdots, k_9\}$,根据语义和标注词的后验概率,建立图像的模糊标注词集,如表 7-3 所示。根据式(7-10)可以计算标注词间的模糊条件概率为

$$RL(k_1, k_3) = \frac{0.4}{0.4 + 0.7} = 0.3636$$

$$RL(k_1, k_2) = 1$$

$$RL(k_1, k_4) = 0.7143$$

$$\vdots$$

$$RL(k_2, k_1) = 0.32$$

$$RL(k_3, k_1) = 0.16$$

$$RL(k_3, k_2) = 0.04$$

取阈值 $\alpha=0.5$，根据式(7-11)和式(7-12)可得到图像的支持集和被支持集：$RS^{0.5}(k_1)=\{k_1,k_2,k_4,k_7,k_8\}$，$RS^{0.5}(k_2)=\{k_2\}$，$RS^{0.5}(k_3)=\{k_3,k_4,k_5,k_6\}$等；$RP^{0.5}(k_1)=\{k_1\}$，$RP^{0.5}(k_2)=\{k_1,k_2\}$，$RP^{0.5}(k_3)=\{k_3,k_4,k_5,k_6\}$等。

根据式(7-13)和式(7-14)，可得出各图像的上近似和下近似，如表7-3所示。

表7-3　模糊标注图像查询的上、下近似

图像	模糊标注	图像的下近似	图像的上近似
Q	$0.8/k_1, 0.5/k_2, 0.5/k_3, 0.7/k_5$	k_2	$k_1,k_2,k_3,k_4,k_5,k_6,k_7,k_8$
g_1	$0.8/k_1, 0.4/k_3, 0.7/k_4, 0.2/k_5$	$\varnothing$	$k_1,k_2,k_3,k_4,k_5,k_6,k_7,k_8$
g_2	$0.7/k_3, 0.4/k_4, 0.8/k_5, 0.8/k_6$	k_3,k_4,k_5,k_6	k_3,k_4,k_5,k_6
g_3	$0.7/k_1, 0.3/k_4, 0.8/k_7, 0.8/k_8$	k_7,k_8	$k_1,k_2,k_3,k_4,k_6,k_7,k_8$
g_4	$0.7/k_5, 0.9/k_9$	k_9	k_3,k_5,k_6,k_9
g_5	$0.4/k_8, 0.9/k_9$	k_9	k_7,k_8,k_9
g_6	$1/k_1, 0.8/k_2$	k_2	k_1,k_2,k_4,k_7,k_8

根据式(7-15)图像与语义查询图像的相似度定义，可以计算出语义查询图像 Q 与图像库中图像的相似度，如表7-4所示。

表7-4　模糊标注图像查询的相似度

	(Q,g_1)	(Q,g_2)	(Q,g_3)	(Q,g_4)	(Q,g_5)	(Q,g_6)
$\underline{Sim}$	0	0	0	0	0	1
$\overline{Sim}$	1	1/2	7/8	1/3	2/9	5/8
Sim	0.7	0.35	0.6125	0.2333	0.1556	0.7375

根据所计算的相似度可以看出，把与查询图像 Q 相似的图像按相似程度大小依次排序为 g_6,g_1,g_3,g_2,g_4,g_5，实验结果与表7-2的实验结果相似。根据表7-2，图7-1(f)和图7-2(a)的相似度大小相等，无法区分，而在模糊标注图像的实验中，能够看到图7-2(f)和图7-2(a)可以比较大小，可以区分，图7-2(f)与所要查询的图像 Q 最为相似。在拥有大量图像的图像库中，二者之间的差异会更明显。

通过以上两个实例可以发现，两个实例的阈值 α 取值不同。不同的 α 值对图像的检索性能影响很大，所以对 α 值的选取很重要，这里提出一种相关反馈的方法对 α 值进行调整，以使检索效果达到最优。

算法7-1　基于概率粗糙集模型的图像检索算法

输入：图像的分割区域向量 $\boldsymbol{R}=\{r_1,r_2,\cdots,r_m\}$，标注词空间 $L=\{k_1,k_2,$

…, k_n}。

输出:检索出的图像序列。

Step 1:将图像进行分割,可以分割为 m 个区域,分别用 $\boldsymbol{R} = \{r_1, r_2, \cdots, r_m\}$ 来表示,采用式(7-7)朴素贝叶斯理论的图像标注方法,将数据库中的图像进行语义标注,用 $L = \{k_1, k_2, \cdots, k_n\}$ 来标注。

Step 2:根据式(7-9)或式(7-10),计算 $R(k_i, k_j)$ 或 $RL(k_i, k_j)$ 的值,这里式(7-9)是精确标注图像,式(7-10)是模糊标注图像。

Step 3:根据式(7-11)和式(7-12),选取适当的 α 值,计算每个标注词的支持集 $RS^{\alpha}(k_i)$ 与被支持集 $RP^{\alpha}(k_i)$。

Step 4:对所要查询的图像进行标注,根据式(7-13)和式(7-14)计算要查询的图像 Q 及数据中每幅图像的上近似$\overline{RS^{\alpha}}(K)$和下近似$\underline{RS^{\alpha}}(K)$。

Step 5:根据式(7-15),计算要查询图像与数据库中每幅图像的语义相似度 $Sim(Q, g_j)$,得到相应的图像序列。

Step 6:若对实验结果不满意,则对 α 值进行调整,转 step 3;否则输出满意的图像序列。

Step 7:结束。

7.1.5 实验分析

下面以 Corel 图像库中 4500 幅图像为数据,根据图像所代表的语义信息的不同,每幅图像采用 1~5 个不同的标注词进行标注,用于标注的标注词共有 391 个。以信息查询的查准率、查全率和 F1 测度作为衡量指标,查准率(precision)定义为检索出的图像中相关图像的数目占检索出的所有图像的比例,查全率(recall)定义为检索出的相关图像的数目占数据库中所有相关的图像数目的比例。F1 测度则是考虑了查准率和查全率的综合性能评价指标,F1 测度值[9]的计算公式为

$$F1 = \frac{2 \times \text{precision} \times \text{recall}}{\text{precision} + \text{recall}} \tag{7-16}$$

经实验分析可得,该算法精确检索的查全率达到 73%,查准率达到 92%,可得 F1 测度为 0.814;模糊检索查全率达到 88%,查准率达到 94%,可得 F1 测度为 0.91。该算法与其他检索算法相比,性能都有所提高,达到了良好的实验效果。

7.2 基于相容粒的多层次纹理特征的图像检索

纹理特征是一种不依赖于颜色或亮度的反映图像中同质现象的视觉特征。它包含了物体表面结构组织排列的重要信息,以及它们与周围环境的联系,是物

体表面特有的内在特性。近年来,基于纹理的图像检索受到了广泛的重视与研究[13]。

基于粒计算,在问题求解时利用适当的划分在不同的粗细粒度世界中讨论问题和寻找答案[14]。由于粗粒度世界比原问题简单,在粗粒度世界讨论问题,往往可以缩小问题求解的范围,加快求解速度[15,16]。但粗粒度世界可能会造成一些有用信息的损失,因此,当问题在粗粒度世界中不能得到求解时,可以将粒度适当地减小,得到更加细致的层次空间,找到在上一层次中无法确认问题的答案。这样就使得一个不确定的问题通过一个粗细的划分,在最合适的层次中得到解决[17,18]。

基于内容的图像检索通常是获取图像的全局特征,而忽略了图像的局部信息。那么,在相容粒空间的理论下,获取图像的纹理特征并对图像进行识别和检索,便具有了重要的意义。本节利用相容粒的多层次嵌套方法,在更粗或更细的粒度上观察图像,对图像的纹理特征进行抽取,获得了良好的结果。针对纹理特征对灰度图像的不敏感性,提出了粒空间的颜色特征的提取和相似度计算,并与纹理图像的识别相结合,提高了图像识别和检索的准确率,达到了很好的分类效果。

7.2.1 基于颜色的相容粒度空间模型的建立

可以用一个相容粒度空间来描述一个问题,一个相容粒度空间 TG 可以形式化为一个四元组(OS, TR, FG, NTC),其中 OS 表示对象集系统,TR 表示一个相容关系系统,FG 表示相容粒转换函数,NTC 表示一个嵌套相容覆盖系统。

(1) 定义对象集系统 OS。

定义 7.10[19] 原始对象 $O_{0xy} = (x, y, R, G, B)$ 是图像中的一个像素,其中 x 和 y 分别是 x 坐标值和 y 坐标值,R、G、B 是这个像素的 RGB 颜色值。子集对象 O_1 是一幅图像,且

$$O_1 = \begin{bmatrix} O_{0_{11}} & O_{0_{12}} & \cdots & O_{0_{1m}} \\ O_{0_{21}} & O_{0_{22}} & \cdots & O_{0_{2m}} \\ \vdots & \vdots & & \vdots \\ O_{0_{n1}} & O_{0_{n2}} & \cdots & O_{0_{nm}} \end{bmatrix}$$

(2) 定义相容关系系统 TR。

定义 7.11[19] 简单相容命题 $sp(\alpha, \beta | dis, d)$ 定义为

$$sp(\alpha, \beta | dis, d) \stackrel{def}{=} dis(\alpha, \beta | \omega)$$

式中,$dis(\alpha, \beta | \omega) \leqslant d, d \geqslant 0$ 是一个实数,称为 $sp(\alpha, \beta | dis, d)$ 的半径。

定义 7.12[19] 复合相容命题 cp(α, β|DIS, D)由一组简单相容命题 sp$_i$(α, β|dis$_i$, d_i)($i=1,\cdots,n$)通过运算符交"$\cap$"以及并"$\cup$"组成,其中 DIS={dis$_1$, dis$_2$, $\cdots$, dis$_k$}且 $D=\{d_1, d_2, \cdots, d_k\}$。

相容关系系统由一组相容关系组成,基于上面的定义,它可以被形式化为

$$TR = \bigcup tr_{(cp, \omega, DIS, D)}$$

式中,ω 为权重向量,这里用圆形粒作为图像的粒度形状,令 dis(α, β | ω) = $\sum_{i=0}^{n-1} \omega_i(\alpha_i - \beta_i)^2 = (\alpha_1 - \beta_1)^2 + (\alpha_2 - \beta_2)^2$,而 cp($\alpha$, β|DIS, D) $\equiv$ dis(α, β | ω) $\leqslant d$。

(3) 嵌套相容覆盖系统 NTC[19]定义如下。

Step 1:构建 0 层的粒 $G_0^1 = (IG_0^1, EG_0^1)$,其中 $EG_0^1 = \{x | x \in O_1\}$。除此之外,初始化粒上的相容覆盖 $GW_0^1 = \{G_0^1\}$,0 层上的相容覆盖为 $C_0^1 = \{GW_0^1\}$。

Step 2:计算 1 层粒 $G_1^1 = (IG_1^1, EG_1^1(\eta_1^1 | tr_1^1))$。每个 1 层粒的外延可以由下面的公式生成

$$EG_1^1(\eta_1^1 | tr_1^1) = \{ x | (x, \eta_1^1) \in tr_{1(cp_1^1, \omega_1^1, DIS_1^1, D_1^1)} \land (x \in O_1)\}$$

式中,$\eta_1^1 \in Grid_1^1$,$Grid_1^1$ 是一个网格点集,它包含所有 1 层粒可能的位置(中心);ω_1^1 表示维度的权重向量。

G_1^1 上的相容覆盖为 $GW_1^1 = \{G_1^1 | \eta_1^1 \in Grid_1^1\}$,它基于网格点集 $Grid_1^1$、相容关系集 $tr_{1(cp_1^1, \omega_1^1, DIS_1^1, D_1^1)}$,1 层上的相容覆盖为 $C_1^1 = \{GW_1^1\}$。

Step 3:递归地,根据其父粒 G_i^1 计算 $i+1$ 层粒 $G_{i+1}^1 = (IG_{i+1}^1, EG_{i+1}^1)$。这些 $i+1$ 层粒的外延 $EG_{i+1}^1(\eta_{i+1}^1 | tr_{i+1}^1)$ 可以根据下面公式计算或者根据内涵的泛化求得,即

$$EG_{i+1}^1(\eta_{i+1}^1 | tr_{i+1}^1) = \{ x | (x, \eta_{i+1}^1) \in tr_{i+1(cp_{i+1}^1, \omega_{i+1}^1, DIS_{i+1}^1, D_{i+1}^1)} \land x \in EG_i^1\}$$

式中,η_{i+1}^1 是 G_{i+1}^1 的位置或者中心。

如果 $\cup EG_{i+1}^1 = EG_i^1$,则相容粒 G_i^1 的相容覆盖 GW_{i+1}^1 为所有 $i+1$ 层粒 G_{i+1}^1 的集合。基于上面的结果,可以得到 C_i^1 是所有 GW_i^1 的集合[19,20]。

此步骤根据任务需要,可以在满意的粒度层次上停止。如果此步骤一直执行下去,最高层粒的外延会最终仅包含一个原始对象。当此步骤结束时,O_1 上的嵌套相容覆盖就建立为

$$NTC_1 = \{C_0^1, C_1^1, \cdots\}$$

Step4:把每个 0 层粒 G_0^1 作为一个原始粒或者原始对象,其内涵为该相容粒的表示向量。可以使用上面的步骤来构建 O_2 上的嵌套相容覆盖 NTC_2。递归地,O_k 上的嵌套相容覆盖 NTC_k 可以由 O_{k-1} 得到。最终,嵌套相容覆盖系统为

$$NTC = \{NTC_1, \cdots, NTC_k, \cdots\}$$

在定义中,最上层的粒最粗,即包含的对象最多。然后,通过粒的内涵上的相容关系、外延上的相容关系或者复合关系对粗粒进行分解。通过这样的步骤,一阶子集对象上的嵌套覆盖系统被一层层地构造,直至满意的粒度层次,如果不加干涉,最终的粒仅包含一个原始对象。构造完一阶子集对象上的嵌套覆盖系统后,把每个一阶子集对象作为一个由其上 0 层粒的内涵表示的原始对象,然后再用前面的步骤一层层地构建二阶子集对象上的嵌套覆盖系统。递归地,k 阶子集对象上的嵌套覆盖系统以 $k-1$ 阶子集对象为基础进行构建[21]。

7.2.2 图像纹理的识别与检索的相似度计算方法

图像识别是将一种研究对象,根据其某些特征进行识别并分类。图像的纹理特征描述了图像中反复出现的局部模式和它们的排列规则,反映了宏观意义上灰度变化的一些规律,图像可以看成不同纹理区域的组合。纹理特征可用于定量描述图像中的空间信息[22]。

对于任意一幅图像 G,它可以划分为 m 层粒,假设每一层粒由 $\{O_{i1}, O_{i2}, \cdots, O_{ik}, \cdots\}$ 来表示,i 表示第 i 层粒。那么,可以得出待查询图像 Q 与图像库中图像 G 处于同一层粒度时的相似程度[23],即

$$\text{Sim}_i(Q_i, G_i) = \sum_{\substack{o \in \text{EQ}_i^1 \\ e \in \text{EG}_i^1}} \sum_{j=1}^m |o_j - e_j| \tag{7-17}$$

式中,m 为同一层中可以划分的粒的个数,不同层次的粒,划分的个数不同;EQ_i^1 是 Q_i^1 的外延;o 是 EQ_i^1 中的一个原始对象;e 是 EG_i^1 中和 o 对应的对象;EQ_i^1 和 EG_i^1 中对象的对应关系是两者在各自粒中的相对位置。从而可以得到一组相似度的向量 $\text{Sim} = \{\text{Sim}_1(Q_1, G_1), \text{Sim}_2(Q_2, G_2), \cdots, \text{Sim}_i(Q_i, G_i), \cdots\}$,假设每幅图像可以划分为 n 层,则两幅图像的纹理相似度可以由下式计算,即

$$\text{Sim}_T(Q, G) = \frac{1}{n} \sum_{i=1}^n \text{Sim}_i(Q_i, G_i) \tag{7-18}$$

显然,$0 \leqslant \text{Sim}_T(Q, G) \leqslant 1$。当两幅图像完全不同时,相似度取值为 0,而完全相同的两幅图像相似度取值为 1。

7.2.3 颜色空间和纹理特征相结合的图像检索改进方法

色彩是图像的重要视觉特征,而图像的色彩与纹理是互不相关的。图像中不同的色彩变化在视觉上所体现出的图像纹理具有明显区别,彩色图像转换成灰度模式后,原本区别明显的图像之间却具有了较高的相似度[24]。因此,本节将图像的颜色特征应用于图像的纹理识别,以提高检索的准确率。

为了计算颜色的空间信息熵,先引入信息熵的概念:设矢量 $v=\{x_1,x_2,\cdots,x_n\}$,假定 $x_i\in v$ 的概率为 $p_i=P(x_i)$,则 v 的信息熵[25]可定义为

$$E_v=-\sum_{i=1}^{n}p_i\ln(p_i) \qquad (7-19)$$

根据上述熵的定义,本节假设一幅图像可以划分为 $m\times n$ 个粒的区域,$p_c(mn)$ 为颜色 c 在图像中 $m\times n$ 区域的数量与整幅图像中该颜色的数量之比,则定义颜色的空间分布熵[26]为

$$e(c)=-\sum_{i=1}^{mn}p_c(i)\ln(p_c(i)),\forall c\in C \qquad (7-20)$$

在实现过程中,首先划分图像的粒空间 $O_1=\{O_{011},O_{012},\cdots,O_{0ij},\cdots\}$,分别统计每种颜色在各个粒中的数量 CN,这样就可以得到

$$p_c(mn)=\frac{\mathrm{CN}_c}{\sum_{i=1}^{m}\sum_{j=1}^{n}\mathrm{CN}_c},\forall c\in C \qquad (7-21)$$

然后就可以得到该颜色的信息熵,进而得到该图像颜色信息熵的一维向量 $\{e(1),e(2),\cdots,e(c)\}$,由于

$$\mathrm{Sim}_C=\sum_{i=1}^{c}(|e_1(c_i)-e_2(c_i)|),c_i\in C \qquad (7-22)$$

从而,由式(7-18)和式(7-22)得到结合颜色和纹理特征的两幅图像的相似性度量为

$$\mathrm{Sim}(P,Q)=\omega_1\mathrm{Sim}_T+\omega_2\mathrm{Sim}_C,\omega_1+\omega_2=1,\omega_i\in[0,1] \qquad (7-23)$$

显然,$0\leqslant\mathrm{Sim}(P,Q)\leqslant 1$,同一幅图像之间的相似度一定为 1,而完全不同的两幅图像的相似度为 0。$\mathrm{Sim}(P,Q)$ 的取值越大,相似度就越大;反之亦然。关于 ω_i 的选取,由于纹理图像的检索效果要优于颜色信息熵的方法,可知 $\omega_1>\omega_2$,利用训练图像库进行相关反馈,取得 ω_1 和 ω_2 的最优值,使分类检索的效果达到最优。

该方法解决了单纯的利用相容粒空间的方法对图像的纹理进行检索,从而忽略颜色对图像的影响带来的不精确性,同时,在相容粒空间的基础上对图像的颜色信息进行提取。虽然该方法在一定程度上增加了算法的复杂度,但精确度得到了很大的提高,是利用相容粒空间理论对综合颜色和纹理特征的分类检索的一个新尝试。

7.2.4 实验分析

为了验证 7.2.3 节所提方法的有效性和合理性,本节使用了包含 1000 幅图像的图像库(Corel 图像库[12]),共包含 10 类图像,如沙滩、原始人、建筑物等,每类包

含 100 幅图像。根据上述算法，设定不同的相容参数将图像特征粒化到不同的程度，以得到最好的分类效果。

分类检索的查准率和查全率对比效果图如图 7-2 所示。由实验结果可知，基于相容粒的纹理特征的分类检索方法，较基于颜色直方图的方法的准确率更高，但使用了综合颜色和纹理特征的图像检索方法效果更优。

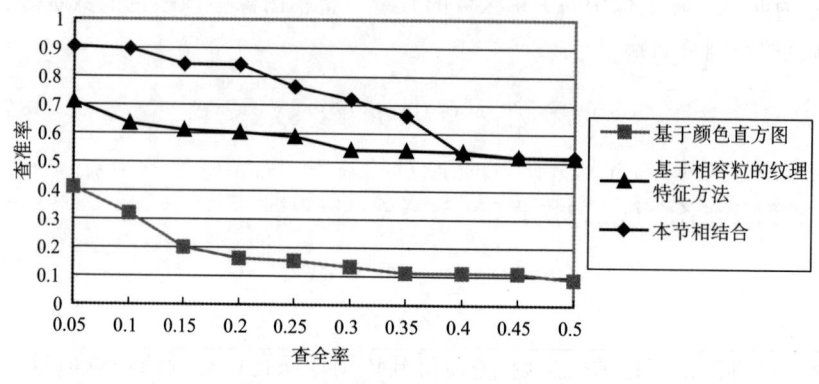

图 7-2 同类检索算法对比实验图

7.3 基于相容粒的彩色图像检索

颜色是描述图像最直观而有效的特征，它与图像中的物体及场景密切相关。文献[27]提出了基于颜色直方图相交的图像检索算法，该算法在特征提取及相似度计算上容易实现，但是存在由于颜色量化引起的颜色信息丢失和颜色空间分布信息丢失的缺点。改进的方法是使用分块主颜色的检索方法，将整幅图像划分成若干区域，并且这些区域互不重叠，然后计算每个区域的局部颜色直方图[28]。这些算法在一定程度上对原有算法作了改进，但还是不能很好地反映人们对图像不同区域具有不同关注程度的特点。

图像边缘包含了用于识别图像的有用信息，对理解图像内容具有重要价值[29]，因此对图像的彩色边缘信息的颜色量化显得尤为重要。而粒计算是研究基于多层次粒结构的信息处理模式，将粒计算理论用于图像检索是一个新的研究热点。因此，采用粒计算理论方法[30,31]对图像颜色进行动态量化和相似度计算是本节新的探索尝试。

7.3.1 彩色图像边缘信息相容粒度空间的建立

图像边缘是图像的基本特征，使用图像边缘信息可以较为准确地对图像进行识别和检索。本节采用滤波后的 Canny[32]算子提取图像的彩色边缘信息,较好地刻画出了原始图像的连续边缘轮廓,为后续的图像检索算法提供依据。

由于 HSV 颜色模型比传统的 RGB 颜色模型更加适合借助于人眼视觉系统来感知图像的颜色特征,因此,本节将图像的边缘信息从 RGB 空间转换到 HSV 空间,并对图像边缘的颜色进行动态量化处理[33]。

定义 7.13 原始对象 $O_{0xy} = (x, y, H, S, V)$ 是图像中的一个像素,其中 x, y 表示该像素的坐标,H, S 和 V 分别表示该像素的 HSV 颜色分量值,对象 $\boldsymbol{O}_1$ 为一个彩色图像的边缘信息,可表示为

$$\boldsymbol{O}_1 = \begin{bmatrix} O_{011} & O_{012} & \cdots & O_{01m} \\ O_{0121} & O_{022} & \cdots & O_{02m} \\ \vdots & \vdots & & \vdots \\ O_{0n1} & O_{0n2} & \cdots & O_{0nm} \end{bmatrix}$$

式中,O_{0xy} 描述彩色图像中的原始对象(像素)。彩色图像边缘的原始对象 O_{0xy} 中的颜色分量 H、S 和 V 是这个像素的 HSV 颜色值,不是彩色图像边缘的原始对象 O_{0xy} 中的颜色分量 H、S 和 V 都为 -1。

定义 7.14 把图像 O_1 中的像素按照空间位置和颜色(HSV 空间)进行划分,得到图像块集合 $O_1 = \{g_1, g_2, \cdots, g_n\}$,其中 g_i 表示一个图像块($i = 1, 2, \cdots, n$),称 g_i 为图像 O_1 中的一个粒。

性质 7.2 在图像 O_1 中,粒 $g_i (i=1, 2, \cdots, n)$ 必然是相容的。

证明:$g_i (i=1, 2, \cdots, n)$ 按照空间位置和颜色进行划分,g_i 中的元素显然满足自反性和对称性,从而 g_i 是相容的。

在这里可将图像 O_1 中的粒 $g_i (i = 1, 2, \cdots, n)$ 看做相容粒,更具有一般性。

定义 7.15 设 $\beta = (\beta_1, \beta_2, \cdots, \beta_n)$ 表示相容粒集合,C_{xyh}、C_{xys} 和 C_{xyv} 分别表示横坐标 x、纵坐标 y 所对应的相容粒 α 主颜色的颜色分量 H、S 和 V 值,C_{ijh}、C_{ijs} 和 C_{ijv} 分别表示横坐标 i、纵坐标 j 所对应的相容粒 β_i 主颜色的颜色分量 H、S 和 V 值,则相容粒 α 和 β_i 之间的颜色距离 $\text{gd}(\alpha, \beta_i)$ 定义为

$$\text{gd}(\alpha, \beta_i) = \sqrt{\omega_1^2 (C_{xyh} - C_{ijh})^2 + \omega_2^2 (C_{xys} - C_{ijs})^2 + \omega_3^2 (C_{xyv} - C_{ijv})^2} \tag{7-24}$$

式中,x, y 为相容粒 α 的横坐标和纵坐标,i, j 为相容粒 β_i 的横坐标和纵坐标,β_i 表示 β 中第 i 个相容粒,ω_1, ω_2 和 ω_3 为 HSV 颜色空间的 3 个颜色分量的权重。

相容粒的主颜色通过统计的方式得到,为每个相容粒构建局部颜色直方图,并选择像素数目最多的颜色作为该相容粒的主颜色。由于人眼对色调、饱和度和亮度的感知不尽相同,对色调的感知比饱和度和亮度敏感,取 $\omega_1 = 4, \omega_2 = 3$ 和 $\omega_3 =$

3. 当两个相容粒的主颜色特征向量之间的距离处于一定范围内时,认为两个相容粒可以合并,这个范围可以通过设定阈值来确定,阈值的具体值可以根据文献[34]及仿真实验的反馈信息来确定,考虑到检索精确度和算法效率,阈值取值为 6。

定义 7.16 相容关系系统的距离函数和复合相容命题分别为

$$dis_1(\alpha,\beta_1 \mid \omega) = gd(\alpha,\beta_1), dis_2(\alpha,\beta_2 \mid \omega) = gd(\alpha,\beta_2), \cdots, dis_n(\alpha,\beta_n \mid \omega)$$
$$= gd(\alpha,\beta_n) cp(\alpha,\beta \mid DIS, D) \tag{7-25}$$
$$= (dis_1(\alpha,\beta_1 \mid \omega) \leqslant d) \wedge (dis_2(\alpha,\beta_2 \mid \omega) \leqslant d) \wedge \cdots$$
$$\wedge (dis_n(\alpha,\beta_n \mid \omega) \leqslant d)) \tag{7-26}$$

式中,$\omega = (\omega_1,\omega_2,\omega_3)$ 表示相容粒颜色分量的权重,d 表示两个相容粒颜色距离的上限。

7.3.2 图像边缘信息粒化处理算法

直接利用图像边缘提取颜色特征并进行图像检索将产生最小的误差,这样会影响算法的效率。通过分析可以看出,彩色图像边缘的实际颜色中的若干主要颜色覆盖了图像边缘的绝大多数像素。因此,本节提出了一种基于视觉感知的动态颜色量化方法。

算法 7-2 基于视觉感知的动态颜色量化算法

输入:图像的边缘信息、递归层次数 L。

输出:图像边缘的相容粒及其主颜色。

Step1:构建彩色图像边缘 1 层粒 $G_1^1 = (IG_1^1, EG_1^1)$,彩色图像边缘的每个像素构成一个 1 层相容粒,其外延 $EG_1^1 = \{x \mid x \in O_1\}$,即彩色图像边缘像素的集合,内涵 IG_1^1 为彩色图像边缘像素点的颜色信息表示向量(HSV 颜色空间)。

Step2:计算 2 层粒 $G_2^1 = (IG_2^1, EG_2^1(\eta_2^1 \mid tr))$,该层相容粒的内涵和外延由 $IG_2^1 = \eta_2^1$ 和 $EG_2^1(\eta_2^1 \mid tr) = \{x \mid (x, \eta_2^1) \in tr_{(cp,\omega,DIS,D)} \wedge (x \in O_1)\}$(其中 $\eta_2^1 \in Grid_2^1$ 和 $Grid_2^1 \subseteq O_1$,且 $Grid_2^1 = \{O_{0_{xy}} \mid x = 3i+2, y = 3j+2, i,j = 0,1,2,3,\cdots\}$)计算得到。

Step3:递归地,根据其父粒 G_i^1 计算 $i+1$ 层粒,则 $i+1$ 层相容粒 G_{i+1}^1 的内涵和外延由 $IG_{i+1}^1 = \eta_{i+1}^1$ 和 $EG_{i+1}^1(\eta_{i+1}^1 \mid tr_{i+1}^1) = \bigcup \{EG \mid (IG, \eta_{i+1}^1) \in tr_{(cp,\omega,DIS,D)} \wedge (IG \in \bigcup_p IG_{i_p}^1)\}$(其中 $\eta_i^1 \in Grid_i^1$,$Grid_i^1 \subseteq \bigcup_p IG_{i_p}^1$)计算得到,当递归层次没有达到设定层次 L 时,则递归执行此步骤。

Step4:输出图像边缘的相容粒及其主颜色。

Step5:结束。

通过算法 7-2,自下而上一层一层地把彩色图像边缘中相邻的颜色子空间(合成的粒)实施合并运算,合并的依据是各个颜色子空间中的主颜色之间的距离小于给定的阈值。

7.3.3 基于相容粒度空间的彩色图像相似性度量方法

在检索图像时,需要对实例图像与数据库中图像之间的相似程度进行计算。为每个实例图像建立相容粒度空间,并把最高层次的相容粒作为模板,假设它们为 $M_{i1},\cdots,M_{in}$,其中 i 为这些相容粒的层数。

定义 7.17 设 m_h、m_s 和 m_v 分别表示相容粒外延中像素 m 的颜色分量 H,S 和 V 值,o_h,o_s 和 o_v 分别表示另外一个相容粒外延中像素 o 的颜色分量 H,S,V 值,则两个像素 m 和 o 之间的颜色距离(HSV 颜色空间)$\mathrm{sd}(m,o)$ 定义为

$$\mathrm{sd}(m,o) = \sqrt{\omega_1^2(m_h-o_h)^2+\omega_2^2(m_s-o_s)^2+\omega_3^2(m_v-o_v)^2} \qquad (7\text{-}27)$$

式中,$\omega_1,\omega_2,\omega_3$ 为 HSV 颜色空间的 3 个颜色分量的权重。

相容粒 M_{ip} 和 G_i^1 的相似性可通过下面公式计算

$$S(M_{ip},G_i^1) = \Big(\sum_{\substack{m\in \mathrm{EM}_{ip}^1 \\ o\in \mathrm{EG}_i^1}} \mathrm{sd}(m,o)\Big)/n \qquad (7\text{-}28)$$

式中,EM_{ip} 是 M_{ip} 的外延,m 是 EM_{ip} 中的像素,o 是 EG_i^1 中与 m 对应的像素,n 为相容粒中的像素数目。

式(7-28)计算的相似度是实例图像 Q 和数据库中图像 I 在最高层次且相对位置相同处对应粒之间的相似度。本节采用最高层次(相容粒数目为 n)所有对应粒的平均相似度作为总体相似度,即

$$S'(Q,I) = \frac{1}{n}\sum_{p=1}^{n}S(M_{ip}^1,G_{ip}^1) \qquad (7\text{-}29)$$

在检索图像时,首先使用式(7-29)计算出数据库中图像 I 与实例图像 Q 之间的总体相似度,然后按照总体相似度由小到大对图像进行排序,并返回查询结果。

7.3.4 实验分析

基于上述思想,本节使用 VC6.0 进行了仿真实验。实验中使用 Corel 图像库作为测试图像库,从 Corel 图像库中选取 500 幅图像,分为 5 类(花卉、海滩、马、公共汽车、大象),每类包含 100 幅图像,考虑到算法的效率问题和颜色量化效果,设置 4 层相容粒。

检索时,从上述测试图像库中,对每一类图像选择 5 幅作为实例图像,共进行 25 次查询,把查询结果中前 20 幅图像作为最终查询结果。对于每类图像,综合 5 次查询,得到相应的平均查准率和平均查全率[35]。

为了检验算法 7-2 的有效性,将本节算法与传统颜色直方图算法进行比较,实

验结果见表 7-5。从表 7-5 中可以看出,本节方法能够快速、准确地查找出用户所需要的彩色图像,与传统颜色直方图方法相比,具有较好的查准率和查全率。

表 7-5 不同检索算法的查准率和查全率比较

图像类别	平均查准率		平均查全率	
	传统颜色直方图法	本节方法	传统颜色直方图法	本节方法
花卉	0.658	0.864	0.146	0.185
海滩	0.461	0.622	0.062	0.087
马	0.625	0.827	0.152	0.191
公共汽车	0.852	0.943	0.158	0.196
大象	0.583	0.694	0.072	0.091

7.4 基于粗糙粒模型的图像纹理识别与检索

近年来,已有研究者研究如何将粗糙集和粒计算从明确的逻辑分类转移到用合适的模糊与近似结构的描述。Stepaniuk 和 Skowron[36]研究了粒化信息系统和粒度近似空间,将信息颗粒用上、下近似或补的方法表示。Slowinski 和 Vanderpooten[37]采用泛化粗糙集模型来分析不确定性和包含函数,但主要还是基于粗糙集理论。Doherty 等[38]利用基于泛化粗糙集理论构建用于定义近似概念、近似本体和在其上进行运算的形式化框架。Antón-Rodríguez 等[39]结合了颜色和纹理信息,确认通过两个主要组成部分的运作颜色纹理的图像,勾勒出多尺度神经网络模型识别彩色图像的纹理场景。Ilea 和 Whelan[40]对图像分割的彩色纹理融合进行了综述。郑征[22]研究了一种新的粒度计算模型(相容粒度空间模型)在图像纹理识别中的应用。

上述学者从信息粒、图像的物理特征等角度对图像检索的方法进行了深入研究,取得了良好的识别和检索效果。在此基础上,本节将信息粒的粗糙性和图像的颜色、纹理特征相结合,不仅对粒计算理论进行了扩展,而且将粗糙集理论中的上、下近似思想用于信息粒的模型中,将一颗信息粒划分为上近似部分、下近似部分和边缘部分,从而构造粗糙粒模型,对粗糙粒模型进行定义和解释,并定义粒的边缘的概念。最后,以所定义的粗糙粒模型为基础,对图像的纹理特征进行识别和检索。

7.4.1 粗糙粒模型

定义 7.18 一个粗糙粒度空间 RG 可以形式化为一个四元组,即

第 7 章 基于粒计算的图像检索

$$RG = (GE, IG, EG, E(G)) \tag{7-30}$$

式中,GE 是粒的边缘,IG 是粒的内涵,EG 是粒的外延,$E(G)$ 是粒的分层熵。

定义 7.19(粒的边缘) 对于任一相容粒 G,它的边缘 GE 可以定义为

$$GE = (\overline{IG} - \underline{IG}, \overline{EG} - \underline{EG}) \tag{7-31}$$

也就是说,对于任何一个粒,它的边缘可由这个粒的内涵的上、下近似之差和外延的上、下近似之差来近似描述。

定义 7.20(粒的分层) 对于任意一个粒 G,它可以划分为 n 层,用 GL 表示为

$$GL = \{GL_1, \cdots, GL_i, \cdots, GL_n\} \tag{7-32}$$

式中,$GL_i = \{G_{i1}, G_{i2}, \cdots, G_{im}\}$。

定义 7.21(粒的分层熵) 对于任意一个粒 G,它包含对象 $\{O_1, \cdots, O_j, \cdots, O_n\}$,则粒的分层熵为

$$E(G_{ik}) = -\sum_{j=1}^{n} p_{o_j} \ln(p_{o_j}) \tag{7-33}$$

式中,第 i 层的粒 G_{ik} 可以由粒的分层熵 $E(G_{ik})$ 描述。那么对于两个同类型的粗糙粒,合并之后的分层熵[41]可以描述为

$$E(G_{ik} \oplus G_{is}) = \frac{|GE(G_{ik})|}{|GE(G_{ik}) + GE(G_{is})|} E(G_{ik}) + \frac{|GE(G_{is})|}{|GE(G_{ik}) + GE(G_{is})|} E(G_{is}) \tag{7-34}$$

定义 7.22 设 $RG_1 = (GE_1, IG_1, EG_1, E(G_1))$ 和 $RG_2 = (GE_2, IG_2, EG_2, E(G_2))$ 是两个同类型的粗糙粒(相同特征或相同领域的粒),则它们合并运算[41]表示为

$$RG_1 \oplus RG_2 = (GE_1 \bigcup GE_2 - GE_1 \bigcap GE_2, IG_1 = IG_2, EG_1 \bigcup EG_2, E(G_{ik} \oplus G_{is})) \tag{7-35}$$

式中,$\oplus$ 为合并运算符。

本节主要是在多层次相容粒[19]的基础上,建立了一个粗糙粒空间,在粗糙粒空间的基础上,定义了粒的边缘、粒的分层和粒的分层熵的概念,从而构成了一个粗糙粒度空间模型。其中,粒的边缘[29]主要是根据颜色、空间位置等特征对划分的每一个粒提取边缘特征;粒的分层主要是将一个图像粒划分到一个合适的层次上,以便对图像的特征进行提取并检索;粒的分层熵主要是对每一层的粒提取其信息分布特征,以把握图像的整体信息。粒的边缘和粒的分层熵可以说既从局部上把握了图像的信息,又从整体上把握了图像的信息特征。式(7-34)和式(7-35)是对图像中相同类型的粗糙粒进行合并,并求取其分层熵,根据分层熵值的大小,确定图像划分的层次,使图像划分到更合适的层次上。

7.4.2 图像粒的划分和边缘计算

设原始对象 $O_{0xy} = (x, y, R, G, B)$ 是图像中的一个像素,其中 x 和 y 分别是 x 坐标值和 y 坐标值,R,G 和 B 是这个像素的 RGB 颜色值。子集对象 $\boldsymbol{O}_1$ 是一幅图像,且

$$\boldsymbol{O}_1 = \begin{bmatrix} O_{011} & O_{012} & \cdots & O_{01m} \\ O_{021} & O_{022} & \cdots & O_{02m} \\ \vdots & \vdots & & \vdots \\ O_{0n1} & O_{0n2} & \cdots & O_{0nm} \end{bmatrix}$$

可以通过嵌套相容覆盖系统的方法[19,39],根据图像的颜色值(R,G,B)和位置(x,y),对图像进行分割,可以分割为 m 个区域 $\{R_1, \cdots, R_i, \cdots, R_m\}$,如图 7-3 所示。

图 7-3 分割的区域对比图

设有一幅图像 P,它可以分割为 m 个区域 $\{R_1, \cdots, R_i, \cdots, R_m\}$,每个区域包含的对象为 $\{O_1, \cdots, O_j, \cdots, O_n\}$,则第 i 个区域 R_i 的外延上、下近似分别为

$$\overline{\mathrm{EG}}_{R_i} = \bigcup \{\mathrm{EG}_{O_j} \mid O_j \in R_i \wedge \mathrm{EG}_{O_j} \cap \mathrm{EG}_{R_i} \neq \varnothing\} \tag{7-36}$$

$$\underline{\mathrm{EG}}_{R_i} = \bigcup \{\mathrm{EG}_{O_j} \mid O_j \in R_i \wedge \mathrm{EG}_{O_j} \subseteq \mathrm{EG}_{R_i}\} \tag{7-37}$$

内涵的求取和具体任务、背景、上下文等相关,所以在构建过程中对内涵的求取不作详细讨论。图像粒的边缘的外延求取为

$$\mathrm{GE}_{R_i} = \{\overline{\mathrm{EG}}_{R_i} - \underline{\mathrm{EG}}_{R_i}\} \tag{7-38}$$

在所分割区域的基础上,对粒的边缘进行提取,获得粒的边缘信息。

7.4.3 粗糙粒模型的图像纹理识别与检索

对于两个相同类型(相同特征且相邻)的区域 R_1 和 R_2,它们的粗糙粒表示分别为

$$RG_{R_1} = (GE_{R_1}, IG_{R_1}, EG_{R_1}, E(R_1)) \tag{7-39}$$

$$RG_{R_2} = (GE_{R_2}, IG_{R_2}, EG_{R_2}, E(R_2)) \tag{7-40}$$

根据定义 7.22 将其合并后,可得到此类型的一个较大的粗糙粒,合并方式如下

$$RG_{R_1} \oplus RG_{R_2} = (GE_{R_1} \cup GE_{R_2} - GE_{R_1} \cap GE_{R_2}, IG_{R_1} = IG_{R_2},$$

$$EG_{R_1} \cup EG_{R_2}, \frac{|GE_{R_1}|}{|GE_{R_1} + GE_{R_2}|} E(R_1) + \frac{|GE_{R_2}|}{|GE_{R_1} + GE_{R_2}|} E(R_2)) \tag{7-41}$$

经过合并之后的粗糙粒的边缘即为图像的纹理特征。

两个区域边缘的相似程度为

$$\text{Sim}_{GE}(R_1, R_2) = \frac{|GE_{R_1} \cap GE_{R_2}|}{|GE_{R_1} \cup GE_{R_2}|} \tag{7-42}$$

两个区域所包含信息的分散程度的相似度为

$$\text{Sim}_{E(G)}(R_1, R_2) = \left(\frac{E(G_{R_1})}{\log_2 |GL|} - \frac{E(G_{R_2})}{\log_2 |GL|} \right)^2 \tag{7-43}$$

则两幅图像的相似度计算公式可以定义为

$$\text{Sim}(RG_{R_1}, RG_{R_2}) = \mu_1 \text{Sim}_{GE}(R_1, R_2) + \mu_2 (1 - \text{Sim}_{E(G)}(R_1, R_2)) \tag{7-44}$$

式中,$\mu_1 + \mu_2 = 1, \mu_1, \mu_2 \in [0,1]$。

式(7-44)满足以下性质。

性质 7.3 $0 \leqslant \text{Sim}(RG_{R_1}, RG_{R_2}) \leqslant 1$。

证明:显然 $0 \leqslant \frac{|GE_1 \cap GE_2|}{|GE_1 \cup GE_2|} \leqslant 1$,只要证明 $0 \leqslant \left(\frac{E(G_1)}{\log_2 |GL|} - \frac{E(G_2)}{\log_2 |GL|} \right)^2 \leqslant 1$ 即可。

由熵的定义可知 $0 < E(G_1) < \log_2 |GL|$,所以 $0 < \frac{E(G_1)}{\log_2 |GL|} < 1$,同理 $0 < \frac{E(G_2)}{\log_2 |GL|} < 1$,由此可得

$$0 \leqslant \left(\frac{E(G_1)}{\log_2 |GL|} - \frac{E(G_2)}{\log_2 |GL|} \right)^2 \leqslant 1$$

又因为 $\mu_1 + \mu_2 = 1$,所以

$$0 \leqslant \mu_1 \frac{|GE_1 \cap GE_2|}{|GE_1 \cup GE_2|} + \mu_2 [1 - (\frac{E(G_1)}{\log_2 |GL|} - \frac{E(G_2)}{\log_2 |GL|})^2] \leqslant 1$$

即 $0 \leqslant \text{Sim}(RG_{R_1}, RG_{R_2}) \leqslant 1$。

对于任意两幅图像所构成的粗糙粒空间 RG_{R_1}、RG_{R_2},若它们的 $\text{Sim}(RG_{R_1}, RG_{R_2})$ 值越大,则这两幅图像越相似;反之,则越不相似。当 $\text{Sim}(RG_{R_1}, RG_{R_2}) = 0$ 时,这两幅图像完全不同,当 $\text{Sim}(RG_{R_1}, RG_{R_2}) = 1$ 时,这两幅图像完全相同,即为

同一幅图像。并且此公式满足图像的旋转和平移的不变性。

本节涉及的图像纹理识别和检索方法对于灰度图像和彩色图像都适用,可以作为同一场景来处理,但是彩色图像相对灰度图像来说,识别和检索效果更好。

7.4.4 实验分析

为了验证所提算法的有效性和合理性[42,43],本节从 Corel 图像库[12]中选择了 1000 幅图像,共包括 10 类,如沙滩、原始人、建筑物等,每类包括大约 100 幅图像。根据上述方法,对定义 7.20 中的粒的分层 GL_i 与相似度计算公式中的 μ_1 和 μ_2 进行设置,通过多层次训练和相关反馈,将图像粒化分层到不同的程度[26,44,45],以得到良好的识别和检索效果,检索效果图如图 7-4 所示。

(a) 要查询图像示例图

(b) 查询结果

图 7-4 检索效果图

下面以粒计算理论[19,46]为基础,以粒的分层为思想的基于多层次相容粒的纹理特征的检索方法[26]和以支持向量机为参考,将图像的颜色、纹理为特征的景物识别方法[47]与本节方法相比较,根据实验结果可知,基于多层次相容粒的纹理特征的分类检索方法,较基于支持向量机的图像纹理识别方法的准确率更高,但使用了基于粗糙粒模型的图像纹理特征识别和检索方法效果更优。分类检索的查准率和查全率对比效果图如图 7-5 所示。

算法复杂性分析:假设每幅图像可以分割为 n 个区域,计算每个区域边缘的时间复杂度为 $O(\overline{EG_{R_i}} - \underline{EG_{R_i}}) = O(\underline{EG_{R_i}}) = O(\bigcup \{EG_{O_j} | O_j \in R_i \wedge EG_{O_j} \cap$

$\mathrm{EG}_{R_i} \neq \varnothing\}) = O(n^2)$,也就是图像纹理识别的复杂度为 $O(n^2)$;由于分层熵的时间复杂度为 $O\left(-\sum_{j=1}^{n} p_{o_j} \ln(p_{o_j})\right) = O(n\log n)$,所以检索图像的时间复杂度为 $O(n^2) \times O(n\log n) = O(n^3 \log n)$。综合分析 3 个实验的检索效果和它们的时间复杂度,可以看出本节方法实验效果很好。

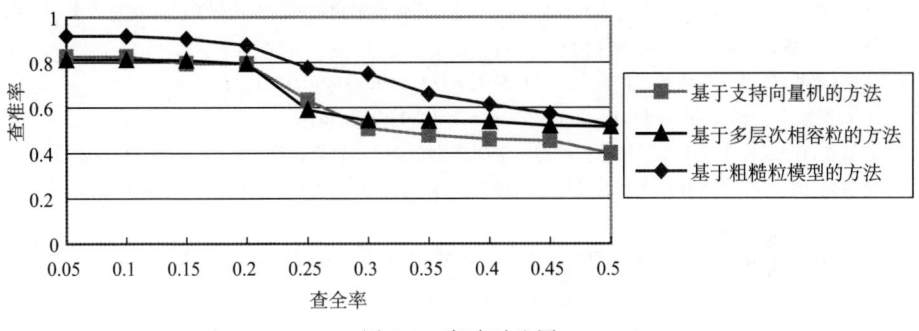

图 7-5 实验对比图

7.5 本章小结

基于相容粒的图像检索算法是通过构建相容粒度空间模型,将相容粒的分层思想用于图像的识别,实现图像的自动分类,从而提高图像识别的准确率;粗糙粒是在相容粒模型的基础上定义的一个空间模型,通过找出粗糙粒之间的关系,并将同类型的粒进行合并,从而得出图像的纹理特征,在此基础上提出图像的相似度匹配和检索方法。在以后的工作中,人们将对图像的旋转和平移不变性、相容图像的分层、对图像的颜色特征进行动态粒化等方面作进一步研究。

参 考 文 献

[1] 吴楠,宋方敏. 一种基于图像高层语义信息的图像检索方法[J]. 中国图像图形学报,2006,11(12):1774-1780.

[2] 李明,王彤. 一种基于 Rough 集的语义图像检索方法[J]. 兰州理工大学学报,2006,32(2):98-101.

[3] 高波涌,姚伏天,张三元. 基于高斯过程的三维模型语义分类和检索[J]. 浙江大学学报(工学版),2010,44(12):2251-2256.

[4] Pawlak Z. Rough sets[J]. International Journal of Computer and Information Sciences,1982,11(5):341-356.

[5] Swiniarski R W, Skowron A. Rough set methods in feature selection and recognition[J]. Pattern Recognition Letters,2003,24(6):833-849.

[6] Intan R, Mukaidono M. Generalized fuzzy rough sets by conditional probability relations[J]. International Journal of Pattern Recognition and Artificial Intelligence, 2002, 16(7): 865-881.

[7] 胡静,曹先彬,王煦法. 基于相容粗糙集的图形图像信息预检索[J]. 计算机辅助设计与图形学学报, 2002, 14(3): 242-246.

[8] 黄治国,朱承学. 基于概率粗糙集模型的信息检索[J]. 计算机工程, 2008, 34(23): 193-195.

[9] 张元清,包骏杰. 基于贝叶斯理论的图像标注和检索[J]. 计算机科学, 2008, 35(8): 229-231.

[10] 邬俊,林正奎,鲁明羽,等. 基于不对称贝叶斯学习的图像检索相关反馈算法研究[J]. 南京大学学报(自然科学算版), 2009, 45(5): 604-612.

[11] 钟洪,夏利民. 基于本体的图像检索[J]. 计算机工程与应用, 2007, 43(17): 37-40.

[12] corel 图像库. http://download.csdn.net/down/1504820/gaojin8502.

[13] 苑丽红,孙爽滋. 灰度共生矩阵检索纹理图像的算法研究[J]. 计算机科学, 2009, 36(11): 300-303.

[14] 姚晓昆,邱桃荣. 基于多层次相容粒度的图像分类[J]. 河北师范大学学报(自然科学版), 2010, 34(1): 21-25.

[15] Skowron A. Rough sets in KDD[C] // The 16th World Computer Congress: Proceedings of Conerence on Intelligent Information Processing, Beijing, China, 2000: 1-17.

[16] Skowron A, Stepaniuk J. Tolerance approximation spaces[J]. Fundamenta Informaticae, 1996, 27(2-3): 245-253.

[17] Sun L, Xu J C, Li S Q. Knowledge reduction based on granular computing from decision information systems[C]// The Fifth International Conference on Rough Sets and Knowledge Technology, 2010: 46-53.

[18] 徐久成,孟慧丽,牟占生. 信息系统的粒度熵及基于粒度熵的属性约简算法[J]. 广西师范大学学报(自然科学版), 2008, 26(3): 100-103.

[19] 苗夺谦,王国胤,刘清,等. 粒计算:过去、现在与展望[M]. 北京:科学出版社, 2007:42-79.

[20] 朱颢东,钟勇. 极大相容关系模型及其属性约简[J]. 郑州大学学报(理学版), 2004, 41(4): 35-39.

[21] 葛寒娟,邱桃荣. 一种基于相容信息粒原理的图像分类方法[J]. 广西师范大学学报(自然科学版), 2008, 26(3): 222-225.

[22] 郑征. 基于相容粒度空间模型的图像纹理识别[J]. 重庆邮电大学学报, 2009, 21(4): 484-489.

[23] 谭菊,张友钟. 基于灰度共生矩阵的纹理特征景物识别[J]. 重庆文理学院学报(自然科学版), 2010, 29(1): 66-68.

[24] 叶国军,王绍棣. 基于CIE Lab 颜色空间和颜色分布信息熵的图像检索[J]. 计算机工程与应用, 2007, 43(29): 98-100.

[25] 汪华章. 基于多尺度及多方向分析的纹理图像检索算法[J]. 郑州大学学报(理学版), 2009, 41(1): 27-32.

[26] 徐久成,李晓艳,李双群,等. 基于相容粒的多层次纹理特征图像检索方法[J]. 广西师范大学学报(自然科学版), 2011, 29(1): 186-190.

[27] Swain M J, Ballard D H. Color indexing[J]. International Journal of Computer Vision, 1991, 7(1): 11-32.

[28] 林克正,张彩华,刘丕娥. 基于分块主颜色匹配的图像检索[J]. 计算机工程, 2010, 36(13): 186-188.

[29] 王向阳,陈景伟,于永健. 一种基于彩色边缘综合特征的图像检索算法[J]. 模式识别与人工智能, 2010, 23(2): 216-221.

[30] Xu J C, Shi J L, Cheng W L. Ordered rules extraction for incomplete ordered decision system in granu-

lar computing[C]// 2009 IEEE International Conference on Granular Computing, Nanchang, China, 2009: 638-643.
[31] Sun L, Xu J C, Li S Q. Knowledge reduction based on granular computing from decision information systems[J]. Lecture Notes in Artificial Intelligence 6401, 2010,46-53.
[32] Canny J. A computational approach to edge-detection[J]. IEEE Transactions on Pattern Analysis and Machine Intelligence, 1986, 8(6): 679-698.
[33] 李双群,徐久成,张灵均,等. 基于相容粒的彩色图像检索算法[J]. 广西师范大学学报(自然科学版), 2011, 29(3): 173-178.
[34] 郑秋梅,王红霞,闵利田. 基于内外边缘颜色特征的图像检索算法[J]. 工程图学学报, 2010, 31(2): 110-115.
[35] 周咏梅,韩国强. 一种基于区域的图像相似性计算方法[J]. 广西师范大学学报(自然科学版), 2008, 26(1): 224-227.
[36] Stepaniuk J, Skowron A. Ontological framework for approximation[C]// RSFDGrC 2005, LNAI 3641, 2005: 718-727.
[37] Slowinski R, Vanderpooten D A. Generalized definition of rough approximations based on similarity[J]. IEEE Transaction Knowledge and Data Engineering, 2000, 12(2):331-336.
[38] Doherty P, Grabowski M, Lukaszewicz W, et al. Towards a framework for approximate ontologies[J]. Fundamental Information, 2003, 57(2): 147-165.
[39] Antón-Rodríguez M., Díaz-Pernas F J, Díez H J F, et al. Recognition of coloured and textured images through a multi-scale neural architecture with orientational filtering and chromatic diffusion[J]. Neurocomputing, 2009, 72(16-18): 3713-3725.
[40] Ilea D E, Whelan P F. Image segmentation based on the integration of colour-texture descriptors——a review[J]. Pattern Recognition, 2011, 44(11):2479-2501.
[41] 徐久成,李晓艳,张灵均,等. 基于粗糙粒模型的图像纹理识别和检索[J]. 模式识别与人工智能, 2012, 25(2): 225-229.
[42] Deselaers T, Keysers D, Ney H. Features for image retrieval: an experimental comparison[J]. Information Retrieval, 2008, 11(2): 77-107.
[43] 陈波,代秋平. 基于几何活动轮廓模型的图像分割[J]. 模式识别与人工智能, 2010, 23(2): 186-190.
[44] Kolaczyk E D, Ju J C, Gopal S. Multiscale, multigranular statistical image segmentation[J]. Journal of the American Statistical Association, 2005, 100(472): 1358-1369.
[45] Gandhi V, Kang M J, Shekhar S. Context inclusive function evaluation: a case study with EM-based multi-scale multi-granular image classification[J]. Knowledge and Information Systems, 2009, 21(2): 231-247.
[46] 姚晓昆,邱桃荣,白小明. 近似本体获取的粒计算方法[J]. 南昌大学学报(理科版), 2009, 33(6): 595-598.
[47] 雷宝权,杨丽华,程咏梅,等. 基于SVM与颜色/纹理组合特征的景物识别算法[J]. 计算机科学, 2009, 36(10): 274-277.

第8章 时间序列下的粒度决策演化模型

时间可以用不同粒度结构来进行有效描述,所以从基于粗糙集的粒计算角度来处理时间序列是可行的。目前,在粗糙集理论和时间序列相结合的研究中,大多数的成果[1-8]集中在将时间序列数据转化为适合粗糙集理论的数据,从而使用粗糙集理论方法对数据集进行约简和规则提取。那么能否结合粗糙集理论从时间序列的角度来思考决策规则提取过程所蕴涵的性质,探究在时间序列下决策信息系统的动态性,这些都是值得研究的问题。动态性作为事物普遍具有的一种性质,对其开展研究很有价值,有利于人们深入了解事物的本质特征。史开泉利用普通信息系统提出了 P-集合概念,用以发现信息系统中的动态知识[9]。P-集合所基于的信息系统的基数(记录数)是不变的,其动态性体现在变化的属性集上,从而使普通信息系统具有动态性。然而,对于现实中还存在的很多信息系统,其基数随着时间的流逝而在不断增加,直至产生海量数据,那么能否从随时间增加的数据角度来研究决策信息系统,研究整体的决策信息系统随着时间演化为何种形态,是值得思考的问题。

8.1 时间序列的基本概念

平稳性是时间序列分析的基础。

定义 8.1[10] 如果对于所有的 t,任意正整数 k 和任意 k 个正整数$(t_1,\cdots,t_k)$,$(r_{t1},\cdots,r_{tk})$的联合分布是相同的,则称时间序列$\{r_t\}$是严平稳的。

严平稳性要求$(r_{t1},\cdots,r_{tk})$的联合分布在时间的平移变换下保持不变。这是一个很强的条件,难以用经验方法验证,经常假定的是平稳性的一个较弱的形式。

定义 8.2[10] 如果r_t的均值与r_t和r_{t-l}(l是任意整数)的协方差不随时间而改变,,则称时间序列$\{r_t\}$为弱平稳的。若①均值 $Er_t = \mu$,μ是一个常数;②协方差 $\mathrm{Cov}(r_t, r_{t-l}) = \gamma_l$,$\gamma_l$只依赖于$l$。

假定有 T 个数据观测点$\{r_t | t = 1, 2, \cdots, T\}$,弱平稳性意味着数据的时间图显示出 T 个值在一个常数水平上下以相同幅度波动。在应用中,弱平稳性可以用来对未来观测值进行推断和预测。

在弱平稳性的条件中,隐含假定了r_t的前两阶矩是有限的。由定义可知,若r_t是严平稳的且它的前两阶矩是有限的,则r_t是弱平稳的。反之,一般是不成立的。但如果时间序列 r_t 是正态分布的,则弱平稳性和严平稳性是等价的。

协方差 $\gamma_l = \mathrm{Cov}(r_t, r_{t-l})$ 称为 r_t 的间隔为 l 的自协方差。它具有以下两个重要性质:

(1) $\gamma_0 = \mathrm{Var}(r_t)$;

(2) $\gamma_{-l} = \gamma_l$。

性质(2)成立是因为 $\mathrm{Cov}(r_t, r_{t-(-l)}) = \mathrm{Cov}(r_{t-(-l)}, r_t) = \mathrm{Cov}(r_{t+l}, r_t) = \mathrm{Cov}(r_{t_l}, r_{t_l-l})$,其中 $t_l = t + l$。

定义 8.3[10]　称时间序列 $\{r_t\}$ 为白噪声序列,如果 $\{r_t\}$ 是一个具有有限均值和有限方差的独立分布随机变量序列。

特别地,若 r_t 还服从均值为 0 且方差为 σ^2 的正态分布,则称这个序列为高斯白噪声序列。白噪声序列的所有自相关函数都为零。

定义 8.4[10]　称时间序列 $\{r_t\}$ 为线性时间序列,如果它能写成

$$r_t = \mu + \sum_{i=0}^{\infty} \psi_i a_{t-i} \tag{8-1}$$

式中,μ 是 r_t 的均值,$\psi_0 = 1$,$\{a_t\}$ 是零均值独立分布(假定 a_t 的分布是合理定义的)的随机变量序列,即 $\{a_t\}$ 是白噪声序列。

在式(8-1)定义的线性时间序列中,r_t 的动态结构由系数 ψ_i 决定,这些系数称为 r_t 的 ψ-权重。若 r_t 是弱平稳的,可以利用 $\{a_t\}$ 的独立性得到 r_t 的均值和方差,即

$$\mathrm{E}(r_t) = \mu \tag{8-2}$$

$$\mathrm{Var}(r_t) = \sigma_a^2 \sum_{i=0}^{\infty} \psi_i^2 \tag{8-3}$$

式中,σ_a^2 是 a_t 的方差。

因为 $\mathrm{Var}(r_t) < +\infty$,所以 $\{\psi_i^2\}$ 必须是收敛序列,即当 $i \to \infty$ 时 $\psi_i^2 \to 0$。相应地,随着 i 的增大,远处的扰动 a_{t-i} 对 r_t 的影响会逐渐消失。

r_t 的间隔为 l 的协方差为

$$\begin{aligned}
\gamma_l &= \mathrm{Cov}(r_t, r_{t-l}) \\
&= E\Big[\Big(\sum_{i=0}^{\infty} \psi_i a_{t-i}\Big)\Big(\sum_{j=0}^{\infty} \psi_j a_{t-l-j}\Big)\Big] \\
&= E\Big(\sum_{i,j=0}^{\infty} \psi_i \psi_j a_{t-i} a_{t-l-j}\Big) \\
&= \sum_{j=0}^{\infty} \psi_{j+l} \psi_j E(a_{t-l-j}^2)
\end{aligned}$$

$$= \sigma_a^2 \sum_{j=0}^{\infty} \psi_j \psi_{j+l} \tag{8-4}$$

因此，ψ-权重与 r_t 的自相关系数有如下关系，即

$$\rho_l = \frac{\gamma_l}{\gamma_0} = \frac{\sum_{i=0}^{\infty} \psi_i \psi_{i+l}}{1 + \sum_{i=1}^{\infty} \psi_i^2}, l \geqslant 0 \tag{8-5}$$

式中，$\psi_0 = 1$。

线性时间序列模型就是用来描述 r_t 的 ψ-权重的计量经济模型和统计模型。对弱平稳序列而言，当 $i \to \infty$ 时，$\psi_i \to 0$，从而随着 l 的增大，ρ_l 收敛到 0。对于收益效率而言，这意味着，当 l 较大时，当前收益率 r_t 对遥远过去的收益率 r_{t-l} 的线性依赖会消失。

8.2 时间序列下决策信息系统的最终形态

为了保证数据的原始性，本节针对经典粗糙集理论[11-14]在时间序列下进行讨论，对决策信息系统本身不作任何改变，以保持决策信息系统自身的原始性，观察在时间序列下随着记录数的增加其属性核的变化，进而对这种变化进行分析研究，其立足点不在于静态表，而是发生在时间序列下的动态决策表的演化过程。

8.2.1 静态 Rough 集研究存在的问题

粗糙集理论在处理含有不完整、不精确或者不确定性数据方面发挥着积极的作用，在决策表处理方面取得了很好的效果，成为人工智能领域的一个研究热点。但是目前使用经典粗糙集理论方法进行的数据处理，无论是精确的还是不精确的，大多数是在孤立的一张数据信息表上完成的。在这张孤立的、唯一的数据信息表上，其论域是确定的，即数据对象的基数是不变的。当数据对象增加、论域发生变化时，往往是将发生变化的信息表作为一个新表来处理，忽略了前后两个信息表之间的联系。另外，基于粗糙集理论的时间序列研究也取得了一些成果，但这些成果最终的落脚点依然是静态表，虽然是动态的时间序列，但除去数据序列对于时间的依赖性，将其重组为静态表，这样就忽略掉了决策表在时间序列下重要的演化过程。

由时间序列和混沌理论的相关知识可知[15-21]，基于时间的数据相互间具有依赖性，这也正是能够进行预测的根本原因。同样，基于时间序列的决策信息系统也存在这种相关性和依赖性。而经典粗糙集理论孤立地看待时间序列下每一个时间

点的决策信息系统,忽略了在时间序列下相邻或者相关时间点的决策信息系统间的依赖性。在时间序列下,从动态的角度对基于粗糙集理论方法的决策信息系统的演化特性进行研究,有着一定的积极意义。

8.2.2 决策信息系统时态性数学仿真及最终形态确认

下面通过时间序列 $T = \{t_1, t_2, \cdots, t_m\}$ 下的决策信息系统 $S = (U, A, V, f)$,$U = \{x_1, x_2, \cdots, x_m\}$,$A = C \cup D$,$C = \{a, b, c\}$,$D = \{d\}$,$V_a = V_b = V_c = \{0, 1, 2\}$,$V_d = \{0, 1\}$,通过时间点 $t_i(i = 1, 2, 3, 4, 5)$ 的属性核的值,来观察决策信息系统 S 的属性核在时间序列 T 上的变化。

t_1 时刻的决策信息系统如表 8-1 所示,t_2 时刻的决策信息系统如表 8-2 所示,t_3 时刻的决策信息系统如表 8-3 所示,t_4 时刻的决策信息系统如表 8-4 所示,t_5 时刻的决策信息系统如表 8-5 所示。

表 8-1 t_1 时刻的决策信息系统

U	a	b	c	d
x_1	1	0	2	0
x_2	0	2	1	1
x_3	1	0	1	1

表 8-2 t_2 时刻的决策信息系统

U	a	b	c	d
x_1	1	0	2	0
x_2	0	2	1	1
x_3	1	0	1	1
x_4	0	2	0	0

表 8-3 t_3 时刻的决策信息系统

U	a	b	c	d
x_1	1	0	2	0
x_2	0	2	1	1
x_3	1	0	1	1
x_4	0	2	0	0
x_5	1	1	2	1

表 8-4　t_4 时刻的决策信息系统

U	a	b	c	d
x_1	1	0	2	0
x_2	0	2	1	1
x_3	1	0	1	1
x_4	0	2	0	0
x_5	1	1	2	1
x_6	1	1	0	1

表 8-5　t_5 时刻的决策信息系统

U	a	b	c	d
x_1	1	0	2	0
x_2	0	2	1	1
x_3	1	0	1	1
x_4	0	2	0	0
x_5	1	1	2	1
x_6	1	1	0	1
x_7	0	2	0	0

由表 8-1～表 8-5 可知,作为该时间序列初始点 t_1 时刻的论域基数(记录数)为 3,t_2 时刻的论域基数为 4,t_3 时刻的论域基数为 5,t_4 时刻的论域基数为 6,t_5 时刻的论域基数为 7,即在时间序列 T 下,t_{i+1} 时刻的决策信息系统相对于 t_i 时刻的决策信息系统多增加一条记录。根据经典粗糙集理论计算得知,t_1 时刻决策信息系统的属性核为 $\{c\}$,t_2 时刻属性核为 $\{c\}$,t_3 时刻属性核为 $\{b,c\}$,t_4 时刻属性核为 $\{b,c\}$,t_5 时刻属性核为 $\{b,c\}$。由此可以观察到,决策信息系统 S 在时间序列下随着决策信息系统中数据对象 x_i 的不断增加,其属性核发生了变化。

通过 MATLAB 数据仿真实验,随机生成一个包含 1000 个观测点的具有 3 个条件属性、1 个决策属性的决策信息系统 $S=(U,A,V,f)$,$A=C \cup D$,$C=\{a,b,c\}$,$D=\{d\}$,然后统计其在各个观测点时决策信息系统属性核变化的情况,得到的决策信息系统属性核分布如图 8-1 和图 8-2 所示。

在图 8-1 和图 8-2 中,Y 轴的 1,2,3 分别代表条件属性 a,b,c,图 8-2 的 X 轴为 1000 个观测点,X 轴和 Y 轴交点处的 0 表示决策信息系统从空表开始。如果在观测点 $x=i$ 处的属性核为 $\{a,b\}$,则在图 8-1 和图 8-2 中,坐标$(x=i,y=1)$ 和 $(x=i,y=2)$ 进行标记以表示属性 $a,b \in \text{core}(C)$。例如,在图 8-1 中,在 $x=3$ 处,此时决策信息系统有 2 条记录,通过约简可知此时该决策信息系统的条件属性核为 $\{b\}$,从而在图中坐标$(x=3,y=2)$ 的位置作标记。同理,在

$x=10$ 处其条件属性核为 $\{a,b,c\}$,所以在图中坐标 $(x=10,y=1),(x=10,y=2),(x=10,y=3)$ 处均作标记。从图 8-1 和图 8-2 中可以观察到决策表的规模(记录数)增加到一定程度后,在本例中为 $x\geqslant 10$,在其后的每个 $x=i$ $(i\geqslant 10)$ 处坐标 $(x=i,y=1),(x=i,y=2),(x=i,y=3)$ 有标记,说明随着时间的增长,当记录的总个数 $x\geqslant 10$ 时,条件属性 a,b 和 c 都属于属性核 $\mathrm{core}(C)$,即条件属性 C 的属性核 $\mathrm{core}(C)=C$。

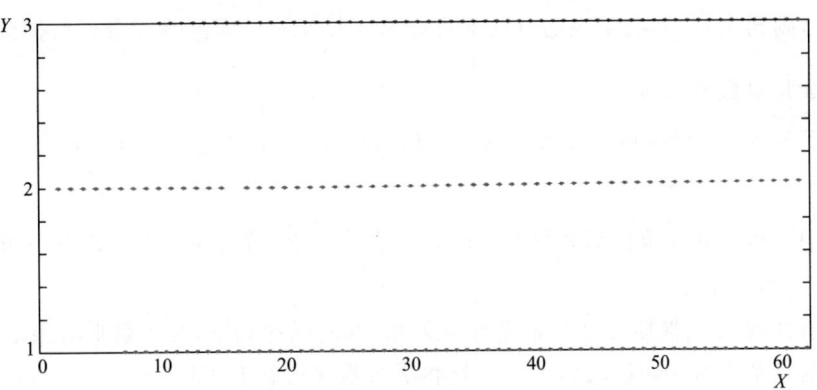

图 8-1　1000 个观测点的具有 3 个条件属性随机决策信息系统属性核变化局部图

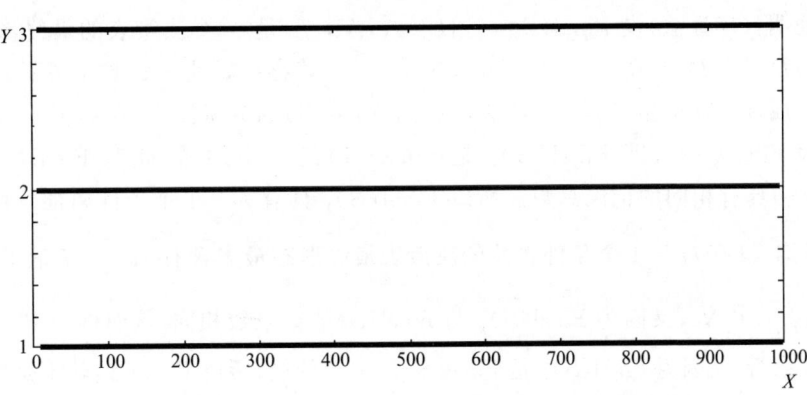

图 8-2　1000 个观测点的具有 3 个条件属性随机决策信息系统属性核变化全局图

性质 8.1　设 $S=(U,A,V,f)$ 为一个决策信息系统,$A=C\cup D$,$C\cap D=\varnothing$,随着决策信息系统 S 中记录的增加,其条件属性核 $\mathrm{core}(C)$ 将发生变化。

性质 8.1 说明,在时间序列下,随着时间的增长,即随着决策信息系统 S 中数据对象 x_i 的逐步增加,其条件属性核不是一成不变的。

性质 8.2　设 $S=(U,A,V,f)$ 是一个决策信息系统,$A=C\cup D$,$C\cap D$

$=\varnothing$,条件属性集 $C = \{c_1, c_2, \cdots, c_m\}$,每个条件属性 $c_i(i = 1, 2, \cdots, m)$ 可取值的个数记为 N_i,则决策信息系统 S 在消除冗余行后得到的新的决策信息系统 S' 最多含有 $\prod_{i=1}^{m} N_i$ 条记录。

证明:因为每个条件属性 $c_i \in C$ 可取的值的个数为 N_i,从而根据排列组合原理,条件属性 C 取值不同的排列一共有 $\prod_{i=1}^{m} N_i$ 个。根据消除冗余行的原则,如果 $x_i = x_j$,则删除 x_j 后决策表的行数不可能超过 $\prod_{i=1}^{m} N_i$ 个,即消除冗余行后得到的 S' 中最大记录数为 $\prod_{i=1}^{m} N_i$。

定义 8.5 设决策信息系统 $S = (U, A, V, f)$,$A = C \cup D$,$C \cap D = \varnothing$,$C = \{c_1, c_2, \cdots, c_m\}$,其中每个条件属性 $c_i \in C$ 可取值的个数为 N_i,S 经过冗余行消除后得到决策信息系统 S',如果 S' 存在 $\prod_{i=1}^{m} N_i$ 条记录,则称 S' 为 S 的最终形态,记为 Final(S)。

由性质 8.1、性质 8.2 和定义 8.5 可知,在时间序列下,随着数据对象的增加,决策信息系统 $S = (U, A, V, f)$ 终将进入最终形态 Final(S)。

定理 8.1 设决策信息系统 $S = (U, A, V, f)$,$A = C \cup D$,$C \cap D = \varnothing$,其最终形态 Final(S) 的条件属性核 core(C) = C。

证明:(反证法)设 Final(S) = (U, A, V, f) 是一个决策表的最终形态,$A = C \cup D$,$C \cap D = \varnothing$,$C = \{c_1, c_2, \cdots, c_m\}$。若存在属性 $c_i \in C$,$c_i \notin$ core(C),则根据属性约简的定义,将 c_i 约去不影响 Final(S) 的分辨能力,在约去 c_i 后得到决策表 Final(S)$_1$,即 Final(S)$_1$ 是 Final(S) 的一个约简,此时 Final(S)$_1$ 和 Final(S) 具有相同的记录总数。所以 Final(S)$_1$ 具有 $m-1$ 个条件属性。由性质 8.2 可知,具有 $m-1$ 个条件属性的决策表最终形态最多含有 $\prod_{i=1}^{m-1} N_i$ 条记录,显然有 $\prod_{i=1}^{m-1} N_i < \prod_{i=1}^{m} N_i$,又因为 Final($S$)$_1$ 与 Final(S) 的记录数相同,从而得知 Final(S)$_1$ 存在冗余行,又因为 Final(S)$_1$ 是 Final(S) 的一个约简,所以 Final(S) 就不是决策表的最终形态,同题设矛盾,所以得知 Final(S) 的条件属性核 core(C) = C。

将决策信息系统中的每个条件属性作为一个维,则一个具有 m 个条件属性的决策信息系统将对应一个 m 维数据立方体,在时间序列的条件下将每次得到的条件属性核坐标化。例如,有决策信息系统 S,条件属性集为 $\{a, b, c, d, e\}$,在 t_i 时刻得到的条件属性核为 $\{a, b, c\}$,则该时刻的坐标为 $(1, 1, 1, 0, 0)$。将所有时刻得到条件属性核坐标化后,放入对应的数据立方体,得到条件属性核的分布情况和变化轨迹,其最终都将收敛于最终形态。对于不同的决策信息系统,其条件属性核的分布、变化轨迹和最终形态是不一样的,是其独有的特征之一。

定义 8.6 设决策信息系统 $S = (U, A, V, f), A = C \cup D, C \cap D = \varnothing$，条件属性集 $C = \{c_1, c_2, \cdots, c_m\}$，在时间序列 $T = \{t_1, t_2, \cdots, t_m\}$ 的时间点 t_i 下，决策信息系统 S 的属性核 core(S) 所对应的坐标为 Co_{t_i}，则在时间序列 T 下，决策信息系统 S 属性核 core(S) 的分布为 $F(S) = \{Co_{t_i} | t_i \in T\}$。

定义 8.7 对决策信息系统 S 的属性核 core(S) 的分布集合 $F(S)$ 按照时间序列 $T = \{t_1, t_2, \cdots, t_m\}$ 进行排序，所得到的向量称为属性核 core(S) 的变化轨迹，记为 $T(S)$。

定义 8.8 设有决策信息系统 S_1 和 S_2，分别将其条件属性核的分布记为 $F(S_1)$ 和 $F(S_2)$，变化轨迹记为 $T(S_1)$ 和 $T(S_2)$，最终形态记为 Final(S_1) 和 Final(S_2)。如果 $F(S_1) = F(S_2), T(S_1) = T(S_2)$，Final($S_1$) = Final($S_2$)，则称决策信息系统 S_1 和 S_2 相等，记为 $S_1 = S_2$。

8.3 多粒度时间序列下的粒度决策演化模型

在时间序列下，决策信息系统随着记录的增加将演化至最终形态。在此形态下，决策信息系统不存在冗余属性。本章针对决策信息系统在时间序列下整体演化会进入最终形态这一现象，在经典粗糙集理论的基础上，引入多粒度时间序列，对决策信息系统整体在时间序列上进行粒度划分，确保每个时间子粒都不是最终形态，进而对各个时间子粒产生的决策规则之间的联系进行研究，并对这些决策规则进行整理，将相同决策规则按照时间先后顺序组成新的序列，建立多粒度时间序列下的决策信息系统的演化模型，同时给出模型的相关性质，并通过实例来验证模型的实际可行性。

8.3.1 多粒度时间序列

对于大型数据信息系统而言，从时间序列的角度来看，每个数据单元可以被抽象为一个二元组 (t, o)，其中，t 为时间变量，o 为数据变量，可以反映数据单元的实际意义，诸如某种商品的销售金额、股票的价格等。由此，对于时间序列可以给出如下定义。

定义 8.9 时间序列 δ 是一个无限集 $\{(t_1, o_1), (t_2, o_2), (t_3, o_3), \cdots\}$，满足 $t_i < t_{i+1} (i = 1, 2, 3, \cdots)$。

在实际应用中使用到的时间序列 σ 一般是 δ 的真子集，即 $\sigma \subset \delta$。对于时间序列来说，可以存在细节不同的多个描述层次。为了准确表达时间序列中的多重时间粒度，以及它们之间的关系，本节参用文献[22, 23]中的定义。

定义 8.10 设 $T = (-\infty, +\infty)(T$ 表示时间$), 2^T$ 为 T 的幂集。如果 μ 是从正整数集 $\mathbf{Z}^+$ 到 2^T 的映射，并且满足对于任意正整数 $i, j (i < j)$ 都有：

(1) 对于 $\forall a\in\mu(i), b\in\mu(j)$，如果 $\mu(i)\neq\varnothing$ 且 $\mu(j)\neq\varnothing$，则 $a<b$；

(2) 如果 $\mu(i)=\varnothing$，则 $\mu(j)=\varnothing$；

称 μ 为时间粒度函数，简称粒度函数，$a<b$ 表示在时间序列上 a 位于 b 的前列。

定义 8.11 对于任意整数 k 和任意两个不同的粒度函数 μ,ν，令 $P=\{p|\nu(p)\subseteq\mu(k)\}$。如果 $P\neq\varnothing$，则 $|k\_|_\nu^\mu=\min(P), |k^-|_\nu^\mu=\max(P)$；否则 $|k\_|_\nu^\mu, |k^-|_\nu^\mu$ 不存在。其中 $\min(P)$ 表示在粒集 P 中位于时间序列最前端的粒；$\max(P)$ 表示在粒集 P 中位于时间序列最后端的粒，显然 $\min(P)<\max(P)$。

例如，如果 μ 是以 year 为单位的粒度划分，ν 是以 month 为单位的粒度划分，则 $\nu<\mu$，那么 $\mu(m)$ 表示对时间序列以 year 为单位得到的粒集中的第 m 年，$\nu(n)$ 表示对时间序列以 month 为单位得到的粒集中的第 n 个月。所以 $|k\_|_\nu^\mu=|k\_|_{month}^{year}$ 表示第 k 年中的第 1 个月，$|k^-|_\nu^\mu=|k^-|_{month}^{year}$ 表示第 k 年中的最后 1 个月。如果将公元 0 年—公元 2010 年作为研究的时间序列对象，则 $|2010\_|_{month}^{year}$ 表示 2010 年 1 月，$|2009^-|_{month}^{year}$ 表示 2009 年 12 月。下面再给出多粒度时间序列和时间跨度的定义。

定义 8.12 多粒度时间序列 $\sum=(\sigma:\mu_1,\mu_2,\cdots,\mu_n)$，其中 σ 为时间序列；$\mu_1,\mu_2,\cdots,\mu_n$ 为 n 种不同的时间粒度函数。

定义 8.13 多粒度时间序列 $\sum=(\sigma:\mu_1,\mu_2,\cdots,\mu_n)$，其中 $\mu_i(i=1,2,\cdots,n)$ 为粒度函数，对任意 n_1、$n_2\in\mathbf{Z}^+$（正整数集），如果满足 $\mu_1(n_1)\neq\varnothing, \mu_2(n_2)\neq\varnothing$，并且 $\forall a\in\mu_1(n_1), \forall b\in\mu_2(n_2)$，且有 $a<b$，则 $\mu_1(n_1)$ 与 $\mu_2(n_2)$ 之间的时间跨度记为 $d[\mu_1(n_1),\mu_2(n_2)]$。在 $\sum$ 中，所有的时间跨度 d 构成集合 $D=\{d\}$。

8.3.2 多粒度时间序列下的粒度决策演化模型与性质

设 $S=(U,A)$ 是一个信息系统，其中 $U=\{u_1,u_2,\cdots,u_n\}, A=\{a_1,a_2,\cdots,a_m\}$。对于任意 $a\in A$，存在映射 $a:U\to a(U)$，并且 $a(U)=\{a(u)|u\in U\}$，则称 $a(u)$ 为属性 a 的值域。当 $S=(U,A)$ 没有元组重复时，信息系统是一个关系数据库。如果存在 $A=C\cup D, C\cap D=\varnothing$，则称信息系统 S 是一个决策信息系统，其中 C 为条件属性集，D 为决策属性集[11]。

假定存在一个信息系统 $S=(U,A)$，其中 $U=\{u_1,u_2,\cdots,u_n\}, A=\{x_1,x_2,\cdots,x_z\}$，其中 $n,z\in\mathbf{Z}^+$。对于 U 中所有的对象 u_i，在时间序列上都有 $u_i<u_{i+1}$，即生成 u_i 的时间早于生成 u_{i+1} 的时间。按照时间序列对 U 进行粒度划分，得到 $G=\{g_1,g_2,\cdots,g_m\}$，其中 $g_i=\{u_j,u_{j+1},\cdots,u_k\}, i\in\{1,2,\cdots,m\}, j\leqslant k\leqslant n$，且对于 $\forall g_i,g_j\in G(1\leqslant i,j\leqslant m), g_i\cap g_j=\varnothing$。本节不讨论每个子信息系统如何提取规则，而是讨论在时序关系下每个子系统所得到的规则之间的关系以及可能的趋势。

决策信息系统 $S=(U,A)$，$A=C \cup D$，其中 C 为条件属性集，D 为决策属性集。决策属性集 D 的属性值集合 $V_D=\{\text{Decision}_1, \text{Decision}_2, \cdots, \text{Decision}_l\}$，条件属性集 $C=\{a_1, a_2, \cdots, a_n\}$，条件属性 a_i 的值的集合为 V_{a_i}。对决策信息系统 S 进行粒度划分得到 $U=\{g_1, g_2, \cdots, g_m\}$，并对各个分粒度进行规则提取后得到表 8-6，其中 Condition_i_j 代表粒度区间 g_i 中决策属性值 Decision$_j$ 所对应的决策规则前件。粒度区间 g_i 下的决策规则 Rule_i_j 可以表示为 Condition_i_j → Decision$_j$。对表 8-6 进行整理，将不同时间粒下得到的决策规则进行重新组合，把相同决策属性值的决策规则放在一起，得到如图 8-3 所示的结构图。

表 8-6 决策信息系统的粒度划分

粒度区间	决策规则	决策规则的条件属性	决策属性值
g_1	Rule_1_1	Condition_1_1	Decision$_1$
	Rule_1_2	Condition_1_2	Decision$_2$
	...	...	...
	Rule_1_l	Condition_1_l	Decision$_l$
g_2	Rule_2_1	Condition_2_1	Decision$_1$
	Rule_2_2	Condition_2_2	Decision$_2$
	...	...	...
	Rule_2_l	Condition_2_l	Decision$_l$
...	...	...	...
g_m	Rule_m_1	Condition_m_1	Decision$_1$
	Rule_m_2	Condition_m_2	Decision$_2$
	...	...	...
	Rule_m_l	Condition_m_l	Decision$_l$

1. 粒度决策演化模型的定义

定义 8.14 设在时间点 X_i 下，决策信息系统 $S_{X_i}=(U, C_{X_i} \cup D_{X_i})$，$C_{X_i} \cap D_{X_i}=\varnothing$，$\forall c \in C_{X_i}$，$d \in D_{X_i}$，其值域分别为 Vc_{X_i} 和 Vd_{X_i}；在时间点 X_{i+1} 下，决策信息系统 $S_{X_{i+1}}=(U, C_{X_{i+1}} \cup D_{X_{i+1}})$，$C_{X_{i+1}} \cap D_{X_{i+1}}=\varnothing$，$\forall c \in C_{X_{i+1}}$，$d \in D_{X_{i+1}}$，其值域分别为 $Vc_{X_{i+1}}$ 和 $Vd_{X_{i+1}}$，若满足以下条件：

(1) $C_{X_{i+1}}=C_{X_i}$；

(2) $D_{X_{i+1}}=D_{X_i}$；

(3) $Vc_{X_{i+1}}=Vc_{X_i}$；

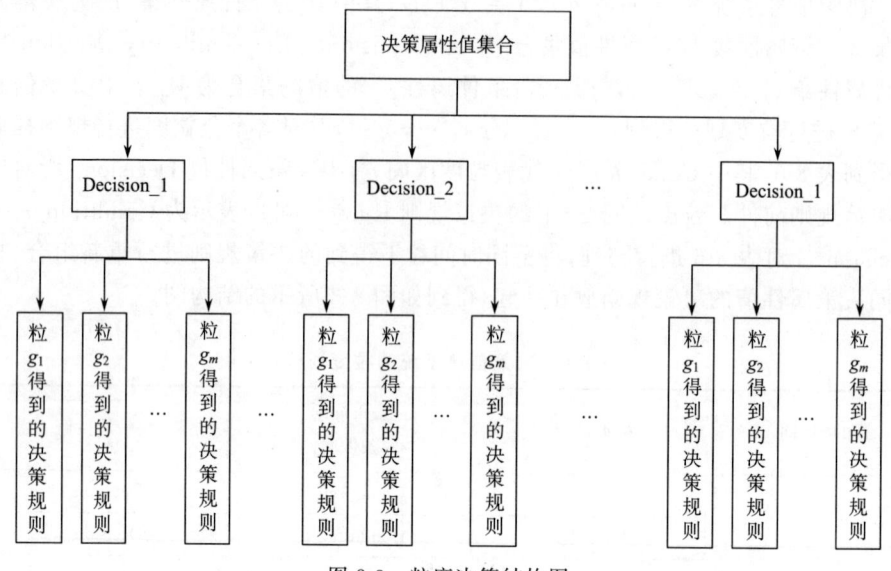

图 8-3 粒度决策结构图

(4) $Vd_{X_{i+1}} = Vd_{X_i}$；

则称决策信息系统 S_{X_i} 到决策信息系统 $S_{X_{i+1}}$ 的变化为同源演化，否则称为多源演化。

定义 8.15 设 g_i 和 g_{i+1} 为粒集 $\{g_1, g_2, \cdots, g_m\}$ 在时间序列上相邻的两个时间粒，由 g_i 和 g_{i+1} 得到相应的具有相同决策属性值的决策规则 $Decision\_l_{g_i}$ 和 $Decision\_l_{g_{i+1}}$，将 $Decision\_l_{g_{i+1}}$ 中具有和 $Decision\_l_{g_i}$ 相同条件属性 c 的个数与 $Decision\_l_{g_i}$ 的所有条件属性的个数比值，称为 g_{i+1} 相对于 g_i 的属性继承度，记为 $InA(g_{i+1} \mid g_i)$，定义为

$$InA(g_{i+1} \mid g_i) = \frac{\mid Decision\_l_{g_{i+1}c} \cap Decision\_l_{g_ic} \mid}{\mid Decision\_l_{g_i} \mid} \tag{8-6}$$

由定义 8.15 可知，$0 \leqslant InA(g_{i+1} \mid g_i) \leqslant 1$。当 $InA(g_{i+1} \mid g_i) = 0$ 时，称 $Decision\_l_{g_{i+1}}$ 相对于 $Decision\_l_{g_i}$ 没有继承性；当 $InA(g_{i+1} \mid g_i) = 1$ 时，称 $Decision\_l_{g_{i+1}}$ 完全继承 $Decision\_l_{g_i}$；当 $0 < InA(g_{i+1} \mid g_i) < 1$ 时，称 $Decision\_l_{g_{i+1}}$ 部分继承 $Decision\_l_{g_i}$。

定义 8.16 设 g_i 和 g_{i+1} 为粒集 $\{g_1, g_2, \cdots, g_m\}$ 在时间序列上相邻的两个时间粒，由 g_i 和 g_{i+1} 得到相应的具有相同决策属性值的决策规则 $Decision\_l_{g_i}$ 和 $Decision\_l_{g_{i+1}}$，将 $Decision\_l_{g_{i+1}}$ 中具有和 $Decision\_l_{g_i}$ 相同的条件属性值 cv 的个数与 $Decision\_l_{g_i}$ 的所有条件属性值的个数比值称为 g_{i+1} 相对于 g_i 的属性值继承度，记为 $InAV(g_{i+1} \mid g_i)$，定义为

$$\mathrm{InAV}(g_{i+1} \mid g_i) = \frac{\mid \mathrm{Decision\_}l_{g_{i+1}\mathrm{cv}} \cap \mathrm{Decision\_}l_{g_i\mathrm{cv}} \mid}{\mid \mathrm{Decision\_}l_{g_i} \mid} \quad (8\text{-}7)$$

由定义 8.16 可知,$0 \leqslant \mathrm{InAV}(g_{i+1} \mid g_i) \leqslant 1$。当 $\mathrm{InAV}(g_{i+1} \mid g_i) = 0$ 时,称 $\mathrm{Decision\_}l_{g_{i+1}}$ 相对于 $\mathrm{Decision\_}l_{g_i}$ 没有属性值继承性;当 $\mathrm{InAV}(g_{i+1} \mid g_i) = 1$ 时,称 $\mathrm{Decision\_}l_{g_{i+1}}$ 完全继承 $\mathrm{Decision\_}l_{g_i}$ 的属性值;当 $0 < \mathrm{InAV}(g_{i+1} \mid g_i) < 1$ 时,称 $\mathrm{Decision\_}l_{g_{i+1}}$ 部分继承 $\mathrm{Decision\_}l_{g_i}$ 的属性值。

由定义 8.15 和定义 8.16 可知,属性继承度 InA 是属性值继承度 InAV 存在的前提,只有先有属性继承度 InA,才会有后续的属性值继承度 InAV。

定义 8.17 设由粒 $g_i \in \{g_1, g_2, \cdots, g_m\}$ 推出的决策值为 dv 的决策规则 $\mathrm{Decision\_}l$ 中存在条件属性 c,将条件属性 c 在所有决策属性值为 dv 的决策规则中的出现次数与所有决策规则 decision-l 总数的比值,称为条件属性 c 相对于决策规则 $\mathrm{Decision\_}l$ 的支持度,简称属性支持度,记为 $\mathrm{Sup\_D}(c \mid \mathrm{Decision\_}l)$,计算方法为

$$\mathrm{Sup\_D}(c \mid \mathrm{Decision\_}l) = \frac{\mid \mathrm{Decision\_}l_c \mid}{\mid \mathrm{Decision\_}l \mid} \quad (8\text{-}8)$$

当 $\mathrm{Sup\_D}(c \mid \mathrm{Decision\_}l) = 1$ 时,表明在所有推出决策 $\mathrm{Decision\_}l$ 的决策规则中都有条件属性 c。

定义 8.18 设由粒 $g_i \in \{g_1, g_2, \cdots, g_m\}$ 推出的决策值为 dv 的决策规则 $\mathrm{Decision\_}l$ 中存在条件属性值 cv,将条件属性值 cv 在所有决策属性值为 dv 的决策规则出现次数与所有决策规则 decision-l 总数的比值,称为条件属性值 cv 相对于决策规则 $\mathrm{Decision\_}l$ 的支持度,简称属性值支持度,记为 $\mathrm{Sup\_DV}(\mathrm{cv} \mid \mathrm{Decision\_}l)$ 计算方法为

$$\mathrm{Sup\_DV}(\mathrm{cv} \mid \mathrm{Decision\_}l) = \frac{\mid \mathrm{Decision\_}l_{\mathrm{cv}} \mid}{\mid \mathrm{Decision\_}l \mid} \quad (8\text{-}9)$$

定义 8.19 所有对决策规则 $\mathrm{Decision\_}l$ 的支持度 $\mathrm{Sup\_D}(c \mid \mathrm{Decision\_}l) = 1$ 的条件属性 c 组成的集合,称为决策规则 $\mathrm{Decision\_}l$ 的属性支持核,记为 $\mathrm{coreS}(\mathrm{Decision\_}l)$。

同理可以得到属性值支持核的定义。

定义 8.20 所有对决策规则 $\mathrm{Decision\_}l$ 的属性值支持度 $\mathrm{Sup\_DV}(\mathrm{cv} \mid \mathrm{Decision\_}l) = 1$ 的条件属性值 cv 组成的集合,称为决策规则 $\mathrm{Decision\_}l$ 的属性值支持核,记为 $\mathrm{coreSV}(\mathrm{Decision\_}l)$。

粒度决策演化模型的相关定义请参阅文献[24]。

由定义 8.15～定义 8.20 可知,粒度决策演化模型的结构如图 8-4 所示。

2. 粒度决策演化模型的性质

根据混沌理论的有关研究成果[18-21],相点 t_i 运动到相点 t_{i+1},t_{i+1} 可由相点 t_i

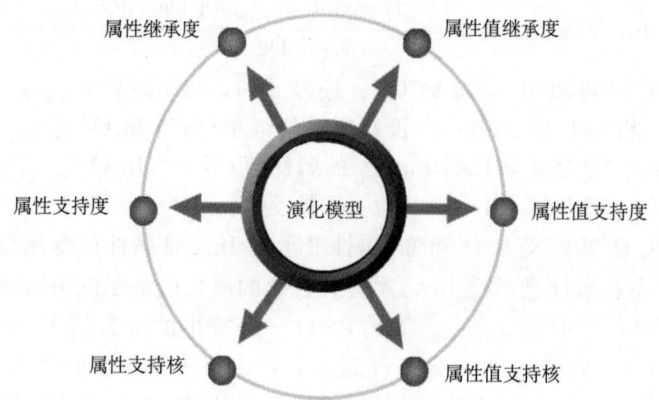

图 8-4 粒度决策演化模型

及其以前的相点决定,即存在如下函数关系

$$t_{i+1} = F(t_i) \tag{8-10}$$

式中,$F(t_i)$ 为预测函数。

据此可以得到粒度决策演化模型的相关性质。

性质 8.3 在时间点 t_i 下,决策规则 Decision_l 的属性支持核为 coreS_{t_i}(Decision_l),在时间点 t_{i+1} 下,决策规则 Decision_l 的属性支持核为 $\text{coreS}_{t_{i+1}}$(Decision_l),则 $\text{coreS}_{t_{i+1}}$(Decision_l) $\subseteq \text{coreS}_{t_i}$(Decision_$l$)。

证明:(反证法)假设 $\text{coreS}_{t_{i+1}}$(Decision_l) $= \text{coreS}_{t_i}$(Decision_l) $\bigcup A_{t_i}$,(其中 $A_{t_i} \subseteq \overline{\text{coreS}_{t_i}(\text{Decision\_}l)}$),则 $\exists c \in A_{t_i} \bigcap \text{coreS}_{t_{i+1}}$(Decision_$l$)。设在时间点 t_i 下,决策信息系统 $S_{t_i} = (U, C_{t_i} \bigcup D_{t_i})$ 的粒度划分为 $G_{t_i} = \{g_1, g_2, \cdots, g_m\}$,在时间点 t_{i+1} 下,决策信息系统 $S_{t_{i+1}} = (U, C_{t_{i+1}} \bigcup D_{t_{i+1}})$ 的粒度划分为 $G_{t_{i+1}} = \{g_1, g_2, \cdots, g_m, g_{m+1}\}$,由于 $c \in \text{coreS}_{t_{i+1}}$(Decision_$l$),由定义 8.15 和定义 8.17 可知,$\forall g_i \in G_{t_{i+1}}$ 所产生的决策规则 Decision_l 中均含有 c。又因为 $c \in A_{t_i}, A_{t_i} \subseteq \overline{\text{coreS}_{t_i}(\text{Decision\_}l)}$,所以 $c \in \overline{\text{coreS}_{t_i}(\text{Decision\_}l)}$,则 $\exists g_j \in G_{t_i}$ 所产生的决策规则 Decision_l 中不含有 c。因为 $G_{t_i} = G_{t_i} \bigcap G_{t_{i+1}}$,所以 $g_j \in G_{t_{i+1}}$,产生矛盾,故假设错误,所以对于 $\forall c \in \text{coreS}_{t_{i+1}}$(Decision_$l$) $\rightarrow c \in \text{coreS}_{t_i}$(Decision_$l$),性质 8.3 成立。

性质 8.4 在时间点 t_i 下,决策规则 Decision_l 的属性值支持核为 coreSV_{t_i}(Decision_l),在时间点 t_{i+1} 下,决策规则 Decision_l 的属性值支持核 $\text{coreSV}_{t_{i+1}}$(Decision_l),则

$$\text{coreSV}_{t_{i+1}}(\text{Decision\_}l) \subseteq \text{coreSV}_{t_i}(\text{Decision\_}l)$$

证明:(反证法)假设 $\text{coreSV}_{t_{i+1}}$(Decision_l) $= \text{coreSV}_{ti}$(Decision_l) $\bigcup A_{t_i}$,(其

中 $A_{t_i} \subseteq \overline{\text{coreSV}_{t_i}(\text{Decision\_}l)}$),则存在 $\text{cv} \in A_{t_i} \cap \overline{\text{coreSV}_{t_{i+1}}(\text{Decision\_}l)}$。设在时间点 t_i 下,决策信息系统 $S_{t_i} = (U, C_{t_i} \cup D_{t_i})$ 的粒度划分为 $G_{t_i} = \{g_1, g_2, \cdots, g_m\}$;在时间点 t_{i+1} 下,决策信息系统 $S_{t_{i+1}} = (U, C_{t_{i+1}} \cup D_{t_{i+1}})$ 的粒度划分为 $G_{t_{i+1}} = \{g_1, g_2, \cdots, g_m, g_{m+1}\}$,由于 $\text{cv} \in \overline{\text{coreSV}_{t_{i+1}}(\text{Decision\_}l)}$,由定义 8.16 和定义 8.18 可知,$\forall g_i \in G_{X_{i+1}}$ 所产生的决策规则 Decision_l 中均含有 cv。因为 $\text{cv} \in A_{t_i}, A_{t_i} \subseteq \overline{\text{coreSV}_{t_i}(\text{Decision\_}l)}$,所以 $c \in \overline{\text{coreSV}_{t_i}(\text{Decision\_}l)}$,则 $\exists g_j \in G_{t_i}$ 所产生的决策规则 Decision_l 中不含有 cv。因为 $G_{t_i} = G_{t_i} \cap G_{t_{i+1}}$,所以 $g_j \in G_{t_{i+1}}$,产生矛盾,故假设错误,所以对于 $\forall \text{cv} \in \overline{\text{coreSV}_{t_{i+1}}(\text{Decision\_}l)} \rightarrow \text{cv} \in \overline{\text{coreSV}_{t_i}(\text{Decision\_}l)}$,所以性质 8.4 成立。

性质 8.5 在时间点 t_i 下,$\forall c_1, c_2 \notin \text{coreS}_{t_i}(\text{Decision\_}l)$,$\forall \text{cv}_1, \text{cv}_2 \notin \text{coreSV}_{t_i}(\text{Decision\_}l)$,但 $\text{Sup\_}D_{t_i}(c_1 | \text{Decision\_}l) > \text{Sup\_}D_{t_i}(c_2 | \text{Decision\_}l)$,$\text{Sup\_}DV_{t_i}(\text{cv}_1 | \text{Decision\_}l) > \text{Sup\_}DV_{t_i}(\text{cv}_2 | \text{Decision\_}l)$,则 $\text{proi}(c_1) > \text{proi}(c_2)$,$\text{proi}(\text{cv}_1) > \text{proi}(\text{cv}_2)$,其中 $\text{proi}(c)$ 表示属性 c 的优先级。

证明:设在时间点 t_i 下,决策信息系统 $S_{t_i} = (U, C_{t_i} \cup D_{t_i})$ 的粒度划分为 $G_{t_i} = \{g_1, g_2, \cdots, g_m\}$,$\text{VC}_{t_i}$ 为条件属性 C_{t_i} 的值域。由定义 8.17 可知,如果 $\exists c_1, c_2 \in C_{t_i}$,且 $\text{Sup\_}D_{t_i}(c_1 | \text{Decision\_}l) > \text{Sup\_}D_{t_i}(c_2 | \text{Decision\_}l)$,则 $|\{g_i | g_i \in G_{t_i}, g_i$ 中得到的决策 Decision_l 中包含属性 $c_1\}| > |\{g_j | g_j \in G_{t_i}, g_j$ 中得到的决策 Decision_l 中包含属性 $c_2\}|$,所以在时间点 t_i 下,属性 c_1 对于决策 Decision_l 的贡献大于属性 c_2 对于决策 Decision_l 的贡献;由定义 8.18 可知,如果 $\exists \text{cv}_1, \text{cv}_2 \in \text{VC}_{t_i}$,且 $\text{Sup\_}DV_{t_i}(\text{cv}_1 | \text{Decision\_}l) > \text{Sup\_}DV_{t_i}(\text{cv}_2 | \text{Decision\_}l)$,则 $|\{g_i | g_i \in G_{ti}, g_i$ 中得到的决策 Decision_l 中包含属性 $\text{cv}_1\}| > |\{g_j | g_j \in G_{ti}, g_j$ 中得到的决策 Decision_l 中包含属性 $\text{cv}_2\}|$,所以在时间点 t_i 下,属性 cv_1 对于决策 Decision_l 的贡献大于属性 cv_2 对于决策 Decision_l 的贡献。所以对于决策 Decision_l,$\text{proi}(c_1) > \text{proi}(c_2)$,$\text{proi}(\text{cv}_1) > \text{proi}(\text{cv}_2)$。

根据贪心算法和遗传算法理论[25,26],优先级大的元素首先被选择和继承。由性质 8.5 可知,对于决策 Decision_l,c_1 优先于 c_2 被继承,cv_1 优先于 cv_2 被继承。

从粒度决策的演化模型(图 8-4)可以看出,由不同的粒度区间所得到的相同决策值的决策规则之间存在着联系和继承。利用多粒度时间序列下的粒度决策演化模型及其性质对决策信息系统进行分析,可以发现相邻粒度决策规则之间的趋势和继承性,以及条件属性的不同属性值对于决策规则的支持度,从而发现决策过程中的重要属性和趋势,方便为下一个时间粒度的决策作出预测。

8.3.3 实例分析

本节使用移动平均技术,通过实例说明多粒度时间序列下粒度决策演化模型在实际应用中的效果[27]。

设时间序列 $T = \{t_1, t_2, \cdots, t_i, t_{i+1}, \ldots\}$，在时间点 t_i 下，有决策信息系统 $S=(U, C \cup D)$，条件属性集 $C = \{a, b, c, d, e\}$，决策属性集 $D = \{f\}$，每个属性 $c \in C \cup D$ 的值域 $V_c = \{0, 1, 2\}$。假定该决策信息系统 S 发生的是同源演化，对决策信息系统 S 在时间序列下进行粒度划分得到粒集，对时间子粒 g_i ($i = 1, 2, 3, 4, 5$) 进行规则提取处理（本节忽略单个粒 g_i 的规则提取过程），得到表 8-7。

表 8-7　时间序列下各粒度的决策规则

粒度	决策规则	粒度	决策规则	粒度	决策规则	粒度	决策规则	粒度	决策规则
g_1	$a_0b_1c_1d_2 \to f_0$	g_2	$b_1c_1d_2 \to f_0$	g_3	$a_0c_1d_2e_2 \to f_0$	g_4	$a_0c_1d_2 \to f_0$	g_5	$b_1c_1d_2e_0 \to f_0$
	$a_2b_0c_2d_2 \to f_1$		$a_1b_0c_2d_2e_0 \to f_1$		$a_2b_0c_2 \to f_1$		$a_1c_2d_2e_1 \to f_1$		$b_0c_2d_2e_2 \to f_1$
	$b_2c_1d_2e_0 \to f_2$		$a_2b_2d_2e_1 \to f_2$		$a_2c_1d_2 \to f_2$		$a_2c_1d_2e_2 \to f_2$		$a_1b_2c_2d_1 \to f_2$

对表 8-7 进行整理，将得到相同决策属性值的决策规则聚合在一起，得到表 8-8。

表 8-8　经过整理的粒度决策规则

决策	决策规则	决策	决策规则	决策	决策规则
f_0	$a_0b_1c_1d_2 \to f_0$	f_1	$a_2b_0c_2d_2 \to f_1$	f_2	$b_2c_1d_2e_0 \to f_2$
	$b_1c_1d_2 \to f_0$		$a_1b_0c_2d_2e_0 \to f_1$		$a_2b_2d_2e_1 \to f_2$
	$a_0c_1d_2e_2 \to f_0$		$a_2b_0c_2 \to f_1$		$a_2c_1d_2 \to f_2$
	$a_0c_1d_2 \to f_0$		$a_1c_2d_2e_1 \to f_1$		$a_2c_1d_2e_2 \to f_2$
	$b_1c_1d_2e_0 \to f_0$		$b_0c_2d_2e_2 \to f_1$		$a_1b_2c_2d_1 \to f_2$

下面以决策值 f_0 为观测点进行说明。

根据定义 8.15，在决策值 f_0 下属性继承度分别为 $\text{InA}(g_2|g_1) = 3/4$，$\text{InA}(g_3|g_2) = 2/3$，$\text{InA}(g_4|g_3) = 3/4$，$\text{InA}(g_5|g_4) = 2/3$；

根据定义 8.16，属性值继承度分别为 $\text{InAV}(g_2|g_1) = 3/4$，$\text{InAV}(g_3|g_2) = 2/3$，$\text{InAV}(g_4|g_3) = 3/4$，$\text{InAV}(g_5|g_4) = 2/3$；

根据定义 8.17，各属性的支持度分别为 $\text{Sup\_D}(a|f_0) = 3/5$，$\text{Sup\_D}(b|f_0) = 3/5$，$\text{Sup\_D}(c|f_0) = 1$，$\text{Sup\_D}(d|f_0) = 1$，$\text{Sup\_D}(e|f_0) = 2/5$；

在决策值 f_0 下出现的属性值为 $a_0, b_1, c_1, d_2, e_0, e_2$，由定义 8.18 可知，它们的属性值支持度分别为 $\text{Sup\_DV}(a_0|f_0) = 3/5$，$\text{Sup\_DV}(b_1|f_0) = 3/5$，$\text{Sup\_DV}(c_1|f_0) = 1$，$\text{Sup\_DV}(d_2|f_0) = 1$，$\text{Sup\_DV}(e_0|f_0) = 1/5$，$\text{Sup\_DV}(e_2|f_0) =$

1/5。

所以根据定义 8.19 和定义 8.20 可知,当前时间点 t_i 下的属性支持核 $\text{coreS}(f_0) = \{c, d\}$,属性值支持核 $\text{coreSV}(f_0) = \{c_1, d_2\}$。

将决策值 f_0 下属性继承度组成序列 $I = \{3/4, 2/3, 3/4, 2/3\}$,将决策值 f_0 下属性值继承度组成序列 $\text{IV} = \{3/4, 2/3, 3/4, 2/3\}$,利用移动平均技术,在时间序列 $T = \{t_1, t_2, \cdots, t_i, t_{i+1}, \cdots\}$ 的时间点 t_{i+1} 下新增加的粒 g_6 对 g_5 的属性继承度 $\text{InA}(g_6|g_5) = 17/24$,属性值继承度 $\text{InAV}(g_6|g_5) = 17/24$,由多粒度时间序列下粒度决策演化模型的性质可知,粒 g_6 所产生的决策值 f_0 中同时含有属性 $\{c, d\}$、$\{a, c, d\}$ 和 $\{b, c, d\}$ 的概率分别为 1、3/5 和 3/5;决策规则中含有 $\{c_1, d_2\}$ 的概率为 1,含 $\{a_0, c_1, d_2\}$ 的概率为 3/5,含 $\{b_1, c_1, d_2\}$ 的概率为 3/5。

通过本例可以看到,利用多粒度时间序列下粒度决策演化模型在时间序列 $T = \{t_1, t_2, \cdots, t_i, t_{i+1}, \cdots\}$ 的时间点 t_i 处,对下一个时间点 t_{i+1} 的决策信息系统 S 的决策规则进行预测是可行的。本例中,在时间点 t_i 对决策信息系统 S 进行粒度划分得到粒集 $G_{t_i} = \{g_1, g_2, g_3, g_4, g_5\}$,在后续时间点 t_{i+1} 对决策信息系统 S 进行粒度划分将会得到粒集 $G_{t_{i+1}} = \{g_1, g_2, g_3, g_4, g_5, g_6\}$,且 $G_{t_i} \subset G_{t_{i+1}}$。显然,$g_6 \in G_{t_{i+1}}$,$g_6 \notin G_{t_i}$,即对于时间点 t_i 下的决策信息系统 S 而言,粒 g_6 是未知的。用于移动平均技术和多粒度时间序列下粒度决策演化模型,以决策值 f_0 为观测点,在时间点 t_i 下对时间点 t_{i+1} 处新增时间粒 g_6 中所产生的相应决策规则 $\text{Condition\_}f_0 \rightarrow f_0$ 进行预测,得到相应属性以及属性值组合的概率。同样对于其他决策值 f_1, f_2 在时间粒 g_6 中所对应的决策规则 $\text{Condition\_}f_1 \rightarrow f_1$,$\text{Condition\_}f_2 \rightarrow f_2$ 也可以进行类似的预测,得到相应的概率。

8.4 粒度决策演化模型的预测分析

8.3 节建立了多粒度时间序列下决策信息系统的演化模型,并得到模型的性质,最后利用移动平均技术,验证了模型在实际应用中的可行性。本节将在决策信息系统演化模型的基础上,利用回归分析的方法,设计决策信息系统演化模型的预测算法,并建立其评价体系。

8.4.1 粒度决策演化模型的预测规则

从粒度决策演化模型可以看出,由不同的粒度区间得到的相同决策值的决策规则之间存在着联系和继承。根据演化模型的定义和性质,本节制定出决策信息系统演化模型下的预测规则。

规则 1:在当前时间点 t_i 下,决策信息系统 S 的粒度划分为 $G = \{g_1, g_2,$

…, g_m}, 对于决策属性值 D 的属性支持核为 coreS(D), 则在下一个时间点 t_{i+1} 增加的新粒度区间 g_{m+1} 中, 相应的决策属性值 D 的决策规则中含有条件属性 $c \in$ coreS(D)。

在时间点 t_i, 决策信息系统 S 的粒度划分为 $G = \{g_1, g_2, \cdots, g_m\}$, 则相对于前一个时间点 t_{i-1}, 当前新增的粒度为 g_m, 由题设可知, 在时间点 t_i 的决策属性值 D 的属性支持核为 coreS(D), 如果条件属性 $c \in$ coreS(D), 则说明对于 $\forall g_i \in \{g_1, g_2, \cdots, g_m\}$ 都存在含有条件属性 c 的前件可推导出决策属性值 D。基于当前时间点的已知信息条件属性 c 对于决策属性值 D 是必要的。由于下一个时间点 t_{i+1} 增加的新粒度区间 g_{m+1} 中的条件属性、决策属性以及取值范围都没有变化, 所以在新粒度区间 g_{m+1} 中, 存在条件属性 $c \in$ coreS(D) 对于决策属性值 D 是必要的。

规则 2：在当前时间点 t_i 下, 决策信息系统 S 的粒度划分为 $G = \{g_1, g_2, \cdots, g_m\}$, 对于决策属性值 D 的属性值支持核为 coreSV(D), 则在下一个时间点 t_{i+1} 增加的新粒度区间 g_{m+1} 中相应的决策属性值 D 的决策规则中, 含有条件属性值 cv $\in$ coreSV(D)。

规则 3：在当前时间点 t_i 下, 决策信息系统 S 的决策属性值 D 的相邻粒度区间决策规则的属性继承度组成新的序列 $I_{\text{InA}} = \{\text{InA}(g_2|g_1), \text{InA}(g_3|g_2), \cdots, \text{InA}(g_{m+1}|g_m)\}$, 属性值继承度组成新的序列 $I_{\text{InAV}} = \{\text{InAV}(g_2|g_1), \text{InAV}(g_3|g_2), \cdots, \text{InAV}(g_{m+1}|g_m)\}$。

将时间点 t_i 下决策属性值 D 的相邻粒度决策规则间的属性继承度和属性值继承度分别组成新的序列 I_{InA} 和 I_{InAV}, 以预测下一个时间点 t_{i+1} 增加的新粒度 g_{m+1} 中, 决策属性值 D 相对于时间点 t_i 的属性继承度 InA($g_{m+1}|g_m$) 与属性值继承度 InAV($g_{m+1}|g_m$)}。

规则 4：如果条件属性 $c_1 \in$ coreS(D)、$c_2 \notin$ coreS(D), 则在进行预测时, c_1 的优先度 $> c_2$ 的优先度; 如果 $c_1, c_2 \notin$ coreS(D), 且 Sup_D($c_1|D$) $>$ Sup_D($c_2|D$), 则 c_1 的优先度 $> c_2$ 的优先度。

规则 5：如果存在条件属性值 $cv_1 \in$ coreSV(D)、$cv_2 \notin$ coreSV(D), 则在进行预测时, cv_1 的优先度 $>$ cv_2 的优先度; 如果存在 cv_1、$cv_2 \notin$ coreSV(D), 且 Sup_DV($cv_1|D$) $>$ Sup_DV($cv_2|D$), 则 cv_1 的优先度 $>$ cv_2 的优先度。

8.4.2 回归分析

回归分析是确定一个相关变量与某个独立变量之间的关系。给定 $X_1, X_2, \cdots, X_k$ 的值的条件下, Y 的条件期望被称为 Y 关于 $X_1, X_2, \cdots, X_k$ 的回归函数, 或者简单地称为 Y 关于 $X_1, X_2, \cdots, X_k$ 的回归。Y 关于 $X_1, X_2, \cdots, X_k$ 的回归是关于 $X_1, X_2, \cdots, X_k$ 的值 $x_1, x_2, \cdots, x_k$ 的一个函数, 该函数是 $E(Y|x_1,$

$x_2, \cdots, x_k)^{[23]}$。

假设回归函数 $E(Y|x_1, x_2, \cdots, x_k)$ 是具有如下形式的一个线性函数,即

$$E(Y \mid x_1, x_2, \cdots, x_k) = \beta_0 + \beta_1 x_1 + \beta_2 x_2 + \cdots + \beta_k x_k \quad (8\text{-}11)$$

式中,系数 $\beta_0, \beta_1, \cdots, \beta_k$ 称为回归系数。

以上这些回归系数是未知的,因此,它们是要估计的参数。假定可以得到观察值的 n 组向量值 $(i=1,2,\cdots,n)$。假设第 i 组向量 $(x_i, \cdots, x_k, y_i)$ 是由 $X_1, X_2, \cdots, X_k$ 的控制值或观察值及与之相对应的 Y 的观察值所组成[27]。

假定相关变量是时间的线性函数,即

$$y^* = a + bx \quad (8\text{-}12)$$

式中,常数 a 和 b 用最小二乘法准则确定,使得观察值与估计值之差的平方和最小。已知第 i 个原始数据点 (y_i, x_i), $i=1,2,\cdots,n$,则观察值与估计值之差的平方和定义为

$$S = \sum_{i=1}^{n}(y_i - a - bx_i)^2 \quad (8\text{-}13)$$

a 和 b 的值可以通过下列求 S 最小值的必要条件求出,即有

$$\frac{\partial S}{\partial a} = -2\sum_{i=1}^{n}(y_i - a - bx_i) = 0 \quad (8\text{-}14)$$

$$\frac{\partial S}{\partial b} = -2\sum_{i=1}^{n}(y_i - a - bx_i)x_i = 0 \quad (8\text{-}15)$$

经过代数运算,得到下列解

$$b = \frac{\sum_{i=1}^{n} y_i x_i - n\bar{y}\bar{x}}{\sum_{i=1}^{n} x_i^2 - n\bar{x}^2}, \quad a = \bar{y} - b\bar{x} \quad (8\text{-}16)$$

式中,$\bar{x} = \dfrac{\sum_{i=1}^{n} x_i}{n}, \bar{y} = \dfrac{\sum_{i=1}^{n} y_i}{n}$。

这些公式表明,应先计算 b,然后从 b 来计算 a[27]。

a 和 b 的估计对于 y_i 的任何概率分布都成立,若 y_i 服从常数标准差的正态分布,可以计算出预测方法关于在 $x=x^0 (y^0 = a + bx^0)$ 处的平均值的置信区间为

$$(a + bx^0) \pm t_{\frac{\alpha}{2}, n-2} \sqrt{\frac{\sum_{i=1}^{n}(y_i - y_i^*)^2}{n-2}} \sqrt{\frac{1}{n} + \frac{(x^0 - \bar{x})^2}{\sum_{i=1}^{n} x_i^2 - n\bar{x}^2}}$$

对于相关变量 y 的未来值预测区间比关于平均值的置信区间要宽。事实上，求预测区间的公式除了将置信区间公式的第二个平方根下的 $1/n$ 项用 $(n+1)/n$ 替换以外，其余项均相同[27]。

可以用下列公式计算相关系数，来检查线性估计值 $y^* = a+bx$ 与原始数据的拟合程度，即

$$r = \frac{\sum_{i=1}^{n} y_i x_i - n\bar{y}\bar{x}}{\sqrt{(\sum_{i=1}^{n} x_i^2 - n\bar{x}^2)(\sum_{i=1}^{n} y_i^2 - n\bar{y}^2)}} \tag{8-17}$$

式中，$-1 \leqslant r \leqslant 1$。

若 $r = \pm 1$，则 x 和 y 之间存在最佳的线性拟合。一般情况下，$|r|$ 的值越接近 1，线性拟合越好；若 $r=0$，则 y 和 x 可能是独立的，也可能不是独立的，因为两个相关的变量可能造成 $r=0$。

8.4.3 粒度决策演化模型的回归分析预测算法

根据决策信息系统演化模型预测规则和回归分析方法，本节提出一个基于回归分析的决策信息系统演化预测算法，用以预测下一个粒度相应决策规则中条件属性的个数和属性值。

设决策信息系统 $S=(U, C \cup D)$ 在时间序列 $T = \{t_1, t_2, \cdots, t_i, t_{i+1}, \cdots\}$ 的时间点 t_i 下经过粒度划分得到粒集 $G_{t_i} = \{g_1, g_2, \cdots, g_m\}$，则 $x_j (j=1, 2, \cdots, m-1)$ 表示二元关系对 (g_j, g_{j+1}) 在时间序列上的位置；y_j 表示粒 g_{j+1} 相对于粒 g_j 的属性继承度 $\text{InA}(g_{j+1}|g_j)$；yv_j 表示粒 g_{j+1} 相对于粒 g_j 的属性值继承度 $\text{InAV}(g_{j+1}|g_j)$。例如，二元关系对 (g_1, g_2) 在时间序列上排在首位，则 $x_1 = 1, y_1 = \text{InA}(g_2|g_1), yv_1 = \text{InAV}(g_2|g_1)$。

算法 8-1 决策信息系统演化模型回归分析预测算法（RAPre）

输入：决策信息系统 $S = (U, C \cup D)$。

输出：下阶段可能出现的决策规则或置信区间。

Step1：按照时间序列对决策信息系统 S 进行粒度划分，得到粒集 $G_{t_i} = \{g_1, g_2, \cdots, g_m\}, \forall g_i, g_j \in G_{t_i} (i \neq j), g_i \cap g_j = \varnothing$。

Step2：对每个时间子粒 g_i 进行处理，得到该时间子粒下相应的决策规则。

Step3：对得到的决策规则进行相应的整理，将得到相同决策属性值的决策规则归结在一起构成的新决策树。

Step4：设置计数器 $i=1$。

Step5：对第 i 个决策值所对应的所有时间子粒产生的决策规则进行处理，计算每个属性的属性继承度、属性值继承度、属性支持度、属性值支持度、属性支持核

及属性值支持核。

Step6：根据求得的两两相邻粒度决策中条件元素构建新的相关数列$\{(x_1, y_1), (x_2, y_2), \cdots, (x_{m-1}, y_{m-1})\}$。

Step7：利用回归分析公式求得条件属性在下一个粒度时间的属性继承度y^*。如果$0.75 \leqslant |r| \leqslant 1$（$r$为相关系数），则采纳$y^*$，否则根据回归分析置信度求出属性继承度的置信区间。

Step8：根据求得的两两相邻粒度决策中的条件元素构建新的相关数列$\{(x_1, yv_1), (x_2, yv_2), \cdots, (x_{m-1}, yv_{m-1})\}$。

Step9：利用回归分析公式求得条件属性值在下一个粒度时间的属性值继承度yv^*。如果$0.75 \leqslant |r| \leqslant 1$（$r$为相关系数），则采纳$yv^*$，否则根据回归分析置信度求出属性值继承度的置信区间。

Step10：如果$i \leqslant n$（n为决策值的个数），则$i++$，转Step5，否则转Step11。

Step11：根据求得的决策$f_i(i=1, 2, \cdots, n)$下各个条件属性$c_i(c_i \in C)$的属性支持度、属性值支持度以及属性支持核、属性值支持核，结合通过计算得到的下一个粒度时间的属性继承度y^*和属性值继承度yv^*，预测出下个时间粒g_{m+1}下，决策f_i可能出现的属性和属性值的概率，或者给出决策f_i可能出现的属性和属性值的置信区间。

Step12：输出新增时间粒g_{m+1}下所产生的决策$f_i(i=1, 2, \cdots, n)$可能出现的属性和属性值的概率，或属性继承度和属性值继承度的置信区间。

Step13：结束。

算法8-1的时间复杂度为$O(n)$。

8.4.4 实例分析

设有决策信息系统$S=(U, C \cup D)$，条件属性集$C=\{a, b, c, d, e\}$，决策属性集$D=\{f\}$，每个属性的值域均为$\{0, 1, 2\}$，回归分析置信度为95%。在时间序列$T=\{t_1, t_2, \cdots, t_i, t_{i+1}\}$的时间点$t_i$下，运行决策信息系统演化模型回归分析预测算法RAPre，步骤如下，

Step1：将决策信息系统$S=(U, C \cup D)$进行粒度划分后，得到粒集$G=\{g_1, g_2, g_3, g_4, g_5\}$，$\forall g_i, g_j \in G(i \neq j), g_i \cap g_j = \varnothing$。

Step2：对每个时间子粒$g_i \in G$进行处理，得到该时间子粒g_i下相应的决策规则，见表8-7。

Step3：对表8-7进行整理，将表中得到相同决策属性值的决策规则聚合在一起，如表8-8所示。

Step4：依据实例可知，外层循环为$\text{for}(i=1; i \leqslant 3; i++)$。当$i=1$时，表示对决策值$f_0$进行处理。

Step5：在决策值 f_0 下属性继承度分别为 $\mathrm{InA}(g_2|g_1) = 3/4, \mathrm{InA}(g_3|g_2) = 2/3, \mathrm{InA}(g_4|g_3) = 3/4, \mathrm{InA}(g_5|g_4) = 2/3$；

属性值继承度分别为 $\mathrm{InAV}(g_2|g_1) = 3/4, \mathrm{InAV}(g_3|g_2) = 2/3, \mathrm{InAV}(g_4|g_3) = 3/4, \mathrm{InAV}(g_5|g_4) = 2/3$；

各属性的支持度分别为 $\mathrm{Sup\_D}(a|f_0) = 3/5, \mathrm{Sup\_D}(b|f_0) = 3/5, \mathrm{Sup\_D}(c|f_0) = 1, \mathrm{Sup\_D}(d|f_0) = 1, \mathrm{Sup\_D}(e|f_0) = 2/5$；

在决策值 f_0 下出现的属性值为 $a_0, b_1, c_1, d_2, e_0, e_2$，它们的属性值支持度分别为 $\mathrm{Sup\_DV}(a_0|f_0) = 3/5, \mathrm{Sup\_DV}(b_1|f_0) = 3/5, \mathrm{Sup\_DV}(c_1|f_0) = 1, \mathrm{Sup\_DV}(d_2|f_0) = 1, \mathrm{Sup\_DV}(e_0|f_0) = 1/5, \mathrm{Sup\_DV}(e_2|f_0) = 1/5$。

在当前时间点，决策信息系统 $S = (U, C \cup D)$ 的属性支持核 $\mathrm{coreS}(f_0) = \{c, d\}$，属性值支持核 $\mathrm{coreSV}(f_0) = \{c_1, d_2\}$。

Step6：得到新生数列 1，如表 8-9 所示。

表 8-9 新生数列 1

x_i	y_i	x_i	y_i
$x_1 = 1$	3/4	$x_3 = 3$	3/4
$x_2 = 2$	2/3	$x_4 = 4$	2/3

Step7：依据表 8-9 的数据，可以求得 $\sum_{i=1}^{4} y_i x_i = 7$, $\sum_{i=1}^{4} x_i = 10$, $\sum_{i=1}^{4} x_i^2 = 30$, $\sum_{i=1}^{4} y_i = 17/6$, $\sum_{i=1}^{4} y_i^2 = 290/144$，因此 $\bar{x} = 2.5, \bar{y} = 17/24, b = -1/60, a = 3/4$，所以估计的概率为 $y^* = 3/4 - (1/60)x$。

当 $x = 5$ 时

$$y^* = a + bx = \frac{3}{4} - \frac{1}{60}x = \frac{2}{3}$$

此时

$$r = \frac{\sum_{i=1}^{n} y_i x_i - n \bar{y} \bar{x}}{\sqrt{(\sum_{i=1}^{n} x_i^2 - n \bar{x}^2)(\sum_{i=1}^{n} y_i^2 - n \bar{y}^2)}} \approx -0.44721$$

因为 $|r| < 0.75$，所以 $y^* = a + bx = 3/4 - (1/60)x$ 对于原始数据拟合得不好。

根据决策信息系统演化模型的回归算法以及已知的回归分析置信度（本例中为 95%）求置信区间。计算拟合线偏差的平方和，得新生数列 2，如表 8-10 所示。

表 8-10 新生数列 2

x_i	y_i	y^*	$(y-y^*)^2$
$x_1=1$	3/4	44/60	1/3600
$x_2=2$	2/3	43/60	1/400
$x_3=3$	3/4	42/60	1/400
$x_4=4$	2/3	41/60	1/3600

由于 $t_{0.025,4}=2.776$，因此，所需要的置信区间为

$$\left(\frac{3}{4}-\frac{1}{60}x^0\right)\pm 2.776\times\sqrt{\frac{0.00556}{2}}\times\sqrt{0.25+\frac{(x^0-2.5)^2}{30-4\times 2.5^2}}$$

因为本节对下一个时间点 ($x^0=5$) 作区间预测，在这种情况下系数 0.25 必须用 1.25 替代，于是置信区间为 $(2/3)\pm 0.2314$，即决策值 f_0 在下一个时间点，粒 g_6 相对于粒 g_5 的属性继承度 $\text{InA}(g_6|g_5)\in(0.4353,0.8981)$ 的概率为 95%。

Step8：得到新生数列 3，如表 8-11 所示。

表 8-11 新生数列 3

x_i	yv_i	x_i	yv_i
$x_1=1$	3/4	$x_3=3$	3/4
$x_2=2$	2/3	$x_4=4$	2/3

Step9：根据表 8-11 的数据，可以求得 $\sum_{i=1}^{4}\text{yv}_i x_i=7$，$\sum_{i=1}^{4}x_i=10$，$\sum_{i=1}^{4}x_i^2=30$，$\sum_{i=1}^{4}\text{yv}_i=17/6$，$\sum_{i=1}^{4}\text{yv}_i^2=290/144$，因此 $\bar{x}=2.5$，$\overline{\text{yv}}=17/24$，$b=-(1/60)$，$a=3/4$，所以估计的概率为 $\text{yv}^*=3/4-(1/60)x$。

当 $x=5$ 时

$$\text{yv}^*=a+bx=\frac{3}{4}-\frac{1}{60}x=\frac{2}{3}$$

此时

$$r=\frac{\sum_{i=1}^{n}\text{yv}_i x_i-n\overline{\text{yv}}\bar{x}}{\sqrt{\left(\sum_{i=1}^{n}x_i^2-n\bar{x}^2\right)\left(\sum_{i=1}^{n}\text{yv}_i^2-n\overline{\text{yv}}^2\right)}}\approx-0.44721$$

因为 $|r|<0.75$，所以 $\text{yv}^*=a+bx=3/4-(1/60)x$ 对于原始数据拟合得不好。于是根据决策信息系统演化模型的回归算法以及已知的回归分析置信度

(本例中为 95%)求置信区间。计算拟合线偏差的平方和,得新生数列 4,如表 8-12 所示。

表 8-12 新生数列 4

x_i	yv_i	yv^*	$(yv-yv^*)^2$
$x_1=1$	3/4	44/60	1/3600
$x_2=2$	2/3	43/60	1/400
$x_3=3$	3/4	42/60	1/400
$x_4=4$	2/3	41/60	1/3600

通过计算得到置信区间为 $(2/3)\pm 0.2314$,即决策值 f_0 在下一个时间点 t_{i+1},粒 g_6 相对于粒 g_5 的属性值继承度 $InAV(g_6|g_5)\in(0.4353,0.8981)$ 的概率为 95%。

Step10:因为 $i\leqslant 3$,所以转 Step5,对下一个决策值 f_1 进行处理,直到 $i>3$,即对所有决策处理完毕。

Step11:如果决策值 $f_i(i=0,1,2)$ 求得的预测属性继承度和属性值继承度的拟合度较好,则计算下个时间点 t_{i+1} 新增粒 g_6 所产生的决策规则可能含有的属性和属性值的概率。

Step12:输出新增粒 g_6 所产生的决策规则可能含有的属性和属性值的概率,或者新增粒 g_6 的属性继承度和属性值继承度的置信区间。

Step13:结束。

本节使用回归分析方法来设计决策信息系统演化模型的预测算法,并使用与 8.3 节一样的决策信息系统 $S=(U,C\cup D)$ 进行决策规则预测。对比前后两次使用不同方法进行的预测,可以看到,使用回归分析方法设计的决策信息系统演化模型预测算法对于原始数据具有较好的贴近度,较移动平均技术更好地反映数据的变化趋势和原始性。例如,8.3 节使用移动平均技术进行预测得到粒 g_6 相对于粒 g_5 的属性继承度 $InA(g_6|g_5)=17/24$,并预测粒 g_6 所产生的决策值 f_0 中将同时含有属性 $\{c,d\}$,$\{a,c,d\}$ 和 $\{b,c,d\}$ 的概率分别为 1,3/5 和 3/5;而本节使用回归分析方法进行预测,得到粒 g_6 相对于粒 g_5 的属性继承度 $InA(g_6|g_5)=2/3$,然而经过计算 2/3 对于原始数据拟合得不好,因此求出属性继承度 $InA(g_6|g_5)$ 的置信度为 95% 的置信区间 $(0.4353,0.8981)$,这样可更准确的反映下个时间粒的决策演化的区间范围。

8.5 粒度决策演化模型的扩展研究

8.5.1 粒度决策演化模型的属性冲突

8.3 节提出了一个多粒度时间序列下粒度决策的演化模型,但并未提出在预测下一个时间粒可能出现的决策过程中,出现具有相同概率属性时的解决方法。博弈论作为研究具有斗争或竞争性质现象的数学理论和方法,在不确定信息处理方面也已经取得了一些成果。徐涛等提出一种基于 MU 算法的多人不完备信息博弈算法 MMU,并将 MMU 算法分别与经典博弈算法 Paranoid 和 MCTS 结合,消除该算法对经验值的依赖,解决模型在预测过程中可能存在的问题[28]。王磊和金治明考虑了不完备证券市场中博弈未定权益(GCC)的保值问题,通过 Kramkov 关于上鞅的可选分解定理给出未定权益的上保值价格和下保值价格,指出关于买卖双方都存在着一个最优保值策略[29]。那么,利用博弈论方法来处理模型在预测时产生冲突是值得研究的问题。

1. 博弈论

策略式博弈[30]由 3 种元素组成:参与人集合 $i \in \vartheta$,设为有限集合 $\{1, 2, \cdots, I\}$,对每个参与人 i 有纯策略空间 S_i 以及收益函数 u_i,这一函数对每种策略组合 $s = (s_1, \cdots, s_i)$ 给出参与人 i 的冯·诺依曼-摩根斯坦效用 $u_i(s)$。将除了参与人 i 之外的所有其他参与人称为"参与人 i 的对手",记为 $-i$。

双人零和博弈是使得对所有 s 有 $\sum_{i=1}^{2} u_i(s) = 0$ 的博弈。在一个双人零和博弈中,任何一个参与人的收益都是另一个参与人的损失。

混合策略 σ_i 是纯策略上的一种概率分布。每个参与人的随机化及其对手的随机化是统计独立的,混合策略的组合收益是相应纯策略的期望值。将参与人 i 混合策略空间记为 $\sum_i$,其中 $\sigma_i(s_i)$ 是 σ_i 赋予 s_i 的概率。混合策略组合的空间记为 $\sum = x_i \sum_i$,它的元素是 σ。混合策略 σ_i 的支撑集是 σ_i 赋予了正概率的纯策略的集合。组合 σ 下参与人 i 的收益是 $\sum_{s \in S} \left(\prod_{j=1}^{I} \sigma_j(s_j) \right) u_i(s)$。

一种混合策略下参与人的收益是参与人 i 的混合概率 σ_i 的线性函数。因为参与人的收益是策略组合的多项式函数,所以其是连续的。因为混合策略 σ_i 中包含着退化的概率分布,所以混合策略集合包含纯策略。

定义 8.21[30] 如果存在 $\sigma'_i \in \sum_i$ 使得

$$u_i(\sigma'_i, s_i) > u_i(s_i, s_{-i}), \quad s_{-i} \in S_{-i} \tag{8-18}$$

则纯策略 s_i 对于参与人 i 来说是严格劣势的;如果存在 σ_i' 使得式(8-18)中的不等式以弱不等式形式成立,而且至少对一个 s_{-i} 不等式严格成立,则策略 s_i 是弱劣势的。

定义 8.22[30] 混合策略组合 σ^* 是一种纳什均衡,如果对于所有参与人 i 有

$$u_i(\sigma_i^*, \sigma_{-i}^*) \geqslant u_i(s_i, \sigma_{-i}^*), s_i \in S_i \tag{8-19}$$

纯策略纳什均衡是满足同样条件的纯策略组合。由于期望效用是"概率的线性函数",所以如果一个参与人在纳什均衡中使用了非退化的混合策略,则对于赋予正概率的所有纯策略会是无差异的。

如果一种纳什均衡中每个参与人具有对对手策略的唯一最优反应,那么称这种纳什均衡是严格的。当且仅当它是一种纳什均衡时,s^* 是一种严格均衡,而且对于所有 i 和所有 $s_i \neq s_i^*$ 有

$$u_i(s_i^*, s_{-i}^*) > u_i(s_i, s_{-i}^*) \tag{8-20}$$

2. 粒度决策演化模型的属性选择

在时间点 $x_i \in X = \{x_1, x_2, \cdots, x_i, x_{i+1}, \cdots\}$ 存在决策信息系统 $S = (U, C \cup D)$,其中条件属性 $C = \{c_1, c_2, \cdots, c_m\}$,决策属性 $D = \{d_1, d_2, \cdots, d_n\}$,条件属性 $c_i \in C$ 的值域为 $CV = \{cv_1, cv_2, \cdots, cv_y\}$,决策属性 $d_i \in D$ 的值域为 $DV = \{dv_1, dv_2, \cdots, dv_z\}$。

设使用粒度决策演化模型对当前时间点 x_i 的下一个时间点 x_{i+1} 进行预测时,存在条件属性 $c_i, c_j \in C$,$Sup\_D(c_i | dv) = Sup\_D(c_j | dv)$,其中 $dv \in DV$。根据粒度决策演化模型和博弈论方法建立博弈矩阵,如图 8-5 所示。参与人 c_i 和参与人 c_j 的策略空间分别为 $S_{c_i} = \{0, 1\}$ 和 $S_{c_j} = \{0, 1\}$(0 代表不出现,1 代表出现),收益函数分别为 u_{c_i} 和 u_{c_j},单元格 (x, y) 中的第一项是相应的策略组合下参与人 c_i 的收益,第二项是参与人 c_j 的收益。

		参与人 c_j	
		0	1
参与人 c_i	0	0,0	0,cv_j
	1	cv_i,0	0,0

图 8-5 博弈矩阵

在图 8-5 中 $cv_i, cv_j \in CV$。参与人 c_i 的混合策略是一个向量$(\sigma_i(0), \sigma_i(1))$,且 $\sigma_i(0)$ 和 $\sigma_i(1)$ 非负 $\sigma_i(0) + \sigma_i(1) = 1$;参与人 c_j 的混合策略是一个向量$(\sigma_j$

(0)，$\sigma_j(1))$，且 $\sigma_j(0)$ 和 $\sigma_j(1)$ 非负，$\sigma_j(0)+\sigma_j(1)=1$。组合 $\sigma_i=(1-\text{Sup\_D}(c_i|dv),\text{Sup\_D}(c_i|dv))$ 和 $\sigma_j=(1-\text{Sup\_D}(c_j|dv),\text{Sup\_D}(c_j|dv))$ 下的收益为

$$u_i(\sigma_i,\sigma_j)=(1-\text{Sup\_D}(c_i\mid dv))((1-\text{Sup\_D}(c_j\mid dv))\times 0+\text{Sup\_D}(c_j\mid dv)\times 0)+\text{Sup\_D}(c_i\mid dv)((1-\text{Sup\_D}(c_j\mid dv))\times cv_i+\text{Sup\_D}(c_j\mid dv)\times 0)$$

$$=\text{Sup\_D}(c_i\mid dv)((1-\text{Sup\_D}(c_j\mid dv))\times cv_i)$$

$$u_j(\sigma_i,\sigma_j)=\text{Sup\_D}(c_j\mid dv)((1-\text{Sup\_D}(c_j\mid dv))\times cv_j)\backslash$$

根据博弈论原理[30]和混沌理论[18-20]，系统选择 $\max(u_i(\sigma_i,\sigma_j),u_j(\sigma_i,\sigma_j))$ 进行演化，收益大的属性在博弈中胜出。

3. 实例分析

本节对 8.3 节中的例子进一步进行博弈选择分析。在表 8-8 中，以决策值 f_0 为观测点进行说明。其具体计算参见 8.3.3 节。

由于 $\text{Sup\_D}(a|f_0)=\text{Sup\_D}(b|f_0)=3/5>\text{Sup\_D}(e|f_0)$，所以对属性 a,b 进行博弈选择。

建立属性 a 和 b 的博弈矩阵如图 8-6 所示，属性 a 和 b 的策略空间分别为 $S_a=\{0,1\}$，$S_b=\{0,1\}$（0 代表不出现，1 代表出现），收益函数分别为 u_a 和 u_b，属性 a 的混合策略 $(\sigma_a(0),\sigma_a(1))=(2/5,3/5)$，属性 b 的混合策略 $(\sigma_b(0),\sigma_b(1))=(2/5,3/5)$。

		属性 b	
		0	1
属性 a	0	0,0	0,1
	1	0,0	0,0

图 8-6 博弈矩阵

由计算得到的数据可知，$u_a(\sigma_a,\sigma_b)=0$，$u_b(\sigma_a,\sigma_b)=6/25$，所以系统将在演化中选择属性 b。

8.5.2 粒度决策演化模型的决策稳定性

在时间点 $x_i\in X=\{x_1,x_2,\cdots,x_i,x_{i+1},\cdots\}$，存在决策信息系统 $S=(U,C\cup D)$，其中条件属性 $C=\{c_1,c_2,\cdots,c_m\}$，决策属性 $D=\{d_1,d_2,\cdots,d_n\}$，条件属性 $c_i\in C$ 的值域为 $CV=\{cv_1,cv_2,\cdots,cv_y\}$，决策属性 $d_i\in D$ 的值域为

$DV = \{dv_1, dv_2, \cdots, dv_z\}$。

设使用粒度决策演化模型对当前时间点 X_i 的下一个时间点 X_{i+1} 进行预测,得到预测决策 f_{i+1},其条件属性核为 $\text{core}S_f(c_i)$,$c_i \in C$,条件属性 $c_j \notin \text{core}S_f(c_i)$,其时间点 x_i 下属性支持度为 $\text{Sup\_D}(c_j|f_{i+1})$。在时间点 x_{i+1} 得到的实际决策为 f'_{i+1},其条件属性核为 $\text{core}S_{f'}(c'_i)$,$c'_i \in C$。条件属性 $c'_i \in \text{core}S_{f'}(c'_i)$,其时间点 x_i 下属性支持度为 $\text{Sup\_D}(c'_j|f'_{i+1})$。根据粒度决策演化模型和博弈论方法建立博弈矩阵,如图 8-7 所示。参与人 f_{i+1} 和参与人 f'_{i+1} 的策略空间分别为 $S_f = \{0, 1\}$ 和 $S_{f'} = \{0, 1\}$(0 代表不出现,1 代表出现),收益函数分别为 u_f 和 $u_{f'}$,单元格 (x, y) 中的第一项是相应的策略组合下参与人 f_{i+1} 的收益,第二项是参与人的收益 f'_{i+1}。

		参与人 f'_{i+1}	
		0	1
参与人 f_{i+1}	0	$\text{Sup}D_0, \text{Sup}D'_0$	$\text{Sup}D_0, \text{Sup}D'_1$
	1	$\text{Sup}D_1, \text{Sup}D'_0$	$\text{Sup}D_1, \text{Sup}D'_1$

图 8-7 博弈矩阵

图 8-7 中,$\text{Sup}D_0$,$\text{Sup}D'_0$,$\text{Sup}D_1$,$\text{Sup}D'_1$,分别为参与人 f_{i+1} 和 f'_{i+1} 在时间粒 t_{i+1} 下不出现和出现时所对应的属性支持度。参与人 f_{i+1} 混合策略是一个向量 $(\sigma_f(0), \sigma_f(1))$,且 $\sigma_f(0)$ 和 $\sigma_f(1)$ 非负 $\sigma_f(0) + \sigma_f(1) = 1$;参与人 f'_{i+1} 的混合策略是一个向量 $(\sigma_{f'}(0), \sigma_{f'}(1))$,且 $\sigma_{f'}(0)$ 和 $\sigma_{f'}(1)$ 非负,$\sigma_{f'}(0) + \sigma_{f'}(1) = 1$。组合 $\sigma_f = (1 - \text{Sup\_D}(c_i|f_{i+1}), \text{Sup\_D}(c_i|f_{i+1}))$ 和 $\sigma_{f'} = (1 - \text{Sup\_D}(c'_j|f'_{i+1}), \text{Sup\_D}(c'_j|f'_{i+1}))$,$c_i, c'_j \in C$ 下的收益分别为

$$u_f(\sigma_f, \sigma_{f'}) = (1 - \text{Sup\_D}(c_i|f_{i+1}))(((1 - \text{Sup\_D}(c'_j|f'_{i+1}))\text{Sup}D_0 \\ + \text{Sup\_D}(c'_j|f'_{i+1})\text{Sup}D_0) + \text{Sup\_D}(c_i|f_{i+1})((1 - \text{Sup\_D}(c'_j|f'_{i+1}))\text{Sup}D_1 + \text{Sup\_D}(c'_j|f'_{i+1})\text{Sup}D_1)$$

$$u_{f'}(\sigma_f, \sigma_{f'}) = (1 - \text{Sup\_D}(c'_j|f'_{i+1}))((1 - \text{Sup\_D}(c_i|f_{i+1}))\text{Sup}D'_0 \\ + \text{Sup\_D}(c_i|f_{i+1})\text{Sup}D'_0) + \text{Sup\_D}(c'_j|f'_{i+1})((1 - \text{Sup\_D}(c_i|f_{i+1}))\text{Sup}D'_1 + \text{Sup\_D}(c_i|f_{i+1})\text{Sup}D'_1)$$

根据进化博弈论原理[30]和混沌理论[18-20],系统在演化过程中会选择利益最大化的方向进行演化。如果 $u_f(\sigma_f, \sigma_{f'}) > u_{f'}(\sigma_f, \sigma_{f'})$,则说明在时间粒 t_{i+1} 下时间粒 g_{i+1} 的决策演化是不稳定的。如果 $u_f(\sigma_f, \sigma_{f'}) < u_{f'}(\sigma_f, \sigma_{f'})$,则说明在时间粒 t_{i+1} 下时间粒 g_{i+1} 的决策演化是稳定的。

下面对 8.3 节中的例子利用粒度决策演化模型的决策稳定性来进行博弈选择分析。在表 8-8 中以决策值 f_0 为观测点来进行说明。其具体计算参见 8.3.3 节。

假设在时间点 X_{i+1} 新增的时间粒 g_6 下的得到的实际决策为 $c_1d_2e_1 \rightarrow f_0$，由粒度决策演化模型的性质可知，在时间点 X_i 下进行预测时，属性 e 不属于优先演化属性。属性 a 和 b 具有相同的属性支持度，则在预测时具有相同的优先度。属性 a 和 e 的博弈同属性 b 和 e 的博弈具有相同结果。本节以属性 a 为例建立博弈矩阵，如图 8-8 所示。

		参与人 e	
		0	1
参与人 a	0	2/5, 2/5	2/5, 1/2
	1	2/3, 1/3	2/3, 1/2

图 8-8　博弈矩阵

计算得到 $u_a = 14/25 = 0.56, u_e = 52/125 = 0.416$，由于 $u_e = 0.416 < u_a = 0.56$，所以在时间序列 $X = \{X_1, X_2, \cdots, X_i, X_{i+1}, \cdots\}$，在时间点 t_{i+1} 下时间粒 g_6 的决策演化是不稳定的。

8.6　本章小结

在现实世界中，存在着大量的基于时间序列的动态数据，经典粗糙集在处理这些数据的时候往往将其转化为静态表来处理，忽略了这些数据中蕴藏的动态性、相关性和连续性。粒度决策演化模型[24,31-33]正是着眼于这些数据中蕴藏的动态性、相关性、连续性，在时间序列上对经典粗糙集进行扩展，为处理时间序列数据提供了一种新思路和新方法。通过粒度决策演化模型，可以发现相邻时间粒所产生的决策之间的相关性，通过粒度决策演化模型可以对下一个时间粒可能产生的决策作出预测，并通过本章提出的一些方法处理预测中可能存在的属性冲突，而且可以对实际获得决策进行稳定性判断。对粒度决策演化模型的进一步研究可能会产生更多的研究成果和应用。

参　考　文　献

[1] 尹旭日,商琳,何佳洲,等. Rough 集挖掘时间序列的研究[J]. 南京大学学报(自然科学版)，2001，

37(2):182-187.

[2] 赵辉,蛊军祥,胡杰,等. 一种基于在线修正时间序列预测方法的 UCAV 粗决策模型[J]. 空军工程大学学报(自然科学版),2010,11(1):5-10.

[3] 何小卫,叶荣华,牛海峰. 决策信息系统的变换及其变换规则形式化[J]. 模糊系统与数学,2010,24(2):157-165.

[4] 闫俊宇,华继学. 基于粗糙集的 GMDH 神经网络的时间序列预测[J]. 计算机应用,2009,29(S2):179-181,184.

[5] 王加阳,廖超. 基于粗糙熵的时序数据属性约简及规则提取研究[J]. 湖南大学学报(自然科学版),2005,32(4):112-116.

[6] 卓莹. 基于拓扑-流量挖掘的网络态势感知技术研究[博士学位论文]. 长沙:国防科学技术大学,2010.

[7] 潘冠宇. 基于粗糙集和群体智能的数据挖掘方法研究[博士学位论文]. 长春:吉林大学,2007.

[8] Niu W, Wang G Q, Zhai Z J, et al. Prediction of chaotic time series based on rough sets and support vector machine[J]. International Journal of Digital Content Technology and its Applications, 2011, 5(9):145-152.

[9] 史开泉. P-集合[J]. 山东大学学报(理学版),2008,43(11):77-84.

[10] Tsay R S. Analysis of Financial Time Series[M]. Beijing: Post & Telecom Press, 2009.

[11] 张文修,吴伟志,梁吉业. 粗糙集理论与方法[M]. 北京:科学出版社,2001.

[12] 张文修,吴伟志. 粗糙集理论介绍和研究综述[J]. 模糊系统与数学,2000,14(4):1-12.

[13] 刘清. Rough 集及 Rough 推理[M]. 北京:科学出版社,2001.

[14] 刘清. 算子 Rough 逻辑及其归结原理[J]. 计算机学报,1998,21(5):476-480.

[15] Brockwell P J., Davis R A. Introduction to Time Series and Forecasting[M]. Berlin: Springer-Verlag, 2002:1-45.

[16] 国宏伟,刘燕驰,梁合兰,等. 多变量时间序列的模糊决策树挖掘[J]. 计算机应用研究,2009,6(1):54-55.

[17] 石扬,张燕平,赵姝,等. 基于商空间的气象时间序列数据挖掘研究[J]. 计算机工程与应用,2007,43(1):201-203.

[18] 万武辉,陆鑫. 基于混沌理论的时间序列区间预测[J]. 成都信息工程学院学报,2005,20(5):527-528.

[19] 刘伟,王科俊,邵克勇. 混沌时间序列的混合粒子群优化预测[J]. 控制与决策,2007,22(5):562-565.

[20] 韩敏,魏茹. 基于改进典型相关分析的混沌时间序列预测[J]. 大连理工大学学报,2008,48(2):292-297.

[21] Peitgen H O, Jurgents H, Saupe D. Chaos and Fractals New Frontiers of Science[M]. Beijing: National Defense Industry Press, 2008:331-428.

[22] Bettini C, Wang S, Jajodia S. Discovering frequent event patterns with multiple granularities in time quences[J]. IEEE Transactions on Knowledge and Data Engineering, 1998, 10(2):222-236.

[23] 张竹润,谢康林,张忠能. 多粒度时间序列中模糊规则的提取[J]. 上海交通大学学报,2001,35(9):1366-1369.

[24] 胡玉文,徐久成,张倩倩. 多粒度时间序列下粒度决策的演化模型研究[J]. 计算机工程与应用,2011,47(20):117-120.

[25] 王晓东. 算法设计与分析[M].2 版. 北京:清华大学出版社,2008:107-141.

[26] Dunham M H. Data Mining Introductory and Advanced Topics[M]. Beijing: Pearson Education Asia Limited, Tsinghua University Press, 2005:57-60.

[27] Taha H A. Operations Research: an Introduction[M]. Beijing: Posts & Telecom Press, 2008: 735-738.
[28] 徐涛,赵慧伟,吕宗磊. 多人不完备信息博弈的一种解法及改进[J]. 武汉大学学报(工学版),2011, 44(6): 792-796.
[29] 王磊,金治明. 不完备证券市场中博弈未定权益的保值[J]. 模糊系统与数学,2010,24(1): 166-174.
[30] 朱·弗登博格,让·梯若尔. 博弈论[M]. 北京:中国人民大学出版社,2010: 4.
[31] 胡玉文,徐久成,张倩倩. 决策表信息系统演化模型的回归分析预测算法[J]. 煤炭技术,2010,29(9): 152-153,156.
[32] 胡玉文,徐久成,李双群. 粒度决策演化模型的博弈选择研究[J]. 计算机工程与应用,2012,48(29): 51-54.
[33] 胡玉文,徐久成,孙林. 粒度决策演化模型的决策稳定性研究[J]. 计算机科学,2012,39(12): 233-236.